中央司法警官学院特色专业系列教材

戒毒管理学

Drug Rehabilitation Management

姜祖桢 主 编

法律出版社
LAW PRESS·CHINA
北 京

图书在版编目(CIP)数据

戒毒管理学 / 姜祖桢主编. -- 北京 : 法律出版社, 2023
ISBN 978-7-5197-7575-9

Ⅰ. ①戒… Ⅱ. ①姜… Ⅲ. ①戒毒-工作-中国-教材 Ⅳ. ①D669.8

中国国家版本馆 CIP 数据核字(2023)第025712号

戒毒管理学
JIEDU GUANLIXUE

姜祖桢 主编

责任编辑 慕雪丹
装帧设计 汪奇峰 臧晓飞

出版发行 法律出版社
编辑统筹 法商出版分社
责任校对 赵明霞
责任印制 胡晓雅
经　　销 新华书店

开本 710 毫米×1000 毫米 1/16
印张 28 **字数** 473 千
版本 2023 年 3 月第 1 版
印次 2023 年 3 月第 1 次印刷
印刷 三河市兴达印务有限公司

地址:北京市丰台区莲花池西里 7 号(100073)
网址:www.lawpress.com.cn
投稿邮箱:info@lawpress.com.cn
举报盗版邮箱:jbwq@lawpress.com.cn

销售电话:010-83938349
客服电话:010-83938350
咨询电话:010-63939796

书号:ISBN 978-7-5197-7575-9　**定价**:64.00 元

凡购买本社图书,如有印装错误,我社负责退换。电话:010-83938349

编辑委员会

主　编： 姜祖桢

撰稿人：（以撰写章节先后为序）

姜祖桢　赤　艳　张　凯　何　葵

李孟洋　田　甜　苏乐乐　宋秋英

杨　帆　贾东明　郭　崧　施孟君

前　言

毒品作为人类社会的一大公害，自20世纪中期以来，在全球范围内持续泛滥，治理毒品问题已成为国际社会共同面临的一个难题。进入21世纪，受多种因素影响，我国毒品违法犯罪日益猖獗，禁毒形势日趋严峻复杂，毒品违法犯罪治理任重道远。

2007年12月29日，第十届全国人民代表大会常务委员会第三十一次会议通过了《中华人民共和国禁毒法》；2011年6月22日，国务院第160次常务会议通过了《戒毒条例》（2018年9月18日修订）。公安部、司法部、国家禁毒办等部门或单独或联合制定了一系列禁毒戒毒部门规章、法律文件。2014年7月6日，中共中央、国务院印发了《关于加强禁毒工作的意见》，把禁毒工作纳入国家安全战略以及平安中国、法治中国建设之中。2018年6月25日，习近平总书记对禁毒工作作出重要指示："要加强党的领导，充分发挥政治优势和制度优势，完善治理体系，压实工作责任，广泛发动群众，走中国特色的毒品问题治理之路，坚决打赢新时代禁毒人民战争。"2020年6月23日，习近平总书记再次指出："各级党委和政府要坚持以人民为中心的发展思想，以对国家、对民族、对人民、对历史高度负责的态度，坚持厉行禁毒方针，打好禁毒人民战争，完善毒品治理体系，深化禁毒国际合作，推动禁毒工作不断取得新成效，为维护社会和谐稳定、保障人民安居乐业作出新的更大贡献。"

戒毒工作是禁毒系统工程的重要组成部分，强制隔离戒毒是一项具有中国法治特色的戒毒措施。提高强制隔离戒毒工作质量，减少或预防戒毒人员复吸，对于提升禁毒工程的成效具有非常重要的作用。2014年4月，习近平总书记在听取司法部工作汇报时作出重要指示，明确指出，"戒毒工作是新时期司法行政工作的重点之一"，要"不断提高戒毒工作水平"。戒毒执法管理是强制隔离戒毒一项非常重要的基础性工作，强制隔离戒毒质量如何，离不开安全稳定有序的戒毒场所秩序。戒毒管理学就是这样一门以戒毒管理活动及其规律为研究对象的科学。

为适应我国戒毒工作的顺利开展，培养政治立场坚定、业务能力过硬的高素质戒毒人民警察，中央司法警官学院顺应时代需求，积极推进禁毒学专业（戒毒学方向）建设。中央司法警官学院矫正教育系组织编写了禁毒学专业（戒毒学方向）系列教材，编者既有从事戒毒领域教学科研的专家、学者，也有长期工作在戒毒工作一线的实务专家。

《戒毒管理学》一书由姜祖桢教授担任主编，主编提出编写提纲后，经集体讨论修订完善，最后由主编统稿、定稿。

撰稿人及分工如下（以撰写章节先后为序）：

姜祖桢（中央司法警官学院教授，第一章）；

赤艳（中央司法警官学院教授，第二章、第三章）；

张凯（中央司法警官学院副教授，第四章、第十三章）；

何葵（中央司法警官学院教授，第五章、第七章）；

李孟洋（贵州省第二强制隔离戒毒所副所长，第六章、第八章）；

田甜、苏乐乐（中央司法警官学院教师，第九章）；

宋秋英（中央司法警官学院副教授，第十章）；

杨帆（湖北省黄冈市强制隔离戒毒所教育矫治科负责人，第十一章）；

贾东明（浙江警官职业学院副教授，第十二章）；

郭崧（浙江省拱宸强制隔离戒毒所一级警长，第十四章）；

施孟君（云南省第三强制隔离戒毒所教育矫治科副科长，第十五章、第十六章）。

由于编写成员水平与时间有限，本书难免有错漏舛误之处，诚请专家学者和实务工作者予以批评指正，以便将来修订时采摭纳言。同时，在撰写过程中，编者参阅、借鉴、引用了大量国内专家、学者以及实务工作者的学术成果，在此表示真诚的感谢！尽管努力做到对所引用内容予以注明，但仍存在对个别引用未予以明示、部分表述有错讹之处，在此一并致歉！

《戒毒管理学》编写组

2022年9月

目　录

第一章 戒毒管理学导论

本章摘要

戒毒管理学是一门以戒毒管理法律制度、戒毒管理组织、戒毒管理活动及其规律为研究对象的科学。通过本章学习，能够了解戒毒管理、戒毒管理学的概念，戒毒管理学的学科性质；理解戒毒管理的职能，戒毒管理工作的基本策略，戒毒管理学的研究价值，戒毒管理学的原则；领会戒毒管理学与其他相关学科的关系；掌握戒毒管理学研究内容与研究方法等。

重点问题

本章的重点是我国戒毒工作体制，戒毒管理的职能与特征，戒毒管理工作原则，戒毒管理的理念和戒毒管理学的研究内容。

第一节 戒毒管理学概述

一、戒毒管理学的概念

（一）管理与管理学

1. 管理的概念

管理是指一定组织中的管理者，通过实施计划、组织、领导、协调、控制等职能来协调他人的活动，使别人同自己一起实现既定目标的活动过程，是人类各种组织活动中最普通和最重要的一种活动。[①] 管理是人类社会普遍存在的现象，也是

---

① 孙永正：《管理学》（第2版），清华大学出版社2007年版，第8页。

一项重要的社会活动，它随着人类社会的产生而产生，随着人类社会的发展而发展。人、物、事等都需要管理，管理对一个国家、社会、行业或一个组织的生存发展都至关重要。通过管理，可以使组织内的资源合理搭配，科学运转，以尽可能少的人力、物力、财力投入实现尽可能理想的组织目标。

(1)管理有以下含义：①管理是一种有意识、有目的的活动，它服务并服从于组织目标；②管理是一个连续进行的活动过程，实现组织目标的过程就是管理者执行计划组织领导控制等职能的过程；③管理活动是在一定的环境中进行的，在开放的条件下，任何组织都处于千变万化的环境之中，复杂的环境成为决定组织生存与发展的重要因素。[①]

(2)管理的要素主要有：①管理主体，包括行使管理职权的政府部门、业务部门等组织以及个人；②管理客体，包括管理主体所辖范围内的一切对象，主要有人群、物质、资金、科技和信息五类，其中人群为基本内容；③管理目标，是指管理主体预期要达到的境界，是管理活动的出发点和归宿点；④管理方法，是指管理主体对管理客体发生作用的途径和方式，包括法律方法、行政方法、经济方法和思想教育方法等；⑤管理理论，是指在管理过程中相关的规范和理论。

2. 管理学的概念

管理学是一门对人类活动进行管理的科学，同时也在人类实践开展的过程中不断进行深化与完善。发展至今，管理学已经成为集哲学、经济学、心理学等为一体的综合性学科。[②] 管理学是研究管理规律、探讨管理方法、建构管理模式、取得最大管理效益的学科。[③] 管理学是一门综合性的交叉学科，是系统研究管理活动的基本规律和一般方法的科学。管理学研究的目的是在现有的条件下，如何通过合理地组织和配置人、财、物等因素，提高生产力的水平。[④]

---

① ［美］理查德·L. 达夫特、［美］多萝西·马西克：《管理学原理》，高增安、马永红、李维余译，机械工业出版社2010年版，第3页。

② 盛德荣：《论“四力”培养目标下的管理学教学理念及学生能力培养》，载《河南教育》（职成教）2020年第5期。

③ 转引自陈世清：《对称经济学术语表（四）》，载大公网，http://www.wyzxwk.com/Article/jingji/2015/06/345294.html。

④ 罗珉：《管理学范式理论研究》，四川人民出版社2003年版，第4页。

（二）戒毒管理学的概念

1. 戒毒管理的概念

戒毒是指吸毒人员戒除吸食、注射毒品的恶习及毒瘾的活动。戒毒管理是戒毒机关的一项基础性工作，戒毒管理有广义和狭义之分。《中华人民共和国禁毒法》（以下简称《禁毒法》）确立了“以自愿戒毒、社区戒毒、强制隔离戒毒和社区康复为主，以戒毒康复和药物维持治疗为辅”的戒毒工作体制。广义的戒毒管理是指包括戒毒医疗机构、社区戒毒社区康复、强制隔离戒毒等戒毒机关，以戒除吸毒人员毒瘾为目标，对戒毒有关的人财物和信息要素进行的计划、组织、领导和控制活动。狭义的戒毒管理是指强制隔离戒毒所依法对与戒毒相关的人财物及信息的管理活动。其中主要是对强制隔离戒毒人员的管理，即戒毒机关及其戒毒人民警察（以下简称戒毒民警），为使戒毒人员戒除毒瘾，顺利回归社会，依法对戒毒人员进行的各项管理活动。

本书重点从狭义的角度阐释戒毒管理。

戒毒管理的构成要素主要有以下几个方面。

（1）管理人员。管理人员是管理活动的主体，戒毒管理的主体是戒毒机关，具体实施管理的是戒毒民警。

（2）管理对象。管理对象是管理活动的承受者，管理对象包括戒毒工作者、戒毒人员、执法活动、日常事务、场所安全、戒治工作、设备物资、档案信息等。

（3）管理手段。管理手段是指为实现教育戒治戒毒人员，帮助他们成功回归社会，而采取的管理方法和措施。其主要包括法律手段、行政手段、监督手段、教育矫治手段、戒毒医疗手段、康复训练手段和科技手段七种。①

2. 戒毒管理学的概念

戒毒管理学是一门以戒毒管理活动及其规律为研究对象的科学。戒毒管理学是一门新兴的学科，也是一门综合性的交叉学科，是系统研究戒毒管理活动的基本规律和一般方法的科学。戒毒管理学的建立是以管理学理论为基础，以戒毒法律政策为依据，以戒毒目标和理念为指针的。戒毒管理是一种特殊行业的管理，它具有国家意志性、执行性、法律性和强制性等特征，因此，戒毒管理是由国家

---

① 司法部戒毒管理局组编：《司法行政强制隔离戒毒管理实务》，法律出版社 2017 年版，第 9 ~ 10 页。

行政机关行使管理权的行政执法活动,属于行政管理的范畴。

戒毒管理学研究的目的是在当前法律制度背景下,如何通过合理地组织和配置人、财、物等因素,提高戒毒管理工作水平,为最大限度地提高戒毒工作质量提供安全稳定的戒治秩序。在戒毒管理学的研究过程中,要明确戒毒管理是戒毒工作中一项非常重要的基础性工作,是开展戒毒工作的前提。在管理过程中,要以戒毒人员具有"病人、违法者、受害者"三重属性为立足点,以提高戒治康复质量为核心,更加注重教育、感化和挽救,更加强调人性化管理,更加突出人文关怀。重视发挥亲属、社会机构、志愿者等社会力量促进管理的作用,并在一定程度上引导戒毒人员实现自我管理、自我约束、自我教育,是当前戒毒管理的重要理念和发展趋势。

二、戒毒管理的特征

在所有戒毒措施中,强制隔离戒毒最具典型性和代表性,在此就强制隔离戒毒管理的特征做一介绍。

(一)管理主体的法定性

《禁毒法》中对强制隔离戒毒的决定机关与执行机关作出了明确规定,强制隔离戒毒场所的设置、管理体制和经费保障等,由国务院规定。由此可见,强制隔离戒毒的管理主体是由法律明确规定的。

(二)管理性质的行政性

强制隔离戒毒是一种具体的行政行为,根据《禁毒法》《戒毒条例》《司法行政机关强制隔离戒毒工作规定》的精神,强制隔离戒毒是由县级以上的公安机关做出决定,执行任务由公安机关和司法行政机关分别承担。

(三)管理对象的复杂性

强制隔离戒毒人员兼具"违法者、病人、受害者"三重身份,这也决定了戒毒执法管理的复合性。在此期间,戒毒机关不仅要对他们进行法治教育、思想品德教育和行为养成训练,而且还要提供医疗戒治、教育矫正、心理矫治和康复训练,并给予其人文关怀与爱护,重建社会和家庭系统网络,使其顺利回归社会。

（四）管理手段的强制性

强制隔离戒毒管理是由强制隔离戒毒所具体实施的一种行政执法活动。强制隔离戒毒管理是限制戒毒人员人身自由的，是在封闭的环境中进行的，这也是与自愿戒毒、社区戒毒和戒毒康复等措施的重要区别。

（五）管理内容的矫治性

从戒毒人员的接收与解除、日常管理、行为养成训练、探访探视、保护性约束措施、所外就医、诊断评估和突发事件的处置等来看，强制隔离戒毒管理的内容具有强制性色彩，但都是为开展戒治矫正工作服务的，从强制隔离戒毒管理的法律性质、目的和戒毒工作的原则来看，它是一种以戒除吸毒人员毒瘾，矫治其不良心理和行为，顺利回归社会为目的的。

三、戒毒管理的职能与分类

（一）戒毒管理的职能

1. 严格履行执法职责，实现戒毒管理的法治化目标

戒毒管理，首先表现为实施和执行国家法律法规的职能活动。这种执法活动既是国家法律法规赋予执行机关的职能，也是执行机关必须承担的法律责任。这种执法职能活动是将戒毒法律、法规贯彻落实到戒毒工作的全过程和每一环节，使国家的相关法律法规付诸实现，体现国家意志的过程。戒毒场所严格履行执法职责，表现为有法必依、执法必严和违法必究，通过健全各种规章制度和制定实施细则，将国家的相关法律法规贯彻落实到具体工作中，实现管理工作的规范化和法治化。

2. 提供良好的戒治氛围，实现戒毒管理的秩序目标

戒毒工作的最终目标是通过医疗戒护、教育戒治和执法管理等手段，使戒毒人员在生理和心理上完全摆脱对毒品的依赖，回归社会做一个守法的公民。其最终目的的实现离不开良好的戒毒氛围和环境，这要靠严格规范和强有力的管理措施来实现。如果无法营造出一个无毒环境，阻截外部的潜在毒品威胁，戒毒工作就无从谈起。戒毒管理能够为戒毒人员提供一个与社会隔离的相对封闭的环境，确保不发生毒品流入、防止戒毒人员脱逃、非正常死亡、所内案件、生产安全事故

和重大疫情等事故，实现场所的安全稳定；通过对戒毒人员实施依法、严格、科学、文明的管理，调动戒毒人员的积极性，营造一个健康向上的戒治氛围。

3. 发挥管理的矫正职能，实现戒毒管理的矫治目标

戒毒管理的矫正功能主要体现在：一是外部震慑作用。戒毒场所通过限制人身自由，实施封闭隔离措施，给戒毒人员施加强制、震慑的作用，使其养成遵纪守法意识。二是行为矫正作用。多数戒毒人员具有心理障碍和行为恶习，戒毒场所通过严格的军事化管理、严格的纪律约束和严格的考核、奖惩措施，能够起到规范戒毒人员行为的作用。三是激励和督促作用。戒毒场所通过对戒毒人员进行人文关怀，充分发挥奖惩分明的分级处遇等措施，能够使戒毒人员养成新的良好行为习惯，戒治态度实现由服从向同化、内化的转变。

（二）戒毒管理的分类

根据不同的分类标准，我们可以将戒毒管理分成不同的类型。（1）根据管理对象分类。根据管理对象的类型，可以把戒毒管理分为戒毒人员管理、戒毒工作者管理、财务管理、装备管理、设施管理与信息管理等。（2）根据戒毒人员的类型分类。根据戒毒人员的类型可以分为自愿戒毒人员管理、社区戒毒人员管理、强制隔离戒毒人员管理、社区康复人员管理和戒毒康复人员管理等。另外，按照吸食毒品种类可以分为吸食传统类毒品戒毒人员管理、吸食合成类毒品戒毒人员管理、吸食混合类毒品戒毒人员管理；按照性别可分为男性戒毒人员管理和女性戒毒人员管理等。（3）根据戒毒工作程序分类。根据戒毒工作程序分类，戒毒管理可以分为接收管理、常规管理、解除管理等。（4）根据戒毒工作流程分类。戒毒工作是一个专业性非常强的治疗过程，一个完整的戒毒治疗流程一般应该包括脱毒、康复、回归社会准备三个阶段。据此有针对性的戒毒管理也分为脱毒阶段管理、康复阶段管理和回归准备阶段管理。在司法行政戒毒领域，戒毒管理按照四区分离的管理流程，分为病房式管理、军营式管理、校园式管理和社区式管理。根据戒毒人员的行为表现还可以进行分级管理。（5）根据管理项目分类。根据管理项目可以分为戒毒医疗管理、教育矫治管理、心理矫治管理、康复劳动管理、生活卫生管理和运动康复训练管理等。

第二节　戒毒管理的理念与原则

一、戒毒管理的理念

（一）以政治建设为引领

政治引领，是指戒毒机关坚持党对戒毒工作的绝对领导、坚持戒毒工作的根本属性、坚持总体国家安全观的基本观念。政治引领理念的基本内容有：(1)坚持党的绝对领导。在戒毒管理工作中必须绝对服从党的领导，党的领导是中国特色社会主义的根本保证，也是戒毒机关正确执行戒毒执法管理工作的根本保证。(2)坚持戒毒机关的政治属性。戒毒机关既是执法机关，又是政治机关。戒毒管理工作中存在的各种安全风险，特别是舆情风险直接影响着党的形象。坚持戒毒机关的政治属性，要求戒毒机关积极稳妥地处理执法管理中的敏感问题，保证戒毒机关的安全稳定。(3)坚持总体国家安全观。坚持总体国家安全观是新时代坚持和发展中国特色社会主义的一项基本方略。总体国家安全观的深刻内涵是必须坚持国家利益至上，以人民安全为宗旨，以政治安全为根本。实践证明，在戒毒人员中存在各种不同性质的犯罪分子，对戒毒人员进行戒治和改造是戒毒机关在维护国家安全的大局中不可替代的法定职能。

（二）以目标管理为中心

目标管理，就是围绕确定目标，以实现目标为中心开展一系列管理活动。目标管理的本质是注重工作成果，打造充分发挥主动性和创造性的组织环境，激发奔向目标的强烈动机。戒毒工作的最终目标是使戒毒人员完全摆脱对毒品的依赖，并实现身心的康复。戒毒管理工作应当遵循以下要求：(1)强调戒毒活动的目的性，重视戒毒管理目标体系的设置；(2)强调用戒毒工作目标统一和指导戒治双方的思想和行动，以保证组织的整体性和行动的一致性；(3)强调根据目标进行系统整体管理，使戒毒管理过程、管理人员、方法和工作安排都围绕目标进行；(4)强调发挥戒毒人员的积极性、主动性和创造性，按照目标要求实行自主管理和自我控制，以提高适应环境的能力；(5)强调根据目标成果来考核戒毒管理绩效，以保证戒毒管理活动获得满意的效果。

（三）以科学激励为动力

激励，就是通过设计适当的奖酬形式和工作环境，以一定的行为规范和奖惩性措施，借助信息沟通激励、引导、保持和规范组织成员的行为，以便有效地实现组织和成员个人目标的系统活动。激励能激发戒毒人员的主观能动性，变被动接受戒治为主动自觉地接受戒治，在思想、心理和行为上发生转变。同时，激励能提高戒毒民警工作的自觉性、主动性和创造力，激发工作热情和兴趣，提高工作效率。戒毒工作的激励机制有：(1)实惠激励机制。在戒毒管理中实惠的具体体现就是分级处遇制度和各种不同形式的奖惩措施。(2)荣誉激励机制。它主要适合于戒毒民警，戒毒民警对荣誉、成就的渴求强度越大，相应的驱动力就越大。(3)评价激励机制。如果对某种行为予以肯定和奖励，就会对这种行为起强化作用，以致这种行为反复出现，反之亦然。(4)竞争激励机制。竞争激励机制就是把竞争方式运用到激励机制之中，以公开、竞争、择优为导向，从而调动戒毒民警工作和戒毒人员戒治的积极性。

（四）以规范化管理为保障

规范化管理，是指管理活动要符合一定的标准。规范化管理具有指向性、标准性、示范性和可操作性的特点。就戒毒工作而言，规范化管理是指戒毒机关依据国家法律、政策和相关规定，通过制定系统的标准和要求对戒毒工作实施管理，使整个管理活动达到预定的目标和模式。

规范化管理是稳定戒毒秩序，矫正戒毒人员恶习的重要措施，是戒毒管理工作科学化的重要标志，是提高戒毒民警队伍素质的有效途径。规范化管理既克服了戒毒管理活动的随意性和盲目性，又便于管理者操作，能够发挥最佳的管理功效。

戒毒规范化管理的内涵主要有：(1)管理意识规范化。在戒毒管理工作中，戒毒民警首先要树立规范化管理的意识，只有这样，才能自觉主动地进行规范化管理。(2)管理制度规范化。管理制度是开展规范化管理的依据，规范化戒毒管理制度体现在管理目标科学、管理组织系统、岗位职责明确、工作措施具体、管理程序规范、评价体系科学、奖罚合理适度等方面。(3)管理标准规范化。标准是衡量工作或事务的准则，戒毒管理标准包括戒毒流程管理标准、岗位工作标准和业务工作标准。(4)责任落实规范化。管理效果如何重在责任落实情况，在戒毒工作实践中,必须做到戒毒民警人人有事做,事事有责任,管理权责明晰。(5)监督考核规范化。戒毒管理工作的有效开展,离不开监督考核机制的支撑。戒毒机关要建立全员、全方位、全流程的监督机制,做到“事前监督、事中监督与事后监督”相结合,做到考核工作及时、量化,定性考核与定量考核相结合,考核结果与奖惩措施相结合。

(五)以风险防范为核心

风险,是某种危险情况发生的可能性,以及这种危险情况可能造成的损害后果。风险具有客观存在性、普遍性、不确定性、可测性和可变性等特征。风险防范是有目的、有意识地通过计划、组织、控制和检查等活动阻止和防范风险损失的发生,削弱损失发生的影响程度,以获取最大利益。风险评估是风险防控的前提,风险评估是对某一事件或事物带来的影响或损失的可能程度进行的量化测评。精细管理者强,善避风险者胜。“超前预防,防患未然”是风险管理的精髓。东汉时期政论家、史学家荀悦曾说:“进忠有三术:一曰防,二曰救,三曰戒。先其未然谓之防,发而止之谓之救,行而责之谓之戒,防为上,救次之,戒为下。”①

1. 戒毒场所常见的风险点

从全国戒毒场所的情况来看,可能导致安全事故发生的风险点,主要有以下几种:(1)有些戒毒场所的监管设施落后,防毒品渗透、戒毒人员脱逃压力大;(2)戒毒人员构成日趋复杂,“三无”以及不得提前解除人员增多,随时可能发生脱逃、自伤自残,打架斗殴、聚众闹事等行为;(3)合成类毒品戒毒人员数量占大多数,这类戒毒人员极易发生极端暴力攻击行为;(4)民警职业防护措施不到位,戒毒人员病情恶化等;(5)有些青年民警情绪管控能力差,容易发生一些违纪违法行为;(6)疫情防控意识差,措施不到位,容易发生公共卫生事件。

2. 风险防控的主要措施

在戒毒管理工作中,风险防控的措施主要有:(1)建立防范机制。制定风险防控预案,及时做到科学研判、排查防控、化解矛盾和应急处置。(2)树立联防理念。戒毒管理工作要做到“人防、物防、技防、联防”四防合一。(3)落实防范措施。戒毒机关要做到防范抓苗头、决策抓科学、管控抓情报、管理抓细节。(4)构建防范体系。构建“事事处处讲安全、人人时时抓安全”的防范体系,将风险防控落实在

---

① (东汉)荀悦:《申鉴·杂言》。

细微之处。(5)加大排查力度。排查工作要做到日常排查与集中排查相结合,定期排查与不定期排查相结合,排查与防控相结合。(6)加强对“五重”防控。五重是指重点人员、重点时段、重点物品、重点环节和重点部位,这些是风险出现的最主要因素。

风险防控工作要做到以下几点:一是早,即早计划、早发现和早处置;二是全,即风险防控工作要做到全成员、全方位和全过程;三是实,风险防控工作要做到基础实、责任实和作风实;四是严,就是管理严、考核严和奖惩严;五是新,就是要做到思路新、措施新和技术新。

(六)以精细化管理为依托

精细化管理,就是通过各种管理手段和方法将管理工作的每一个环节做到精确化、数据化,提高执行力和效率。老子曰:“图难于其易,为大于其细;天下难事,必作于易;天下大事,必作于细。”①首先,精细化管理是一种意识。在日常工作中,要树立精细意识,将每一件事都做精、做细,做好,一丝不苟,严谨细致。其次,精细化管理是一种理念。精细作为一种理念,是在工作过程中体现出来的,只要坚持精细管理和精细操作,任何事情都能做好。再次,精细化管理是一种工作方法。精细化管理体现在具体工作之中,就是一种科学的、规范的解决问题的方法,如系统思考、目标管理、精细作业等。最后,精细化管理是一种工作习惯。就是人人、事事、时时、处处做好精细化,通过有意识的引导和推行,使精细化逐步成为我们潜意识的行为,形成一种追求精细、持续改进、力求完美的工作作风。

戒毒精细管理,要做到制度细、流程细和分工细,其意义在于它是一种对戒毒管理目标进行分解、细化和落实的过程,同时也是提升戒毒民警执行能力的一个重要途径。在戒毒工作中,“精细化管理”重要的就是结合戒毒工作的现状,找准关键问题、薄弱环节,分阶段进行,做到管理责任具体化。

二、戒毒管理工作原则

原则,是指人说话或行事所依据和坚持的法则或标准。② 戒毒管理工作原则,是指在戒毒管理工作中应当遵循的基本准则,它是从事戒毒管理工作的行动指

① (春秋)李耳:《道德经》,第六十三章。

② 罗琦、周丽萍主编:《新编现代汉语词典》,吉林大学出版社2003年版,第1438页。

南。根据《禁毒法》《戒毒条例》《公安机关强制隔离戒毒所管理办法》《司法行政机关强制隔离戒毒工作规定》的有关规定，戒毒场所应当遵循以下几项管理原则。

（一）依法化原则

依法化是新时代社会主义法治国家在管理领域的基本标志。社会主义法治的基本要求是“有法可依，有法必依，执法必严，违法必究”。习近平总书记在2020年11月16～17日召开的中央依法治国工作会议上明确提出：全面推进“科学立法、严格执法、公正司法、全民守法”，是全面依法治国的重要举措，是全面推进新时代社会主义法治化建设的助推剂。解决好立法、司法、执法、守法等领域的突出矛盾和问题，促进各环节工作相互贯通、相互促进，是新时代社会主义国家的重大进步。戒毒管理作为司法行政戒毒机关的执法活动，依法化是戒毒管理工作的基本要求。依法化原则就是戒毒机关和戒毒民警在行使管理职权，从事管理活动时，必须严格遵守国家法律法规和规章制度。依法化原则是戒毒管理的首要原则，无论是对戒毒民警、戒毒人员的管理，还是对财物或者戒治活动的管理，都必须遵守依法化管理原则。

（二）制度化原则

制度化是指群体和组织生活中从特殊的、不固定的方式，向被普遍认可的固定化模式的转化过程，在组织成员中内化，使成员对观念形式的制度有着价值上的普遍认同，对成员进行制度化约束，并在具体工作实践中体现出来。戒毒管理制度化原则，就是戒毒机关通过制定科学严格的管理制度，约束戒毒管理部门和戒毒民警的管理行为。戒毒工作常见的管理制度主要包括戒毒民警管理制度、戒毒人员管理制度、戒毒活动管理制度、生活卫生制度、财务管理制度、设施设备管理制度等。通过制度管理，促使戒毒民警依规依纪工作，戒毒人员遵守各项所规队纪，服从民警的教育管理，达到执法有据、管理有依、程序有序，逐步提升戒毒管理工作的制度化水平。

（三）规范化原则

规范化是指在经济、技术和科学及管理等社会实践中，对重复性事物和概念，通过制定、发布和实施标准达到统一，以获得最佳秩序和社会效益。规范化实质是指人的行为规范化，即人在说话办事时都要按照规范的要求和标准约束行为。

戒毒管理的规范化原则是指戒毒民警在各项管理过程中,应遵循统一的准则、标准和流程实施管理行为,最大限度地提升管理工作的效率和效益。

贯彻规范化管理原则,要做到以下几点:一是标准化。标准化是为了在一定的范围内获得最佳秩序,对实际的或潜在的问题制定共同的和重复使用的规则的活动。标准化是检验管理效果的尺度,制定戒毒管理的标准要注意做到统一、实事求是。二是细化。俗话说,“天下大事,必作于细”,做好戒毒管理工作,就是在管理过程中,将工作做深做细,做出成效。三是可操作性。可操作性是指管理规范要符合实际情况,便于戒毒民警掌握和执行。

(四)科学化原则

管理是一门科学,也是一门艺术。科学化的内涵实则强调的是逻辑性和效益性。科学管理包括管理理念科学,管理体系科学,管理内容科学,管理方法科学以及工作运行机制科学等。科学化原则是指以科学的制度和方法管理工作事务及人员的准则。戒毒管理科学化,就是强调科学认识戒毒规律,构建符合戒毒工作特点和时代发展要求的管理工作模式,将科学的方法和手段运用于戒毒管理工作的各个方面、环节和过程。

运用科学化管理原则应当做到,一是要掌握科学的管理理论。实现科学的戒毒管理必须以戒毒民警掌握科学的管理理论为前提,只有这样才能更加有效地做好管理工作。二是要树立科学的管理理念。就是以科学的态度、发展的眼光,理性地看待戒毒管理工作。戒毒的核心在“戒”,重点在“治”。因此,在管理职能定位上,要从“安全稳定”的底线安全观向“戒治康复”的治本安全观转变;在管理理念上,要改变官本位思想,从“权力型”机关观念向“责任型”机关观念转变;在管理类型上,由“管控型”向“服务型”转变;在管理工作目标上,要树立人性化管理理念,不再以追求“收得下,管得住”的安全稳定为目标,要转变到如何提高戒毒管理成效,以有助于戒毒人员戒除毒瘾、顺利回归社会为目标。三是采取科学的管理措施。在管理体制上,做到警力向教育戒治一线下沉,由“金字塔”结构向“扁平化”机构转变;在管理方式上,实行分别、分类和分级管理和处遇,由单向管理向双向互动的民主管理转变,由封闭式管理向半开放式管理转变。四是管理工作运行机制科学。一方面要求戒毒管理工作程序及其运行科学,包括工作的规划设计、规范标准、考核评价、流程规则等方面;另一方面要求监督体系及其运行科学,保证戒毒管理执法监督科学有效,实现管理工作的公开、公平和公正。

（五）服务化原则

服务化是指为了使核心产品增值，将有形产品或者无形产品打包组合，形成核心的市场竞争力的常态化模式。戒毒管理是戒毒工程中的一项非常重要的基础性工作，戒毒管理质量直接关系到戒毒场所秩序的安全稳定和戒治氛围。戒毒管理服务化原则，是指戒毒管理的一切工作都要围绕着为戒毒人员提供一个良好的教育戒治氛围，提高戒毒人员的戒治效果，顺利回归社会进行。为此，戒毒民警要树立“以人为本”的理念，正确认识戒毒人员是“违法者、脑疾病患者和毒品受害者”的三重角色定位，在严格执法的同时，真正做到关心、爱护戒毒人员，思戒毒人员之所需，想戒毒人员之所想，急戒毒人员之所急，切实解决戒毒人员关心的问题，切实用“四心”（关心、爱心、细心、耐心）暖化戒毒人员，特别是要保障戒毒人员的合法权益，落实戒毒人员财政经费保障，做到生活有保障，生病有救治，劳动有报酬，全方位、多角度、多环节地做好戒毒管理工作，调动戒毒人员自我戒治的主动性和积极性。

第三节　戒毒管理学学科的性质与研究内容

一、戒毒管理学的学科性质

（一）戒毒管理学是一门独立的学科

任何一门学科都有自己的研究领域，戒毒管理学有着其独特的研究领域，它与戒毒医学、戒毒教育学、戒毒心理学、戒毒社会学等有着不同的研究对象，它是以戒毒执法管理活动及其规律为研究对象的。

（二）戒毒管理学是一门综合性的学科

戒毒管理学研究的戒毒执法管理不仅仅是管理活动，而且还包括对组织、物和信息等的管理。而且，在管理过程中，还要运用法学、心理学、教育学和社会学等学科的理论，因此，它又是一门综合性的学科。

（三）戒毒学是一门应用性的学科

戒毒管理学研究的目的是使戒毒人员遵守法律法规、所规所纪，矫治其不良心理与行为习惯，提高戒治质量，戒除毒瘾或延缓复吸，顺利回归社会，显然属于一门应用科学。

（四）戒毒管理学是一门交叉学科

从戒毒管理的对象来看，它主要是针对戒毒人员和戒毒工作者，以及戒毒活动的管理，是《禁毒法》《戒毒条例》等法律法规赋予的职责，在管理活动中主要运用戒毒方面的研究成果，因此，它属于戒毒学的分支学科。同时，戒毒管理又是行政管理的组成部分。行政管理学是一门研究政府对社会进行有效管理规律的科学。戒毒管理学是研究由政府相关行政机关，在法律授权范围内，对戒毒人员行使执法管理的活动及其规律的科学，从这个意义上讲，它又属于行政管理学的范畴。因此，它是一门交叉学科。

二、戒毒管理学与其他相关学科的关系

（一）戒毒管理学与戒毒学的关系

戒毒学是一门研究毒品滥用原因与成瘾机制，戒治康复理论、方法与技术及其发展规律的科学。戒毒学的研究内容包括戒毒医学、戒毒管理学、戒毒心理学、戒毒教育学和戒毒社会学等。戒毒管理学作为戒毒学的一个分支学科，它的研究对象主要是戒毒工作中的执法管理方面的内容。戒毒学的研究为戒毒管理学提供了理论指导，戒毒管理学的研究能够促进戒毒学的深入研究。

（二）戒毒管理学与戒毒医学的关系

戒毒医学是研究毒品对吸毒人员躯体危害，生理依赖与脱毒，戒毒人员疾病治疗、健康管理与卫生防疫等方面的科学。戒毒医疗是戒毒工作中非常重要的内容，它与戒毒管理是相辅相成的关系，生理脱毒和戒毒人员身体健康能够为戒毒管理奠定身体条件，而戒毒管理中的行为养成训练等活动也能促进戒毒人员体质体能的康复。特别是精神医学与戒毒管理学的关系更为密切，精神医学是一门以研究人类精神发育障碍的病因、症状特点、临床诊断、治疗康复等问题的科学。戒

毒人员的精神疾病与精神障碍所引发的自杀、自残，以及暴力攻击行为，直接影响着戒毒管理工作，而戒毒管理能及时发现这些苗头，采取相应的对策，从而预防恶性事故的发生。

（三）戒毒管理学与戒毒教育学的关系

戒毒教育学是研究戒毒人员教育矫正现象，揭示教育矫正活动及其规律的科学。戒毒教育学既是教育学的组成部分，也是戒毒学的分支学科。戒毒管理学与戒毒教育学的关系非常密切，在矫正领域，管理与教育历来是密不可分的，戒毒管理本身就具有教育的性质，戒毒教育则能促进戒毒管理效果的提升。但两者在工作内容上是不同的，戒毒管理学主要是通过戒毒执法活动、戒毒场所的安全管理和戒毒人员的日常管理来促进戒毒工作的顺利开展，而戒毒教育则是通过思想品德教育、法制教育、毒品危害教育、文化教育和职业技能教育等，矫正戒毒人员的错误认知，提升回归社会的能力。

（四）戒毒管理学与戒毒心理学的关系

戒毒心理学是研究毒品成瘾的心理学机制，戒毒人员的心理行为特征，心理健康教育，心理脱瘾方法与技术，心理危机干预等内容的科学。戒毒心理学是一门非常重要的专业课程，它和戒毒管理学的关系同样也十分密切，戒毒管理所创设的良好秩序为戒毒人员的心理矫治打下了坚实的基础，戒毒人员良好的心理矫治效果也为戒毒管理工作铺平了道路。

（五）戒毒管理学与戒毒社会学的关系

戒毒社会学是研究戒毒人员吸毒的社会因素、戒毒社会组织、社会团体和戒毒志愿者，戒毒社会政策和戒毒社会工作等内容的科学。戒毒是一项需要全社会参与的系统工程，戒毒人员能否顺利回归家庭和社会，离不开社会力量的帮扶与照管。戒毒社会工作同样离不开对戒毒组织与戒毒回归人员的管理，从这个意义说，戒毒管理学为戒毒人员顺利回归社会提供了理论上的支持。

三、戒毒管理学的研究内容

任何一门科学都有自己的研究对象，研究对象的不同是学科之间相互区别的主要标志。一门科学的存在与发展，是基于它特殊的研究对象。毛泽东同志曾指出:“科学研究的区分,就是根据科学对象所具有的特殊的矛盾性。因此,对于某一现象的领域所特有的某一种矛盾的研究,就构成某一科学的对象。”①戒毒管理学作为一门科学,必然有其特定的研究对象。戒毒管理学的研究对象是戒毒管理主体、戒毒管理制度和戒毒管理活动及其发展规律。一般来说,研究对象落实在具体的研究内容上,戒毒管理学的研究内容具体包括以下几个方面。

(一)戒毒管理学的基本理论

这部分包括戒毒管理学的概念界定、学科性质;戒毒管理的分类、职能,以及戒毒管理的策略;戒毒管理的原则;戒毒管理的研究对象、研究方法,以及戒毒管理学的价值等。

(二)戒毒机构的设置与管理

这部分主要介绍戒毒医疗机构、社区戒毒与社区康复机构、强制隔离戒毒机构、戒毒康复机构等设置的法律规定、设置条件、工作内容以及这些机构的管理等。

(三)戒毒工作主体的管理

戒毒工作主体包括:戒毒机关人民警察、其他戒毒社会工作者,自愿戒毒人员、社区戒毒与社区康复人员、强制隔离戒毒人员、戒毒康复人员,以及未成年、女性、老病残、心理危机类、艾滋病及其他传染病类、精神病类和精神障碍等特殊类型戒毒人员的管理。

(四)戒毒人员的执法管理

这部分研究的主要内容有:戒毒人员管理流程、戒毒执法管理和戒毒场所安全管理三部分。管理流程包括分类管理,分期管理,分级处遇;执法管理包括强制隔离戒毒人员的收治与解除,探视探访与通讯、信件管理,保护性约束措施与戒毒措施的变更,奖惩,以及戒毒执法监督等;戒毒场所安全管理包括安全警戒、安全检查、安全形势研判、安全防控等,以及脱逃、非正常死亡、打架斗殴、劫持、舆情和公共卫生等突发事件的应急处置。

---

① 《毛泽东选集》(第1卷),人民出版社1991年版,第309页。

（五）常规戒治活动的管理

这部分研究的主要内容有：戒毒医疗工作管理，戒毒场所心理矫治工作管理，戒毒场所教育矫正工作管理，戒毒场所运动康复工作管理，戒毒人员康复劳动工作管理，戒毒场所生活卫生管理等。

（六）财务装备与信息化管理

这部分主要研究戒毒场所的财务管理、装备管理，戒毒场所的信息化管理、档案管理等内容。

第四节　戒毒管理学的研究方法与价值

一、戒毒管理学的研究方法

戒毒管理学是一项以戒毒管理对象、管理活动为研究对象的应用性科学。因此，它的研究方法主要有以下几种。

（一）调查研究法

调查研究法是指通过书面或口头回答问题的方式，了解被测试者的心理活动的方法。常用的调查法主要有访谈调查法、问卷调查法和电话调查法三种。

1. 访谈调查法

访谈调查法是调查人员与被访谈者以口头信息沟通的途径，直接了解被访谈者情况的研究方法。访谈法简单易行，针对性强，灵活、真实、可靠，适用范围较为广泛，但访谈法比较花费人力和时间，调查范围比较窄。运用访谈法时，既要根据谈话的目的，把握谈话问题的基本内容和方向，也要根据被访谈者的回答，对问题内容进行适当的调整。访谈可分为有组织访谈和无组织访谈，非正式或正式访谈。有组织访谈结构严密、层次分明，访谈者根据预先拟定的提纲提出问题，被访谈者针对所提问题的内容进行回答。无组织访谈结构松散、层次交错，没有一个固定的模式。访谈者提出的问题往往涉及的范围很大，被访谈者可以根据自己的想法进行回答。非正式访谈不必详细设计访谈问题，自由交谈，根据实际情况展开,而正式访谈有预先的较完善的计划,按部就班地进行。

访谈过程有以下四个步骤:第一,访谈开始,应向被调查者说明访谈的目的和基本要求。第二,逐步提问,倾听回答。对于访谈要收集的内容要记录,以备以后整理分析。第三,访谈结束,要专门对材料进行整理,形成陈述性材料,并进行一定的统计性整理。第四,与问卷调查一样,最后要得出结论性的内容。

2. 问卷调查法

问卷调查法是通过书面提问的方式收集资料,然后作定量和定性的研究分析,归纳出调查结论。问卷法是戒毒管理学研究过程中普遍采用的调查研究方法。涉及范围广、人员多、内容多的调查,通常采用问卷方式。问卷调查最主要的是根据需要确定调查的主题,然后围绕主题,设立各种明确的问题,进行全面的摸底了解。常用的问卷调查法形式有:选择法、是否法、计分法、等级排列法。

问卷问题的设计要科学合理,避免使用行话、俚语,避免模棱两可和模糊不清,避免一个题目有多个问题,避免诱导性的回答,避免问超过被访者能力的问题等。此外,问卷题目应当通过一些设计来增加问卷的真实性。

3. 电话调查法

电话调查法是指研究人员通过电话向被调查者进行问询,间接了解所需情况的一种调查方法。其优点是花钱花时不多,能调查较多的人。缺点是不像访谈法那样可以采用多种方式详细询问和解释问题,使被调查者对问题不发生误解。调查者在调查过程中要注意不能态度傲慢、语气生硬、语言啰唆、时间多长。在戒毒管理中,电话调查的对象主要是戒除强戒的人员,戒毒人员家属,单位、居(村)委会等相关人员。

(二)观察研究法

观察法是在自然情境中或预先设置的情境中,观察者以感官或视听器材的形式直接观察他人的行为的研究方法。观察法分为自然观察和控制观察、参与观察和非参与观察等。自然观察是在完全自然的条件下所进行的观察,被观察者一般并不知道自己正处于被观察之中。控制观察是在限定条件下所进行的观察,被观察者可能不了解、也可能了解自己正处于被观察地位。观察者直接参与被观察者的活动,并在共同的活动中进行观察的方法称为参与观察;非参与观察是观察者不参与被观察者的活动,以旁观者身份进行观察。观察法目的明确、使用方便,所得材料比较系统,已在管理心理学的研究中得到广泛应用。但是,运用这种方法,只能了解大量的一般现象和表面现象，很难进一步了解复杂现象的本质特征，做出“为什么”的回答。因此，只有与其他方法合并使用，才能具有更大的效用。观察法主要应用在戒毒人员的现场管理场景中。

（三）测量研究法

所谓测量法，就是用标准化的量表测量被研究者的某种心理品质的方法。[①]测量法主要有书面测量、操作测量和投射测量等。测量法在时间和经费上都比较经济。为了测量的标准化，还应注意以下几个方面：第一，选用的测量工具应适合研究目的的需要；第二，主持测量的人应具备基本条件，如口齿清楚，了解测量的实施程序和指导语，有严格控制时间的能力，并严格按测量手册说明的实施程序进行测量等；第三，要严格按照测量手册规定的方法记分和处理结果；第四，对测量数据的解释应有一定的依据，不能随意解释。测量法是戒毒管理工作中最常用的方法之一，主要有心理特征、家庭婚姻关系、社会支持、危险性倾向等方面的测量。

（四）个案研究法

个案研究是选择某一社会现象（个案）为研究单位，收集与之有关的一切资料，详细描述它的发展过程，分析内、外因素，并同其他同类个案相比较得出结论的研究过程。[②] 个案可以是一个人、一个群体，甚至是一件事情，但所选择的研究对象通常具有典型性。戒毒管理学的个案研究往往采用生活史研究法和现实行为表现法。生活史研究法，要广泛收集个人的历史资料，包括吸毒的原因、吸毒的时间、吸毒的种类、吸毒的方式、早年社会化的生活经历及遭遇的重要事件，全面了解个人成瘾的发展历史。现实行为表现法，是要掌握戒毒人员在戒毒场所的行为表现情况，从中分析其内在原因。个案研究因采用静态与动态相结合的研究方式，一方面要对案卷材料进行研究，另一方面要对戒毒人员的行为表现进行动态研究。

二、戒毒管理学的研究价值

戒毒管理学是一个新兴学科，其基础理论研究和应用实践研究相对滞后，具有专业特色的理论范式和学科体系尚未形成，这种学科建设水平与我国戒毒形势

---

① 参见章恩友、姜祖桢主编：《矫治心理学》，教育科学出版社 2008 年版，第 22 页。

② 参见王思斌主编：《社会工作概论》，高等教育出版社 2002 年版，第 351 页。

的要求不相适应，与戒毒工作者从事实际工作的要求不相适应。戒毒管理学研究必然会带来理论研究的深化，使我国戒毒管理学的理论体系得到进一步充实和完善，进而促进戒毒管理学学学科的建立与完善。

（一）有利于深化管理学和完善戒毒学的研究

戒毒管理学的建立具有非常重要的意义，有利于丰富和完善戒毒学的研究。第一，戒毒管理学研究能够进一步完善管理学学科。管理学是从一般原理、一般情况的角度对管理活动和管理规律进行研究的，不涉及管理分支学科的业务和方法的研究。管理学是研究所有管理活动中的共性原理的基础理论科学，无论是“宏观原理”还是“微观原理”，都需要以管理学的原理作为基础加以学习和研究，管理学是各门具体的或专门的管理学科的共同基础。[①] 管理学涉及的领域十分广阔，它需要从不同类型的管理实践中抽象概括出具有普遍意义的管理思想、管理原理和管理方法，它是一门非常综合的学科。戒毒管理学是管理学原理在戒毒领域的具体运用，从逻辑关系上看，它与管理学属于种属关系，戒毒管理学的研究能够深化管理学研究的内容。第二，戒毒管理学能够丰富戒毒学研究。戒毒是一项系统工程，戒毒学是研究戒毒人员毒品滥用成瘾，戒毒康复理论、方法与技术的知识体系，其目的是戒除戒毒人员毒瘾，矫正其扭曲的人格、错误认知和不良行为习惯，顺利回归社会，成为遵纪守法的合格公民。戒毒学所包含的子学科主要有戒毒医学、戒毒教育学、戒毒管理学、戒毒心理学和戒毒社会学等。戒毒管理学是其中一个主要的组成部分，它的主要研究内容是通过戒毒场所及戒毒工作者的管理、评估和奖惩等执法管理活动，为戒毒人员提供一个安全稳定的戒治秩序，调动他们自我戒治的积极性，养成良好的行为习惯和健康的生活方式。因此，戒毒管理学的研究能够丰富戒毒学的研究内容。

（二）有利于戒毒场所履行执法管理职责

戒毒管理是戒毒工作系统的一项内容，它是开展戒治工作的基础性工作。它是实施和执行国家戒毒法律法规赋予的执法职能活动，也是戒毒执行机关必须承担的法律责任。这种执法职能活动要将国家关于戒毒法律法规贯彻落实到戒毒工作的全方面、全过程，形成“横向到边、纵向到底”的局面，使国家的戒毒法律法

① 参见武忠远、马勇：《管理学》，高等教育出版社2012年版，第9页。

规付诸实现，是一个体现国家意志的过程。戒毒场所严格履行执法职责，通过建立健全戒毒管理工作的规章制度和实施细则，将国家戒毒法律法规贯彻落实到具体工作中，实现管理工作的规范化和法治化。

戒毒执法主要包括戒毒人员的收治与解除，探视探访与通讯、信件管理，保护性约束措施与戒毒措施的变更，戒毒人员的奖惩，戒毒诊断评估，戒毒执法监督等，它直接关系到戒毒人员的个人权益和社会秩序，在执行过程中一定要严格遵循法律规定。戒毒管理内容非常繁杂，主要包括戒毒工作的分类、分期和分级管理；安全警戒和突发事件的处置；医疗戒治、教育矫正、心理矫治、康复劳动和运动训练等现场的管理。另外，还包括戒毒机构管理、戒毒工作者的管理、戒毒场所财物与装备管理、戒毒场所信息化管理等。

（三）有利于维护戒毒康复场所的安全稳定

确保戒毒场所秩序的安全和稳定，是戒毒管理工作的一个基本目标。戒毒工作的最终目标是通过医疗戒治、教育矫正、心理矫治和执法管理等手段，使戒毒人员彻底戒除毒瘾，回归社会做一个守法的公民。

预防各类突发事故发生，确保一个无毒环境和安全稳定的戒治秩序，是开展医疗戒治、教育矫正、心理矫治、康复劳动等戒治康复工作的前提。否则，戒毒工作就无从谈起。实践表明，戒毒人员是一类特殊的人员，他们不仅具有违法犯罪心理和不良行为习惯，而且多数戒毒人员存在不同程度的人格障碍。戒毒人员在心理上往往具有羞耻感淡薄、性格偏执、性情冷酷、自我意识强烈、消极厌世、行为狂躁、自控能力差等特点。在行为上，主要表现为拉帮结派、逃避劳动、自由散漫，特别是合成类毒品成瘾人员，在戒毒期间容易出现自伤自残，甚至自杀、突发性暴力攻击等危险性行为。

所内无毒环境和安全稳定的戒治秩序，要依靠建立健全严格的规章制度，强有力的戒毒管理工作来实现。开展戒毒管理学研究，一方面可以使戒毒场所针对戒毒人员的心理行为特点，通过严格的军事化管理、纪律约束和考核奖惩，规范和震慑戒毒人员的行为，促进戒毒人员养成良好的行为习惯；另一方面使戒毒工作者准确地掌握戒毒人员的心理问题与潜在危险，有针对性地做好心理疏导与心理矫治工作，及时消除心理问题与心理障碍，将危险苗头化解在萌芽之中，实现无戒毒人员逃脱、无所内发案、无所内吸毒、无非正常死亡、无重大安全生产事故、无所内疫情的“六无”底线目标，为戒毒工作提供一个安全稳定的戒治秩序。

（四）有利于提升戒毒康复人员的戒治质量

戒毒管理是戒毒工作的一项重要内容，其目的应当服务于戒毒工作的最终目标。戒毒管理主要是通过发挥戒毒管理的矫正作用来促进和实现戒毒工作的最终目标。戒毒管理的矫正作用主要体现在：(1)外部震慑作用。戒毒场所根据国家相关法律法规，对戒毒人员实施强制性戒毒，戒毒人员的人身自由受到一定的限制；同时，戒毒场所实施严格的警戒和管束措施，无疑从外部对戒毒人员施加了强制、震慑的作用，逐渐使他们实现"服从—同化—内化"的态度转变，激发戒毒动机的形成。(2)行为矫正作用。长期的吸毒生活使戒毒人员具有不良的行为习惯，甚至由于人格障碍所致，行为出现异化。戒毒场所通过严格的军事化管理、纪律约束和奖惩措施，规范和矫正戒毒人员的行为，矫正一切恶习，使其养成健康的良好行为习惯。(3)激励督促作用。戒毒场所通过实施人性化管理、科学文明管理，对戒毒人员实行分级处遇，能够发挥人道主义的感化和激励作用，调动戒毒人员服从管理的积极性。(4)集体引导作用。戒毒场所通过管理形成的良好集体戒治氛围，对戒毒人员具有引导作用，有助于戒毒人员约束自己的行为，促进戒毒人员戒毒康复质量的提高。

（五）有利于促进戒毒人员顺利回归社会

戒毒工作的最终目的是使戒毒人员戒断毒瘾或延缓复吸，降低危害，顺利回归家庭和社会。众所周知，毒瘾具有很强的顽固性，追求"欣快感""愉悦感"的渴求心理和因避免心理抑郁和痛苦而形成的觅药行为，使戒毒人员抗复吸能力差，难以抵御毒品的诱惑。戒毒管理学中的各种戒治管理活动，能为提高戒治康复效果奠定坚实的基础。

另外，戒毒工作是一项需要全社会参与的系统工程。由于戒毒人员的标签效应，使相当一部分戒毒人员缺乏良好的社会支持系统，常常面临社会不认可、家庭不接纳、工作无着落、生活无来源、交往无朋友的尴尬局面，不能有效融入社会，从而产生自暴自弃、破罐破摔心理。戒毒管理学知识体系中的社会学理论和社会工作方法为戒毒人员的回归提供了理论支撑，特别是对社区戒毒、社区康复提供了强有力的理论指导。同时，社会化延伸与后续照管工作使戒毒所不断向场所外延伸，在戒毒人员与社会之间发挥桥梁纽带的功能。统筹把握所内资源与社会力量、教育矫治与帮教安置等之间的关系，与其他有关部门、社会机构加强协调配合，形成工作合力，共同做好戒毒人员回归社会工作，最大限度地预防和减少复吸和重新违法犯罪率。

复习思考题

1. 简述戒毒管理的概念与特点。
2. 简述戒毒管理工作的基本策略。
3. 简要说明戒毒管理学的学科性质。
4. 论述戒毒管理学与其他相关学科的关系。
5. 简述戒毒管理的原则。
6. 简要回答戒毒管理学的研究内容。
7. 论述戒毒管理学的研究价值。

本章主要参考文献

1. 孙永正：《管理学》（第2版），清华大学出版社2007年版。
2. 盛德荣：《论“四力”培养目标下的管理学教学理念及学生能力培养》，载《河南教育》（职成教）2020年第5期。
3. 陈世清：《对称经济学术语表（四）》，载大公网，http://www.wyzxwk.com/Article/jingji/2015/06/345294.html。
4. 罗珉：《管理学范式理论研究》，四川人民出版社2003年版。
5. [美]理查德·L.达夫特、[美]多萝西·马西克：《管理学原理》，高增安、马永红、李维余译，机械工业出版社2010年版。
6. 司法部戒毒管理局：《司法行政强制隔离戒毒管理实务》，法律出版社2017年版。
7. 罗琦、周丽萍主编：《新编现代汉语词典》，吉林大学出版社2003年版。
8. [美]克莱门斯·巴特勒斯：《矫正导论》，中国人民公安大学出版社1991年版。
9. 浙江省戒毒管理局组编：《浙江省司法行政戒毒系统民警戒毒业务培训教材》，浙江大学出版社2018年版。
10. （东汉）荀悦：《申鉴·杂言》。
11. （春秋）李耳：《道德经》，第六十三章。
12. 《毛泽东选集》（第1卷），人民出版社1991年版。
13. 章恩友、姜祖桢主编：《矫治心理学》，教育科学出版社2008年版。
14. 王思斌主编：《社会工作概论》，高等教育出版社2002年版。
15. 武忠远、马勇：《管理学》，高等教育出版社2012年版。

第二章　戒毒机构设置与管理

本章摘要

戒毒机构在戒毒工作运行中居于主导者的地位，并对戒毒工作目标、任务的最终实现起着决定性作用。本章介绍了戒毒机构的概念和特征，戒毒机构设置的法律依据，以及不同类型戒毒机构管理的原则、任务和职能，重点论述了强制隔离戒毒机构的设置及职责任务。

重点问题

本章需要掌握的重点问题是戒毒机构的概念与特征；不同类型戒毒机构的设置要求；强制隔离戒毒机构的管理制度和社区戒毒社区康复机构的管理。

第一节　戒毒机构设置的法律依据

一、戒毒机构的概念与特征

（一）戒毒机构的概念

戒毒机构，是指国家为了保证准确有效地执行戒毒法律、法规，收容、管理和教育戒毒人员，帮助戒毒人员戒除毒瘾，完成戒毒工作任务而依法设置的机构。《禁毒法》第 4 条规定，禁毒工作实行“预防为主，综合治理，禁种、禁制、禁贩、禁吸并举”的方针。我国的禁毒工作涵盖了毒品预防教育、禁吸戒毒、毒品管制、打击毒品犯罪、开展禁毒国际合作等诸多方面。《禁毒法》第 31 条第 2 款规定，吸毒成瘾人员应当进行戒毒治疗。因此，戒毒是禁毒工作体系中的一个非常重要的环节，戒毒机构作为戒毒工作的物质载体，其设置的合理性直接关系到戒毒的工作质量。

(二)戒毒机构的特征

1. 戒毒机构设置的目的性

通过戒毒治疗和身心康复等综合性干预措施帮助吸毒人员戒除毒瘾,来达到控制和减少现有吸毒人员的目的,是降低毒品非法需求的重要路径。由于吸毒者对毒品具有极强的生理依赖和心理依赖,戒毒过程往往需要外在的强制和干预。戒毒机构就是为了规范戒毒工作,帮助吸毒成瘾人员戒除毒瘾,维护社会秩序而设置的。不同类型戒毒机构应当遵循以人为本、科学戒毒、综合矫治、关怀救助的原则,为戒毒人员提供全链条、系统化和科学化的戒治服务,帮助戒毒人员进行生理脱毒、身心康复和社会适应性训练,教育和挽救吸毒成瘾人员。

2. 戒毒机构职能的法定性

《禁毒法》对我国的戒毒工作体制进行了重构,规定了自愿戒毒、社区戒毒、强制隔离戒毒和社区康复四种戒毒措施。为保障各项戒毒措施取得实效,依法设置戒毒医疗机构、社区戒毒与社区康复机构、强制隔离戒毒机构、戒毒康复与药物维持治疗机构,通过建章立制,明确不同戒毒机构的职能职责、方法措施和法律责任。例如,《戒毒条例》第9条明确规定,"国家鼓励吸毒成瘾人员自行戒除毒瘾。吸毒人员可以自行到戒毒医疗机构接受戒毒治疗";《戒毒治疗管理办法》明确规定,任何组织、单位和个人,未经省级卫生健康行政部门批准取得戒毒治疗资质,不得开展戒毒治疗。《戒毒治疗管理办法》规范了戒毒治疗行为,为依法开展戒毒治疗工作,维护医务人员和戒毒人员的合法权益打下了规范基础。

3. 戒毒机构工作的专业性

众所周知,复吸问题是戒毒领域面临的最大难题,在戒毒模式由"司法惩戒模式"向"生理—心理—社会模式"转变的背景下,解决毒品成瘾问题需要运用系统的方法对戒毒人员进行治疗帮助其康复,戒毒机构的戒治工作吸收了医学、心理学、教育学和社会学等多学科的专业知识,无论是在戒治方法、技术层面,还是在戒毒工作人员层面,都呈现出专业性的特点。

4. 戒毒机构结构的系统性

戒毒机构和所有社会组织一样具有结构的系统性,这种系统性体现在两个方面:一方面是不同类型戒毒机构之间存在协作运行机制。除强制隔离戒毒外,其他戒毒措施均是在检视机构化戒毒存在的天然缺陷的基础上设计的社会化处遇戒毒措施。不同的戒毒措施各有利弊,只有取长补短形成完整的戒毒链条才能取得最大的社会效益，这就需要通过制度建设，加强不同戒毒机构之间的衔接配合。探讨通过衔接帮扶制度的设计，加强各类戒毒措施的关联性，打造全链条、一体化的戒毒运作体制。另一方面是各戒毒机构内部人力、财力、物力、结构、权力等要素配置的系统性。戒毒机构的运行要体现现代组织形式正规化、专业化、职能化和有序化的要求，使戒毒机构的目标更加明确，组织结构更加合理，保障机制更加完善，不断提升戒治质量，在毒品问题治理过程中发挥更为重要的作用。

二、戒毒机构设置的法律依据

随着对毒品和毒品问题认识的不断深入，人们逐渐意识到戒毒是一个长期的治疗和康复过程。为了帮助吸毒成瘾者戒除毒瘾，以《禁毒法》和《戒毒条例》为主线，通过自愿戒毒、社区戒毒、强制隔离戒毒和社区康复等多种戒毒措施，我国构建起了戒毒治疗、康复指导和救助服务兼备的工作体系，不同类型的戒毒机构在戒毒工作中发挥着重要的作用。

（一）戒毒医疗机构设置的法律依据

戒毒治疗，是指经省级卫生健康行政部门批准从事戒毒治疗的医疗机构，对吸毒人员采取相应的医疗、护理、康复等医学措施，帮助其减轻毒品依赖、促进身心康复的医学活动。戒毒医疗机构则是指具有戒毒治疗资质，遵循与戒毒有关的法律、法规、规章、诊疗指南或技术操作规范开展戒毒治疗的医疗机构。戒毒医疗机构设置的法律依据如下。

1.《禁毒法》

《禁毒法》第 36 条第 1 ~ 2 款规定："吸毒人员可以自行到具有戒毒治疗资质的医疗机构接受戒毒治疗。设置戒毒医疗机构或者医疗机构从事戒毒治疗业务的，应当符合国务院卫生行政部门规定的条件，报所在地的省、自治区、直辖市人民政府卫生行政部门批准，并报同级公安机关备案。戒毒治疗应当遵守国务院卫生行政部门制定的戒毒治疗规范，接受卫生行政部门的监督检查。"

2.《戒毒条例》

《戒毒条例》第 2 条规定："县级以上人民政府应当建立政府统一领导，禁毒委员会组织、协调、指导，有关部门各负其责，社会力量广泛参与的戒毒工作体制。戒毒工作坚持以人为本、科学戒毒、综合矫治、关怀救助的原则，采取自愿戒毒、社区戒毒、强制隔离戒毒、社区康复等多种措施，建立戒毒治疗、康复指导、救助服务兼备的工作体系。"第9条明确规定:"国家鼓励吸毒成瘾人员自行戒除毒瘾。吸毒人员可以自行到戒毒医疗机构接受戒毒治疗。对自愿接受戒毒治疗的吸毒人员,公安机关对其原吸毒行为不予处罚。"

(二)社区戒毒与社区康复机构设置的法律依据

社区戒毒与社区康复机构,是指依据有关法律和程序规定,在乡(镇)人民政府、城市街道办事处具体实施社区戒毒与社区康复工作的机构。其主要包括社区戒毒与社区康复工作领导小组、社区戒毒与社区康复工作办公室和社区戒毒与社区康复工作小组。社区戒毒与社区康复机构设置的法律依据如下。

1.《禁毒法》

《禁毒法》明确了社区戒毒与社区康复的法律地位,为社会工作介入戒毒康复提供了平台和制度保障。根据《禁毒法》第39条第2款的规定,对不适用强制隔离戒毒的吸毒成瘾人员进行社区戒毒,由负责社区戒毒工作的城市街道办事处、乡镇人民政府加强帮助、教育和监督,督促落实社区戒毒措施。第48条第1款规定,对于被解除强制隔离戒毒的人员,强制隔离戒毒的决定机关可以责令其接受不超过3年的社区康复。

2.《戒毒条例》

《戒毒条例》第5条规定,乡(镇)人民政府、城市街道办事处负责社区戒毒、社区康复工作。《戒毒条例》第三章专门对社区戒毒措施进行了规定,明确乡(镇)人民政府、城市街道办事处应当根据工作需要成立社区戒毒工作领导小组,配备社区戒毒专职工作人员,制订社区戒毒工作计划,落实社区戒毒措施。《戒毒条例》第五章明确了社区康复措施执行的相关问题,并明确指出,社区康复在当事人所在地或者现居住地乡(镇)人民政府、城市街道办事处执行,经过当事人同意,也可以在戒毒康复场所中执行。

(三)强制隔离戒毒机构设置的法律依据

强制隔离戒毒是根据特定行政机关的决定,通过强制隔离的方式,对符合法定条件的吸毒成瘾人员进行戒毒治疗的一种戒毒措施。强制隔离戒毒机构是为了准确、有效地执行强制隔离戒毒,收治、管理、教育矫治戒毒人员,完成戒毒工作任务而设置的戒毒机构。强制隔离戒毒机构设置的法律依据如下。

1.《禁毒法》

《禁毒法》第 41 条规定,对被决定予以强制隔离戒毒的人员,由作出决定的公安机关送强制隔离戒毒场所执行。强制隔离戒毒场所的设置、管理体制和经费保障,由国务院规定。

2.《戒毒条例》

《戒毒条例》第 6 条规定,县级、设区的市级人民政府需要设置强制隔离戒毒场所、戒毒康复场所的,应当合理布局,报省、自治区、直辖市人民政府批准,并纳入当地国民经济和社会发展规划。强制隔离戒毒场所、戒毒康复场所的建设标准,由国务院建设部门、发展改革部门会同国务院公安部门、司法行政部门制定。

(四)戒毒康复机构设置的法律依据

戒毒康复是坚持以人为本、综合矫治的原则,集生理脱瘾、心理矫治、劳动康复、职业培训等于一体的戒毒工作新模式。戒毒康复机构在促进戒毒康复人员戒除毒瘾、积极就业和回归社会领域发挥了重要的作用。戒毒康复场所建设的主要法律依据如下。

1.《禁毒法》

《禁毒法》第 49 条第 1 款规定,县级以上地方各级人民政府根据戒毒工作的需要,可以开办戒毒康复场所;对社会力量依法开办的公益性戒毒康复场所应当给予扶持,提供必要的便利和帮助。从以上规定可以看出,目前戒毒康复有两种形式:一是由县级以上公安机关和司法行政部门主办的戒毒康复场所;二是由社会力量依法开办的公益性戒毒康复场所。

2.《戒毒条例》

根据《戒毒条例》第 41 条第 1 款的规定,社区康复人员可以自愿与戒毒康复场所签订协议,到戒毒康复场所戒毒康复、生活和劳动。

(五)戒毒药物维持治疗机构设置的法律依据

戒毒药物维持治疗,是指在符合条件的医疗机构,选用适宜的药品对阿片类物质成瘾者进行长期维持治疗,以减轻他们对阿片类物质的依赖,促进身体康复的戒毒医疗活动。维持治疗工作是防治艾滋病与禁毒工作的重要组成部分,必须坚持公益性原则,不得以营利为目的。戒毒药物维持治疗机构,是指经省级卫生健康行政部门批准，从事戒毒药物维持治疗工作的医疗机构。戒毒药物维持治疗机构设置的法律依据如下。

1.《禁毒法》

《禁毒法》第 51 条规定，省、自治区、直辖市人民政府卫生行政部门会同公安机关、药品监督管理部门依照国家有关规定，根据巩固戒毒成果的需要和本行政区域艾滋病流行情况，可以组织开展戒毒药物维持治疗工作。

2.《戒毒条例》

《戒毒条例》第 12 条中规定，对于符合条件的戒毒人员，经由本人申请和登记，可以参加戒毒药物维持治疗。

第二节　戒毒医疗机构管理

我国的戒毒医疗机构可以分为监所戒毒医疗机构和社会戒毒医疗机构两类。前者如各地监狱、看守所、强制隔离戒毒所开办或附属的医疗机构，后者主要指戒毒医院，包括戒毒专科医院与综合医院中的精神科或戒毒治疗科。[①] 戒毒医疗机构的合理设置和完善的管理制度，是实现戒毒治疗目标的重要组织保障。

一、医疗机构开展戒毒治疗的条件

为了规范戒毒治疗行为，依法开展戒毒治疗工作，维护医务人员和戒毒人员的合法权益，根据《禁毒法》《执业医师法》《戒毒条例》《医疗机构管理条例》《麻醉药品和精神药品管理条例》《护士条例》等法律法规的规定，国家卫生健康委员会、公安部、司法部联合印发了《戒毒治疗管理办法》，并于 2021 年 7 月 1 日起施行。根据《戒毒治疗管理办法》的有关规定，医疗机构申请开展戒毒治疗，必须同时具备下列条件：一是具有独立承担民事责任的能力；二是符合戒毒医院的基本标准或医疗机构戒毒治疗科的基本标准和《戒毒治疗管理办法》的规定。

① 参见褚宸舸：《我国社会戒毒医疗机构存在的问题及其完善——以西安市四家戒毒医疗机构的调查为例》，载《山东警察学院学报》2017 年第 6 期。

（一）医疗机构戒毒治疗科的基本标准

1. 床位数量

医疗机构戒毒治疗科至少设有治疗病床 10 张。

2. 科室设置

医疗机构戒毒治疗科与其他临床科室相对独立，至少设有接诊室、安全检查室、治疗室、心理咨询室、探视室、活动室等。医疗机构应当至少设有抢救室、药房、放射科、心电图室、医学检验科、消毒供应室、病案室等；其中医学检验科应当具备艾滋病快速筛查检测能力，有条件的地区应设立艾滋病检测筛查实验室。

3. 人员配备

医疗机构戒毒治疗科每床至少配备 0.88 名卫生技术人员；至少有 3 名医师、5 名护士和 1 名心理卫生专业人员；戒毒治疗科的业务负责人应当具有中级以上专业技术职务任职资格，从事精神卫生或戒毒医疗工作 3 年以上，并应具备相应的心理卫生专业知识；封闭式管理的戒毒治疗科至少应当配备 4 名具有合法上岗资质的保安人员。

4. 医疗用房

医疗机构戒毒治疗科的每床建筑面积不少于 35 平方米；病房每床净使用面积不少于 6 平方米；戒毒人员室外活动场地平均每床不少于 2 平方米；通风、采光、安全等符合戒毒医疗机构管理和卫生要求。

5. 设备设施

医疗机构戒毒治疗科应具备供氧装备、人工呼吸急救复苏球、电动吸引器、必要的消毒设施、心电监护仪、洗胃机、必备的抢救药品和设施、器械柜、麻醉药品和第一类精神药品保险柜、计算机，并配有戒毒人员专用的卫生洗浴设施；有条件的可以安装监控、报警设施。

6. 规章制度

医疗机构戒毒治疗科应按照国家及地方有关规定，结合机构业务工作需要，制定并完善医疗机构管理的各项规章制度和人员岗位职责。有省级以上卫生健康行政部门组织制定或认可的医疗护理技术操作规程，以及针对戒毒治疗、麻醉药品和精神药品管理使用的规章制度，并成册可用。

(二)戒毒医院的基本标准

1. 床位数量

戒毒医院的住院床位总数不少于20张。

2. 科室设置

戒毒医院应至少设有精神卫生科、内科;至少设有放射科、医学检验科、药房、心电图室、消毒供应室、病案室。其中医学检验科应当具备艾滋病快速筛查检测能力,有条件的地区应设立艾滋病检测筛查实验室;另外,应设有接诊室、安全检查室、治疗室、抢救室、心理咨询室、探视室、活动室等。

3. 人员配备

戒毒医院每床至少配备0.88名卫生技术人员;至少有4名医师(至少有50%的医师的执业范围为精神卫生专业),8名护士和相应的临床药学、医技、心理卫生等专业技术人员。医师、护士、药学专业技术人员应当符合《戒毒医疗服务管理暂行办法》的有关规定;戒毒治疗临床科室的业务负责人应具有高级卫生专业技术职务任职资格或从事精神卫生、戒毒医疗临床工作5年以上;封闭式管理的戒毒医院至少应当配备4名具备合法上岗资质的保安人员。

4. 医疗用房

戒毒医院的每床建筑面积不少于40平方米;病房每床净使用面积不少于6平方米;戒毒人员室外活动场地平均每床不少于3平方米;通风、采光、安全等符合戒毒医院管理和卫生要求。

5. 设备设施

戒毒医院应具备供氧装备、人工呼吸急救复苏球、心电监护仪、脑电图仪、B超、艾滋病筛查检测设备、电动吸引器、心电图机、高压蒸汽灭菌设备及其他必要消毒设施、器械柜、X光机及暗室成套设备、检验科需要的配套设备、必备的抢救药品和设备、麻醉药品和第一类精神药品的药库和保险柜、计算机等,并配有戒毒人员专用的卫生洗浴设施。有条件的可以安装监控、报警设施;病房每床单元设备与二级综合医院相同;具有与开展的诊疗活动相应的其他设备设施。

6. 规章制度

戒毒医院应按照国家及地方有关规定,结合本机构业务的工作需要,制定并完善医疗机构管理的各项规章制度和人员岗位职责。有省级以上卫生健康行政部门组织制定或认可的医疗护理技术操作规程,以及针对戒毒治疗、麻醉药品和精神药品管理使用的规章制度，并成册可用。

7. 注册资金

戒毒医院的注册资金到位，数额由各省、自治区、直辖市卫生健康行政部门确定。

二、戒毒医疗机构的设置程序

根据《戒毒治疗管理办法》的规定，现行戒毒医疗机构的设置程序包括规划、申请、审查、登记四个环节。

（一）规划

戒毒医疗机构的设置需要有严格的规划，省级卫生健康行政部门需要与同级公安、司法行政部门，根据本行政区域戒毒治疗资源情况、吸毒人员分布状况和需求，制定本行政区域戒毒医疗机构设置规划，并纳入当地医疗机构设置规划。

（二）申请

申请设置戒毒医疗机构或医疗机构从事戒毒治疗业务的，应当按照《医疗机构管理条例》、《医疗机构管理条例实施细则》及《戒毒治疗管理办法》的有关规定报省级卫生健康行政部门批准，并报同级公安机关备案。

（三）审查

省级卫生健康行政部门应当对申请进行审查，自受理申请之日起 15 个工作日内，作出批准或不予批准的决定，并书面告知申请者。如 15 个工作日内不能作出决定的，经本行政机关负责人批准，可以延长 10 个工作日，并应当将延长期限的理由告知申请者。

（四）登记

批准开展戒毒治疗的卫生健康行政部门，应当在《医疗机构执业许可证》副本备注栏中进行"戒毒治疗"项目登记。医疗机构取得戒毒治疗资质后方可开展戒毒治疗。

三、戒毒医疗机构的执业规则

（一）依法依规开展戒毒治疗工作，保障戒毒人员的合法权益

具有戒毒治疗资质的医疗机构及其医务人员开展戒毒治疗，应当遵循与戒毒有关的法律、法规、规章、诊疗指南或技术操作规范，采用安全性、有效性确切的诊疗技术和方法，严格按照《医疗机构管理条例》《戒毒治疗管理办法》《常见药物依赖临床诊疗指南》《阿片类成瘾常用戒毒疗法的指导原则》《苯丙胺类兴奋剂滥用及相关障碍的诊断治疗指导原则》等规定指导临床医疗工作。与戒毒人员签订知情同意书，为戒毒人员提供心理康复、行为矫正、社会功能恢复等服务，并开展出院后的随访工作。依法保护戒毒人员的隐私，不得侮辱、歧视戒毒人员。

（二）制定和落实各项管理规章制度，保证戒毒医疗质量

戒毒医疗机构疗应当根据业务特点制定并落实各项管理规章制度，加强对医务人员的管理，维护医患双方的合法权益。具体包括：制定岗位人员责任制度、医疗护理技术操作规程、戒毒治疗中麻醉药品和精神药品管理制度和操作规程；建立与健全安全检查与隔离制度、病人出入院及随访制度、陪护制度和探视制度；建立戒毒人员医疗档案管理制度，按照规定报送戒毒人员的相关治疗信息等。

（三）加强麻醉药品、精神药品管理，严防戒毒用药品流入非法渠道

用于戒毒治疗的药物和医疗器械应当取得药品监督管理部门的批准文号。购买和使用麻醉药品及第一类精神药品应当按规定获得“麻醉药品和第一类精神药品购用印鉴卡”，并在指定地点购买，不得从非法渠道购买戒毒用麻醉药品和第一类精神药品。依法加强药品管理，防止麻醉药品、精神药品的流失滥用。

（四）加强戒毒场所的安全管理，为戒毒治疗提供无毒安全的环境

医疗机构根据戒毒治疗的需要，可以对接受戒毒治疗的戒毒人员进行身体和所携带物品的检查，对检查发现的毒品及其用具等，按照有关规定交由公安机关处理。对戒毒人员进行必要的身体检查和艾滋病等传染病的检测，按照有关规定开展艾滋病等传染病的预防、咨询、健康教育、报告、转诊等工作。治疗期间，医疗机构应当不定期地对戒毒人员进行吸毒检测。发现吸食、注射毒品的，应当及时

向当地公安机关报告。在治疗期间，发现戒毒人员有人身危险的，可以采取必要的临时保护性约束措施。通过严格的管理，维持戒毒场所的无毒安全环境，保障戒毒的医疗质量。

四、戒毒医疗机构的监督管理

为维护戒毒医疗机构正常的诊疗秩序，保障戒毒人员的合法权益，提高戒毒治疗的效果，《戒毒治疗管理办法》明确规定对戒毒医疗机构进行监督管理。戒毒医疗机构监督管理具有监督管理主体的广泛性、监督管理对象的特定性和监督管理内容的综合性等特点。

（一）监督管理主体的广泛性

戒毒医疗机构的监督主体包括卫生健康行政部门、公安机关、司法行政等部门。卫生健康行政部门负责戒毒医疗机构的监督管理，并对强制隔离戒毒医疗服务进行业务指导；公安机关、司法行政等部门在各自职责范围内负责对强制隔离戒毒所、戒毒康复场所、监狱、拘留所和看守所开展戒毒治疗的监督管理。

（二）监督管理对象的特定性

戒毒医疗机构的监督对象是从事戒毒治疗活动的戒毒医院和医疗机构戒毒治疗科。戒毒治疗通过医学手段，对戒毒人员进行生理脱瘾，治疗因吸毒导致的躯体并发症及各种躯体疾病，消除戒毒人员对毒品的躯体依赖。作为戒毒的基础性工作，戒毒治疗具有鲜明的科学性和专业性特点，必须由具有戒毒治疗资质的医疗机构开展。未经省级卫生健康行政部门批准取得戒毒治疗资质，不得开展戒毒治疗。

（三）监督管理内容的综合性

根据《戒毒治疗管理办法》第 37 ~ 42 条的相关规定，对戒毒医疗机构的监督管理是一项经常性的业务工作，监督管理内容广泛，呈现出综合性的特点，涉及戒毒医疗机构资质、校验期限、诊疗技术、法律责任等多个领域。各级卫生健康行政部门行使下列监督管理职权：

1. 省级卫生健康行政部门负责戒毒医疗机构的设置审批；

2. 对戒毒医疗机构的基本条件和执业状况进行检查、评估、审核，并依法作出相应结论；

3. 依法对戒毒医疗机构的执业活动进行检查指导，采取有效措施，加强对成熟的戒毒诊疗技术的临床应用管理；

4. 加强与同级公安机关、司法行政等部门的协作，并充分发挥卫生健康行业学（协）会和专业社会团体的作用；

5. 将辖区内戒毒治疗的开展情况报上级卫生健康行政部门和同级禁毒委员会；

6. 对戒毒医疗机构及其医务人员违反相关法律规定的，依法予以处罚。

第三节　社区戒毒社区康复机构与戒毒康复机构管理

一、社区戒毒社区康复机构的设置与职责

（一）社区戒毒社区康复机构的设置

社区戒毒社区康复机构包括社区戒毒社区康复工作领导小组、社区戒毒社区康复工作办公室和社区戒毒社区康复工作小组。

1. 社区戒毒社区康复工作领导小组

社区戒毒社区康复工作领导小组是社区戒毒社区康复工作的管理机构，根据《关于加强社区戒毒社区康复工作的意见》的规定，各地禁毒委员会要指导乡（镇）人民政府、城市街道办事处根据工作需要建立健全社区戒毒社区康复工作领导小组，由分管领导任组长，综治、公安、卫生、民政、司法行政等有关部门负责人为成员，依法履行社区戒毒社区康复工作职责。工作任务较重的地方，主要领导要亲自负责，定期研究工作，落实责任分工。县（市、区）禁毒委员会要定期召开社区戒毒社区康复工作会议，对社区戒毒社区康复工作进行专题部署。各有关部门既要各司其职，发挥各自优势，又要通力协作，形成整体合力，使各个环节有序衔接、各项措施有效落实。

2. 社区戒毒社区康复工作办公室

社区戒毒社区康复工作领导小组成立后，要推动乡（镇）人民政府、城市街道办事处设立社区戒毒社区康复工作办公室，落实办公用房、活动场地等基础设施，

为社区戒毒社区康复人员提供心理辅导、职业技能培训、职业指导、社会支持网络重建、社会功能修复、社会融入服务以及就学、就业、就医援助。毒情严重的地方要按照有办公场所、有工作经费、有专职社工、有宣传橱窗、有管理制度、有责任制度、有工作效果的要求,建立集动态管控、戒毒治疗、心理矫治、帮扶救助、就业指导、宣传教育"六位一体"功能的社区戒毒社区康复服务中心,实现建设标准化、工作规范化、功能项目化、服务精细化、效能优质化。毒情较轻的地方可以联合几个乡镇、街道统筹开展社区戒毒社区康复工作。

3. 社区戒毒社区康复工作小组

社区戒毒社区康复工作小组是具体负责实施社区戒毒社区康复的组织机构。由社区戒毒社区康复专兼职工作人员、社区民警、社区医务人员、社区戒毒社区康复人员的家庭成员以及禁毒志愿者共同组成。负责女性社区戒毒社区康复人员的工作小组应当有女性工作人员参加。

(二)社区戒毒社区康复机构的主要职责

1. 落实社区戒毒社区康复措施

公安机关作出社区戒毒社区康复的决定后,应当在7个工作日内通知负责执行社区戒毒社区康复的乡(镇)人民政府、城市街道办事处,移交档案等有关材料,并将决定书送达本人及其家属。在接到公安机关的通知后,乡(镇)人民政府、城市街道办事处应当做好准备工作,切实落实必送必接措施,实现有效衔接,防止脱管失控。社区戒毒社区康复期间,被责令人户籍所在地、现居住地发生变动,需要变更社区戒毒社区康复执行地的,应当按照《戒毒条例》的有关规定及时变更执行地,并做好管理移交和材料转送工作。社区戒毒社区康复人员自愿申请,并与戒毒康复场所签订协议,可以到戒毒康复场所执行,原执行地乡(镇)人民政府、城市街道办事处应当与戒毒康复场所共同做好入所出所衔接和日常管理工作。

2. 签订社区戒毒社区康复协议

社区戒毒社区康复人员报到后,社区戒毒社区康复工作小组应当及时与社区戒毒社区康复人员签订《社区戒毒(社区康复)协议》。协议由省级禁毒委员会办公室根据本地实际统一制定。内容应包括本地社区戒毒社区康复工作的主要措施,执行单位的职责和义务,社区戒毒社区康复人员的权利和义务,双方不履行协议应当承担的法律责任等。被责令人员在社区戒毒社区康复期间应当严格遵守协议,对拒绝接受社区戒毒社区康复、严重违反协议的,应当严格依据法律有关规定进行处理。

3. 加强对社区戒毒社区康复人员的监督管理

（1）建立分类管理机制。社区戒毒社区康复工作小组应当根据社区戒毒社区康复人员的染毒程度、经历、个人特点、生活和家庭环境等情况，探索建立分类管理机制，有的放矢地采取管理措施。

（2）建立帮教制度。定期与社区戒毒社区康复人员及其家属进行谈心，掌握现实表现，督促履行协议。

（3）协助公安机关进行吸毒检测。公安机关应当按照定期不定时的原则，认真做好社区戒毒社区康复人员的吸毒检测工作，社区戒毒社区康复工作人员应当给予协助。对社区戒毒人员的检测为3年内至少22次，第一年为每月1次，第二年为每2个月1次，第三年为每3个月1次；对社区康复人员的检测为3年内至少12次，第一年为每2个月1次，第二年为每3个月1次，第三年为每6个月1次。对拒绝接受社区戒毒社区康复或执行期间脱失人员，社区戒毒社区康复工作小组应当组织查找。

4. 规范对社区戒毒社区康复人员的戒毒治疗

符合戒毒药物维持治疗条件的社区戒毒社区康复人员，经乡（镇）、街道社区戒毒社区康复工作办公室批准，可以向医疗卫生机构申请参加戒毒药物维持治疗，社区戒毒社区康复工作办公室应当与戒毒药物维持治疗机构建立工作衔接和定期通报制度，加强信息交流和沟通。社区戒毒社区康复人员在参加戒毒药物维持治疗期间，应当严格遵守戒毒药物维持治疗的有关规定，发现吸食、注射毒品以及脱失、自动终止治疗的，医疗卫生机构应当及时向公安机关和社区戒毒社区康复工作办公室报告。

5. 加强对社区戒毒社区康复人员的帮扶救助

乡（镇）人民政府、城市街道办事处要落实《关于加强戒毒康复人员就业扶持和救助服务工作的意见》（禁毒办通〔2014〕30号）和《关于做好戒毒康复人员就业和社会保障工作的通知》（人社厅发〔2015〕123号）精神，做好社区戒毒社区康复人员的就业扶持、职业培训、社会保障、救助服务等工作。应当把帮助社区戒毒社区康复人员就业安置作为社区戒毒社区康复工作的重要任务，立足社区，依托企业，充分运用集中就业安置、分散就业安置、提供公益岗位、鼓励自主创业等多种方式，积极为社区戒毒社区康复人员提供就业机会。社区戒毒社区康复工作机构要加强与人力资源社会保障、民政、司法行政、卫生行政等部门的联系，社会保障部门应当为社区戒毒康复人员提供就业指导、职业技能培训。民政部门应当将符合条件的社区戒毒康复人员及时纳入城乡最低生活保障范围。积极帮助社区戒毒社区康复人员解决生活困难、顺利融入社会。

6. 建立社区戒毒社区康复人员的管理档案

社区戒毒社区康复工作小组应当为社区戒毒社区康复人员建立戒毒康复管理档案，实时登记报到、帮教、检测、变更、解除等执行情况以及培训、就业等现实表现，有条件的应当实行信息化管理，实现信息网上录入、档案网上管理、程序网上流转、工作网上监督。同时及时将戒毒康复、吸毒检测、就业安置等信息提供给公安机关或禁毒办事机构，共同做好吸毒人员动态管控信息的登记维护工作。

二、戒毒康复机构的管理

（一）戒毒康复机构的设置

为了解决戒毒人员的后续照管、融入社会问题，最早由云南开远、海南三亚、四川西昌、广东三水等地按照以人为本、科学戒毒、综合矫治、关怀救助的原则，积极探索戒毒康复场所试点项目建设，建成了一批集戒毒、康复、生活、学习、培训、就业等功能于一体的戒毒康复场所。戒毒康复场所以自愿为前提、康复为中心、生产为平台、教育为手段、医疗为保障、回归为目标，通过为戒毒期满后自愿留所和返所人员提供就业岗位的方式，安置了一批戒毒人员。有的戒毒康复场所还利用自身优势，积极与企业合作，最大限度向戒毒人员提供培训和就业岗位。通过这种方式，使戒毒康复场所成为戒毒治疗的医院、劳动康复的基地、培养技能的学校、就业帮扶的平台，最大限度地帮助戒毒人员巩固了戒毒效果，有效降低了复吸毒率。根据《禁毒法》《戒毒条例》的相关规定，戒毒康复机构包括以下两种类型。

1. 县级以上地方各级人民政府开办的戒毒康复场所

《禁毒法》第 49 条第 1 款规定，县级以上地方各级人民政府根据戒毒工作的需要，可以开办戒毒康复场所。此类戒毒康复场所是由公安和司法行政戒毒部门开办的由政府出资、对戒毒人员全免费的戒毒康复机构。戒毒康复场所应当设置行政管理、戒毒康复、教育培训、劳动生产、后勤保障等部门。截至 2018 年年底，全国司法行政戒毒系统共有戒毒康复场所或区域 73 个，床位 7100 余张，为帮助戒毒人员戒除毒瘾、回归社会，减少毒品危害、净化社会环境发挥了重要作用。

2. 社会力量依法开办的公益性戒毒康复场所

对于社会力量依法开办公益性戒毒康复场所的，县级以上地方各级人民政府应当给予扶持，提供必要的便利和帮助，包括在开办手续、场地选择和经营过程中提供便利，帮助解决在开办和经营过程中遇到的各种困难等。此类戒毒康复场所是帮助戒毒人员戒除毒瘾、身心康复的社会公益性事业，是帮助戒毒人员安置就业、康复巩固、回归社会的场所。

（二）戒毒康复机构的职责

1. 探索人性化管理方式

戒毒康复采用人性化的管理方式，充分调动戒毒人员戒毒的自主意愿，指导戒毒康复人员通过民主选举组建管理机构，引导戒毒人员实现自我关心、自我教育、自我约束。在协议签订、职业培训、劳动康复、学习生活、内务管理、生产经营等领域制定完善的管理制度，依法全面保障戒毒康复人员的合法权利。

2. 促进戒毒人员身心康复

戒毒康复场所应采取多种手段，帮助戒毒人员摆脱毒瘾，实现身心康复。（1）建立戒毒康复人员健康检查制度。定期开展健康检查，掌握戒毒康复人员的健康状况。（2）制订有针对性的康体训练计划。组织戒毒康复人员参加体育活动，增强体质，促进生理机能恢复。（3）开展脱毒治疗工作。戒毒康复场所取得相应资质后，可以按照国家有关规定开展脱毒治疗工作。（4）开展心理矫治工作。对戒毒康复人员开展心理矫治工作，帮助戒毒康复人员调节不良情绪，改变错误认知，预防、减轻和消除心理问题，促进心理健康。（5）加强疾病预防控制。开展艾滋病、肝炎、结核病等传染病的预防控制工作，保障戒毒康复人员的健康权益。（6）开展防毒拒毒教育工作。重点开展以毒品知识、毒品危害、戒毒康复为主要内容的教育，增强戒毒康复人员抵御毒品的信心和能力。组织戒毒康复人员参加各种文化娱乐活动，营造良好的戒毒氛围。

3. 提高戒毒康复人员就业能力

就业能力是戒毒康复人员复归社会的重要保障，提升戒毒康复人员就业能力的途径包括：（1）引进生产项目。戒毒康复场所要坚持把引进生产项目作为戒毒康复场所建设的重要组成部分，不断提高戒毒康复人员的劳动技能，增加戒毒康复人员的劳动报酬，提高戒毒康复人员的就业能力。（2）加强职业技能培训。积极举办种植养殖、计算机应用、美容美发等多种形式的培训班，培养戒毒康复人员的基本谋生技能。戒毒康复场所负责组织戒毒康复人员，人力资源社会保障部门负责提供培训教材和师资，共同对在所戒毒康复人员进行职业技能培训，经职业技能鉴定合格的颁发相应的职业资格证书。

4. 加强戒毒康复人员救助服务

一是要积极帮助戒毒康复人员落实社会保障、解决生活困难。对符合条件的戒毒康复人员提供就业登记、就业困难人员认定、就业援助、最低生活保障、医疗保险、养老保险、失业保险等社会保障，对由于特殊原因造成基本生活出现暂时困难的戒毒康复人员给予临时救助。二是积极推动有关部门落实场所内部劳动康复企业享受优惠政策，对招用符合条件的戒毒康复人员的劳动康复企业按规定给予相应的税收优惠政策，对招用符合就业困难人员条件的戒毒康复人员给予社会保险补贴，鼓励企业参与戒毒康复事业。

5. 完善档案管理制度

戒毒康复场所应当制订档案管理制度，指定专门工作人员负责戒毒康复人员的档案管理工作。戒毒康复人员档案主要包括以下内容：(1)《戒毒康复协议》；(2)戒毒康复人员管理资料；(3)戒毒康复人员身体健康资料；(4)戒毒康复人员康复治疗记录；(5)其他资料。

6. 拓展戒毒康复场所功能

有条件的戒毒康复场所可以建立戒毒康复服务指导中心，戒毒康复服务指导中心的主要职能包括：(1)对社会面戒毒康复人员提供禁毒教育、技能培训、戒毒治疗、心理辅导等服务；(2)对从戒毒康复场所回归社会的戒毒康复人员提供后续跟踪服务；(3)对社区戒毒专职工作人员、禁毒志愿者以及戒毒康复人员家属开展戒毒康复教育培训；(4)对社会群体进行禁毒宣传教育，定期组织在校学生、干部群众、社区居民参观考察，把戒毒康复场所建成禁毒宣传教育的基地。

第四节　强制隔离戒毒机构管理

根据《禁毒法》《戒毒条例》的规定，被强制隔离戒毒的人员在公安机关强制隔离戒毒场所执行强制隔离戒毒 3 ~ 6 个月后，转至司法行政强制隔离戒毒场所继续执行强制隔离戒毒。本节主要介绍司法行政强制隔离戒毒执行机构，即强制隔离戒毒所的设置与管理。

一、强制隔离戒毒所管理体制

在我国，司法行政机关戒毒工作形成了三级管理体制。司法部下设戒毒管理局，负责管理全系统的戒毒工作。全国31个省（自治区、直辖市）和新疆生产建设兵团设置戒毒管理局，负责管理本行政区域内的司法行政戒毒工作。在大中城市（地区、盟、自治州）司法局也设立了戒毒管理处（科），负责管理本地区的司法行政戒毒工作。这些机构的主要职能包括执行强制隔离戒毒；开展戒毒康复；指导、支持社区戒毒、社区康复工作。

强制隔离戒毒所是依法设置的强制隔离戒毒执行机关，是代表国家依法对被决定强制隔离戒毒人员实行强制性教育戒治的国家行政执法机关。强制隔离戒毒所分为省属和市属两类，省属所由省（自治区、直辖市）戒毒管理机关主管，市属所由大中城市（地区、盟、自治州）一级司法行政部门管理。

二、强制隔离戒毒所设置

根据《禁毒法》《戒毒条例》《司法行政机关强制隔离戒毒工作规定》等法律、法规、部门规章的规定，强制隔离戒毒场所按以下要求设置。

（一）强制隔离戒毒所规划

县级、设区的市级人民政府根据需要设置强制隔离戒毒场所，应当合理布局，报省、自治区、直辖市人民政府批准，并纳入当地国民经济和社会发展规划。司法行政机关设置强制隔离戒毒所，还应当符合司法部的规划，经省、自治区、直辖市司法厅（局）审核，由省级人民政府批准，并报司法部备案。

（二）强制隔离戒毒所类型

1. 普通强制隔离戒毒所。普通强制隔离戒毒所是对18岁以上的男性戒毒人员执行强制隔离戒毒的场所。

2. 女子强制隔离戒毒所。女子强制隔离戒毒所是专门收治18岁以上女性戒毒人员的强制隔离戒毒所。根据法律规定，具备条件的地方应当单独设置收治女性戒毒人员的强制隔离戒毒所。

3. 未成年人强制隔离戒毒所。未成年人强制隔离戒毒所收容不满18周岁的戒毒人员。根据法律规定，具备条件的地方应当单独设置收治未成年戒毒人员的强制隔离戒毒所。

4. 病残人员强制隔离戒毒所。病残人员强制隔离戒毒所是专门收治伤残和患艾滋病等戒毒人员的强制隔离戒毒所。

（三）强制隔离戒毒所命名

强制隔离戒毒所一般在其所在地的地名后加“强制隔离戒毒所”进行命名，如“××省××市强制隔离戒毒所”。如果同一地域有多个强制隔离戒毒所，也可以采取其他方式命名，如“××省××市第×强制隔离戒毒所”。

专门收治女性或者未成年戒毒人员的场所，要在“强制隔离戒毒所”前加“女子”或者“未成年人”字样，如“××省女子强制隔离戒毒所”“××省未成年人强制隔离戒毒所”。

（四）强制隔离戒毒所建设标准

2014 年住建部和国家发改委联合发布了《强制隔离戒毒所建设标准》，戒毒场所一般建在交通便利、市政设施完善的大中城市周边，便于充分利用社会医疗和教育资源。从建设规模上看，司法行政强制隔离戒毒所可以分为：小型戒毒所（300 ~ 799 人）、中型戒毒所（800 ~ 1499 人）和大型戒毒所（1500 ~ 3000 人）。规定明确提出，为保障强制隔离戒毒所的安全文明管理，强制隔离戒毒所的收治量不宜超过 3000 人。按戒毒功能要求，戒毒场所设有收治、居住、治疗、康复、帮教、劳动等功能区。戒毒场所的每间寝室床铺数量为 6 ~ 12 张，以 6 人寝室为例，戒毒人员人均使用面积为 7.13 平方米。

三、强制隔离戒毒所内设机构

根据《司法行政机关强制隔离戒毒工作规定》第 8 条的相关规定，强制隔离戒毒所内设机构包括领导机构、职能机构和戒毒大队三个部分。

（一）领导机构

强制隔离戒毒所设所长一人、政治委员一人、副所长若干人。所长负责全面工作。政治委员负责思想政治工作，协助全面工作。副所长分管管理、教育、生产、行政等方面的工作。

(二)职能机构

强制隔离戒毒所的职能机构包括两类:一是围绕场所教育戒治工作设立的职能科室,主要包括办公室、所政管理科、生活卫生科、教育矫治科、计划财务科等。二是根据全国统一司法行政戒毒工作基本模式要求设置的五大中心,分别是戒毒医疗中心、教育矫正中心、心理矫治中心、康复训练中心和诊断评估中心五个专业机构,配备专业人员,承担戒毒医疗、教育矫正、心理矫治、康复训练、诊断评估等专业戒治工作。五个专业机构的主要任务如下。

1. 戒毒医疗中心的任务

戒毒医疗中心的主要任务是开展戒毒人员急性脱毒治疗和所内基本医疗工作。戒毒医疗中心重点建设生理脱毒病房、戒毒康复门诊、精神卫生门诊科室,配备戒毒治疗和传染病筛查设备,建立具有戒毒等相关知识和专业技能的医师队伍。戒毒医疗中心采取和使用的生理脱毒方法应当科学规范,确保安全。戒毒医疗中心应至少配备或聘任 1 名精神卫生医生,并管理使用好麻醉药品和精神药品。戒毒医疗中心应加强与社会医院合作,建立专家定期来所坐诊、开展远程会诊制度,开通戒毒人员救治绿色通道,方便疑难病症诊治和急难危重戒毒人员的抢救与治疗。

2. 教育矫正中心的任务

教育矫正中心的任务是改变戒毒人员的错误认知,增强戒毒人员的戒毒动机,提高戒毒人员的戒毒信心。通过构建以戒毒教育为重点,以职业教育为保障,以亲情教育和社会帮教为支持,以毒品预防宣传和衔接帮扶为延伸的工作体系,对戒毒人员开展教育矫正工作。

3. 心理矫治中心的任务

心理矫治中心的主要任务是帮助戒毒人员戒断“心瘾”。心理矫治中心应科学设置心理咨询、测验和治疗的场所,配备生物反馈仪、毒瘾测试等专业设备;建立戒毒人员的心理健康档案,普遍开展心理健康教育,定期开展心理测评,全程跟踪戒毒人员的心理健康状况。心理咨询专业人员应用沙盘治疗、音乐治疗、脱敏训练、动机晤谈等心理治疗技术,帮助戒毒人员调节情绪,适应环境,增进身心健康。

4. 康复训练中心的任务

康复训练中心的主要任务是增强戒毒人员意志力,恢复和改善身体机能。康复训练中心应设置体能康复训练场馆,配备用于训练力量、耐力、速度、灵敏度、平衡协调的器械,建立专兼职康复训练指导队伍;对戒毒人员的身体状况进行测试,由专业人员开具有针对性的个人运动处方,合理确定训练项目和运动强度;要对运动效果进行定期测试评估,根据评估结果调整训练计划。

5. 诊断评估中心的任务

诊断评估中心的主要任务是开展戒毒效果阶段性评价和全过程效果评估。诊断评估是对戒毒人员生理脱毒、身心康复、行为表现、社会环境与适应能力等情况进行的综合考核和评价。戒毒人员在生理脱毒、教育适应、康复巩固和回归指导等阶段流转,都需要开展诊断评估。戒毒场所根据诊断评估结果可以提出提前解除、延长戒毒期限的意见,也可在解除强制隔离戒毒措施时提出责令社区康复的建议。

(三)戒毒大队

戒毒大队是强制隔离戒毒所的基层组织,是依法直接管理教育戒毒人员、组织生产劳动的执法单位。戒毒大队的职责包括:负责戒毒人员的日常管理、卫生管理和奖惩管理;对戒毒人员实施思想、法律、文化、心理和职业教育;组织戒毒人员参加生产劳动等。

四、强制隔离戒毒所职能

强制隔离戒毒所依据国家授权享有权利,也承担相应义务。根据有关法律法规的规定,强制隔离戒毒所的主要职能包括:

(一)严格执法

戒毒执法是指强制隔离戒毒所及其工作人员根据法律授权,为帮助吸毒人员戒断毒瘾并顺利回归社会而执行禁毒、戒毒相关法律法规的具体行政行为。按照《禁毒法》《戒毒条例》等法律法规的规定,依法执行强制隔离戒毒,是将戒毒人员收容在戒毒场所内进行戒毒的一项严肃的执法活动,对其人身自由等项权利依法加以必要限制。因此,强制隔离戒毒执法的内容和标准必须由法律明确规定,任何机构和个人都不得有超越法律规定的职权的行为。强制隔离戒毒所及其人民警察要严格履行强制隔离戒毒职权,确保严格依照法定权限、程序与标准履行职责、行使权力,准确及时收治强制隔离戒毒人员,保证完成各项戒毒任务。

(二)规范管理

强制隔离戒毒所实行封闭管理,戒毒人员的学习、生活和戒治在警察的组织和监督下进行。统一司法行政戒毒工作的基本模式以分期分区为基础,专业中心为支撑,科学戒治为中心,衔接帮扶为延伸,构建起了区域分设、专业戒治、医教并重、有效衔接的工作体系,在教育矫治、戒毒医疗、康复训练等领域形成了更为完善的工作标准、流程和制度。只有严格规范、公正文明行使执法权力,规范管理,才能更好地营造安全稳定、和谐有序的场所管理秩序。

(三)教育戒治

教育戒治是有目的、有计划、有组织、依法实施的旨在帮助戒毒人员转变思想、矫正行为、培养技能的实践活动。强制隔离戒毒所把教育戒治作为中心任务,根据戒毒人员的性别、年龄、身体状况、吸毒史等情况,按照毒品成瘾的原理和机制,积极引入科学矫治理论和技术,开展戒毒医疗、教育矫正、心理矫治、康复训练以及诊断评估等工作,采用富有实效的戒治措施帮助戒毒人员戒除毒瘾。

(四)保障戒毒人员的合法权利

戒毒人员在强制隔离戒毒期间的合法权利受到保护,不容侵犯。戒毒人员享有宪法和法律规定的公民普遍享有的权利(因限制人身自由被剥夺的除外),还享有戒毒相关的法律法规规定的权利,如知情权、陈述申辩权及监督建议权,依法申请行政复议或者提起行政诉讼权,以及获得国家损害赔偿与救济权,获得生理、心理治疗和身体康复训练的权利等。

五、强制隔离戒毒执法监督

强制隔离戒毒执法监督,是指具有监督权的国家机关、其他社会组织及公民个人依照法律规定,对强制隔离戒毒场所的执法活动,进行检查、评价、督促、建议、检举、控告及纠正的活动。

(一)强制隔离戒毒执法监督主体

强制隔离戒毒执法监督主体具有多元性,全国人大、国家机关、政党、社会组织和社会团体、舆论传媒等都是强制隔离戒毒执法监督的主体。司法行政戒毒系统建有内部监督机制，上级司法行政戒毒机关对所属戒毒场所开展检查和考核，戒毒场所内部的纪检监察、警务督察部门对警察的执法行为进行监督检查。戒毒场所接受人大、政协监督，对提出的意见、提案、批评、建议等进行调查研究，整改落实。戒毒场所聘请社会人士担任执法监督员，实行所务公开，将戒毒人员的权利和义务、执法依据和执法情况向戒毒人员、家属和社会公开，接受各界监督，推进“阳光执法”。

（二）强制隔离戒毒执法监督对象

强制隔离戒毒执法监督对象，是指强制隔离戒毒场所和强制隔离戒毒工作人民警察在管理、教育、挽救戒毒人员的活动中实施的具体执法活动。从戒毒人员入所到出所，各个环节均涉及执法活动，如收治体检、人身检查、财物核对、诊断评估、执行变更等。通过加强执法监督，一方面可以保障戒毒人员的合法权益不受侵害，另一方面防止执法过程中发生腐败，保证强制隔离戒毒场所及强制戒毒工作人民警察正确规范行使职权。

（三）强制隔离戒毒执法监督内容

1. 对行政规范性文件的合法性进行监督检查；
2. 对戒毒执法主体和程序的合法性进行监督检查；
3. 对戒毒执法行为的合法性进行监督检查；
4. 对戒毒执法主体履行法定职责情况进行监督检查；
5. 对戒毒执法违法行为查处情况进行监督检查；
6. 对戒毒人员法定权利保障情况进行监督检查。

第五节　戒毒药物维持治疗机构管理

一、戒毒药物维持治疗的组织管理

根据《戒毒药物维持治疗工作管理办法》的规定，戒毒药物维持治疗工作应当纳入各级人民政府防治艾滋病与禁毒工作规划，实行政府统一领导，有关部门各负其责，社会广泛参与的工作机制。维持治疗工作由卫生、公安、药品监管三部门密切合作,实行三级管理,充分利用现有医疗机构、药品生产与供应资源,共同推进维持治疗工作。

（一）国家级维持治疗组织管理

国家卫健委会同公安部、国家药品监督管理局组织协调、监测评估与监督管理全国的维持治疗工作。国家卫健委根据全国艾滋病防治工作需要和各省级卫生健康行政部门上报的维持治疗工作计划,确定各省(区、市)的工作任务。

（二）省级维持治疗组织管理

省级卫生健康行政部门会同同级公安、药品监管等有关部门制定本辖区的维持治疗工作规划,开展组织协调、监测评估等工作。各部门的职责分工如下:

1. 省级卫生健康行政部门负责本辖区维持治疗工作的审批,组织维持治疗机构的专业人员培训,并对维持治疗工作进行监督管理与技术指导。

2. 省级公安机关负责本辖区治疗人员信息的备案登记工作。

3. 省级药品监管部门负责辖区内维持治疗药品配制单位的审核和确定,维持治疗药品配制、供应的监督管理工作,对治疗人员开展药物滥用监测工作。

（三）县级、设区的市级维持治疗组织管理

县级、设区的卫生健康行政部门会同同级公安机关、药品监管部门建立联席会议机制,协商解决维持治疗工作中存在的问题。各部门的职责分工如下:

1. 县级、设区的市级卫生健康行政部门负责维持治疗机构内维持治疗药品使用和有关医疗活动的监督管理。

2. 县级、设区的市级公安机关负责依法处理维持治疗工作中的违法犯罪行为。

3. 县级、设区的市级药品监管部门负责对维持治疗药品配制、供应等进行日常监督检查。

二、药物维持治疗机构的设置条件

戒毒药物维持治疗机构,是指经省级卫生健康行政部门批准,从事戒毒药物维持治疗工作的医疗机构。申请开展维持治疗工作的机构应当具备以下几个条件:

1. 具有《医疗机构执业许可证》;

2. 取得麻醉药品和第一类精神药品购用印鉴卡(以下简称印鉴卡);

3. 具有与开展维持治疗工作相适应的执业医师、护士等专业技术人员和安保人员;

4. 符合维持治疗有关技术规范的相关规定;

5. 具有戒毒医疗服务资质的医疗机构申请开展维持治疗工作的,应当按照《戒毒药物维持治疗工作管理办法》的规定办理。

三、药物维持治疗机构的设置程序

根据《戒毒药物维持治疗工作管理办法》的规定,医疗机构拟开展维持治疗工作的程序包括规划、申请、审批、备案四个环节。

(一)规划

省级卫生健康行政部门会同同级公安机关、药品监管部门,根据本辖区内现有阿片类物质成瘾者的分布状况和需求,结合辖区内现有医疗卫生资源分布状况,规划维持治疗机构的数量和布局,并可以根据情况变化进行调整。

(二)申请

医疗机构拟开展维持治疗工作的,应当将书面申请材料提交执业登记机关,由其将书面材料报省级卫生健康行政部门批准。

(三)审批

省级卫生健康行政部门应当根据本辖区的维持治疗工作规划、本办法及有关规定进行审查,自受理申请之日起20个工作日内,作出批准或者不予批准的决定,并书面告知申请人。批准前,应当征求同级公安机关及药品监管部门的意见。

(四)备案

被批准开展维持治疗工作的医疗机构,应当在省级卫生健康行政部门批准后,及时向同级公安机关备案。省级卫生健康行政部门应当将有关信息通报同级公安机关、药品监管部门。省级卫生、公安、药品监管等部门应当分别报上一级行政部门备案。

维持治疗机构的名称、场所、主要负责人等发生变化时,应当按照《医疗机构管理条例》及其实施细则等相关规定办理变更登记，并向省级卫生健康行政部门和同级公安机关备案。

四、药物维持治疗机构的工作内容

（一）为维持治疗人员提供戒毒治疗服务

维持治疗机构开展维持治疗应遵守国家有关法律法规和规章，执行维持治疗有关技术规范，应对符合条件的申请维持治疗人员按照规范提供治疗及综合干预服务。主要服务内容包括以下几个方面：

1. 为治疗人员提供维持治疗；
2. 开展禁毒和防治艾滋病法律法规宣传；
3. 开展艾滋病、丙型肝炎、梅毒等传染病防治和禁毒知识宣传；
4. 提供心理咨询、心理康复及行为矫治等工作；
5. 开展艾滋病、丙型肝炎、梅毒和毒品检测；
6. 协助相关部门对艾滋病病毒抗体阳性治疗人员进行随访、治疗和转介；
7. 协助药品监管部门开展治疗人员药物滥用的监测工作。

（二）与相关戒毒机构建立衔接机制

维持治疗机构应当与当地社区戒毒社区康复工作机构及戒毒康复场所建立衔接机制，加强信息的沟通与交流，相互配合，对正在执行社区戒毒社区康复的治疗人员，开展必要的社会心理干预等工作。社区戒毒社区康复工作机构、强制隔离戒毒所和戒毒康复场所应当对正在执行戒毒治疗和康复措施的人员开展维持治疗相关政策和知识的宣传教育，对有意愿参加维持治疗的人员，应当帮助他们与维持治疗机构做好信息沟通。

（三）做好维持治疗药品管理工作

维持治疗机构应当凭印鉴卡从本省（区、市）确定的维持治疗药品配制单位购进盐酸美沙酮口服溶液。跨省购进的，需报相关省级药品监管部门备案。维持治疗机构调配和拆零药品所使用的容器和工具应当定期消毒或者更换，防止污染药品。维持治疗药品的运输、使用及储存管理等必须严格执行《药品管理法》和《麻醉药品和精神药品管理条例》的相关规定。

五、药物维持治疗机构的监督管理

药物维持治疗机构的监督包括三种类型，分别是管理部门监督、内部监督和社会监督。

（一）管理部门监督

1. 国家卫健委、公安部和国家药品监督管理局的监督

国家卫健委、公安部和国家药品监督管理局定期组织开展全国维持治疗工作的监督管理、督导和考核评估工作。

2. 县级以上地方卫生健康行政部门的监督

县级以上地方卫生健康行政部门的监督内容包括：(1)维持治疗机构及其工作人员的资质情况；(2)麻醉药品和第一类精神药品使用资质；(3)维持治疗机构工作职责落实情况；(4)维持治疗机构工作人员培训情况；(5)维持治疗药品使用、存储、销毁和安全管理情况。

3. 县级以上地方公安机关的监督

县级以上地方公安机关监督检查的主要内容包括：(1)维持治疗机构治安秩序的维护情况；(2)治疗人员信息登记备案情况；(3)治疗人员违法犯罪行为的依法处理情况。

4. 县级以上地方药品监管部门的监督

县级以上地方药品监管部门的监督检查的主要内容包括：(1)维持治疗药品的配制和质量控制情况；(2)维持治疗药品的供应情况；(3)维持治疗药品配制单位药品的安全管理情况。

（二）内部监督

维持治疗机构应当制定内部监督管理制度，并对工作人员履行职责的情况进行监督管理。

（三）社会监督

维持治疗机构及工作人员应当自觉接受社会和公民的监督。卫生健康行政部门应当会同公安机关及药品监管部门及时处理个人或者组织对违反《戒毒药物维持治疗工作管理办法》行为的举报。

复习思考题

1. 简述戒毒机构的概念与特征。
2. 简述戒毒医疗机构的设置程序。
3. 简述戒毒医疗机构的执业规则。
4. 社区戒毒社区康复机构主要有哪些职责?
5. 简述强制隔离戒毒所的主要职能。
6. 强制隔离戒毒执法监督包括哪些内容?

本章主要参考文献

1. 莫关耀、房方主编:《禁毒社会工作实务指南》,中国社会出版社 2020 年版。
2. 王玮主编:《毒品预防》,群众出版社、中国人民大学出版社 2019 年版。
3. 李文君、曲晓光、张黎主编:《禁毒研究》(第 2 卷),中国人民公安大学出版社 2017 年版。
4. 赵敏、张锐敏主编:《禁毒社会工作基础》,军事医学科学出版社 2011 年版。
5. 张明、朱晓峰主编:《社区戒毒与社会支持》,苏州大学出版社 2011 年版。

第三章　戒毒工作者管理

本章摘要

开展科学的戒毒工作需要一支专业化的戒毒工作者队伍。本章介绍了戒毒工作者的概念和任务，分类介绍了从事戒毒工作的戒毒人民警察、戒毒社会工作者、戒毒医疗机构工作人员、戒毒药物维持治疗工作人员和社区戒毒社区康复专职工作人员的职责任务与配备使用。通过重点论述戒毒人民警察、戒毒社会工作者等不同类型戒毒工作者的管理制度，使学习者对戒毒工作者的管理有一个概括性的了解。

重点问题

本章的重点是戒毒工作者的概念与任务，戒毒人民警察的管理制度，以及戒毒社会工作者的管理；难点是掌握不同类型戒毒工作者的职责任务。

第一节　戒毒工作者概述

一、戒毒工作者的概念与分类

（一）戒毒工作者的概念

戒毒工作者有广义和狭义两种界定。《禁毒法》明确规定，禁毒工作实行政府统一领导，有关部门各负其责，社会广泛参与的工作机制。国家机关、社会团体、企业事业单位以及其他组织和公民，应当依照法律的规定，履行禁毒职责或者义务。戒毒作为禁毒工作中的一个重要环节，国务院卫生行政部门、药品监督管理部门、公安部门、司法行政部门等均应在法律框架内履行自己的特定戒毒职责。

戒毒工作的复杂性决定了直接或间接从事与戒毒相关工作的人员众多，这些人员都可以被视为戒毒工作者，这是广义戒毒工作者概念的外延。同时，根据《戒毒条例》的规定，我国的戒毒工作坚持以人为本、科学戒毒、综合矫治、关怀救助的原则，采取自愿戒毒、社区戒毒、强制隔离戒毒、社区康复等多种措施，建立戒毒治疗、康复指导、救助服务兼备的工作体系。为了更准确地界定戒毒相关部门职责，立足戒毒工作的中心任务，更好地规范戒毒工作，本节戒毒工作者的概念取狭义解释，其外延只包括直接从事戒毒工作的对象。在此意义上，戒毒工作者就是指从事自愿戒毒、社区戒毒、强制隔离戒毒、社区康复、药物维持治疗等工作，帮助吸毒成瘾人员戒除毒瘾的工作人员。

（二）戒毒工作者的分类

1. 以戒毒工作属性和职能为标准进行分类

《戒毒条例》对戒毒工作体制和体系作出了原则规定，这是对戒毒工作者进行分类的重要依据。在此基础上，我们依据戒毒工作属性和职能内容，将戒毒工作者划分为三类，分别是戒毒治疗类、规划保障类和服务支持类。戒毒治疗类戒毒工作者主要从事戒毒医疗、教育矫正、管理执法、康复训练等工作；规划保障类戒毒工作者主要从事戒毒场所建设规划、财政保障、人才支持、职业培训等工作；服务支持类戒毒工作者主要是指在群团组织、社会工作服务机构中从事戒毒社会服务的戒毒社工等。

2. 以戒毒措施为标准的分类

《禁毒法》《戒毒条例》重构了我国的禁毒体制，明确规定了自愿戒毒、社区戒毒、强制隔离戒毒、社区康复、戒毒康复、药物维持治疗等多种措施。以此为标准，可以将戒毒工作者分为从事自愿戒毒的医疗人员，从事强制隔离戒毒、戒毒康复工作的人民警察及有关工作人员，从事社区戒毒和社区康复工作的乡镇（街道）工作人员和社区工作者，从事戒毒药物维持治疗的医务人员及有关工作人员。

二、戒毒工作者任务

（一）开展毒品预防教育，提高公民抵御毒品的能力

毒品预防教育，是指通过科学有效的途径普及毒品预防知识，增强公民的禁毒意识，提高公民自觉抵制毒品的能力的活动。戒毒工作者自身具备专业知识，

可以在毒品预防教育中发挥更为重要的作用。一是针对普通人群开展宣传教育，帮助公众了解有关毒品类型、危害的知识，提升社会公众远离毒品的意识，推动社会大众自觉远离毒品，同时通过立体化毒品宣传教育形成社会共识，解决吸毒及与吸毒病症相关的污名化问题，引导和规范多元治理主体参与戒毒人员的帮扶工作；二是针对高危人群开展宣传教育，帮助他们学习识毒、防毒、拒毒的知识和技巧，可有效预防该群体受到毒品侵害；三是针对吸毒人员开展宣传教育，通过纠正吸毒人员的错误认知、激发戒毒动机，帮助吸毒人员脱离毒瘾，改善其躯体、心理和社会功能，提高防复吸技能并协助其重新回归社会。

（二）提供戒毒治疗措施，帮助戒毒人员戒除毒瘾

戒毒人员是一个特殊的群体，他们吸毒成瘾是多种因素综合作用的结果。在戒毒期间，他们具有生理功能降低，心理、行为问题突出，思想认识偏差等显著的群体性特征。科学表明，在医学方面尚未找到彻底戒除毒瘾的方法前，为戒毒人员提供多样化的戒毒治疗措施是遵循戒毒内在规律、实施科学戒毒的具体体现。戒毒工作者综合运用戒毒医疗、心理矫治、教育矫正、康复训练、习艺劳动和职业技能培训等戒治手段，不仅帮助戒毒人员进行医学戒毒，还帮助其实现心理和行为习惯的转变，直至最终戒除毒瘾，实现全方位的身心康复顺利回归社会，达到教育挽救戒毒人员的目的。

（三）采取关怀救助方法，助力戒毒人员回归社会

戒毒人员在戒毒过程中往往面对毒品诱惑、生活困难、社会歧视、缺少劳动技能等多重困境。因此，树立吸毒者是病人、违法者，也是受害者的新观念，关怀救助戒毒人员，帮助他们解决生活、工作、学习等方面的问题，既是满足戒毒人员迫切愿望、改善和保障民生之举，也是化解社会矛盾、维护社会和谐稳定的有效途径。戒毒工作者关怀救助戒毒人员主要表现在：一是通过综合矫治，帮助戒毒人员戒除毒瘾；二是通过职业技能培训和社会化训练，帮助戒毒人员重返社会；三是在戒毒人员出所后面临复吸危险时，帮助戒毒人员提高拒毒能力，防止复吸。

（四）实行规范化管理，确保戒毒康复环境安全

一是规范强制隔离戒毒人员的管理。要通过实行规范化管理，从制度、措施等方面有效地堵塞管理工作中的漏洞，消除隐患，遏制戒毒人员违法违纪行为的

发生,确保场所的安全,使戒毒人员的生活、学习、劳动、康复训练规范运作,营造封闭式、军营式、校园式的戒毒康复环境,以促使戒毒人员增强毅力和意志,矫正恶习,养成良好的行为习惯,提高戒治效果。二是规范社区戒毒社区康复戒毒人员的管理。社区戒毒、社区康复人员在开放的社区环境中进行戒毒,与强制隔离戒毒相比,管理环境具有开放性的特点。戒毒工作者要在社区戒毒的报到时限、社区戒毒协议的签署与执行等方面进行规范化管理,以保障各项戒毒措施的顺利开展。三是规范自愿戒毒和戒毒药物维持治疗人员的管理。戒毒工作者要加强管理,保证戒毒人员严格遵守戒毒医疗机构和维持治疗机构的各项规章制度,定期接受传染病检查以及毒品检测,签订并履行自愿治疗协议书。

三、戒毒工作者队伍专业化建设

一般来讲,科学戒毒包括脱毒、康复和回归社会三个完整的过程。研究表明,科学戒毒必须要综合运用医学、心理学、康复运动学、社会学、教育学等专业知识,引入个案化矫治、循证矫治、功能恢复性矫正等专业方法开展戒毒医疗、康复训练和心理矫治,改善其身体素质和心理健康水平,提高他们的防复吸能力。戒毒工作者的专业化是确保对戒毒人员有针对性地开展生理、心理治疗和身体康复训练的前提,是实现“提高戒断率,减少复吸率”戒毒教育矫治目标的保障。因此,开展戒毒工作必须要有适应戒毒工作需要的专业化戒毒工作者队伍予以保障。打造专业化戒毒工作者队伍的途径包括以下几个方面。

(一)拓宽戒毒专业人才引进渠道

戒毒是一项涉及医学、心理学、行为学、教育学、社会学、管理学等多个学科的综合性工作。同时,药物治疗、身体康复、心瘾戒除、行为矫正等方面的工作都具有较强的专业性和科学性,需要专业人员进行。各戒毒机构要不断拓宽戒毒专业人才的引进渠道,为戒毒工作者队伍的专业化建设奠定坚实基础。比如,司法部在《2016—2020 年戒毒人民警察队伍建设规划纲要》中明确指出,加大人才工作力度,拓宽专业人才引进渠道,健全从司法警官院校毕业生中招录人才的规范便捷机制,加强高层次人才库建设,为优秀人才施展才华创造良好条件。一方面,健全从司法警官院校毕业生中招录人才的规范便捷机制;另一方面,从师范院校、普通高校和社会在职人员中进行招录、聘用,通过来源的广泛性实现人才综合知识、专业结构的多样性。

(二)开展戒毒工作者专业培训

通过分类分级开展培训以提高培训的针对性和实效,不断提升现有戒毒工作者的专业素质和职业能力。培训主要包括两类:一是针对新上岗人员的入职辅导。20世纪70年代以来,普通教育领域中的新教师入职辅导制度逐渐被人们广泛接受,并成为一种促进教师专业发展的指导措施。戒毒工作者的入职辅导,应借鉴新教师入职辅导制度,为刚刚走上工作岗位的戒毒工作者制订系统的入职辅导计划。比如,《关于加强禁毒社会工作者队伍建设的意见》中就提出,建立健全上岗培训制度,对新招用的禁毒社会工作者开展禁毒工作、社会工作、岗位职责等方面知识培训。二是为在职人员提供的适应戒毒专业发展不同阶段需要的继续教育。戒毒专业技能是一种实践性能力,要在理论知识的基础上通过实践环节方能得以培养和提升,强调"实践中的学习"。要采取"理论学习、联系实践、反省探究"三结合的方式,掌握不断涌现的新理论,培养科学研究的意识和能力。鼓励和支持禁毒社会工作者的参加社会工作学历学位教育,将继续教育情况纳入禁毒社会工作者的考核范围。依托禁毒教育基地、社会工作专业人才培训基地、高等学校、科研院所、社会组织等,推动建立一批禁毒社会工作培训基地。

(三)完善戒毒工作者使用机制

1. 配置专业岗位

坚持从职业视角审视戒毒工作,按照需求科学配置岗位,明确不同岗位的工作职责和任职条件。合理安排专业分工,逐步优化队伍的专业结构,提升专业技能,力求培养出在戒毒领域具有一定影响力的行家里手。

2. 健全考核机制

一是要结合岗位特点确定科学合理的量化评价标准;二是要有严密的评价程序,成立专门的考核评价小组,坚持"公开、平等、竞争、择优"的原则,探索戒毒工作者选人用人方法;三是坚持动态考核,根据考核对象岗位职责的不同特点和不同阶段岗位任务的不同,确定具体的考核内容和方法,增强考评工作的针对性和实效性。

3. 完善激励机制

在戒毒工作者专业化队伍建设过程中,应建立完善规范的人才激励机制。注重综合运用精神激励和物质激励措施,形成以效能为导向的绩效考核体系,严格按制度兑现奖罚,确保绩效考核激励在政策和制度规范下运行。不断改善人才工作生活环境,为优秀戒毒人才施展才华创造良好条件。比如,司法行政系统建立了司法行政戒毒人才专家库制度,通过将理论和实践领域优秀的戒毒工作者纳入专家库,实现了激励和合理使用人才的双重功能。

第二节　戒毒人民警察管理

一、戒毒人民警察概述

(一)戒毒人民警察的概念

人民警察是国家政权的重要组成部分,是人民民主专政的工具之一,是维护国家安全和社会治安秩序,保护公民人身安全、人身自由和合法财产,保护公共财产,预防、制止和惩治违法犯罪活动的国家治安行政力量。作为人民警察的重要组成部分,戒毒人民警察是在强制隔离戒毒机构中,遵循以人为本、科学戒毒、综合矫治、关怀救助原则,教育和挽救吸毒成瘾人员的国家机关工作人员。我国强制隔离戒毒所包括公安机关强制隔离戒毒所和司法行政机关强制隔离戒毒所,戒毒人民警察分为公安机关戒毒工作人民警察和司法行政戒毒工作人民警察。本节介绍的戒毒人民警察专指在司法行政机关强制隔离戒毒所工作的人民警察。2019 年发布的《司法行政戒毒工作报告》显示,司法行政戒毒系统共有警察 5.77 万名,优先从法律、管理、教育、心理、医学等核心专业录取,本科以上学历为主体,占总数的 74.8%。戒毒场所重视警察的业务能力培养和职业发展规划,全系统共有医疗卫生人员 4200 余名,专兼职教师 10400 余名,取得国家二级心理咨询师资质的警察 2700 余名、三级资质的 6700 余名,取得社会体育指导员和国家职业健身教练资格的警察 5000 余名。高素质的戒毒人民警察队伍成为科学戒毒的有力组织保障和基础。

(二)戒毒人民警察的性质

1. 戒毒人民警察是我国人民警察的重要组成部分

根据法律规定,我国人民警察包括公安机关、国家安全机关、司法行政机关的人民警察和人民法院、人民检察院的司法警察。戒毒工作人民警察是人民警察序列中的一个重要警种，是我国人民警察队伍中担负特定任务、履行戒毒职能的人民警察。

2. 戒毒人民警察是国家公务员

司法行政机关强制隔离戒毒所是国家行政机关，戒毒人民警察是依法履行特殊职能的国家公务人员，实行国家公务员的工资制度，并享受国家规定的警衔津贴和其他津贴、补贴以及保险福利待遇。

3. 戒毒人民警察是教育挽救吸毒人员的执法主体

戒毒人民警察担负着对强制隔离戒毒人员进行管理、治疗康复和教育戒治等多重任务，是教育和挽救吸毒人员，帮助他们摆脱毒瘾，回归社会的执法主体。

（三）戒毒人民警察的职责

根据《司法行政机关强制隔离戒毒工作规定》，从事强制隔离戒毒工作的人民警察应当严格、公正、廉洁、文明执法，尊重戒毒人员人格，保障其合法权益。戒毒人民警察根据法律规定，依法履行下列职责：收治强制隔离戒毒人员；加强对强制隔离戒毒人员的管理；维护强制隔离戒毒场所的安全和稳定；对强制隔离戒毒人员进行治疗康复和教育戒治；组织强制隔离戒毒人员进行劳动生产；对强制隔离戒毒人员进行考核奖惩；保障强制隔离戒毒人员的合法权益不受侵犯；对强制隔离戒毒人员按期解除。

二、戒毒人民警察队伍建设的要求

（一）加强思想政治建设

一是要坚定理想信念，坚持不懈用中国特色社会主义理论体系武装头脑，始终坚定中国特色社会主义道路自信、理论自信、制度自信、文化自信；二是要坚持绝对忠诚的政治品格，永葆忠于党、忠于国家、忠于人民、忠于法律的政治本色；三是要坚决服从命令、听从指挥，坚定不移贯彻执行党的路线方针政策，坚定不移贯彻执行党中央、国务院对戒毒工作的决策部署，忠诚履行司法行政戒毒工作职责使命。

（二）加强执法和专业能力建设

要组织广大干警学习掌握戒毒工作相关法律法规，提高法治观念，增强依法履职的意识和能力；严格执行《禁毒法》和《戒毒条例》，规范执法行为，提高执法水平，切实做到严格公正执法；加强教育培训，对干警分批、分岗位、分专业进行全员培训；加强岗位练兵，立足岗位需求，开展岗位技能训练和演练活动，提高干警的履职能力和实际工作本领；加大专业人才引进力度，引进一批心理学、药理学、精神医学、运动训练学、管理学、教育学等专业人才。加强人才培养，培养一批理论功底深、专业水平高、实战经验丰富的专家型人才。

（三）加强纪律作风建设和反腐倡廉建设

一要严格执行《人民警察法》和其他有关制度，严格要求、严格教育、严格管理、严格监督，严明纪律，切实做到有令必行、有禁必止；二要坚持负责的工作作风，忠于职守，尽职尽责，认认真真完成每一项任务；三要坚持无怨无悔的奉献精神，强化奉献意识，弘扬奉献精神，立足本职岗位，献身戒毒事业；四要坚持廉洁自律的道德情操，切实加强党性修养，培养高尚的道德追求，牢固树立正确的世界观、人生观、价值观，筑牢拒腐防变的思想防线；五要大力加强反腐倡廉建设，坚持“零容忍”态度，严肃查处腐败案件。

（四）合理配置警力资源

其一，科学设置岗位，整合资源，做好岗位设置调整，按需设岗，实现岗位设置科学、适用；其二，推行扁平化管理，压缩管理层级，理顺管理体制，合理分配警力，将有限的警力资源安排到关键岗位，安排到戒毒工作的第一线。

三、戒毒人民警察的管理

戒毒工作是一项具有法治性、科学性和社会性等特征的专业工作。加强戒毒人民警察的管理，规范戒毒人民警察的录用、培训、奖惩制度，打造一支具有扎实理论功底和较高专业素质，能够适应教育戒治戒毒人员需要的高素质人才队伍，既是推动司法行政戒毒工作人民警察队伍革命化、正规化、职业化、专业化发展的必然要求，也是落实全国统一戒毒工作模式，提高教育戒治质量的组织保障和基础支撑。

（一）戒毒人民警察的录用

戒毒人民警察的录用，是指根据国家相关法律规定，戒毒人民警察管理机关按照德才兼备的标准，采取考试与考核相结合的方法择优录取、任用所需人才的总称。

1. 录用的条件

担任戒毒人民警察应当具备下列条件：

(1) 年满 18 周岁的公民。

(2) 拥护中华人民共和国宪法。

(3) 有良好的政治、业务素质和良好的品行。

(4) 身体健康，年龄为 35 周岁以下。

(5) 具有大专以上学历。

(6) 自愿从事人民警察工作。

(7) 满足录用主管机关批准的司法行政戒毒工作人民警察必备的身体条件和体能测试标准。比如，男性身高一般不低于 170 厘米，体重不低于 50 千克[南方部分地区，经省、自治区、直辖市司法厅(局)录用主管机关同意，可适当放宽]。

(8) 不存在不得录用为戒毒工作人民警察的情况。不得录用为戒毒工作人民警察的情况包括：曾因犯罪受过刑事处罚的；曾被开除公职的；有法律规定不得录用为公务员的其他情形的。

2. 录用方式

(1) 考试录用

考试录用方式的适用对象是担任科以下职务的戒毒人民警察。考试录用的特点主要包括：一是考试是必要条件。凡进入戒毒机构担任科以下职务的戒毒人民警察，都必须按照国家规定，通过参加考试的方式严格考核，择优录用。二是考试必须符合国家规定。录取计划、资格审查、考试考核等环节均需要符合有关法律法规规定。三是考试需要公开进行。考试成绩、录用结果等必须进行公布、公示，接受监督，以体现公开、平等、竞争、择优的原则。

(2) 直接调任

直接调任的对象是具有一定领导职务的戒毒人民警察。如戒毒管理局正副局长、正副处长，强制隔离戒毒所的正副所长、纪委书记等。调任前应当对选调对象的政治素养、业务能力和工作业绩等进行全方位考察，符合调任岗位条件的才可以办理调任手续。

(3) 军转安置

在主管部门的组织、指导下，对担任师、团级职务的军转干部，采取考核选调等办法安置;对担任营级以下职务的,采取考试考核和双向选择等办法安置。被安置的军转干部,根据军转干部安置文件,办理相关安置手续。

3. 录用程序

(1)拟定录用计划

省属强制隔离戒毒所的招考,由用人单位提出拟录用计划,报省司法行政机关审核;市属强制隔离戒毒所的招考,由用人单位提出拟录用计划,经地(市)政府人事部门和司法行政机关审核后报省级司法行政机关;省级司法行政机关复核同意后汇总上述两类拟录用计划,报省级公务员录用主管机关审批,并由省级公务员录用主管机关统一向社会公布。

(2)进行资格审查

省级公务员录用主管机关和司法行政机关根据有关规定和公布职位的要求,共同负责报考省属强制隔离戒毒所的人员资格审查;地(市)人事、司法行政机关负责报考地(市)所属强制隔离戒毒所的人员的资格审查。

(3)组织考试考核

考核方式包括笔试、体能测试和面试,按考试成绩由高到低的顺序和规定比例确定参加体检人员名单并组织体检;对体检合格人选进行考察。

(4)审批备案

省级司法行政机关会同用人单位根据考试成绩、考核情况和体检结果,择优提出拟录用人选,按规定报批后向社会公示,公示时间为7天。审批后,用人单位向被录用者及其所在单位发出通知,办理有关手续。

(二)戒毒人民警察的培训

戒毒工作具有很强的专业性,经常化、制度化的培训是提高戒毒人民警察队伍专业化程度的重要途径。

1. 培训类型

(1)初任培训。初任培训是指对新录用人民警察进行的培训。一般由公务员主管部门根据本年度新招录公务员的数量制订初任培训方案,授权培训机构将新录用的公务员集中进行理论学习。根据司法部的有关规定,新录用的非监所管理、教育矫正专业毕业的司法行政戒毒工作人民警察上岗前必须经过3个月以上的岗前培训。

(2)任职培训。任职培训是指对晋升领导职务的戒毒人民警察,按照相应职位的要求进行的培训。根据司法部的有关规定,新担任戒毒人民警察各级领导职务的人员应在任职后的1年内参加培训。

(3)专门业务培训。强制隔离戒毒以教育戒治作为中心,对戒毒人员开展综合教育和医疗救治。专业培训是围绕戒毒医疗、心理矫治、教育矫正、康复训练、习艺劳动和职业技能培训等专项工作开展的专门业务培训。

(4)在职培训。在职培训是指以全体戒毒人民警察为培训对象,以更新知识和提高工作能力为目标的培训。对担任专业技术职务的戒毒人民警察,应当按照专业技术人员继续教育的要求,进行专业技术培训。戒毒人民警察通过不断掌握新的知识和技能,拓展知识领域的边界,以适应新技术革命的挑战和司法行政戒毒工作发展的需求。

(5)警衔晋升培训。根据《人民警察法》的规定,戒毒人民警察实行警衔制度。警司晋升警督,警督晋升警监,必须经相应的人民警察院校培训合格后方可晋升。戒毒人民警察警衔晋升培训落实"凡晋必训"的规定,从二级警员到一级警督晋级,实行分级分层培训,警司晋警督、警督晋警监的培训不得少于1个月。

2. 培训保障

(1)制度保障

通过制度建设明确培训工作目标、职责和方法,建立健全培训与考核制度、培训档案管理制度、培训工作评估制度、培训工作研讨交流制度等。将培训情况、学习成绩作为戒毒人民警察考核的内容和任职、晋升的依据之一,确保培训工作开展制度化、经常化。

(2)组织保障

落实培训工作领导责任,实行教育培训工作目标管理责任制。将培训工作纳入戒毒工作总体规划之中,加强组织领导,确保责任到位,并将培训作为单位评比和领导干部考核的重要依据。

(3)经费保障

按照司法部的相关规定,培训经费每年按工资总额的3%提取,列入当年预算,专款专用。技术培训费用可直接在生产成本中列支,培训经费不足部分,可从单位业务经费、企业税后留利或财政包干结余中列支。

(三)戒毒人民警察的奖励

戒毒人民警察的奖励,是指根据《人民警察法》等法律法规的规定,对在工作中表现突出，有显著成绩和突出贡献的戒毒人民警察给予物质或精神褒扬的管理方法。

1. 戒毒人民警察奖励的种类

（1）集体性奖励和个人奖励。集体奖励包括记三等功、二等功和一等功；个人奖励包括记三等功、二等功、一等功，二级英雄模范、一级英雄模范。

（2）定期或阶段性的表彰奖励。根据戒毒工作过程中的实际表现，授予集体或者个人先进集体、先进个人、优秀戒毒所长等荣誉称号。

（3）单项表彰奖励。司法部政治部会同司法部戒毒管理局开展单项表彰奖励。

2. 戒毒人民警察奖励的批准权限

申报一、二级英模和集体一等功的由部政治部或委托各省（区、市）司法厅（局）考核。申报二级、一级英雄模范、集体一等功的，由市（地）司法行政机关和省戒毒局分别填写《功臣模范报批表》《立功集体报批表》，连同事迹材料各一式五份报省（区、市）司法厅（局）审核。审核机关在考核后，将请功报告、考核材料、审批表［加盖厅党委（党组）印章］和事迹材料报司法部审批。

（四）戒毒人民警察的惩处

戒毒人民警察的惩处，是指戒毒人民警察实施了违法违纪行为，按照规定承担相应责任和后果的管理方法。

1. 惩处依据

（1）人民警察不得实施的行为

根据《人民警察法》第22条的规定，人民警察不得有下列行为：散布有损国家声誉的言论，参加非法组织，参加旨在反对国家的集会、游行、示威等活动，参加罢工；泄露国家秘密、警务工作秘密；弄虚作假，隐瞒案情，包庇、纵容违法犯罪活动；刑讯逼供或者体罚、虐待人犯；非法剥夺、限制他人人身自由，非法搜查他人的身体、物品、住所或者场所；敲诈勒索或者索取、收受贿赂；殴打他人或者唆使他人打人；违法实施处罚或者收取费用；接受当事人及其代理人的请客送礼；从事营利性的经营活动或者受雇于任何人或者组织；玩忽职守，不履行法定义务；其他违法乱纪的行为。

（2）强制隔离戒毒所的工作人员不得实施的行为

根据《戒毒条例》第45条的规定，有下列行为之一的，依法给予处分；构成犯罪的,依法追究刑事责任:侮辱、虐待、体罚强制隔离戒毒人员的;收受、索要财物的;擅自使用、损毁、处理没收或者代为保管的财物的;为强制隔离戒毒人员提供麻醉药品、精神药品或者违反规定传递其他物品的;在强制隔离戒毒诊断评估工作中弄虚作假的;私放强制隔离戒毒人员的;其他徇私舞弊、玩忽职守、不履行法定职责的行为。

(3)《新时代政法干警"十个严禁"》

中央政法委、最高人民法院、最高人民检察院、公安部、国家安全部、司法部联合出台《新时代政法干警"十个严禁"》,凡是违反"十个严禁"的,依规依纪依法严肃处理。"十个严禁"的内容包括:

严禁搞两面派、做两面人;严禁有令不行、有禁不止;严禁放任错误思潮侵蚀影响;严禁不当交往、干预执法司法;严禁玩忽职守、徇私枉法;严禁违规参与营利活动;严禁包庇纵容黑恶势力;严禁滥用执法司法权;严禁不作为乱作为、耍特权抖威风;严禁跑风漏气、失密泄密。

此外,《公务员法》《禁毒法》以及各领导机关依法制定的奖惩条例、规章制度等也是惩处的参考依据。

2. 惩处类型

戒毒人民警察因违法违纪应承担纪律责任的,依法给予处分;构成犯罪的,依法追究刑事责任。

行政处分的种类有:警告、记过、记大过、降级、撤职、开除。公务员在受处分期间不得晋升职务和级别,其中受记过、记大过、降级、撤职处分的,不得晋升工资档次。

受处分的期间为:警告,6 个月;记过,12 个月;记大过,18 个月;降级、撤职,24 个月。

3. 惩处要求

(1)对戒毒人民警察的处分,应当事实清楚、证据确凿、定性准确、处理恰当、程序合法、手续完备。

(2)戒毒人民警察违纪的,应当由处分决定机关决定对违纪的情况进行调查,并将调查认定的事实及拟给予处分的依据告知本人。本人有权进行陈述和申辩。

(3)处分决定机关认为对戒毒人民警察应当给予处分的,应当在规定的期限内,按照管理权限和规定的程序作出处分决定。处分决定应当以书面形式通知本人。

(4)公务员受开除以外的处分,在受处分期间有悔改表现,并且没有再发生违纪行为的,处分期满后,由处分决定机关解除处分并以书面形式通知本人。

(五)戒毒人民警察的辞退

戒毒人民警察的辞退,是指司法行政戒毒机关对已不具备人民警察条件,不适合在戒毒机关继续工作的人员,解除其与司法行政戒毒机关任用关系的一项人事行政管理措施。

1. 辞退的条件

司法行政戒毒工作人民警察有下列情形之一的,应当予以辞退:(1)在年度考核中,连续两年被确定为不称职的;(2)不能胜任现职工作,又不接受其他安排的;(3)因单位调整、撤销、合并或者缩减编制员额需要调整工作,本人拒绝合理安排的;(4)旷工或者无正当理由逾期不归连续超过15天,或者一年内累计超过30天的。

司法行政戒毒工作人民警察有下列情形之一,经多次批评教育仍不改正,或者经培训仍不合格的,应当予以辞退:(1)作风散漫,纪律松弛,经常迟到早退或者上班时间经常办私事的;(2)遇事推诿,消极怠工,工作不负责任的;(3)酗酒滋事或者经常酗酒的;(4)私自将警械、制式服装、警衔标志、警官证转借、赠送非人民警察的;(5)文化、业务素质低,不适合在司法行政机关人民警察岗位上继续工作的。

司法行政戒毒工作人民警察有下列情形之一,错误比较严重又不宜给予行政开除处分的,应当予以辞退:(1)殴打或者纵容他人殴打戒毒人员的;(2)侮辱戒毒人员的;(3)利用戒毒人员提供劳务谋取私利的;(4)私自为戒毒人员传递信件或者物品的;(5)非法将监管戒毒人员的职权交予他人行使的;(6)不执行上级决定和命令的;(7)在执行公务中贪生怕死,临阵脱逃的;(8)违反规定使用武器、警械的;(9)索要、收受、侵占戒毒人员及其亲属财物的;(10)接受当事人及其代理人请客送礼的;(11)从事营利性的经营活动或者受雇于个人、组织的;(12)诬告他人,压制和打击报复检举人、控告人的;(13)道德败坏、生活腐化的。

2. 辞退的限制性条件

戒毒人民警察有下列情形之一的,不得辞退:

(1)因公负伤致残并被确认丧失工作能力的;

(2)患严重疾病或者负伤正在进行治疗的;

(3)在孕期、产期或者哺乳期内的;

(4)法律、行政法规规定的其他不得辞退的情形。

3. 辞退的程序

辞退司法行政戒毒工作人民警察按照下列程序办理：

(1)所在单位在核准事实的基础上，经领导集体讨论研究提出辞退建议，填写《辞退国家公务员审批表》，按照管理权限报任免机关。

(2)任免机关人事部门审核。

(3)任免机关审批。凡批准辞退的，以书面形式通知呈报单位和被辞退人员。省属单位的，抄送省司法厅和省级人民政府人事部门备案；市（地、州）属单位的，抄送市（地、州）司法局和市（地、州）级人民政府人事部门备案。凡不予批准的，应当将《辞退国家公务员审批表》退回呈报单位，并说明理由。

（六）戒毒人民警察的警衔管理

警衔是区分人民警察等级，表明人民警察身份的称号、标志和国家给予人民警察的荣誉。戒毒人民警察实行警衔制度。

1. 戒毒人民警察警衔等级的设置

戒毒人民警察警衔设下列五等十三级：

(1)总警监、副总警监；

(2)警监：一级、二级、三级；

(3)警督：一级、二级、三级；

(4)警司：一级、二级、三级；

(5)警员：一级、二级。

2. 戒毒人民警察警衔的首次授予

首次授予戒毒工作人民警察警衔，按照下列规定的权限予以批准：

(1)总警监、副总警监、一级警监、二级警监由国务院总理批准授予；

(2)三级警监、警督由司法部部长批准授予；

(3)警司由省、自治区、直辖市司法厅（局）长批准授予；

(4)警员由省、自治区、直辖市司法厅（局）政治部主任批准授予。

司法部戒毒管理机关及其直属机构的警司、警员由司法部政治部主任批准授予。

3. 戒毒人民警察警衔的晋级

戒毒人民警察警衔的晋级类型包括晋升与选升。

(1)晋升

晋升,是指二级警督以下的戒毒人民警察,在其职务等级编制警衔幅度内,在一定的期限和条件下,经考核合格后进行的警衔逐级提升。

晋级的期限:二级警员至一级警司,每晋升一级为3年;一级警司至一级警督,每晋升一级为4年。在职的戒毒人民警察在院校培训的时间,计算在警衔晋级的期限内。

晋级的条件:一是要执行国家的法律、法规和政策,遵纪守法;二是要胜任本职工作;三是要联系群众,廉洁奉公,作风正派。

晋级期限届满,经考核具备晋级条件的,应当逐级晋升。在工作中有突出功绩的,可以提前晋升。对不具备晋级条件的戒毒工作人民警察,应当延期晋升。

(2)选升

选升的对象是一级警督以上的戒毒人民警察。选升的条件是现衔级未达到其职务等级编制警衔的最高警衔,任现职满2年,现衔级满4年,经考核德才表现和工作实绩优秀的,可选升一级警衔。

4. 戒毒人民警察警衔的保留、降级和取消

(1)警衔的保留

戒毒工作人民警察离休、退休的,其警衔予以保留,但不得佩戴标志。调离警察岗位或辞职、退职的,其警衔不予保留。

(2)警衔的降级

警衔降级包括两种情形:一是戒毒人民警察因为不胜任现任职务被调任下级职务,其警衔高于新任职务等级编制警衔的最高警衔的,警衔应降级调整新任职务等级编制警衔的最高警衔;二是戒毒人民警察违反警纪的,可以给予警衔降级处分。警衔降级的批准权限与原警衔的批准权限相同。人民警察受警衔降级处分后,其警衔晋级的期限按照降级后的警衔等级重新计算。戒毒人民警察降级不适用于二级警员。

(3)警衔的取消

戒毒人民警察警衔取消包括三种情形:一是戒毒人民警察被开除公职的,其警衔相应取消;二是戒毒人民警察因犯罪被依法判处剥夺政治权利或者有期徒刑以上刑罚的,其警衔相应取消;三是离休、退休的戒毒人民警察犯罪的,其保留的警衔也相应予以取消。

第三节 戒毒社会工作者管理

一、戒毒社会工作者概述

（一）戒毒社会工作的概念

戒毒社会工作是以预防和降低毒品危害为目的，遵循助人自助和科学戒毒理念，运用专业的方法和技能帮助戒毒人员摆脱毒瘾，保护公民身心健康的专门社会化服务活动。作为职业化的助人服务活动，戒毒社会工作的核心价值理念是助人自助，是以帮助他人为目的的利他性活动，也是以科学知识为基础的专业性工作。

《禁毒法》明确了社区戒毒社区康复的法律地位，为社会工作介入社区戒毒康复提供了平台和制度保障，标志着我国戒毒社会工作开始走上法治化、规范化的道路。党的十六届六中全会作出建设社会工作专业人才队伍的战略部署后，相继出台了一系列政策文件。2011 年，中央 18 个部门联合发布了《关于加强社会工作专业人才队伍建设的意见》，在意见中特别提到“禁毒戒毒”方面的内容。2017 年 1 月 20 日国家禁毒办等 12 个部门联合发布《关于加强禁毒社会工作者队伍建设的意见》，提出要“加强禁毒社会工作者队伍建设的总体规划、明确禁毒社会工作者的职责任务、培养壮大戒毒社会工作者队伍”。这些政策措施进一步推动了戒毒社会工作的法治化、规范化发展。

（二）戒毒社会工作者的概念与角色

戒毒社会工作者，简称戒毒社工，是指遵循助人自助的价值理念，运用个案、小组、社区等专业方法，以帮助戒毒人员发挥自身潜能，协调社会关系，解决和预防毒品问题为职业的专业工作者。戒毒社会工作者的角色，是指戒毒社会工作者在提供专业戒毒服务过程中包括责任、权利和义务等一整套行为规范。戒毒社工为戒毒人员提供多种服务，具有以下多重角色。

1. 使能者

吸毒人员在戒除毒瘾的过程中，往往需要面对多重困境，如戒毒失败带来的挫败感、社会歧视、家庭问题、就业困难等。使能者，是指戒毒社工要协助戒毒人员发现他自身应对问题的潜能和资源，不断鼓励其坚定戒毒信念，产生实现戒毒目标所要求的改变。

2. 资源整合者

戒毒目标的达成需要综合调动链接个人、家庭、社区、社会等各方力量，使戒毒人员、家庭、社会各部门形成合力。资源整合者，是指戒毒社工把有利于戒毒人员改变的资源联系起来，将戒毒人员的需求与相关职能部门衔接起来，帮助戒毒人员获得各种资源的帮助以达到戒毒的目标。

3. 治疗者

吸毒成瘾是慢性复发性脑病，戒毒过程包括生理脱毒、身心康复和回归社会等多个环节，在各阶段均需要以科学为基础为戒毒人员提供有效帮助。治疗者，是指戒毒社工以医学、心理学、社会学等学科为基础，通过个案、小组、社区等社会工作方法，帮助戒毒人员生理脱毒、身心康复和适应社会生活。

4. 增能者

戒毒人员常常处于被社会歧视的生活环境中，标签效应使这个群体自卑、敏感、自暴自弃。增能者要求戒毒社工积极看待戒毒人员，通过挖掘其本身的潜能，使戒毒人员的自尊、自信得到提升，能力得到增强，相信自己有能力成长和解决困难。

（三）戒毒社会工作者的职责任务

1. 组织开展禁毒宣传教育

鉴于目前医学界对吸毒成瘾机制认识的有限性，如何有效开展预防毒品的宣传教育就成为降低毒品非法需求的关键，毒品预防宣传教育也因此被称为禁毒工作的治本之策。目前，世界各国均十分重视禁毒宣传和教育，大部分存在毒品问题的国家建立了社会禁毒教育体系，通过三级预防策略为公民提供必要的抵御毒品的相关知识，以提升其拒绝和抵御毒品的能力。戒毒社工开展禁毒宣传教育服务的对象主要包括社会大众、重点人群和吸毒人员三类。通过组织禁毒宣传活动、普及毒品预防和艾滋病防治等相关知识，宣传禁毒政策和工作成效，增强公民禁毒意识，提高公民自觉抵制毒品的能力，激发戒毒人员的戒毒动机，增强其防复吸技能，并协助其重新回归社会。

2. 为戒毒人员提供戒毒康复服务

众所周知，复吸问题是戒毒领域面临的最大难题，解决毒品成瘾问题需要运用系统的方法对戒毒人员进行治疗与康复。戒毒社工需要调查了解戒毒康复人员的行动趋向、生活状况、社会关系、现实表现等情况，开展戒毒康复人员心理社会需求评估；为戒毒康复人员提供心理咨询和心理疏导、认知行为治疗、家庭关系辅导、自我管理能力和社会交往能力提升等专业服务；帮助戒毒康复人员调适社区及社会关系，营造有利于戒毒康复的社会环境。

3. 为戒毒人员提供帮扶救助服务

戒毒社工利用专业优势，为戒毒人员链接生活、就业、就学、医疗等各方面的政府资源和社会资源，通过将活动集中在吸毒人员个体与其环境间互动的社会关系上提高个体在群体中的社会功能。链接社会相关部门，立足社区，为戒毒人员提供就业机会、就业指导、职业技能培训、法律援助，读写训练与教育机会、亲职训练、家庭治疗、夫妻关系咨询、医疗服务及社会支持等。

4. 协助有关部门实施禁毒管理事务

协助开展吸毒人员排查摸底工作；协助建立相关档案资料，建立工作台账，对工作对象的戒毒康复情况进行定期评估；协助做好强制隔离戒毒人员出所衔接，督促、帮助社区戒毒社区康复人员和戒毒药物维持治疗人员履行协议，努力减少现实危害；发现社区戒毒社区康复人员拒绝报到或严重违反协议的、参加戒毒药物维持治疗人员严重违反治疗规定的情况，向乡镇（街道）禁毒工作机构报告，协助收集和提供有关材料。

二、戒毒社会工作者管理

（一）戒毒社会工作者的配备使用

1. 社区戒毒社区康复机构配备使用戒毒社会工作者

根据《关于加强禁毒社会工作者队伍建设的意见》的要求，各地可结合实际，通过政府购买服务，在社区戒毒社区康复办事机构等配备使用戒毒社会工作者。政府购买戒毒社会工作服务，是指将适宜由社会力量承担的工作服务纳入政府购买服务范围，通过委托、承包、采购等方式交给社会力量承担。《全国社区戒毒社区康复工作规划（2016—2020 年）》中明确规定，有条件的地区可以优先发展禁毒戒毒社工队伍，按照有关程序招录社工，专门从事社区戒毒社区康复工作。有计划地组织考试应聘，从符合条件的人员中公开招录（聘）部分禁毒戒毒社工，同等条件下可优先录（聘）用现有社区戒毒社区康复专职工作人员，完善晋升和工资待遇制度，逐步建立禁毒戒毒社工队伍，促进社区戒毒社区康复工作专业化、职业化。力争通过2～3年的努力，到2019年年底，禁毒戒毒社工占社区戒毒社区康复专职工作人员比例达到30%以上。在政策支持下，全国各地纷纷建立健全政府购买戒毒社会工作服务制度，研究制定服务标准规范，健全完善服务协同合作机制，促进戒毒社会工作服务全面深入发展。如湖北、贵州、宁夏等地通过政府购买岗位方式，打造了一批以“戒毒中心社区”“阳光工程”“绿荫工作室”为代表的戒毒社会工作品牌。①

2. 戒毒社会工作服务机构配备使用戒毒社会工作者

戒毒社会服务机构可以为戒毒社会工作者就业提供载体，鼓励用人单位在招用戒毒社会工作者时优先录（招）用社会工作及相关专业毕业生。上海、广东、江苏等地通过政府购买禁毒项目等方式，培育了自强社、联众社、中致社等具有一定规模和社会影响力的禁毒社会服务机构。2003年，上海市率先在戒毒领域创新发展，开创了“政府主导推动，社团自主运作，社会多方参与”的工作机制，形成了原有三种戒毒模式之外的社区戒毒模式。同年12月，上海市自强社会服务总社注册成立，标志着社会工作的专业理念和实务技能全面应用于戒毒工作领域。② 自强社会服务总社招收的第一批戒毒社工规模在400人左右，队伍成员分别来自社会招聘、老公安和监狱局，这种人员组成模式被称为“三三制”。上海在街道层面全面启动戒毒社会工作服务之后，广东、浙江、湖南等地也逐渐引入社会工作专业力量提供禁毒戒毒服务。

3. 强制隔离戒毒所配备使用戒毒社会工作者

强制隔离戒毒措施因为具有强制性、隔离性的特征，在执行过程中必然会出现戒毒人员回归社会难、家庭关系疏离等问题。在这种情况下，社会工作作为一种专业的柔性力量介入强制隔离戒毒，就成为戒毒所强制力量的补充。强制隔离戒毒所购买戒毒社工服务后，戒毒社工可以进驻强制隔离戒毒所成为驻所社工，为戒毒人员提供各种帮扶服务，帮助戒毒人员摆脱毒品，顺利回归社会，同时也为戒毒社会工作开辟了一条新的工作路径。如上海市戒毒系统借助社工力量，实现了社工长期驻所工作，提前介入对戒毒人员的帮教，并通过手机信息平台、网络通讯工具等新渠道，持续关注该类群体回归社会动态。

① 参见莫关耀、房方主编：《禁毒社会工作实务指南》，中国社会出版社2020年版，第5页。

② 参见赵敏、张锐敏主编：《禁毒社会工作基础》，军事医学科学出版社2011年版，第204～205页。

(二)戒毒社会工作者的培训教育

要形成一支专业化、职业化和规模化的戒毒社工队伍,就需要通过岗位培训和继续教育等多种方式,不断提高戒毒社工的专业技术能力和综合素质。戒毒社会工作者的培训教育的方式包括以下几个方面:

1. 实施戒毒社会工作从业人员能力提升工程,使其基本掌握社会工作的专业理念、知识、方法和技能。

2. 建立健全上岗培训制度,对新招用的戒毒社会工作者开展禁毒工作、社会工作、岗位职责等方面的知识培训。

3. 鼓励和支持戒毒社会工作者参加社会工作学历学位教育,将继续教育情况纳入戒毒社会工作者的考核范围。

4. 依托禁毒教育基地、社会工作专业人才培训基地、高等学校、科研院所、社会组织等,推动建立一批戒毒社会工作培训基地。

(三)戒毒社会工作者的职业保障

必要的薪资待遇是实现戒毒社工队伍专业化、职业化的基础。在戒毒社会工作发展过程中,由于经费投入不足等因素的影响,工资收入过低且不稳定成为高素质社会工作者流失的主要原因之一。为了避免戒毒社工不断流失,就必须强化戒毒社会工作者的职业保障。强化戒毒社工职业保障的措施主要包括:

1. 各地要根据戒毒社会工作者的工作岗位、职业水平等级,落实相应的薪酬保障政策,要根据经济社会发展和整体工资水平,合理制定并适时调整戒毒社会工作者的薪酬指导标准。

2. 用人单位招用戒毒社会工作者,要综合职业水平等级、学历、资历、业绩、岗位等因素并参考同类人员合理确定薪酬标准,同时按照国家有关规定办理社会保险和公积金。

3. 承接政府购买服务的单位应参考当地薪酬指导标准支付戒毒社会工作者薪酬。

第四节　其他戒毒工作主体管理

一、戒毒医疗机构医务人员管理

（一）医务人员的配备及执业资格

根据《戒毒治疗管理办法》的规定，医疗机构开展戒毒治疗应当按照戒毒医院的基本标准和医疗机构戒毒治疗科的基本标准规定，根据治疗需要配备相应数量的医师、护士、临床药学、医技、心理卫生等专业技术人员，并为戒毒治疗的正常开展提供必要的安保和工勤保障。

1. 从事戒毒治疗的医师

（1）从事戒毒治疗的医师应当具有执业医师资格并经注册取得《医师执业证书》，执业范围为精神卫生专业。

（2）使用麻醉药品和第一类精神药品治疗的医师应当取得麻醉药品和第一类精神药品处方权。

2. 从事戒毒治疗的护士

（1）经执业注册取得《护士执业证书》。

（2）经过三级精神病专科医院或者开设有戒毒治疗科的三级综合医院脱产培训戒毒治疗相关业务 3 个月以上。

3. 从事戒毒治疗的药师

（1）医疗机构开展戒毒治疗至少应当有 1 名药学人员具有主管药师以上专业技术职务任职资格，并经过三级精神病专科医院或者开设有戒毒治疗科的三级综合医院培训戒毒治疗相关业务。

（2）医疗机构开展戒毒治疗至少应当有 1 名药学人员取得麻醉药品和第一类精神药品的调剂权。

（3）医疗机构开展戒毒治疗应当有专职的麻醉药品和第一类精神药品管理人员。

（二）从事戒毒治疗医务人员的执业规则

1. 应当在具有戒毒治疗资质的医疗机构开展戒毒治疗。

2. 开展戒毒治疗应当遵循与戒毒有关的法律、法规、规章、诊疗指南或技术操作规范。应当采用安全性、有效性确切的诊疗技术和方法，并符合国务院卫生健康行政部门医疗技术临床应用的有关规定。

3. 应当对采取临时保护性约束措施的戒毒人员加强护理观察。

4. 应当依法保护戒毒人员的隐私，不得侮辱、歧视戒毒人员。

5. 定期接受医疗机构开展的艾滋病等传染病的职业暴露防护培训，并采取有效防护措施。

6. 应当根据规定使用麻醉药品、精神药品。违规使用麻醉药品、精神药品，构成犯罪的，依法追究刑事责任；尚不构成犯罪的，依照有关法律、行政法规的规定给予处罚。

二、戒毒药物维持治疗工作人员管理

根据《戒毒药物维持治疗工作管理办法》的规定，依法从事戒毒药物维持治疗工作人员主要包括从事维持治疗工作的医师、护士和药师，这些人员执业应具备的条件包括：

（一）从事维持治疗工作的医师应具备的条件

1. 具有执业医师资格并经注册取得《医师执业证书》；

2. 按规定参加维持治疗相关培训；

3. 使用麻醉药品和第一类精神药品的医师应当取得麻醉药品和第一类精神药品处方权；

4. 省级卫生健康行政部门规定的其他条件。

（二）从事维持治疗工作的护士应具备的条件

1. 具有护士执业资格并经注册取得《护士执业证书》；

2. 按规定参加维持治疗工作相关培训；

3. 省级卫生健康行政部门规定的其他条件。

（三）从事维持治疗工作的药师应具备的条件

1. 具有药学初级以上专业技术资格；

2. 按规定参加维持治疗工作相关培训；

3. 省级卫生健康行政部门规定的其他条件。

三、社区戒毒社区康复专职工作人员管理

（一）社区戒毒社区康复专职工作人员的配备

为了更好地发挥社区戒毒社区康复制度的功能，根据《戒毒条例》的规定，乡（镇）人民政府、城市街道办事处应当根据工作需要成立社区戒毒工作领导小组，配备社区戒毒专职工作人员，制订社区戒毒工作计划，落实社区戒毒措施。根据工作实际需要，按照辖区每30名实有吸毒人员原则上至少配备1名专职工作人员的比例，配齐社区戒毒社区康复专职工作人员，专门从事社区戒毒社区康复人员的管理和服务工作。辖区实有吸毒人员不足30名的，也应当至少配备1名专职工作人员。县级以上人民政府可以通过政府购买服务、提供公益性岗位、落实事业编制等方式，统一招聘社区戒毒社区康复专职人员和专业社会工作者，落实工资报酬、福利待遇和社会保险，加强业务培训，提升专业社会工作服务能力，确保专职人员队伍的稳定性和工作的连续性。

（二）社区戒毒社区康复专职工作人员的职责

1. 与社区戒毒社区康复人员签订社区戒毒社区康复协议

应当在社区戒毒社区康复人员报到后及时与其签订社区戒毒社区康复协议，明确戒毒的具体措施、社区戒毒康复人员应当遵守的规定以及违反协议应承担的责任。

2. 具体落实社区戒毒社区康复措施

应当帮助社区戒毒社区康复人员履行协议规定的义务，教育劝诫其远离毒品，提供必要的心理治疗和辅导、职业技能培训、职业指导、就业就医援助以及其他帮助戒毒人员戒除毒瘾的措施。

3. 履行向公安机关的报告义务

社区戒毒人员拒绝接受社区戒毒，在社区戒毒期间又吸食、注射毒品，以及严重违反社区戒毒协议的，社区戒毒专职工作人员应当及时向当地公安机关报告。

4. 履行社区戒毒社区康复监督职责

为了避免社区戒毒社区康复人员在开放的社会环境中出现复吸行为，公安机关按照定期不定时的原则，对其进行吸毒检测工作，社区戒毒社区康复工作人员

应当给予协助。根据社区戒毒社区康复人员的实际情况，采取相应的管理措施，督促其履行戒毒协议。

四、戒毒康复工作人员管理

（一）戒毒康复工作人员的配备

为了给戒毒康复场所工作提供组织保障，戒毒康复场所应当配备必要的管理人员和医务人员。注重选择责任心强、有经营管理能力的干部担任负责人并落实编制。司法行政戒毒康复场所应当配备由人民警察担任的管理人员，配备医务人员、心理咨询人员等专业技术人员。

（二）戒毒康复工作人员的职责

根据戒毒人员的身心状况，为戒毒人员提供各种戒毒康复措施，包括严格管理，督促戒毒人员履行戒毒康复协议；开展心理矫治工作，调节戒毒人员的不良情绪、促进身心健康；开展多种形式的教育工作，增强戒毒人员抵御毒品的信心和能力；组织戒毒人员参加各种文娱活动，营造良好的戒毒氛围；组织戒毒人员参加社会活动，促进其融入社会等。

■ 复习思考题

1. 简述戒毒工作者的概念与任务。
2. 戒毒工作者专业化建设有哪些途径？
3. 简述戒毒人民警察的概念与性质。
4. 简述戒毒人民警察培训的类型。
5. 简述戒毒社会工作者的概念与职责任务。
6. 简述戒毒医疗机构工作人员的管理制度。
7. 社区戒毒社区康复专职工作人员有哪些职责？

■ 本章主要参考文献

1. 莫关耀、房方主编：《禁毒社会工作实务指南》，中国社会出版社 2020 年版。
2. 王玮主编：《毒品预防》，群众出版社 2019 年版。
3. 刘建宏主编：《中国吸毒违法行为的预防与矫治》，人民出版社 2014 年版。

4. 刘建宏主编:《中国禁毒法律通览》,人民出版社 2014 年版。
5. 赵敏、张锐敏主编:《禁毒社会工作基础》,军事医学科学出版社 2011 年版。
6. 张明、朱晓峰主编:《社区戒毒与社会支持》,苏州大学出版社 2011 年版。

第四章　戒毒人员管理

本章摘要

戒毒人员管理是戒毒管理学中的重点内容。通过本章学习，了解不同类型戒毒人员管理的概念与特点，掌握自愿戒毒人员、社区戒毒社区康复人员、强制隔离戒毒人员、戒毒康复人员等不同类型戒毒人员管理的具体内容。

重点问题

重点是自愿戒毒人员管理、社区戒毒社区康复人员管理、强制隔离戒毒人员管理、戒毒康复人员管理的内容，难点是自愿戒毒人员管理、社区戒毒社区康复人员管理、强制隔离戒毒人员管理、戒毒康复人员管理的特点。

第一节　戒毒人员概述

一、戒毒人员的概念

戒毒人员是指接受戒毒治疗的吸毒成瘾人员。在我国，吸毒是违法行为，吸毒成瘾人员需要进行戒毒治疗。我国《禁毒法》第31条规定："国家采取各种措施帮助吸毒人员戒除毒瘾，教育和挽救吸毒人员。吸毒成瘾人员应当进行戒毒治疗。吸毒成瘾的认定办法，由国务院卫生行政部门、药品监督管理部门、公安部门规定。"根据此条款，戒毒人员需要接受戒毒治疗。

我国戒毒人员有不同的类型。2008年6月1日正式施行的《禁毒法》重构了戒毒体系，将原有戒毒模式中公安机关负责的强制戒毒和司法行政机关负责的劳动教养戒毒整合为强制隔离戒毒，对吸毒人员不再适用劳动教养，淡化了处罚色彩，同时又增加了社区戒毒、社区康复等新模式。根据《禁毒法》规定的戒毒措施，戒毒人员包括社区戒毒社区康复人员、强制隔离戒毒人员和自愿戒毒人员。

社区戒毒社区康复人员是指在户籍所在地或者在现居住地接受社区戒毒社区康复的人员。社区戒毒是指将符合法定条件的吸毒人员置于社区,由基层政权组织负责实施,在公安机关、司法行政、卫生行政等部门指导和协助,相关社会团体、民间组织和社会志愿者广泛参与下,戒除其毒瘾,康复其身心,并促进其恢复正常社会生活的戒毒模式。社区康复是指被依法解除强制隔离戒毒的人员,经原强制隔离戒毒的决定机关责令其接受不超过3年的戒毒康复、生活和劳动的戒毒措施。社区康复参照《禁毒法》关于社区戒毒的规定实施。与相对封闭的强制隔离戒毒相比,社区戒毒、社区康复更加人性化。

强制隔离戒毒人员是指在强制隔离戒毒场所接受戒毒治疗的人员。强制隔离戒毒是根据特定行政机关的决定,通过强制隔离的方式,对符合法定条件的吸毒成瘾人员进行戒毒治疗的戒毒措施。所谓强制,是指一段时间内,国家对戒毒人员实施相对封闭的管束,即国家运用行政权力限制其人身自由;同时,强制也要求戒毒人员在强制隔离戒毒期间履行配合戒治的义务。所谓隔离,是指国家运用强制力使戒毒人员远离毒品,脱离吸毒群体及环境,而不是单纯地与家庭、社会的隔绝。戒毒是强制隔离戒毒的中心任务,强制隔离戒毒所根据戒毒人员吸食、注射毒品的种类、成瘾程度和戒断症状,开展有针对性的生理治疗、心理治疗、身体康复训练、回归社会辅导等,帮助他们消除毒瘾,最终顺利回归社会。从本质上讲,强制隔离戒毒不是对吸毒成瘾者的行政处罚,而是一种挽救吸毒成瘾者的行政措施,是一种限制人身自由的强制性戒毒措施。“隔离”是强制隔离戒毒的特色所在,突出了戒毒场所的性质,也凸显了对戒毒场所功能设施的要求。虽然强制隔离戒毒在相对封闭的条件下管束戒毒人员,在一定程度上限制其的人身自由,但同时包含着国家对戒毒人员的人文关怀。

自愿戒毒人员是指自愿到具有戒毒治疗资质的医疗机构接受戒毒治疗的人员。国家鼓励吸毒人员自行戒除毒瘾。吸毒人员自行到戒毒医疗机构接受戒毒治疗的,公安机关对其原吸毒行为不予处罚。戒毒医疗机构应当与自愿戒毒人员或者其监护人签订自愿戒毒协议,就戒毒方法、戒毒期限、戒毒人员个人信息保密、戒毒人员应当遵守的规章制度、可以终止戒毒治疗的情形等作出约定,自愿戒毒协议中应当载明戒毒治疗的适应证、戒毒疗效、戒毒治疗风险。戒毒医疗机构及其医务人员应当依法保护自愿戒毒人员的隐私,不得歧视自愿戒毒人员。

二、戒毒人员的特征

（一）法律特征

戒毒人员是违法者。在我国刑事立法中，对吸食毒品行为没有相关罪名，即吸毒不属于犯罪。《治安管理处罚法》第 72 条规定，吸食、注射毒品处 10 日以上 15 日以下拘留，可以并处 2000 元以下罚款。据此，在我国，吸毒行为属于违法行为，戒毒人员是违法者。

我国禁毒法规定了社区戒毒人员的适用情形。《禁毒法》第 33 条规定："对吸毒成瘾人员，公安机关可以责令其接受社区戒毒，同时通知吸毒人员户籍所在地或者现居住地的城市街道办事处、乡镇人民政府。社区戒毒的期限为三年。戒毒人员应当在户籍所在地接受社区戒毒；在户籍所在地以外的现居住地有固定住所的，可以在现居住地接受社区戒毒。"在我国，吸毒成瘾是由公安机关或其委托的戒毒医疗机构进行认定的。根据《吸毒成瘾认定办法》（公安部令第 115 号）第 3 条第 1 款的规定，吸毒成瘾认定是指公安机关或者其委托的戒毒医疗机构通过对吸毒人员进行人体生物样本检测、收集其吸毒证据或者根据生理、心理、精神的症状、体征等情况，判断其是否成瘾以及是否成瘾严重的工作。

我国禁毒法规定了强制隔离戒毒的适用情形。《禁毒法》第 38 条规定："吸毒成瘾人员有下列情形之一的，由县级以上人民政府公安机关作出强制隔离戒毒的决定：（一）拒绝接受社区戒毒的；（二）在社区戒毒期间吸食、注射毒品的；（三）严重违反社区戒毒协议的；（四）经社区戒毒、强制隔离戒毒后再次吸食、注射毒品的。对于吸毒成瘾严重，通过社区戒毒难以戒除毒瘾的人员，公安机关可以直接作出强制隔离戒毒的决定。吸毒成瘾人员自愿接受强制隔离戒毒的，经公安机关同意，可以进入强制隔离戒毒场所戒毒。"同时，基于特殊群体的保护，《禁毒法》规定了不适用和可以不适用强制隔离戒毒的情形。《禁毒法》第 39 条第 1 款规定："怀孕或者正在哺乳自己不满一周岁婴儿的妇女吸毒成瘾的，不适用强制隔离戒毒。不满十六周岁的未成年人吸毒成瘾的，可以不适用强制隔离戒毒。"不适用强制隔离戒毒情形的戒毒人员应接受社区戒毒。

（二）医学特征

戒毒人员是慢性复发性脑病患者。以往观点认为，吸毒是不良行为，是道德败坏的表现。随着科技的进步,现代医学已形成“吸毒行为是一种疾病”的共识,即吸毒起初是个人行为选择的结果,一旦成瘾就发展成慢性复发性脑病,与高血压、抑郁症等慢性疾病同样需要治疗。《吸毒成瘾认定办法》第 2 条也明确指出:“……吸毒成瘾,是指吸毒人员因反复使用毒品而导致的慢性复发性脑病,表现为不顾不良后果、强迫性寻求及使用毒品的行为,常伴有不同程度的个人健康及社会功能损害。”脑成像研究证实,毒品的作用会造成多巴胺等神经递质系统和奖赏通路的病理性改变,导致成瘾。成瘾行为是一种复杂的脑疾病,是由生物、行为和环境(包括社会)因素共同作用引起的。毒品具有极强的成瘾性。毒品成瘾具有以下特征:第一,易产生耐受性,即机体对药物敏感性较低的现象。人体对毒品极易产生耐受性。随着滥用次数的增加,机体对原有剂量的毒品变得不敏感,只有不断增加计量,才能获得原有的欣快感。第二,出现戒断综合征,一旦停止毒品滥用,就会出现特殊的生理、心理症状群。例如,吸食海洛因的成瘾者停药 8 ~ 12 个小时即可出现戒断症状,最初表现为打哈欠、流泪、流涕、出汗等类似感冒的症状,随后陆续出现瞳孔扩大(怕光)、打喷嚏、起鸡皮疙瘩、寒战、厌食、恶心、呕吐、腹绞痛、腹泻、全身骨头和肌肉酸痛即肌肉抽动等表现。第三,明知故犯,即明知滥用行为会产生危害及痛苦等不良后果,仍然寻找或使用毒品,即使试图戒断,但也无能为力,绝大多数会重蹈覆辙。第四,产生稽延性戒断综合征,即急性戒断症状消退后,仍会产生身体和心理依赖,如浑身无力、失眠、食欲低下等症状。稽延性戒断综合征持续时间长,从数月到数年之久。苯丙胺类毒品滥用者即使停止滥用 10 年,仍会存在一些心理、精神依赖,遇到外界刺激也可能发作。这也是导致部分成瘾者复吸的重要原因。从医学角度来讲,毒品滥用易产生成瘾性,成瘾是慢性复发性脑病,随之的异常行为是脑组织功能失调的结果。同时,毒品滥用给戒毒人员身体功能造成全方位的损害。毒品对戒毒人员生理系统的破坏是全面的,包括神经、感知觉、呼吸、心血管、消化、免疫、生殖系统等。

(三)心理特征

与其他矫正对象群体相比,戒毒人员普遍存在心理异常,甚至心理疾病。戒毒人员的心理特征主要表现为以下几个方面。

第一,人格缺陷。人格是源于个体自身的稳定行为方式和内部过程。戒毒人员的人格特质缺陷突出表现为固执,即大部分戒毒人员的性格偏向好强、固执,表现为自以为是,武断处事,反抗感强;敷衍,即大部分戒毒人员原则性差,应付了事,缺少恒心和毅力,容易放弃,在缺少外在监督、约束的情况下,容易复吸;独立性差,即大部分戒毒人员行动时缺少主见,依赖性强,难以脱离已有的吸毒关系网。

第二,认知偏差。认知是指人认识外部事物的过程。长期吸食毒品会改变脑部的结构,特别是额叶,引发代谢和神经递质的异常,损害戒毒人员的认知能力,导致部分功能性失调认知障碍。戒毒人员对毒品的作用存在认知误区,对戒毒行为存在抵触倾向。同时,吸食毒品也会导致戒毒人员的认知思维方式偏差,主要表现为:偏执、极端、武断、固执、猜疑、夸大消极面等。

第三,负性情绪明显。情绪是个体对客观事物是否符合自己需要而产生的主观态度或体验。从脑功能的角度分析,长期吸食毒品会破坏戒毒人员的大脑奖赏神经系统,导致戒断后仍会经常感觉空虚或焦虑,加之毒品滥用造成的脑部高级认知功能的损伤,对负性情绪缺乏调节和控制,进一步加剧了负性情绪的困扰。戒毒人员的负性情绪突出地表现为抑郁和焦虑。

(四)行为特征

多数戒毒人员存在行为偏差,突出表现为自控力低、冲动性强、欺骗性强、逆反敌对性强等方面。第一,自控力低。自控力是指个人具有的对自己情感、情绪、愿望、爱好、行动、习惯的掌握与支配,使自己的行动服从于社会规范的能力。[①] 自我控制力低,一般表现为时间管理、行动执行、排除干扰、控制冲动、抑制诱惑、延迟满足等方面都存在不足。同时,成瘾程度越高,自控力就越低。戒毒人员自控力差突出表现为,不自觉地参与到关于毒品和吸毒的讨论之中,并表现出渴求;不能抵制稽延性戒断症状,对毒品产生强烈渴求,进而复吸以及随之而来的反复戒治。

第二,冲动性强。冲动性是指突然爆发、盲目而缺乏理智且对后果没有清醒认识的人格缺陷样表现。[②] 长期吸食毒品引发大脑皮层结构和功能的改变,导致戒毒人员冲动水平上升,即使在戒断期间,仍然存在较强的攻击性。受毒品线索、吸毒环境的影响,冲动性强也是导致复吸的重要诱因。暴力攻击行为是甲基苯丙胺滥用的典型特征,而暴力攻击行为通常是情绪冲动的驱动使然。戒毒人员冲动

---

① 参见冯维主编:《现代教育心理学》,西南师范大学出版社 2013 年版,第 220 页。

② 参见傅安球:《实用心理异常诊断矫治手册》(第 4 版),上海教育出版社 2015 年版,第 47 页。

性的突出表现是，面对消极后果，也会明知故犯；缺乏深思熟虑，偏好即时奖赏；易受外界刺激，实施暴力攻性或冒险性行为；为缓解戒断症状，不顾后果、不惜代价寻求毒品。

第三，欺骗性强。欺骗有利可图，由此，说谎是戒毒人员普遍存在的行为特征。在吸食毒品期间，戒毒人员为掩盖自己的违法行为，或为获取毒资，会欺骗家人、亲友。欺骗行为甚至延续到戒毒期间，例如，为获取更多的替代药品，或是逃避学习、劳动、训练等，或是博得同情，获得"优厚"待遇，戒毒人员通过伪装病情等方法，欺骗医生或警察。同时，戒毒人员通常虚荣心较强，特别是女性戒毒人员，与他人交谈中往往会夸大或炫耀，以获得他人的认同或关注。

第四，逆反敌对性强。逆反敌对是戒毒人员普遍存在的一种行为表现。对吸食甲基苯丙胺等新型合成毒品的戒毒人员而言，即使戒断后躯体症状得到缓解，但是敌意、易怒等负性情绪仍会持续较长时间。戒毒人员逆反性、敌对性的突出表现主要有，"标新立异"处事，即别人反对，他则赞同；抵制社区戒毒、强制隔离戒毒等戒毒措施；攻击他人或是对抗社区戒毒工作人员及戒毒人民警察等。

（五）社会特征

戒毒人员的社会特征主要是从年龄、性别、文化程度、职业、家庭支持等社会因素分析戒毒人员的群体特征。从年龄上看，戒毒人员主要集中在18～35岁年龄段。《2019年中国毒品形势报告》显示，截至2019年年底，中国现有吸毒人员214.8万名，占全国人口总数的0.16%，连续第二年减少，同比下降10.6%。其中，35岁以上109.5万名，占51%；18～35岁104.5万名，占48.7%；18岁以下7151名，占0.3%。从性别上看，戒毒人员以男性为主，占80%左右，但女性戒毒人员呈逐年上升的趋势。从文化程度上看，戒毒人员的文化程度普遍偏低。国内一项针对福建省1000名男性强制戒毒人员的调查显示，小学350人（35%），中学595人（59.5%），大学及以上55人（占5.5%）。[①] 从职业上看，无业的戒毒人员占大多数。国内一项针对614例海洛因依赖者的调查发现，有249例（56.72%）均从事与现行政策、法令相悖的各种营生，排前三位的是涉赌72例（16.40%）、涉黄68例（15.48%）、扒窃38例（8.65%）。娱乐休闲业主和经商共81例（18.44），无

---

① 参见丛伟东等：《福建省1000名男性强制戒毒人员心理健康状况及人格特征的分析》，载《齐齐哈尔医学院学报》2013年第19期。

业人员 94 例(21.41%),情况不详 15 例(3.42%)。所谓无业的吸毒人员中绝大多数均有其各自的营生勾当,或涉嫌违法犯罪活动或从事不太体面的职业,故而羞于启齿,诡称无业。① 由此可见,无业的戒毒人员大多数与其他违法犯罪行为有密切联系。从家庭支持上看,戒毒人员的家庭支持系统薄弱。家属成员与戒毒人员的关系紧张,拒绝、排斥戒毒人员,甚至断绝亲属关系。家庭结构不完整或问题家庭是部分戒毒人员吸毒的重要社会因素,因此,吸毒后也难以获得相应的支持。从婚姻状况方面来看,有近一半的戒毒人员处于未婚或离异状态。即使保持婚姻状态,配偶也对戒毒人员不抱希望。

第二节　自愿戒毒人员管理

一、自愿戒毒人员管理的概念

自愿戒毒人员管理,是指具有戒毒治疗资质的医疗机构对自愿接受戒毒治疗的吸毒人员进行管理的活动。此概念不包括戒毒人员自愿到强制隔离戒毒所、戒毒康复所接受的戒毒治疗活动,特指戒毒人员自愿到医疗机构接受的戒毒治疗活动。医疗机构负责对自愿戒毒人员进行管理。在管理过程中,医疗机构需要坚持法治化原则,遵循 2021 年 1 月 25 日卫生健康委、公安部、司法部联合发布的《戒毒治疗管理办法》组织管理工作。

二、自愿戒毒人员管理的特点

(一)管理主体的专业性

管理主体的专业性是指管理自愿戒毒人员的主体具有一定的专业性。根据《戒毒治疗管理办法》的规定,具有戒毒治疗资质的医疗机构是自愿戒毒人员的管理主体。与强制隔离戒毒所、乡镇人民政府、街道办事处等其他类型戒毒人员的管理主体相比,医疗机构在戒毒治疗方面具有专业性。医疗机构申请开展戒毒治疗,必须同时具备下列条件:一是具有独立承担民事责任的能力;二是符合戒毒医

---

① 参见贾一夫等:《无业海洛因依赖者的生涯及经济来源调查》,载《中国药物滥用防治杂志》2005 年第 3 期。

院的基本标准或医疗机构戒毒治疗科的基本标准和《戒毒治疗管理办法》的规定。医疗机构根据治疗需要配备相应数量的医师、护士、临床药学、医技、心理卫生等专业技术人员，并为戒毒治疗正常开展提供必要的安保和工勤保障。医师、护士等专业技术人员都需要具备《戒毒治疗管理办法》规定的相关资质。医疗机构的设置标准及人员配备都体现了管理主体的专业性。

（二）管理环境的特殊性

管理环境的特殊性是指管理自愿戒毒人员的环境具有一定的特殊性。自愿戒毒人员在医疗机构进行戒毒治疗，与相对封闭的强制隔离戒毒所、开放的社区相比，医疗机构具有一定的特殊性，主要体现在：一方面，它具有相应数量的医师、护士、临床药学、医技等专业技术人员，能够为自愿戒毒人员提供专业的戒毒治疗；另一方面，它配备一定数量的安保，防止毒品与违禁物品进入医疗场所。但是，其与强制隔离戒毒所及其警察的管理强度相比较弱。同时，由于在医疗机构接受戒毒治疗，自愿戒毒人员还需要遵守医疗机构的管理制度，不能影响医疗机构的正常工作和诊疗秩序。这使与其社区戒毒、社区康复的开放性管理环境又有所区别。

（三）管理关系的自愿性

管理关系的自愿性是指医疗机构与自愿戒毒人员之间的管理关系是以自愿为前提的。换言之，戒毒人员的自愿引起管理关系的发生。国家鼓励吸毒成瘾人员自行戒除毒瘾。戒毒人员可以自行到戒毒医疗机构接受戒毒治疗，并与其签订"自愿戒毒协议"，随后产生自愿戒毒管理关系。强制隔离戒毒、社区戒毒都是公安机关作出的决定，具有强制性，戒毒人员必须接受。

三、自愿戒毒人员管理的内容

根据《戒毒治疗管理办法》的相关规定，医疗机构及其医务人员开展戒毒治疗过程中应当依法保护戒毒人员的隐私，不得侮辱、歧视戒毒人员，具体管理内容如下。

1. 身体和物品检查。根据戒毒治疗的需要，医疗机构对戒毒人员进行身体和携带物品的检查，严防戒毒人员或者其他人员携带毒品与违禁物品进入。对女性自愿戒毒人员的身体检查，应由女性工作人员进行。在检查时发现的疑是毒品及吸食、注射用具和管制器具等，应当交当地公安机关处理。

2. 保护性约束措施。在戒毒治疗期间，发现戒毒人员有人身危险的，可以采取必要的临时保护性约束措施。保护性约束措施不是一种惩罚措施，而是自愿戒毒人员在毒瘾发作可能发生自伤、自残等情形时，为了保护戒毒人员自身安全而采取的一种强制保护措施。在实际工作中，自愿戒毒人员还可能因毒瘾发作实施伤害医务人员，破坏医疗机构秩序的行为，应当及时采取保护性约束措施对自愿戒毒人员进行约束。开展戒毒治疗的医疗机构及其医务人员应当对采取临时保护性约束措施的戒毒人员加强护理观察。在危险情形消除后，要及时解除保护性约束措施。

3. 签订知情同意书。医疗机构应当与戒毒人员签订知情同意书。对属于无民事行为能力或者限制民事行为能力人的戒毒人员，医疗机构可与其监护人签订知情同意书。知情同意书的内容应当包括戒毒医疗的适应证、方法、时间、疗效、医疗风险、个人资料保密、戒毒人员应当遵守的各项规章制度以及双方的权利、义务等。

4. 建立戒毒人员医疗档案。医疗机构应当按照规定建立戒毒人员医疗档案，并按规定报送戒毒人员相关治疗信息。医疗机构应当要求戒毒人员提供真实信息。

5. 身体检查与传染病检测。医疗机构应当对戒毒人员进行必要的身体检查和艾滋病等传染病的检测，按照有关规定开展艾滋病等传染病的预防、咨询、健康教育、报告、转诊等工作。

6. 吸毒检测。戒毒人员治疗期间，医疗机构应当不定期对其进行吸毒检测。发现吸食、注射毒品的，医疗机构应当及时向当地公安机关报告。

7. 戒毒治疗。医疗机构应当为戒毒人员提供脱毒治疗、心理康复、行为矫正、社会功能恢复等，并开展出院后的随访工作。

8. 终止戒毒治疗。戒毒人员在接受戒毒治疗期间有下列情形之一的，医疗机构可以对其终止戒毒治疗：

（1）不遵守医疗机构的管理制度，严重影响医疗机构的正常工作和诊疗秩序的。

（2）无正当理由不接受规范治疗或者不服从医务人员合理的戒毒治疗安排的。

（3）发现存在严重并发症或者其他疾病不适宜继续接受戒毒治疗的。

四、药物维护治疗戒毒人员管理

（一）药物维护治疗戒毒人员管理的概念及适用范围

戒毒药物维护治疗，是指在符合条件的医疗机构，选用适宜的药品对阿片类物质成瘾者进行长期的维持治疗，以减轻他们对阿片类物质的依赖，促进身体康复的戒毒医疗活动。药物维护治疗戒毒人员的管理是指戒毒药物维持治疗机构对自愿申请治疗的阿片类物质成瘾者进行管理的活动。戒毒药物维护治疗是阿片类物质成瘾者自愿申请参加戒毒治疗的一种方式。因此，在一定意义上，药物维护治疗也属于自愿戒毒。

戒毒药物维护治疗的适用范围是年龄在18周岁以上、有完全民事行为能力的阿片类物质成瘾者。他们可以按照自愿的原则申请参加维护治疗。18周岁以下的阿片类物质成瘾者，采取其他戒毒措施无效且经其监护人书面同意，可以申请参加维护治疗。有治疗禁忌证的，暂不宜接受维护治疗。禁忌证治愈后，可以申请参加维持治疗。另外，符合维持治疗条件的社区戒毒社区康复人员，经乡（镇）、街道社区戒毒、社区康复工作机构同意，可以向维护治疗机构申请参加维护治疗。

（二）药物维护治疗戒毒人员管理的内容

从戒毒人员角度来讲，他们应当承诺在治疗期间严格遵守维持治疗机构的各项规章制度，接受维持治疗机构开展的传染病定期检查以及毒品检测，并签订自愿治疗协议书。

从戒毒药物维持治疗机构角度来讲，它们应当为治疗人员建立病历档案，并按规定将治疗人员信息及时报维持治疗机构所在地公安机关登记备案；发现治疗人员脱失的，应当及时报告当地公安机关。因户籍所在地或者现居住地发生变化，不能在原维持治疗机构接受治疗的，治疗人员应当及时向原维持治疗机构报告，由原维持治疗机构负责治疗人员的转介工作，以继续在异地接受维持治疗服务。治疗人员在参加维持治疗期间出现违反治疗规定、复吸毒品、严重影响维持治疗机构的正常工作秩序或者因违法犯罪行为被羁押而不能继续接受治疗等情形的，维持治疗机构应当终止其治疗，及时报告当地公安机关。

另外，维持治疗机构除为治疗人员提供维持治疗外，还需进行以下工作：(1)开展禁毒和防治艾滋病法律法规宣传;(2)开展艾滋病、丙型肝炎、梅毒等传染病防治和禁毒知识宣传;(3)提供心理咨询、心理康复及行为矫治等服务;(4)开展艾滋病、丙型肝炎、梅毒和毒品检测;(5)协助相关部门对艾滋病病毒抗体阳性治疗人员进行随访、治疗和转介;(6)协助食品药品监管部门开展治疗人员药物滥用的监测工作。

第三节 社区戒毒社区康复人员管理

一、社区戒毒社区康复人员管理的概念及适用范围

社区戒毒人员的管理,是指乡(镇)人民政府、城市街道办事处通过成立社区戒毒工作领导小组,配备社区戒毒专职工作人员,制订社区戒毒计划,落实社区戒毒措施等手段,对社区戒毒人员进行管理的活动。社区戒毒的适用范围包括:吸毒成瘾人员中被依法责令社区戒毒的人员,严重吸毒成瘾人员中不适宜或无法执行强制隔离戒毒人员,其他不适宜强制隔离戒毒的人员。社区戒毒的决定机关是县级以上公安机关。对吸毒成瘾人员,县级、设区的市级人民政府公安机关可以依照《治安管理处罚法》对其吸毒行为进行行政处罚,也可以根据《禁毒法》《戒毒条例》责令其接受社区戒毒,出具责令社区戒毒决定书,送达本人及其家属,通知本人户籍所在地或者现居住地乡(镇)人民政府、街道办事处。社区戒毒的期限为3年,自社区戒毒人员到乡(镇)人民政府、街道办事处报到之日起计算,无正当理由逾期不报到的,视为拒绝接受社区戒毒。

社区康复人员的管理,是指乡(镇)人民政府、街道办事处通过组建社区康复工作小组,签订社区康复协议书,明确社区康复措施等手段,对社区康复人员进行管理的活动。对解除强制隔离戒毒的人员,强制隔离戒毒决定机关可以责令其进行不超过3年的社区康复。社区康复的执行时间,自社区康复人员被领回或者自行报到并签订社区康复协议之日起计算。社区康复在社区康复人员执行地由乡(镇)人民政府、街道办事处负责执行。社区康复人员可以在所在地戒毒康复场所进行社区康复活动。本节所论述的社区康复人员管理不包括在戒毒康复场所的执行情况。

二、社区戒毒社区康复人员管理的特点

（一）管理主体的多样性

管理主体的多样性是指管理社区戒毒社区康复人员的工作领导小组和工作小组由多方成员构成。乡（镇）人民政府、城市街道办事处应当根据工作的实际需要，成立社区戒毒社区康复工作领导小组，由乡（镇）人民政府、城市街道办事处分管领导任组长，综治、公安、卫生行政、民政、司法行政、人力资源社会保障等部门负责人为成员，具体负责组织本辖区的社区戒毒社区康复工作。社区戒毒社区康复专兼职工作人员、社区民警、社区医务人员、社区戒毒社区康复人员的家庭成员以及禁毒志愿者共同组成社区戒毒社区康复工作小组，依照有关法律和程序规定，具体实施社区戒毒社区康复工作。负责女性社区戒毒社区康复人员的工作小组应当有女性工作人员参加。据此，参与社区戒毒社区康复管理的主体具有多样性。

（二）管理环境的开放性

管理环境的开放性是指社区戒毒社区康复人员在开放性的社区中接受社区戒毒社区康复工作领导小组和工作小组的管理。与相对封闭的强制隔离戒毒管理相比，社区戒毒社区康复人员相对自由，在不脱离家庭环境、不断裂社会关系的条件下接受戒毒管理，但是，社区戒毒社区康复人员也要遵守法律法规及相应的戒毒协议。虽然管理环境的开放性增加了日常管理的难度，也为社区戒毒社区康复人员复吸提供了空间，但是，对吸毒成瘾程度较轻的社区戒毒人员，以及解除强制隔离戒毒的社区康复人员而言，这种开放式的戒毒措施能够克服标签效应，保持家庭关系稳定，更符合人性化的要求，也能够为国家节约资源和执法成本。另外，怀孕或者正在哺乳自己不满 1 周岁婴儿的妇女吸毒成瘾的，不满 16 周岁的未成年人吸毒成瘾的，开放性的社区戒毒管理符合人道主义的价值。

（三）管理关系的协议性

管理关系的协议性是指社区戒毒社区康复工作小组与戒毒人员之间的管理关系是以协议形式体现的。社区戒毒社区康复人员报到后，社区戒毒社区康复工作小组应当及时与社区戒毒社区康复人员签订《社区戒毒（社区康复）协议》。协

议由各省级禁毒委员会办公室根据本地实际统一制定，内容应包括本地社区戒毒社区康复工作的主要措施，执行单位的职责和义务，社区戒毒社区康复人员的权利和义务，双方不履行协议应当承担的法律责任等。被责令人员在社区戒毒社区康复期间应当严格遵守协议，对拒绝接受社区戒毒社区康复、严重违反协议的，应当严格依据法律有关规定进行处理。

三、社区戒毒社区康复人员管理的内容

（一）依法作出决定

县级以上公安机关应当依照《禁毒法》《戒毒条例》《吸毒成瘾认定办法》的相关规定，依法责令吸毒成瘾人员接受社区戒毒，防止出现以罚代戒、降格处理等现象。强制隔离戒毒决定机关可以参照强制隔离戒毒诊断评估结果作出责令社区康复的决定；对被责令强制隔离戒毒两次以上的解除强制隔离戒毒人员，原则上应当责令其接受社区康复。

（二）落实衔接措施

决定机关与执行机关有效衔接既能够提高工作效率，又可以避免戒毒人员脱管失控。作出社区戒毒社区康复决定后，公安机关应当在 7 个工作日内通知执行机关，将档案等材料一并移交，并将决定书送达戒毒人员本人及其家属。在接到公安机关的通知及相关材料后，乡（镇）人民政府、城市街道办事处应当做好接收前的准备工作，了解戒毒人员的家庭及其生活情况。

社区戒毒社区康复人员的户籍所在地或者现居住地发生变化，需要变更执行地的，社区戒毒社区康复执行地乡（镇）人民政府、城市街道办事处应当将有关材料转送至变更后的乡（镇）人民政府、城市街道办事处。社区戒毒社区康复人员应当自执行地变更之日起 15 日内前往变更后的乡（镇）人民政府、城市街道办事处报到，社区戒毒社区康复时间自报到之日起连续计算。变更后的乡（镇）人民政府、城市街道办事处，应当按照《戒毒条例》的相关规定，与社区戒毒社区康复人员签订新的社区戒毒社区康复协议，继续执行社区戒毒社区康复。

（三）及时签订协议

社区戒毒社区康复人员报到后，社区戒毒社区康复工作小组应当及时与社区

戒毒社区康复人员签订《社区戒毒（社区康复）协议》。具体内容上文已经提及，在此不再赘述。

（四）开展分类管理

社区戒毒社区康复工作小组应当根据社区戒毒社区康复人员的染毒程度、经历、个人特点、生活和家庭环境等情况，探索建立分类管理机制，有的放矢地采取管理措施。戒毒人员吸食、注射毒品的种类、频率与方式不同，加之，戒毒人员自身的身体、生理及心理健康、吸毒与戒毒经历、生活和家庭环境等不同，导致戒毒人员的成瘾程度、戒断状况、家庭支持等各不相同，需要不同的戒治方案及管理方式。因此，分类管理是科学戒断毒瘾的必然要求。

（五）定期见面谈话

社区戒毒社区康复工作小组应当建立帮教制度，定期与社区戒毒社区康复人员及其家属进行谈心，掌握现实表现，督促履行协议。社区民警负责对吸毒人员的动态管控及其信息维护，一般每季度与社区戒毒社区康复人员见面访谈一次，对其进行法制教育，权利、义务告知，对违反社区戒毒社区康复协议规定的予以劝诫。禁毒社会工作者一般每月至少与社区戒毒社区康复人员及其家属见面访谈一次，开展戒毒知识辅导，了解其思想动态、现实表现、戒毒状况，协助公安派出所落实定期或不定期的吸毒检测和随机抽检，提供心理矫治、行为矫正等方面的指导服务，关心帮助其解决就业、生活困难等问题。居（村）委会干部应定期走访社区戒毒社区康复人员及其家庭，通过谈话了解社区戒毒社区康复人员的动态变化，帮助其解决实际困难。

（六）进行吸毒检测

公安机关应当按照定期不定时的原则，认真做好社区戒毒社区康复人员的吸毒检测工作，社区戒毒社区康复工作人员应当给予协助。对社区戒毒人员的检测为 3 年内至少 22 次，第一年为每月 1 次，第二年为每 2 个月 1 次，第三年为每 3 个月 1 次；对社区康复人员的检测为 3 年内至少 12 次，第一年为每 2 个月 1 次，第二年为每 3 个月 1 次，第三年为每 6 个月 1 次。对于拒绝接受检测的社区戒毒社区康复人员，由社区民警对其进行告诫教育；必要时，经派出所负责人批准，可以强制进行吸毒检测。

(七)规范戒毒治疗

自愿戒毒医疗机构、社区卫生服务机构、戒毒药物维持治疗门诊等医疗卫生机构应当按照有关规定,为社区戒毒社区康复人员提供戒毒治疗和康复指导。符合戒毒药物维持治疗条件的社区戒毒社区康复人员,经乡(镇)、街道社区戒毒社区康复工作办公室批准,可以向医疗卫生机构申请参加戒毒药物维持治疗,社区戒毒社区康复工作办公室应当与戒毒药物维持治疗机构建立工作衔接和定期通报制度,加强信息交流和沟通。医疗卫生机构应当将登记参加戒毒药物维持治疗人员的信息及时报公安机关备案。社区戒毒社区康复人员在参加戒毒药物维持治疗期间,应当严格遵守戒毒药物维持治疗的有关规定,对发现吸食、注射毒品以及脱失、自动终止治疗的,医疗卫生机构应当及时向公安机关和社区戒毒社区康复工作办公室报告。

(八)开展帮扶工作

对社区戒毒社区康复人员的帮扶工作需要各相关部门各司其职,发挥各自优势。在开展帮工作中,主要部门的职责有:卫生行政部门要积极做好社区戒毒社区康复工作人员的戒毒治疗、康复指导和常规医疗服务,拓展戒毒药物维持治疗覆盖面,提升戒毒药物维持治疗工作质量。司法行政部门要加强对社区戒毒社区康复人员的法治教育、跟踪帮教等工作,做好戒毒出所人员的衔接管理。人力资源和社会保障部门要把社区戒毒社区康复人员纳入劳动职业技能培训的总体规划,做好职业技能培训、就业指导和就业援助,对技能鉴定合格的颁发职业资格证书,落实就业失业登记、失业保险金及技能培训、职业技能鉴定等相关政策和经费补助。民政部门要指导基层组织将社区戒毒社区康复工作纳入社区建设和社区管理范围,指导民办社会工作服务机构和专业社会工作者参与社区戒毒社区康复工作,依照有关规定落实好符合条件的社区戒毒社区康复人员的最低生活保障或临时救助。工会组织要结合开展"职工拒绝毒品'零计划'行动",加强对吸毒职工的法治教育和帮扶救助,使其增强戒毒的信心和决心。共青团组织要深入开展"社区青少年远离毒品"行动,结合预防青少年违法犯罪工作,加强对青少年的禁毒宣传教育,积极向吸毒青少年提供爱心教育和关怀救助,防止他们再次沾染毒品。妇联组织要依托社区妇女之家、妇女维权站,结合"平安家庭""无毒家庭"创建工作,继续深化"不让毒品进我家"活动,积极做好工作对象的毒品预防宣传教育工作，加强对有吸毒人员家庭的关怀教育，帮助他们改善家庭关系、摆脱毒品侵害。在帮扶工作中，乡（镇）人民政府、城市街道办事处应当把就业安置作为重要任务，立足社区，依托企业，充分运用集中就业安置、分散就业安置、提供公益岗位、鼓励自主创业等多种方式，积极为社区戒毒社区康复人员提供就业机会。

（九）违规行为处理

1. 社区戒毒社区康复人员应遵守的规定

在社区戒毒社区康复期间，社区戒毒社区康复人员应当遵守法律法规及戒毒协议。根据《戒毒条例》第 19 条的规定，社区戒毒人员应当遵守下列规定：(1)履行社区戒毒协议；(2)根据公安机关的要求，定期接受检测；(3)离开社区戒毒执行地所在县（市、区）3 日以上的，须书面报告。

接受社区康复的人员应当遵守法律、法规，自觉履行社区康复戒毒协议，并主动配合社区康复工作小组帮助戒除毒瘾采取的相关措施；根据公安机关的要求，自觉接受和配合定期不定时吸毒检测和抽检；自愿进入戒毒医疗机构、戒毒康复场所接受戒毒治疗和康复训练，或者在执行地所在区、县行政区域以外参加戒毒药物维持治疗的，应当向执行地乡（镇）人民政府、街道办事处社区康复工作领导小组报告。

2. 对违反规定行为的处理

对违反社区戒毒社区康复协议的戒毒人员，社区戒毒社区康复工作小组成员应当对其进行批评、教育，社区民警可以进行告诫教育。《戒毒条例》第 20 条规定了社区戒毒人员严重违反社区戒毒协议的情形，即(1)逃避或者拒绝接受检测 3 次以上的；(2)擅自离开社区戒毒执行地所在区、县行政区域范围 3 次以上或者累计超过 30 日的。在社区戒毒期间，社区戒毒人员有上述情形之一的，属于《禁毒法》规定的“严重违反社区戒毒协议”，由县级以上人民政府公安机关作出强制隔离戒毒的决定。社区康复人员拒绝接受社区康复，或者严重违反社区康复协议，并再次吸食、注射毒品被强制隔离戒毒的，强制隔离戒毒不得提前解除。

（十）加强信息维护

社区戒毒社区康复工作小组应当对社区戒毒社区康复人员建立戒毒康复管理档案，实时登记报到、帮教、检测、变更、解除等执行情况以及培训、就业等现实表现，有条件的应当实行信息化管理，实现信息网上录入、档案网上管理、程序网上流转、工作网上监督。社区戒毒社区康复工作人员应当及时将戒毒康复、吸毒检测、就业安置等信息提供给公安机关或禁毒办事机构，共同做好吸毒人员动态管控信息的登记维护工作，确保网上信息全面、准确、鲜活。公安机关或禁毒办事机构应当按照"谁采集、谁负责，谁录入、谁维护"的原则，建立社区戒毒社区康复信息实时采集、动态维护、质量倒查机制，强化督促检查、信息核查，严禁弄虚作假，防止系统"空转"。

（十一）中止与终止

1. 社区戒毒社区康复的中止

社区戒毒社区康复人员被依法批准拘留、逮捕的，社区戒毒社区康复工作中止，由羁押场所给予必要的戒毒治疗。同时，办理该案件的区、县公安机关应当自批准拘留或逮捕之日起 3 个工作日以内，为其办理中止社区戒毒社区康复手续，出具"中止社区戒毒/社区康复通知书"，并送达其本人及家庭（监护人）、社区戒毒社区康复决定机关、执行地公安派出所和乡（镇）人民政府、街道办事处禁毒工作部门。

社区戒毒社区康复人员被解除拘留或者逮捕释放的，应当自解除或者释放之日起 15 个工作日以内，自行前往执行地乡（镇）人民政府、街道办事处禁毒工作部门报到，继续接受社区戒毒社区康复。社区戒毒社区康复时间自报到之日起连续计算；无正当理由逾期不报到的，视为拒绝社区戒毒社区康复。

2. 社区戒毒社区康复的终止

社区戒毒社区康复人员被依法收监执行刑罚、采取强制性教育措施的，社区戒毒社区康复工作终止。同时，办理该案件的区、县公安机关应当自决定之日起 3 个工作日以内，为其办理终止社区戒毒社区康复手续，出具"终止社区戒毒/社区康复通知书"，并送达本人及其家属（监护人）、社区戒毒社区康复决定机关、执行地公安派出所和乡（镇）人民政府、街道办事处禁毒工作部门。

刑罚执行完毕或者解除强制性教育措施后，该人员应当由其户籍所在地或者现居住地的司法行政部门纳入管理并落实安置帮教等措施；公安机关负责对其开展法制教育、权利义务告知、尿液样本抽检（为期 3 年，且每年不少于 4 次）等工作；其他有关部门应当予以协助和支持。

（十二）解除

社区戒毒社区康复自执行期限届满之日起解除。

社区戒毒社区康复工作领导小组应当在社区戒毒社区康复人员执行期限届满以前，填写“社区戒毒/社区康复人员执行情况抄告单”，向执行地区、县公安机关抄告执行情况和期满解除事宜。社区戒毒社区康复执行地公安机关应当自收到抄告后，出具解除社区戒毒/社区康复通知书，送达本人及其家属，并在7日内通知社区戒毒社区康复执行地的乡（镇）人民政府、城市街道办事处。

第四节　强制隔离戒毒人员管理

一、强制隔离戒毒人员管理的概念及适用范围

强制隔离戒毒人员的管理，是指强制隔离戒毒所对强制隔离戒毒人员在强制隔离戒毒期间实施的管理活动。

根据《禁毒法》第38条的规定，强制隔离戒毒的适用范围包括：

1. 吸毒成瘾人员。吸毒成瘾人员有下列情形之一的，由县级以上人民政府公安机关作出强制隔离戒毒的决定：（1）拒绝接受社区戒毒的；（2）在社区戒毒期间吸食、注射毒品的；（3）严重违反社区戒毒协议的；（4）经社区戒毒、强制隔离戒毒后再次吸食、注射毒品的。

2. 吸毒成瘾严重人员。对于吸毒成瘾严重，通过社区戒毒难以戒除毒瘾的人员，公安机关可以直接作出强制隔离戒毒的决定。《吸毒成瘾认定办法》第8条规定了吸毒成瘾严重的认定标准，即“（1）曾经被责令社区戒毒、强制隔离戒毒（含《禁毒法》实施以前被强制戒毒或者劳教戒毒）、社区康复或者参加过戒毒药物维持治疗，再次吸食、注射毒品的；（2）有证据证明其采取注射方式使用毒品或者多次使用两类以上毒品的；（3）有证据证明其使用毒品后伴有聚众淫乱、自伤自残或者暴力侵犯他人人身、财产安全等行为的”。

3. 自愿接受强制隔离戒毒人员。吸毒成瘾人员自愿接受强制隔离戒毒的，经强制隔离戒毒所场所所在地县级、设区的人民政府公安机关同意，可以进入强制隔离戒毒场所戒毒。强制隔离戒毒所应当对自愿强制隔离戒毒人员进行必要的

健康检查,并就戒毒治疗期限、治疗措施、出(离)所条件、与社区戒毒措施衔接等事宜,与自愿强制隔离戒毒人员及其监护人签订接受强制隔离戒毒协议书。

二、强制隔离戒毒人员管理的特点

(一)管理主体的双重性

管理主体的双重性,是指管理强制隔离戒毒人员是双重主体,分段执行。强制隔离戒毒的分段执行决定了管理主体的双重性,即公安机关负责执行的强制隔离戒毒所与司法行政机关负责执行的强制隔离戒毒所。《戒毒条例》第 27 条第 2 ~ 3 款规定:"被强制隔离戒毒的人员在公安机关的强制隔离戒毒场所执行强制隔离戒毒 3 个月至 6 个月后,转至司法行政部门的强制隔离戒毒场所继续执行强制隔离戒毒。执行前款规定不具备条件的省、自治区、直辖市,由公安机关和司法行政部门共同提出意见报省、自治区、直辖市人民政府决定具体执行方案,但在公安机关的强制隔离戒毒场所执行强制隔离戒毒的时间不得超过 12 个月。"此外,在实践中,有些省、自治区、直辖市根据其决定的具体方案,由公安机关决定强制隔离戒毒后可以直接送交司法行政机关执行。目前,大部分省(自治区、直辖市)采取分段执行的方式,也有部分省(区、市)采取分段执行和直接送交相结合的方式。管理主体的双重性要求做好强制隔离戒毒人员在不同场所流转的衔接工作。

(二)管理环境的封闭性

管理环境的封闭性,是指强制戒毒人员在相对封闭的、隔离的戒毒场所接受管理及戒毒治疗。隔离性,是指在强制隔离戒毒过程中,戒毒人员与外界环境隔离,处于一个相对封闭的环境。强制隔离戒毒的隔离性是国家公权力运行产生的。相对封闭的环境使戒毒人员与毒品隔离,而不是将他们与正常的社会环境完全割裂,有利于帮助他们进行戒毒治疗。这对于戒毒意志力薄弱、自控力差的戒毒人员来讲具有积极意义。强制隔离戒毒人员的管理工作在具有封闭性、隔离性特点的环境中开展,这是其与社区戒毒、自愿戒毒的显著区别。

(三)管理关系的强制性

管理关系的强制性,是指强制隔离戒毒所人民警察与强制隔离戒毒人员之间的管理关系是以强制性为前提的。强制隔离戒毒人员管理关系的强制性主要体现在以下三个方面:第一,强制隔离戒毒的决定机关是公安机关。强制隔离戒毒是公安机关行使国家公权力作出的强制性戒毒治疗措施。公安机关制作的强制隔离戒毒决定书是强制隔离戒毒法律关系发生的根据,是对吸毒成瘾人员进行强制隔离戒毒的法律表现形式,具有法律效力。强制隔离戒毒决定书对吸毒成瘾人员具有法律约束力,被强制隔离戒毒的吸毒成瘾人员应当按决定书的要求履行义务。同时,决定书也是其提起行政复议、行政诉讼的重要凭证。被决定人对公安机关作出的强制隔离戒毒决定不服的,可以依法申请行政复议或者提起行政诉讼。第二,强制隔离戒毒的管理主体是人民警察。强制隔离戒毒所人民警察对戒毒人员实行直接管理,严禁由其他人员代行管理职权。女性戒毒人员由女性人民警察直接管理。第三,强制隔离戒毒的管理方式是强制性,而不是协议性。与自愿戒毒、社区戒毒不同,强制隔离戒毒场所与戒毒人员不签订相关的戒毒协议。强制隔离戒毒所对戒毒人员实行分别管理、分期管理和分级管理。戒毒人员应当自觉遵守戒毒人员行为规范、强制隔离戒毒所纪律和各项规定,服从强制隔离戒毒场所人民警察的管理。

三、强制隔离戒毒人员管理的内容

本书重点阐述强制隔离戒毒人员的管理,具体流程、内容及方法在其他章节详细论述,在此不再赘述。本部分侧重从强制隔离戒毒所人民警察开展管理工作与强制隔离戒毒人员应当遵守行为规范两个角度展开。

(一)强制隔离戒毒所人民警察管理的要求

1. 严格、公正、廉洁、文明管理

严格、公正、廉洁、文明管理,是对从事强制隔离戒毒工作人民警察的基本要求。在强制隔离戒毒所,严格、公正、廉洁、文明执法主要体现在:一是严格依法对戒毒人员进行管理。戒毒人民警察严格依照《禁毒法》《戒毒条例》《司法行政机关强制隔离戒毒工作规定》等法律法规、部门规章,对戒毒人员进行管理。二是对戒毒人员的日常考核、诊断评估、提出提前解除、延长强制隔离戒毒期限的意见、所外就医、探视、探访、单独管理等做到公平公正。三是在对戒毒人员的日常管理和执法工作中,不徇私枉法,不收受贿赂,不以权谋私,做到清正廉洁、公道正派。四是杜绝打骂、体罚、侮辱、虐待、歧视戒毒人员,杜绝组织戒毒人员超时超体力劳动,杜绝乱收费,消除各种不文明执法现象。五是按照政务公开的要求,将戒毒人员的权利、义务和强制隔离戒毒所的有关执法活动予以公开，接受戒毒人员及亲属、社会的监督。

强制隔离戒毒所人民警察未遵守严格、公正、廉洁、文明管理的要求，其行为可能构成违法犯罪，进而承担相应的法律责任。具体而言，第一，非法提供毒品行为。根据《禁毒法》第 69 条的规定，强制隔离戒毒人民警察向他人提供毒品的，构成犯罪的，依法追究刑事责任；尚不构成犯罪的，依法给予处分。这里的他人包括戒毒人员。第二，非法使用麻醉药品、精神药品的行为。根据《禁毒法》第 68 条的规定，强制隔离戒毒场所违反规定使用麻醉药品、精神药品，构成犯罪的，依法追究刑事责任；尚不构成犯罪的，依照法律、行政法规的规定给予处罚。第三，泄露戒毒人员信息的行为。根据《戒毒条例》第 43 条的规定，司法行政等有关部门工作人员泄露戒毒人员个人信息的，依法给予处分；构成犯罪的，依法追究刑事责任。第四，失职、渎职行为。根据《司法行政机关强制隔离戒毒工作规定》第 33 条的规定，强制隔离戒毒所工作人员因工作失职致使毒品等违禁品进入强制隔离戒毒所，违反规定允许戒毒人员携带、使用或者为其传递毒品等违禁品的，应当依法给予处分；涉嫌犯罪的，应当依法追究刑事责任。根据《司法行政强制隔离戒毒所安全警戒工作规定》第 16 条的规定，承担安全警戒工作的人民警察失职渎职的，按照法律法规和有关规定处理；涉嫌犯罪的，移交司法机关依法追究刑事责任。

2. 尊重戒毒人员人格，保障其合法权益

宪法规定，中华人民共和国公民的人格不受侵犯，禁止用任何方法对公民进行侮辱、诽谤和诬告陷害。禁毒戒毒法律法规是遵循宪法的规定。尊重戒毒人员人格，保障其合法权益，有利于戒毒人员主动配合戒毒治疗，提高戒毒效果；有利于树立强制隔离戒毒人民警察的良好形象。戒毒人员是社会中的特殊群体。戒毒人员具有违法者、病人和受害者的三重身份。因此，我们要正确地对待戒毒人员，既不要把戒毒人员当作犯罪分子，不要歧视他们，又要区别于普通的病人，要严格管理，依法科学戒毒。《禁毒法》第 44 条第 3 款规定："强制隔离戒毒场所管理人员不得体罚、虐待或者侮辱戒毒人员。"第 52 条规定："戒毒人员在入学、就业、享受社会保障等方面不受歧视。有关部门、组织和人员应当在入学、就业、享受社会保障等方面对戒毒人员给予必要的指导和帮助。"这些条款是尊重戒毒人员人格，保障其合法权益的直接体现。

强制隔离戒毒所人民警察不尊重戒毒人员人格，侵犯其合法权益的行为，可能构成违法犯罪，进而应当承担相应的法律责任。根据《戒毒条例》第 45 条的规定,强制隔离戒毒场所的工作人员有下列行为之一的,依法给予处分;构成犯罪的,依法追究刑事责任:(1)侮辱、虐待、体罚强制隔离戒毒人员的;(2)收受、索要财物的;(3)擅自使用、损毁、处理没收或者代为保管的财物的;(4)为强制隔离戒毒人员提供麻醉药品、精神药品或者违反规定传递其他物品的;(5)在强制隔离戒毒诊断评估工作中弄虚作假的;(6)私放强制隔离戒毒人员的;(7)其他徇私舞弊、玩忽职守、不履行法定职责的行为。

(二)强制隔离戒毒人员应遵守的行为规范

戒毒人员行为规范是戒毒人员在强制隔离戒毒所期间生活、学习、医疗康复、生产劳动时应当遵守的行为标准,是对戒毒人员进行诊断评估的重要依据。戒毒人员应当遵守法律法规和行为规范,服从强制隔离戒毒所工作人员的管理教育。戒毒人员不得交流吸毒信息,不得传授犯罪方法,发现其他戒毒人员有违反规定和违法犯罪行为的,应当立即报告和制止。戒毒人员应当正确行使权利,依法维护个人的合法权益。强制隔离戒毒人员需要遵守的行为规范主要包括以下几个方面。

1. 生活规范

(1)保持个人卫生,定期换洗衣物、被褥。按规定统一着装,衣着整齐。

(2)按时打扫宿舍卫生,洗漱用品及其他生活用品摆放整齐,保持环境整洁。

(3)听到起床号令立即起床、整理内务。听到就寝号令立即按指定床位就寝,保持安静。

(4)列队行进时保持队列整齐,不喧哗打闹。

(5)就餐时按照指定位置入座,保持安静。爱惜粮食,不乱倒剩菜剩饭。

(6)自由活动时在规定区域内从事健康有益的活动。

(7)按照规定使用亲情电话或者网络视频通讯,不得使用无线、移动通讯设备。

2. 学习规范

(1)遵守学习纪律,自觉维护课堂秩序。尊重教师,认真听讲。

(2)认真接受入所教育,学习强制隔离戒毒有关法律法规、强制隔离戒毒所的所规所纪和戒毒人员的权利义务等内容。

(3)按时完成学习任务,接受社会主义核心价值观、卫生、法治、道德和形势政策等教育。

(4)认真参加职业技能培训和职业技能鉴定,掌握实用技能,增强就业能力。

(5)认真参加强制隔离戒毒所组织的文娱活动,阅读健康有益书刊。按规定收听、收看广播电视,使用内部计算机网络。

(6)认真接受出所前的回归社会教育,学习戒毒康复、戒毒药物维持治疗等相关知识,参加强制隔离戒毒所组织的到戒毒康复场所及戒毒药物维持治疗场所的参观、体验活动。

3. 医疗康复规范

(1)如实陈述病情,配合医务人员做好各项检查和治疗,不自伤自残。遵照医嘱按时服药,不私藏药品。

(2)积极参加心理辅导和心理治疗,逐步改善和消除心理问题。

(3)积极参加康复训练,正确使用训练器材,恢复身体机能,重塑健康体格。

4. 生产劳动规范

(1)按时参加康复劳动,遵守操作规程,按照规定佩戴、使用防护用品。

(2)按照规定区域、工位参加劳动,不擅自串岗离岗。

(3)爱惜生产工具、生产材料和生产设施,发现工具遗失的应当立即报告。

5. 文明礼貌规范

(1)言谈举止文明,使用文明用语。规范称呼,戒毒人员之间称呼姓名。

(2)尊重警察、医务人员、管理服务人员、来宾和其他戒毒人员,相遇时主动礼让。进入警察、医务人员、管理服务人员办公室应当敲门并喊报告,经准许方可进入。

(3)诚信友善,团结互助,建立和谐的人际关系。

除上述行为规范外,强制隔离戒毒人员还需要遵守2014年3月7日司法部戒毒管理局印发的《司法行政强制隔离戒毒所戒毒人员守则(试行)》,共10条,具体内容是:第1条　遵守法律法规,拥护禁毒政策;第2条　服从警察管理,维护所内秩序;第3条　珍惜爱护生命,坚持拒绝毒品;第4条　配合戒毒治疗,注重身心康复;第5条　提高知识素养,培养健康情趣;第6条　学习职业技能,积极参加劳动;第7条　尊重社会公德,讲究文明礼貌;第8条　保持个人卫生,爱护场所环境;第9条　倡导诚信友善,营造和谐氛围;第10条　自尊自爱自强,回报家庭社会。可以说,守则是行为规范的总结和提升,行为规范是守则的具体落实。

第五节　戒毒康复人员管理

一、戒毒康复人员管理的概念及适用范围

戒毒康复是集生理脱瘾、心理矫治、劳动康复、职业培训等于一体的戒毒工作新模式，坚持以人为本、综合矫治的原则，促进戒毒康复人员就业和回归社会。戒毒康复人员管理，是指戒毒康复场所对自愿接受戒毒康复的人员的管理活动。戒毒康复场所应当配备由人民警察担任的管理人员，配备医务人员、心理咨询人员等专业技术人员，根据需要配备工勤人员，鼓励社会志愿者参与戒毒康复场所的有关工作。戒毒康复场所收治以下人员：(1)社会上自愿接受戒毒康复的；(2)强制隔离戒毒期满后，自愿接受戒毒康复的。对未满 16 周岁，严重病患者，传染病患者，精神病患者，以及其他不宜收治的人员，戒毒康复场所可不予收治。根据《戒毒条例》第 41 条第 1 款的规定，自愿戒毒人员、社区戒毒、社区康复的人员可以自愿与戒毒康复场所签订协议，到戒毒康复场所戒毒康复、生活和劳动。

二、戒毒康复人员管理的内容

在管理过程中，戒毒康复场所工作人员不得体罚、虐待或者侮辱戒毒康复人员。戒毒康复人员有权对侵犯其权益的行为向有关部门检举、揭发、控告。具体管理内容包括以下几个方面。

(一)身体与物品检查

戒毒康复场所应当对新收治的戒毒康复人员的身体和所携带的物品进行安全检查，可以对外出回所的戒毒康复人员的身体和所携带的物品进行安全检查。对女性戒毒康复人员的身体检查应当由女性管理人员实施。对戒毒康复人员本人不宜持有的物品，应当进行登记，由戒毒康复场所代为保管，或由其亲属领回。

(二)签订与解除戒毒康复协议

戒毒康复人员与戒毒康复场所签订协议。戒毒康复协议的内容主要包括戒毒康复期限、双方的权利义务、解除协议情形等。戒毒康复期限一般不少于 3 个

月。协议期满自愿继续接受戒毒康复的，应当重新签订戒毒康复协议。

戒毒康复人员有下列情形之一的，戒毒康复场所应当解除戒毒康复协议：(1)协议期满且不重新签订协议的；(2)戒毒康复人员有违法犯罪行为的；(3)戒毒康复人员严重违反戒毒康复场所的规章制度，经多次教育不改的；(4)擅自离所或请假期满逾期1周仍不回所的；(5)戒毒康复人员自愿中止协议的；(6)戒毒康复人员死亡的；(7)其他需要解除协议的。

(三)制定与管理戒毒康复人员档案

戒毒康复场所应当制定档案管理制度，指定专门工作人员负责戒毒康复人员的档案管理。戒毒康复人员档案主要包括以下内容：(1)《戒毒康复协议》；(2)戒毒康复人员管理资料；(3)戒毒康复人员身体健康资料；(4)戒毒康复人员康复治疗记录；(5)其他资料。

(四)探访、探视

经戒毒康复场所批准，戒毒康复人员可以接受亲友探访、出所探视亲友或参加其他社会活动。

(五)建立自我管理机制

戒毒康复场所应当加强管理，严禁毒品流入，并建立戒毒康复人员自我管理、自我教育、自我服务的机制。戒毒康复场所组织戒毒人员参加生产劳动，应当参照国家劳动用工制度的规定支付劳动报酬。

(六)死亡处置

戒毒康复人员在戒毒康复场所死亡的，凭医院出具的死亡证明，经检察机关检验后，通知死者亲属、所在单位和户籍所在地公安机关。

■ 复习思考题

1. 比较自愿戒毒人员管理、社区戒毒人员管理、强制隔离戒毒人员管理的特点。
2. 比较社区戒毒人员管理、强制隔离戒毒人员管理、戒毒康复人员管理的适用范围。
3. 理解自愿戒毒人员管理的内容。

4. 简述社区戒毒社区康复人员管理的内容。
5. 简述强制隔离戒毒人员的行为规范。
6. 简述强制隔离戒毒所人民警察的管理要求。
7. 简述戒毒康复人员管理的内容。

本章主要参考文献

1. 滕炜主编:《〈中华人民共和国禁毒法〉释义与实用指南》,中国民主法制出版社 2008 年版。
2. 郑万新主编:《戒毒管理工作》,中国人民公安大学出版社 2013 年版。
3. 司法部戒毒管理局编:《司法行政机关强制隔离戒毒工作规定释义》,法律出版社 2013 年版。
4. 司法部戒毒管理局编:《司法行政戒毒工作手册》,法律出版社 2016 年版。

第五章 戒毒人员分类管理

本章摘要

本章对戒毒人员分类管理的含义、内容等进行了介绍。通过本章学习，应了解戒毒人员分类管理的含义、特征、实施条件和作用；理解实施戒毒人员分类管理的意义；领会分别管理、分期管理和分级处遇的内容。

重点问题

本章重点是戒毒人员的分期管理和分级处遇，掌握、运用分级处遇的方法和措施激励戒毒人员。

第一节 戒毒人员分类管理概述

我国现行的戒毒人员分类管理制度是2018年统一戒毒模式建成后全面确立起来的。在继承过去劳教戒毒分类管理经验的基础之上，参考国外的相关经验，经历了10年左右的探索、研究、酝酿，司法部将近年来我国各省市探索出的成熟管理经验和做法上升为管理制度，解决了戒毒人员分类标准不统一、不规范的问题，完善了戒毒人员分类管理制度，推进了戒毒场所专业机构和管理区块的统一，推进了"生理脱毒—教育适应—康复巩固—回归指导"的戒毒执法基本流程的统一，推进了不同阶段和区块的目标和任务的统一，[①]进一步提升了强制隔离戒毒工作的规范化、法治化、科学化水平。

---

① 参见吕素兰、赵鸿仁：《推进统一戒毒工作模式的思考——以践行"四四五"戒毒模式为视角》，载《犯罪与改造研究》2019年第8期。

一、戒毒人员分类管理的概念和含义

（一）戒毒人员分类管理的概念

分类管理是指将事物分门别类，针对不同的分类适用不同的或是类似的管理方法进行管理。分类管理法又称ABC分类法。其理念是在决定单个项目的多个因素中，区分筛选出主要因素和次要因素。特别是区分“数量”与“影响决定性作用”的关系。通常，可以把管理对象分成三类，秉持“关键少数、次要多数”的宗旨，根据不同情况采取对应的管理策略，以取得较高的绩效及经济效果。①

戒毒人员分类管理，是指戒毒场所依据相关法律的规定，根据一定的标准，将戒毒人员分别收治、分期管理、在分期的基础之上再进行分级，根据戒毒人员的不同情况进行有针对性戒治的管理制度和管理方式。

（二）戒毒人员分类管理的含义

1. 戒毒人员分类管理的法律依据

戒毒人员分类管理是依据现行法律法规进行的有目的的管理活动。其依据为：《禁毒法》第44条第1款规定，强制隔离戒毒场所应当根据戒毒人员的性别、年龄、患病等情况，对戒毒人员实行分别管理。《戒毒条例》第30条规定，强制隔离戒毒场所应当根据强制隔离戒毒人员的性别、年龄、患病等情况对强制隔离戒毒人员实行分别管理；对吸食不同种类毒品的，应当有针对性地采取必要的治疗措施；根据戒毒治疗的不同阶段和强制隔离戒毒人员的表现，实行逐步适应社会的分级管理。《司法行政机关强制隔离戒毒工作规定》第16条规定，强制隔离戒毒所应当根据性别、年龄、患病等情况，对戒毒人员实行分别管理；根据戒毒治疗情况，对戒毒人员实行分期管理；根据戒毒人员表现，实行逐步适应社会的分级管理。

2. 戒毒人员分类管理的内容

戒毒人员分类管理主要包括分别管理、分期管理和分级管理三个内容。分别管理是根据戒毒人员的性别、年龄、患病等情况，分类编所（队），并将各类别戒毒人员相对集中在特定的空间进行管理，其目的是规范戒毒管理体制。分期管理是

---

① 成秉照：《ABC分类法在企业管理中的应用》，载《管理观察》2009年第36期。

根据戒毒人员的戒治需要，把戒毒人员分成不同的阶段、分置在不同的区域，施以不同的管理措施。针对戒毒人员在戒毒过程中的不同阶段，施以不同的管理措施，其目的是遵循毒品成瘾矫治学理论，针对不同期段的戒毒人员，融合医疗、心理、社会、管理、教育等多学科的理论与方法，实行综合性矫治。分级管理根据戒毒人员各阶段的行为表现和戒毒效果评定管理等级，对不同级别的戒毒人员在管理强度、生活处遇等方面区别对待，实行动态管理。分级管理是帮助戒毒人员成功戒除毒瘾的一种激励措施，其目的是根据戒毒人员各阶段的行为表现和戒毒效果评定管理等级，对不同级别的戒毒人员在管理强度、生活处遇等方面区别对待，实行动态管理，使他们身心得以康复，戒治效果最大化。因此，实行分别分期分级管理不是简单地将戒毒人员分开进行管理，而是针对不同类别戒毒人员的生理、心理特点，实施有针对性的管理方法，从而最大限度地提高戒治水平。

3. 戒毒人员分类管理的作用

戒毒人员分类管理制度的实施，为戒毒人员实施科学、合理、人文化的戒治管理，努力营造良好的戒治环境，维护戒毒场所的持续安全稳定提供了理论和实践依据，对推进强制隔离戒毒管理的科学化、制度化、精细化和规范化起到了有力的促进作用。

二、戒毒人员分类管理的特征

（一）统一性

戒毒人员分类管理中的分别管理、分期管理和分级管理在戒毒人员管理中具有高度的统一性。总的来说，分别管理是戒毒人员管理的前提，分期管理是戒毒人员管理的基础，分级管理是戒毒人员管理的核心，三者相互联系、相互交叉、辩证统一。

（二）侧重性

戒毒人员分类管理工作各有侧重，相互协同。一方面，分别管理、分期管理、分级管理侧重点不同。分别管理是戒治个别化管理的先决条件，侧重的是戒毒人员管理的基础；分期管理是强制隔离戒毒执行的过程管理，侧重的是戒毒管理的规范运行；分级管理侧重的是如何激发戒毒人员戒治期间定级处遇的能动性。另一方面，分别管理、分期管理、分级管理相互协同，缺一不可。

（三）主观能动性

分类管理的实施受地区发展水平、戒毒场所条件、戒毒人员人数和戒毒民警实际操作的影响，不同地区的戒毒场所需要因地制宜，戒毒民警在全国统一戒毒模式的指导下，充分发挥主观能动性，根据戒毒场所的实际情况，在戒治戒毒人员的实践中不断摸索和建立起适合自身的分类管理制度。

三、戒毒人员分类管理的实施条件

戒毒人员分类管理的实施需在法律法规的指导下，建立全国统一的戒毒制度和标准体系，形成制度标准更加健全、基层基础更加坚实、工作落实更加有力的分类管理工作局面。

（一）要有完备的法律体系

戒毒人员进行分类管理，是戒毒管理中最基础的管理活动。这一管理制度的确立必须严格依照现行法律规定进行，这是戒毒管理依法管理原则的具体体现。《禁毒法》、《戒毒条例》和《司法行政机关强制隔离戒毒工作规定》等法律法规为戒毒人员分类管理提供了法律依据，使戒毒人员分类管理工作真正做到了有法可依。

（二）要建立具体可行的工作制度和程序

戒毒人员进行分类管理的具体实施最终要落实到制度层面，通过规则制度来实施。因此要建立科学规范的分类管理制度体系、标准体系和实施流程，做到职责有分工、管理有依据、工作有流程，明确每个环节的工作流程和每个岗位的工作标准，建立科学有效的目标管理和考核机制，使戒毒人员分类管理工作真正做到有章可循。

（三）要具备一定的基础保障条件

要想做好分类管理工作需要对戒毒场所的布局和功能进行调整，需要大量的资金投入，对现有的建筑设施进行更新和修缮，需要具备一定素质和能力的戒毒民警以及聘用分类的专家和矫治工作的人员，要对现有的戒毒民警进行相关培训等，才能使分类管理工作顺利进行。

四、实施戒毒人员分类管理的意义

(一)有利于提高戒毒管理的质量和科学化水平

分类管理制度按照戒毒人员的不同情况进行分类,有利于戒毒场所制定有针对性的管理措施,合理分配戒治资源,为戒毒制度由管理向治理的转变提供了有力保障。一是分类管理制度建立在依法依规、公平均等的基础之上,分区流转、等级升降给予戒毒人员希望和指引,以阶梯式部分满足诉求的方式,定标准、设条件,给予"良性获取""创先争优""祛恶向善"的渠道,充分调动戒毒人员的积极性和主动性,有利于提高戒毒人员戒治的积极性,进而实现从"要我戒"到"我要戒"的跨越发展;①二是分类管理根据戒毒人员的身心发展规律,分阶段开展戒毒矫治工作,针对戒毒人员成瘾的特点,对戒毒人员实行个别化、差异化矫治,使戒治措施更有针对性,形成科学完善的分类戒治体系,使强制隔离戒毒的科学化水平不断提高。②

(二)有利于维护戒毒场所的持续安全稳定

分类管理制度的运行,贯穿于每个戒毒人员戒治过程的始终。以戒毒人员诊断评估为分类依据,涉及戒毒人员的生理、心理、行为表现、社会环境与适应能力等方面,贯穿了戒毒人员戒治生活的方方面面,是戒毒管理有序运行、持续安全稳定的基础工作,对戒毒场所的平稳有序、安全稳定的运行具有重大意义。

一是通过分类管理掌握戒毒人员戒治期间的需求动机,消除戒毒人员内心障碍、完善戒毒人员人格、矫正戒毒人员言行,形成戒毒人员积极戒治的内生动力,对预防其自杀、自伤自残和违法违纪起到积极作用。二是通过分类管理,降低了戒毒人员因各种差异发生矛盾冲突的客观风险。三是遵循"二八"定律,抓住关键的"重点人员"。运用思想动态分析、安全稳定形势研判等制度和方法,对戒毒人员进行准确判断、动态分类、科学配置。采取有效的倾斜性措施,充分发挥预测、预警、预防的作用,关注、管住、矫治"重点人员",确保"重点人员"得到重点突破,进而带动全面,从而确保戒毒场所的持续安全稳定。

---

① 陈进婉:《强制隔离戒毒工作模式的探索与创新》,载《犯罪与改造研究》2015 年第 7 期。

② 王畅明:《强制隔离戒毒人员戒毒管理模式之初探——主要以滥用新型毒品人员为例》,华东政法大学 2012 年硕士学位论文,第 33 页。

（三）有利于提高戒毒民警的专业化管理水平

戒毒人员分类管理是一个极其庞杂的系统工程，其制度、措施的制定和施行需要广大戒毒民警具有极高的政治素养和业务素养，因此进行分类管理工作，有利于戒毒民警的专业化管理水平的提高。一是分类管理工作细致繁杂，从事此项工作，能够让戒毒民警深入掌握“戒情”，为管理决策提供更加高质量的信息来源；二是分类管理工作必须结合戒毒人员的实际情况，进行科学合理的戒治，需要戒毒民警运用管理学的科学理论，艺术性地处理戒毒人员的具体实际问题；三是分类管理工作针对性强，相互交织，又各有侧重，在管理过程中可以不断提升戒毒场所警察统筹协调、研判分析的水平；四是分类管理工作的专业性强，可以不断完善、提升戒毒民警在管理学、心理学、社会学、教育学等方面的专业知识结构和业务能力。

第二节　戒毒人员分别管理

一、分别管理的概念

分别管理，是指根据相关法律法规的规定，戒毒场所根据戒毒人员的基本情况，如性别、年龄、患病等情况，进行分所、分队的分开管理。根据分别管理制度的要求，女性戒毒人员在女子戒毒场所或女子戒毒大队接受管理，未成年戒毒人员在未成年人戒毒场所或未成年人戒毒大队接受管理。

分别管理规范了我国强制隔离戒毒的管理体制，改善了戒毒场所混管的状态，为科学戒毒、分类矫治奠定了基础。

二、分别管理的内容

（一）按性别分别管理

按性别分别管理是按照戒毒人员的性别特征进行的分类，是最基本的分类标准。按性别分别管理，指的是将不同性别的戒毒人员分所收治或分队进行管理，女性戒毒人员设置女性戒毒场所接受戒治或者与男性戒毒人员分别编队，进行分开管理。

由于女性有着区别于男性的生理特征和心理特征，在社会生活中处于相对弱势地位。因此，我国《妇女权益保障法》规定，国家保护妇女依法享有的特殊权益。国家机关、社会团体、企业事业单位、城乡基层群众性自治组织，应当依照本法和有关法律的规定，保障妇女的权益。作为戒毒人员中的女性群体，女性戒毒人员有着和男性戒毒人员不同的生理特征和心理特征，从而产生不同的行为特征，在管理中也应予以区别对待，采取有针对性的戒治措施。正确认识女性戒毒人员的生理、心理和行为特点，是教育矫治女性戒毒人员的前提和基础。所以，司法部《司法行政机关强制隔离戒毒工作规定》第 6 条第 2 款规定，具备条件的地方，应当单独设置收治女性戒毒人员的强制隔离戒毒所。女性戒毒人员由女性人民警察直接管理。

目前，绝大多数省（自治区、直辖市）司法行政机关设立了女性戒毒场所，统一接收所辖地区的女性戒毒人员，实现了男女分所管理。尚未单独设立女性戒毒场所的地区，也将女性戒毒人员单独编队管理，女性戒毒人员由女性人民警察直接管理。在女性戒毒场所和戒毒大队使用女性人民警察从事直接管理工作，一是便于管理，二是在管理治疗措施上，更能注意照顾女性戒毒人员的生理、心理、行为特点，从而有针对性地进行戒治。

（二）按年龄分别管理

按年龄分别管理是对未成年戒毒人员和成年戒毒人员实行分别管理。为保障未成年人能够继续接受国家规定的相关教育，避免未成年戒毒人员受到成年戒毒人员的不良影响，按年龄分别管理集中体现了我国未成年人司法制度的社会主义性质和人道主义精神。

由于未成年人的身心处于由不成熟向成熟过渡的阶段，其世界观、人生观、价值观都处在形成过程中，心理和生理发展不平衡、不协调，需要得到社会的关怀和法律的保护。根据我国《未成年人保护法》第 4 条的规定，处理涉及未成年人事项，要尊重未成年人人格尊严、适应未成年人身心健康发展的规律和特点、保护与教育相结合。第 6 条规定，保护未成年人，是国家机关、武装力量、政党、人民团体、企业事业单位、社会组织、城乡基层群众性自治组织、未成年人的监护人以及其他成年人的共同责任。未成年戒毒人员同样具有未成年人身心健康发展的规律和特点。因此，《司法行政机关强制隔离戒毒工作规定》第 6 条第 2 款规定，具备条件的地方，应当单独设置收治未成年戒毒人员的强制隔离戒毒所。未单独设所的地区,应当将未成年戒毒人员单独编队管理。未成年人强制隔离戒毒所或者未成年人单独编队管理的大队应当结合未成年人的生理、心理等特点,以学习文化和生产技能为主。强制隔离戒毒所应当配合国家、社会、学校等教育机构,为未成年戒毒人员接受义务教育提供必要的条件。

同时,鉴于当前我国人口老龄化问题日趋显现,这种现象也不可避免地影响到戒毒场所的戒毒人员。老年戒毒人员在身体、心理上有很大差异,有着特殊的生理与心理状况与需求,老年综合征问题、特殊医疗需求等,因此应当提倡将老年戒毒人员与其他戒毒人员分开管理,便于在学习、教育、康复、生活等方面给予照顾和帮助。

(三)根据患病情况分别管理

戒毒人员身体素质较差,身体免疫功能低,极易罹患各类心脑血管、呼吸系统疾病,更是艾滋病、性病的高危人群。为了防止戒毒人员相互传染,戒毒所按患病情况分别管理,主要是将患有艾滋病、结核、肝炎、性病等传染病的戒毒人员分开管理,防止传染,便于治疗。

目前,我国一些省份建立了专门的管理场所对艾滋病戒毒人员进行专业戒治,也有的对艾滋病戒毒人员采用分队管理的方式进行分别管理。对于艾滋病戒毒人员需实时关注他们的生理状况和心理状况,原因在于艾滋病戒毒人员易受疾病的影响,疾病导致的自我放弃的想法容易引发艾滋病戒毒人员产生极端心理,因此需要具有一定专业知识和能力的戒毒民警、配备专业设施设备和实施有针对性的管理制度和方法。也有一些戒毒场所对患有结核病、肝炎等的戒毒人员实现了吃住分开的管理方式。

2014 年中共中央、国务院印发《关于加强禁毒工作的意见》,明确指出"探索建立病残吸毒人员的专门场所或区域",2015 年国家禁毒办、公安部等八部委联合下发了《关于加强病残吸毒人员收治工作的意见》,进一步规范了强制隔离戒毒工作,对病残吸毒人员收治工作的组织领导、场所建立、收治管理制度的完善提出了具体的指导意见。

当前,国内病残吸毒人员的收治场所主要有以下三种类型:一是在现有的强制隔离戒毒场所开辟专门区域,专门收治病残吸毒人员,这也是当前主要的病残吸毒人员收治形式;二是改造现有的强制隔离戒毒场所,建立专门收治病残吸毒人员的戒毒场所,如四川省成都戒毒康复所;三是建立专门的病残吸毒人员收治医疗机构，依托医疗卫生机构资源，改建收治病残吸毒人员的特殊医疗机构，用于收治患严重疾病、所外就医以及强制隔离戒毒所不具备医疗条件的病残吸毒人员，如贵州省安顺市西秀区的“西秀区康复治疗中心”和广东省中山市第二人民医院南区分院(“公卫合作”医院)。①

(四)根据吸食毒品的种类分别管理

《戒毒条例》第30条中规定，强制隔离戒毒场所应当根据强制隔离戒毒人员的性别、年龄、患病等情况对强制隔离戒毒人员实行分别管理；对吸食不同种类毒品的，应当有针对性地采取必要的治疗措施。戒毒人员吸食毒品的种类不同，生理脱毒过程中躯体症状、精神症状不同，治疗方法和管理措施也有很大区别，应当实施分别管理。例如，吸食苯丙胺类毒品与阿片类毒品的戒毒人员戒断反应不同，行为方面存在诸多差异。截至2020年年底，在180.1万名现有吸毒人员中，滥用合成毒品103.1万名，占现有吸毒人员总数的57.2%，滥用阿片类毒品73.4万名，占现有吸毒人员总数的40.8%。海洛因、冰毒等滥用品种仍维持较大规模。②因此戒毒场所对这两类戒毒人员实施分别管理非常必要。原卫生部有关医疗规范《苯丙胺类药物依赖诊断治疗指导原则》中专门指出，不宜将这两类戒毒人员置于同一病房治疗，以免相互影响。

第三节　戒毒人员分期管理

在强制隔离戒毒制度实施早期，各省对强制隔离戒毒模式进行了探索，形成了一些地方经验。2018年6月，司法部明确建立全国统一的司法行政戒毒工作基本模式。该模式确立了以分期为基础，将戒毒人员由入所到出所分为四个阶段，并分别设置不同的区域进行管理的分期管理模式。对戒毒人员进行分期分类、针对性、系统性戒治是提高戒毒人员矫治质量、对戒毒人员进行有效管理和教育的重要环节，是戒毒人员重新回归社会、实现和达到矫治效果的重要手段。③

① 周秀银:《病残吸毒人员收治困境分析》，载《中国刑警学院学报》2017年第6期。

② 中国禁毒网:http://www.nncc626.com/2021-07/16/c_1211244064.htm。

③ 倪振雄等:《戒毒人员分期分类戒治模式实践与探索》，载《中国司法》2017年第8期。

一、戒毒人员分期管理的概念

分期管理是根据戒毒治疗的需要，将强制隔离戒毒期限从时间上划分为不同的阶段，即生理脱毒期、教育适应期、康复巩固期、回归适应期四期，在不同期段之间实行区域分设，从入所到出所设置相应的生理脱毒区、教育适应区、康复巩固区和回归指导区，在2年的强制隔离戒毒期限内，对戒毒人员进行有针对性戒治的管理活动。

分期管理是一种分阶段、定目标、差异化、讲效度的管理方式，体现法律制度规定的戒治目的、人文关怀脉络更加清晰的戒毒执行方式。戒毒场所遵循戒除毒瘾的阶段性规律，依据毒品成瘾的相关戒治理论，针对不同期区的戒毒人员的具体情况，融合医学、心理学、社会学、管理学、教育学等多学科的理论与方法，综合实施教育矫正、心理矫治、戒毒医疗、康复训练、诊断评估等方法和技术，对戒毒人员进行专业戒治。

二、戒毒人员分期管理的内容和管理方式

统一戒毒模式根据戒毒人员从新收治入所到解除出所整个过程的不同时间期段，统一设置相应功能的区期、规定了诊断评估、流转形式等工作内容。分期管理根据戒毒人员从入所到出所过程中的不同时间段及相应的戒治表现和诊断评估的结果，使其在“四区”之间流转，①直至符合标准出所。在戒毒场所布局上设置生理脱毒、教育适应、康复巩固、回归指导“四个功能区”，构建标识清晰、区隔明显、流转顺畅、布局科学的物理空间。在教育管理上实行“四种模式”，其中生理脱毒区实行“病房式”管理，教育适应区实行“军营式”管理，康复巩固区实行“校园式”管理，回归指导区实行“社区式”管理，彰显戒毒方式、流程的科学性。②

（一）生理脱毒期的管理

1. 生理脱毒期的工作目标

生理脱毒期的工作目标是在治病救人、依法文明、人文关怀、区别对待工作理

① 李新科：《广东省戒毒所推进司法部“451”戒毒模式研究——以S戒毒所为例》，兰州大学2020年硕士学位论文，第22页。

② 陈玉海：《浙江特色戒毒模式评析》，载《中国司法》2020年第5期。

念的指导下，为做好戒毒人员的管理工作，科学制订脱毒方案，分类实施急性脱毒治疗，消除急性戒断症状，确保戒毒人员安全脱毒等。①

2. 生理脱毒期的工作内容

戒毒人员入所后为生理脱毒期，在生理脱毒区接受戒治。戒毒人员在生理脱毒期的时间一般为 7～15 日。生理脱毒期的工作内容主要有：(1)确定生理脱毒期对象。公安办案单位直送且毒品检测呈阳性的戒毒人员的生理脱毒时间为 15 日；公安戒毒所转送或因刑拘、逮捕、刑罚执行后仍需继续执行强制隔离戒毒的戒毒人员的生理脱毒时间为 7 日。(2)确保安全脱毒。以医疗戒护为主，辅以心理诱导，力求让戒毒人员平安、无痛苦地度过生理脱毒期，消除剧烈的生理依赖；引导他们认识吸毒违法，减轻逆反心理，主动配合戒毒脱瘾，解除对毒品的生理依赖，恢复生理健康；同时，采取医疗措施对戒毒人员实施生理脱毒，防范戒毒人员因毒瘾发作引发的意外事件，确保戒毒人员本人和他人的人身安全。(3)实施安全性评估。在生理脱毒期满前对戒毒人员进行必要的安全性评估，重点评价其是否存在自杀(自伤、自残)、逃跑、行凶等安全性问题。(4)基础管理工作。建立和完善新收戒毒人员档案；对戒毒人员开展日常基础性的考核和诊断评估；将新收戒毒人员情况告知其家属和办案机关；积极配合各中心的戒治工作。

3. 管理方式

生理脱毒期的管理工作以治病救人、依法文明、人文关怀、区别对待为工作理念，通过细致周到、体贴温暖、关怀鼓励的日常管理，减少治疗过程中戒毒人员的痛苦与焦虑情绪，实行以住院式观察、脱毒性治疗、医护式戒治、营养化配餐为主要特色的工作方式，培育治病救人、人文关怀、科学戒毒、安全有效的“病房式”戒治环境。

生理脱毒区应具备收治区、治疗区、检验区、储药区、住院区、活动区、护理区、办公区及其他管理、生活设施，较好地满足开展戒毒人员生理脱毒工作的需要。

(二)教育适应期的管理

1. 教育适应期的工作目标

教育适应期的工作目标是在继续缓解和消除戒毒人员稽延性戒毒症状、恢复

① 朱程阔：《W 市强制隔离戒毒所实施统一戒毒模式优化研究》，福建农林大学 2020 年硕士学位论文，第 15 页。

其生理机能的同时，对戒毒人员开展入所教育和行为养成教育和训练、培养戒毒人员养成良好的内务卫生习惯，能通过自己控制负面情绪，减少、消除对毒品的心理依赖，生理机能基本恢复，形成组织纪律观念、身份意识观念、集体观念等，帮助他们尽快适应戒毒生活，确保戒毒场所规范有序。

2. 教育适应期的工作内容

在生理脱毒区考核和诊断评估合格后戒毒人员被流转到教育适应区，进入教育适应期。戒毒人员在教育适应期的时间一般为 1 个月。教育适应期的主要工作内容有：(1)掌握戒毒人员基本情况，做好安全防范工作。了解戒毒人员的简历、家庭情况、社会阅历、社会关系、兴趣特长、文化水平、行为特征、心理特点、戒毒态度、吸毒原因、戒毒史等情况。掌握戒毒人员的思想变化，摸排、确定重危人员，严格落实安全责任制。(2)开展场所生活适应性教育。通过法律法规教育和考核及相关讲座，使戒毒人员明确认知自己的身份和法律地位，权利与义务，端正思想认识，树立起正确的戒治观。组织戒毒人员进行法律道德教育、禁毒戒毒教育，通过晨会、背诵戒毒三字经、戒毒信条、静坐反思等多种形式，营造良好的戒毒氛围。(3)进行相关法律规范的教育、学习、训练和考核，开展行为矫正。对戒毒人员进行戒毒人员行为规范、生活规范、文明礼貌规范、医疗康复规范等方面的教育、教学，组织戒毒人员学、记、用、考，让规范入形入心。开展戒毒人员行为养成训练、团队意识训练，帮助戒毒人员养成良好的行为习惯。(4)开展系统的心理健康教育、心理辅导和心理矫治。针对稽延性症状、戒毒场所适应和戒毒动机、目标等开展个案化心理矫治和团体心理辅导，培养戒毒意愿，建立场所内的心理支持系统，帮助控制负性情绪，改变认知结构，减轻人格心理障碍，初步建立戒毒脱瘾的决心和信心。(5)组织开展必要的康复治疗和体能恢复训练，有效地控制稽延性戒断症状，消除或削弱产生心理依赖的物质基础。以“适应性运动”为主，开展体能消耗较少、运动强度中等的体能康复训练项目，如慢跑、简单肌肉力量训练（俯卧撑、仰卧起坐、立卧撑）；学习康复健身操，开展脑功能恢复训练（健脑按摩）、队列训练以及传统健身项目（太极拳、八段锦、易筋经）。① (6)基础管理工作。戒毒场所实施严格的一日生活管理与规范化管理。完善戒毒人员档案等基础资料，对戒毒人员开展基础性的考核和评估。积极配合各中心的戒治工作。

---

① 浙江省戒毒管理局课题组：《论“四四五”戒毒模式视野下的“四式管理”》，载《中国司法》2018年第7期。

3. 管理方式

在依法文明、严格规范、人文关怀、区别对待的工作理念指导下，通过落实集中教育、强化养成、规范行为等管理制度，培育纪律严明、令行禁止、规范协调、积极向上的“军营式”戒治环境。

教育适应期应建立接收区、教育区、训练区、宿舍区、检验区、心理辅导区、电话室、图书阅览室及其他管理、生活设施，满足开展戒毒人员教育适应工作的需要。

（三）康复巩固期的管理

1. 康复巩固期的工作目标

康复巩固期的工作目标是综合运用戒毒医疗、心理矫治、教育矫正、身体康复训练、习艺劳动和职业技能培训等戒治手段，规范言行、增强体能、培养积极健康的行为和内务养成习惯，转移不良兴趣爱好，丰富精神生活，树立戒断信心和生活信心，从行为上远离毒品、毒友和吸毒滋生地，养成劳动习惯、学会劳动技能，为回归社会自食其力、适应社会、做合格公民打下基础，为回归社会做好心理和思想准备，实现戒毒人员的心理健康重构，体质体能增强，掌握劳动技能，促进身心康复，巩固戒断成效，减少违纪事件，营造良好的戒治氛围。

2. 康复巩固期的工作内容

在教育适应区考核合格后戒毒人员被流转到康复巩固区。戒毒人员在康复巩固期的时间较长，一般在 1 年以上。康复巩固期对戒毒人员重点进行身体康复训练，心理矫治，法治、道德、卫生教育，组织其参加必要的生产劳动，同时进行抗复吸训练。在此期间，主要活动都是围绕戒毒人员的身心康复安排的，学习和矫治的科目内容比较丰富。主要工作内容有：(1)开展系统性康复训练。开设康复健身项目，包括身体功能恢复训练、体能训练和常用健身项目辅导，以“处方式运动”为主，开展针对性强、体能消耗较大、运动强度中等的体能康复训练项目，促进戒毒人员身体机能的逐步恢复。(2)开展心理咨询，强化心理康复训练。戒毒场所通过进行心理咨询，解决戒毒人员实际生活中遇到的人际关系不良、环境适应能力差、情绪不稳定等问题，强化心理康复训练消除或减轻戒毒人员对毒品的心理渴求。(3)组织戒毒人员进行生产劳动，开展职业技能教育。戒毒场所组织戒毒人员开展习艺性康复劳动，帮助戒毒人员在劳动中康复，在习艺中戒断巩固，并奖励性给予劳动报酬。开展职业技术教育培训，帮助戒毒人员掌握一定的劳动技能,为回归社会打下基础。(4)开展相关教育活动。戒毒场所组织戒毒人员开展传统文化教育、相关法律法规教育、科学、人文和审美教育,举办文学、历史、音乐、书画等专题讲座,帮助戒毒人员提高文化修养,培养健康的兴趣爱好。(5)开展拒毒能力教育和训练。戒毒场所通过深化个案化心理矫治和团体心理辅导,将心理矫治靶向集中于心瘾问题,使用毒瘾评估矫治系统,如VR虚拟现实等,以沉浸式体验开展情境式防复吸训练,对拒毒心理作系统重构,促进戒毒人员的人格成长。(6)加强与戒毒人员家属和社会的联系。通过所区开放日、座谈会、亲情餐等活动,动员家属来所对戒毒人员进行规劝和帮教,充分利用社会资源,积极联系机关、学校、社团组织、企事业单位,开展有针对性的帮教活动。(7)基础管理工作。实施严格的日常行为规范管理、奖惩管理以及适度的民主管理,加大行为矫治力度,纠正戒毒人员散漫、懒惰、偏激的不良行为。不定期召开思想动态分析会、安全稳定形势研判会,完善大队层级的突发事件应急处置机制,制订预案,组织演练;建立防控工作机制,严把"三道"防线。① 进行分级管理,期末做好1年期满的诊断评估工作。积极配合各中心的戒治工作。

3. 管理方式

在依法文明、严格规范、人文关怀、区别对待的工作理念指导下,实行以课表式安排、综合性矫治、分级式处遇、持续性巩固为主要特色的工作方式,培育团结、紧张、严肃、活泼、好学、苦练、勤劳的"校园式"戒治环境。

康复巩固建设接收区、教育区、训练区、生产区、宿舍区、检验区、心理辅导区、电话室、图书阅览室及其他管理、生活设施,满足开展戒毒人员康复巩固工作的需要。

(四)回归指导期的管理

1. 回归指导期的工作目标

回归指导期的工作目标是通过对戒毒人员进行社区式管理,采取社会化矫治,指导开展回归适应性教育,帮助戒毒人员了解社会形势,制订生活和就业计划,在思想上做好回归社会的准备,重建生活信心;②让他们认识到党和政府对吸毒人员的关怀,打消顾虑,树立信心,以积极心态投入社会,提高他们在心理层面

---

① 姜祖桢、张凯等:《司法行政戒毒工作基本模式的构建与运作》,载《人民法治》2018年第22期。

② 陈龙喜:《K市强制隔离戒毒"四区五中心"模式优化研究》,河南大学2020年硕士学位论文,第15页。

上对毒品的抵抗力,加强他们回归社会后的适应能力,增强他们与亲属的感情联络。① 重点帮助其重建社会支持系统,提高社会适应能力,以便顺利回归社会。

2. 回归指导期的工作内容

戒毒人员在康复巩固区诊断评估达标后被流转到回归指导区。戒毒人员在回归指导期的时间一般在一个月左右。回归指导期的主要工作内容:(1)开展回归适应性教育。戒毒场所组织形势政策教育和后续照管宣讲,引导戒毒人员接受社区康复的管理督促。开展家庭与社会功能培养,引导戒毒人员做好家庭、亲属的沟通联系工作,健康的性教育及降低危害教育等,以提高他们回归社会后的生活质量。(2)开展拒毒教育和训练。戒毒场所开展健康的生活方式教育,教会他们减缓社会压力的技能,正确择友交往的技巧,以实现拒绝"毒友"的引诱。组织戒毒人员进行拒毒心理技能和有毒环境适应训练,增强他们对毒品的心理抵抗力。(3)进行职业技术教育与就业指导与帮扶。戒毒场所举办就业、创业指导讲座,鼓励戒毒人员积极参与就业创业活动,在就业创业中巩固戒毒成果。(4)做好出所衔接工作和出所后的照管辅导工作。戒毒场所与当地公安机关、司法行政机关、人力资源与社会保障部门、家庭成员及亲属做好回归接茬工作,逐步构建戒毒人员社会帮教体系和志愿者服务体系。(5)基础管理工作。进行出所尿检和鉴定总结,做好出所前的诊断评估。签署解教通知书,并订立跟踪帮教协议。开展出所宣誓、签订出所承诺书。对戒毒人员开展个别谈话教育,指导戒毒人员写个人戒毒总结。

3. 管理方式

在实依法文明、区别对待,专业化戒毒、社会化矫治的工作理念指导下,实行以模拟社区环境、宽松化管理、落实社会衔接、体验社区戒毒康复为主要特色的工作方式。培育专业戒毒社区情境,让戒毒人员进行"社区式"戒毒。

回归指导期建立接收区、教育区、训练区、宿舍区、检验区、心理辅导区、就餐区、社工工作站、社会帮抚室、就业指导推介室、电话室、图书室、电子阅览室、理发室、商店、报亭及其他管理、生活设施,满足开展戒毒人员回归指导工作的需要。②

---

① 杨凡:《全国统一司法行政戒毒工作基本模式的推行路径研究——以 Y 省 F 强制隔离戒毒所为例》,云南师范大学 2021 年硕士学位论文,第 17 页。

② 浙江省戒毒管理局课题组:《论"四四五"戒毒模式视野下的"四式管理"》,载《中国司法》2018 年第 7 期。

(五)分区流转

分区流转,指的是按照统一戒毒模式分期管理的戒毒人员需要通过各期的诊断评估情况确定戒毒人员流转到下一分期区域的流转模式。分区流转以分区为基础,即四区:根据戒毒人员不同时期的身心状态,从入所到出所设置生理脱毒区、教育适应区、康复巩固区和回归指导区,在不同期段之间实行区域分设,进行专业戒治。具体分为生理脱毒期至教育适应期的流转、教育适应期至康复巩固期的流转、康复巩固期至回归指导期的流转和回归指导期至出所。诊断评估的结果是分区流转的基本依据。

1. 从生理脱毒区到教育适应区的流转。在这一阶段,戒毒人员在生理脱毒区经过一定时间的生理脱毒后,进行生理脱毒评估,即对戒毒人员能否控制或缓解停止吸食毒品后身体上瘾引发的不适应,心率、血压、体重等生理指标是否正常,吸毒相关疾病的治疗等方面进行评估。评估合格者转入教育适应期,评估不合格者继续脱毒观察,直至生理脱毒评估合格。

2. 从教育适应区到康复巩固区的流转。戒毒人员经过教育适应期一定时间的教育适应,进行教育适应期的评估,即从戒断状况、心理健康测试、体质测试、入所教育考试、行为表现等方面进行评估。通过评估的戒毒人员转入康复巩固期,反之不予流转,参加下一期评估。①

3. 从康复巩固区到回归指导区的流转。在康复巩固区,从生理脱毒、身心康复、行为表现、社会环境与适应能力四个方面对戒毒人员的戒治情况,进行综合评价并出具《诊断评估报告》,评估合格的戒毒人员流转到回归指导区,不合格的继续留在康复巩固区。

4. 从回归指导期到解除出所。戒毒人员进入回归指导区,在回归指导期参加回归教育、就业指导和拒毒教育及训练,提高戒毒人员的谋生能力,使其拥有一技之长,从而更好地适应和回归社会。② 表现良好的戒毒人员,大队填报《回归戒治意见书》,报送所政管理部门审批,所政管理部门下发解戒通知,办理解除手续。

---

① 杨凡:《全国统一司法行政戒毒工作基本模式的推行路径研究——以Y省F强制隔离戒毒所为例》,云南师范大学2021年硕士学位论文,第24页。

② 杜文杰:《云南省强制隔离戒毒所戒毒管理研究——以K市强制隔离戒毒所为例》,云南大学2019年硕士学位论文,第41页。

第四节　戒毒人员分级管理

一、戒毒人员分级管理的概念

《戒毒条例》第30条、《司法行政机关强制隔离戒毒工作规定》第16条规定，根据戒毒治疗的不同阶段和强制隔离戒毒人员的表现，实行逐步适应社会的分级管理。分级管理是强制隔离戒毒场所根据戒毒人员各阶段的行为表现和戒毒效果评定管理等级，对不同级别的戒毒人员进行分级处遇。分级处遇，是指为调动戒毒人员的戒治积极性，依照戒毒人员的行为表现、戒治效果和社会环境和适应能力，将戒毒人员划分为不同的级别，并按照级别实行宽严有别的处置和待遇的制度。

实施分级管理，遵循公平公正、文明管理、区别对待的原则，以帮助戒毒人员逐步戒除毒瘾、康复身心、适应社会为宗旨。目的是通过实施一定的激励措施帮助戒毒人员戒除毒瘾，身心得以康复，顺利回归社会。

二、戒毒人员分级管理的内容

分级管理根据戒毒人员的入所时间、戒毒康复情况、行为表现状况、认知状况等进行等级考评，并依据考评结果确定相应级别。同时，在每一个等级之间设置级别，使之形成动态机制，行为表现、戒治效果良好的可以晋级享受奖励，而行为表现不佳、戒治效果不好的则会降级并受到更加严格的管理。

（一）等级划分

当前，我国司法行政机关强制隔离戒毒系统中比较通行和切合实际的等级划分成三个等级，即严格管理、普通管理、宽松管理。实践中有的戒毒所设为三等六级，即依次为严管一级、严管二级、普管一级、普管二级、宽管一级、宽管二级。① 从分期管理的角度来看，严管级别的对象为生理脱毒期和教育适应期的戒毒人员，普管级别的管理对象为康复巩固区的戒毒人员，宽管级别的对象为回归指导区的

① 李宁：《戒毒所推进“三分”管理制度的构想》，载《犯罪与改造研究》2017年第8期。

戒毒人员。

1. 严格管理

严格管理是一种针对思想不稳定、行为表现较差的戒毒人员实行的管理级别。严格管理的适用对象主要有三类。

第一类是对新接收的戒毒人员采取医疗措施，开展生理脱毒治疗，防范因毒瘾发作引发意外事件。此类严格管理一般为7～15天。

第二类是完成生理脱毒期后转入康复巩固期的戒毒人员，严格执行戒毒人员生活规范和行为规范，以强化戒毒人员的身份意识、行为规范、习艺技能为主要内容。此类管理的主要目的是强化戒毒人员自觉遵守所规队纪、自我管理、自我约束的自觉性和本能条件反射性。此类严格管理一般为1个月。

第三类是对有重大犯罪嫌疑、严重违规违纪以及其他表现较差的戒毒人员采取的防范、控制、强制管理措施。除单独管理在专用的单独管理室实施外，其他情况严格管理应当在专门的严格管理区域实施。此类严格管理一般不超过7天。

2. 普通管理

普通管理是一种对日常表现较好、思想稳定的戒毒人员实行的适当自由度的管理级别。戒毒人员在民警的直接管理下，以规范行为，开展医疗戒毒、心理矫治、康复训练、认知矫正、习艺劳动等为主要内容。普通管理的目的是帮助戒毒人员矫正不良行为，促进身心康复，恢复身体机能，增强戒毒动机，培养劳动习惯，为回归社会打下基础。

3. 宽松管理

宽松管理是一种对各方面表现较好，或临近解除强制隔离的戒毒人员采取的社会化矫治、强化社会适应性训练的管理级别。宽松管理的目的是帮助其重建社会支持系统，提高社会适应能力，实现健康回归社会。

（二）基本处遇

戒毒人员的处遇，从狭义和字面上来说，是指戒毒人员的一般地位或者待遇；从广义和功用上来说，是指使戒毒人员早日回归社会，防止他们重新吸毒而采取的各种处理、对待措施的总和。① 每个戒毒人员都享有基本处遇，根据我国司法行政机关强制隔离戒毒工作的相关规定，戒毒人员基本处遇主要包括：保障戒毒人

① 陈玉海：《强制隔离戒毒人员分级处遇工作的价值与实践》，载《中国司法》2014年第7期。

员享有国家规定的基本食物量标准、生活供给；保障戒毒人员接受针对性的戒毒治疗与护理；保障戒毒人员接受体质康复锻炼；保障戒毒人员节假日休息、通信、探访等合法权益；参加劳动取得劳动报酬，享有劳动保护的权益；符合条件的予以奖励、建议提前解除等；以及其他戒毒人员应依法享有的合法权益。

（三）分级处遇

1. 分级处遇的内容

分级处遇是指根据戒毒人员所处级别的不同，给予不同的待遇。

目前，全国没有统一的分级处遇标准，在实际操作中，各省（自治区、直辖市）强制隔离戒毒场所应从实际出发，充分考虑戒毒场所设施、警察执法水平、业务基础工作状况等，制定有利于场所安全，有利于戒毒人员戒毒矫治的具体分级处遇实施细则。现在大部分戒毒场所实施分级处遇，是根据戒毒人员所处级别的不同，在参与管理方面、对外交流方面、生活服务方面等，给予差别化待遇。（1）通信探访控制程度区别。在通信次数、通话方式（视频通话）、探访次数、时间等方面予以区别。（2）生活待遇区别。在作息制度、零用钱发放、所内超市购物次数金额、亲情会餐等方面体现一定的奖励措施；在文体活动安排、图书的借阅等方面亦有区别。（3）劳动工种、岗位区别。宽松管理等级可以比普通管理等级优先安排从事零星劳动，享有担任班组长、夜岗人员、仓库管理员、食堂从事人员等特殊岗位的资格。严格管理等级则不能从事零星劳动和特殊岗位工种。（4）外出活动条件和内容区别。宽松管理等级的戒毒人员可以外出参加社会适应性活动，戒治效果较好且即将出所的戒毒人员，可以到戒毒康复场所做回归社会的体验，外出探视的条件、时间上宽松管理等级的戒毒人员比普通管理等级的戒毒人员享有更大的幅度。对普通管理等级的戒毒人员外出活动必须严格控制，严格管理等级的戒毒人员禁止参加所外活动。

2. 分级处遇的作用

（1）激励作用。对戒毒人员进行分级处遇，其目的是使戒毒人员自发地产生戒治的积极性，实现从被动接受戒治到主动寻求戒治的转变。戒毒人员分级处遇制度的实施，从较低的层次上使戒毒人员在产生正面的行为改变时得到相应的物质奖励，从较高层次上使戒毒人员在形成良好的行为习惯之后，获得精神层面的满足，从而激励戒毒人员积极、主动向上，直至实现从“要我戒”到“我要戒”的根本变化。（2）威慑作用。激励机制通过正反两方面发挥作用，与戒毒人员通过思想和行为的改变而获得物质与精神层面的激励相对应的，是在发生不良行为后所需要承担的惩罚性后果。戒毒人员分级处遇制度的实施，有利于在传统奖惩模式之外形成另一套明确的奖惩规则，并较为灵活地对不良行为进行及时的惩戒，使戒毒人员主动思考自己当前行为产生的后果，并对其产生威慑。（3）规范作用。戒毒人员分级处遇制度的良好实施，有助于整合教育资源，设立标准的改造流程，优化教育方式方法，明确教育改造工作的阶段性目标，使日常教育戒治工作更加规范。（4）保障作用。分级处遇既是一种制度更是一种举措，保障了戒毒人员的基本人权，体现了我国戒毒管理的人本思想。这种人文思想是结合我国国情、结合法律而作出的科学合理的动态调整，使决定管理跟上社会发展态势，使其更能体现社会主义的人道精神。

分级处遇工作在激发戒毒人员的戒治热情，维护戒毒场所安全稳定方面起到了一定的积极作用，在统一戒毒模式中一些经验也有所保留和延续，但其中有些方面已经跟不上目前戒毒场所工作的变化发展速度和戒毒人员的需求，需要进一步探索新的方法和措施。如何利用好分级处遇制度激励戒毒人员主动戒治，发挥更大的作用，是今后分级处遇制度改革所要着重思考的方向。

■ 复习思考题

1. 为什么要对戒毒人员进行分类管理?
2. 戒毒人员的分类管理包含哪几方面的内容?
3. 分期管理的基础是什么?
4. 分期管理的不同期段有哪些不同的管理方法?
5. 分级处遇是如何激励戒毒人员的?

■ 本章主要参考文献

1. 吕素兰、赵鸿仁:《推进统一戒毒工作模式的思考——以践行“四四五”戒毒模式为视角》，载《犯罪与改造研究》2019 年第 8 期。
2. 成秉照:《ABC 分类法在企业管理中的应用》，载《管理观察》2009 年第 36 期。
3. 司法部戒毒管理局:《司法行政强制隔离戒毒执法实务》，法律出版社 2017 年版。
4. 陈玉海:《强制隔离戒毒人员分级处遇工作的价值与实践》，载《中国司法》2014 年第 7 期。
5. 李宁:《戒毒所推进“三分”管理制度的构想》，载《犯罪与改造研究》2017 年第 8 期。
6. 杨凡:《全国统一司法行政戒毒工作基本模式的推行路径研究——以 Y 省 F 强制隔离戒毒

所为例》,云南师范大学 2021 年硕士学位论文。

7. 杜文杰:《云南省强制隔离戒毒所戒毒管理研究——以 K 市强制隔离戒毒所为例》,云南大学 2019 年硕士学位论文。

8. 浙江省戒毒管理局课题组:《论"四四五"戒毒模式视野下的"四式管理"》,载《中国司法》2018 年第 7 期。

9. 姜祖桢、张凯等:《司法行政戒毒工作基本模式的构建与运作》,载《人民法治》2018 年第 22 期。

10. 陈龙喜:《K 市强制隔离戒毒"四区五中心"模式优化研究》,河南大学 2020 年硕士学位论文。

11. 倪振雄等:《戒毒人员分期分类戒治模式实践与探索》,载《中国司法》2017 年第 8 期。

12. 李新科:《广东省戒毒所推进司法部"451"戒毒模式研究——以 S 戒毒所为例》,兰州大学 2020 年硕士学位论文。

13. 陈玉海:《浙江特色戒毒模式评析》,载《中国司法》2020 年第 5 期。

14. 朱程阔:《W 市强制隔离戒毒所实施统一戒毒模式优化研究》,福建农林大学 2020 年硕士学位论文。

15. 周秀银:《病残吸毒人员收治困境分析》,载《中国刑警学院学报》2017 年第 6 期。

16. 陈进婉:《强制隔离戒毒工作模式的探索与创新》,载《犯罪与改造研究》2015 年第 7 期。

17. 王畅明:《强制隔离戒毒人员戒毒管理模式之初探——主要以滥用新型毒品人员为例》,华东政法大学 2012 年硕士学位论文。

第六章　特殊类型戒毒人员管理

本章摘要

本章基于场所中几类特殊人员的共同特征进行了梳理,提出管理策略和方法措施。通过本章学习,主要掌握未成年、女性、老弱病残、心理危机、艾滋病及其他传染病、精神障碍类强制隔离戒毒人员管理的概念,法律法规适用和重点要求。领悟其特征、分类、管理过程中的风险隐患,学会运用相关管理策略和方法。

重点问题

本章的重点是特殊戒毒人员的标准界定、法律依据、管理策略、方法措施,不同类型戒毒人员的特征和管理过程中存在的风险隐患、难点问题、管理措施。

第一节　未成年戒毒人员管理

一、概述

(一)未成年戒毒人员的概念

未成年戒毒人员是指被决定强制隔离戒毒时不满 18 周岁的戒毒人员,在实际工作中,一般界定为在送达强制隔离戒毒场所执行时不满 18 周岁。根据《禁毒法》第 39 条"不满十六周岁的未成年人吸毒成瘾的,可以不适用强制隔离戒毒"的规定,未成年戒毒人员一般指年满 16 周岁因吸毒成瘾被强制隔离戒毒的未成年人,也包括个别年满 14 周岁吸毒成瘾被强制隔离戒毒的未成年人。

(二)未成年戒毒人员的管理对象

未成年戒毒人员的管理客体是未成年戒毒人员。他们既是违法行为的实施者,也是结果的承担者,可以说是受害者,他们在思想还没有完全定型,认知上还存在偏差,可塑性较强。对他们实施强制隔离戒毒的目的是让他们在法律法规和强制隔离戒毒管理机关规定的框架内通过参加戒毒治疗、康复训练、学习教育、规范行为等手段帮助其矫正恶习、转变思想、戒除毒瘾,养成良好的行为习惯并掌握一技之长,为他们回归社会奠定良好的基础,从而实现强制隔离戒毒职能目标的过程。

二、未成年戒毒人员的特征

(一)心理特点

未成年戒毒人员对物质、精神上的渴求极为强烈,好奇心较强,物质上喜欢与人攀比,角色意识较强烈、以自我为中心,性格和心灵扭曲,感情色彩强烈,易冲动,逆反心理较重,看事物不全面,家庭教育缺失导致缺少爱和安全感,从众心理、无知心理明显,[①]从某种意义上来说,心理还不成熟,缺乏社会责任感。

(二)生理特点

未成年戒毒人员身体的各种器官由发育尚不完全到身体发育速度加快,并渐趋成熟,体力增强,在速度、耐力、灵敏度等身体素质方面有很大变化,内分泌机制完善,各种激素相继增加,性器官、性功能迅速成长,性生理逐步走向成熟,对营养的需求增加,情感丰富,智力不足。

(三)行为特点

未成年戒毒人员法治观念淡薄,纪律规纪意识较差,常常表现出一副我行我素、无所畏的样子,哥们儿义气较重,社会经验少、阅历浅,文化程度低,自控力差,易冲动,容易受人蛊惑;他们对物质和精神上的渴求极为强烈,追求时髦,追求虚荣,心里空虚、意志薄弱、逃避现实、做事拈轻怕重,吃不得苦,办事效率低,大部分由于过早走入社会而染上一些不良的恶习,吸毒后更是破罐破摔。

---

① 参见耿柳娜:《毒瘾透视:吸毒人群心理研究》,时代出版传媒股份有限公司、安徽人民出版社2011年版,第98页。

三、管理的法律依据

《未成年人保护法》第 2 条规定，本法所称未成年人是指未满 18 周岁的公民。第 4 条中规定，保护未成年人，应当坚持最有利于未成年人的原则。第 100 条规定，公安机关、人民检察院、人民法院和司法行政部门应当依法履行职责，保障未成年人合法权益。第 113 条第 1 款规定，对违法犯罪的未成年人，实行教育、感化、挽救的方针，坚持教育为主、惩罚为辅的原则。

《禁毒法》第 38 条规定，吸毒成瘾人员有下列情形之一的，由县级以上人民政府公安机关作出强制隔离戒毒的决定……第 39 条的规定，不满 16 周岁的未成年人吸毒成瘾的，可以不适用强制隔离戒毒。第 44 条第 1 款规定，强制隔离戒毒场所应当根据戒毒人员的性别、年龄、患病等情况，对戒毒人员实行分别管理。

根据《司法行政机关强制隔离戒毒工作规定》第 6 条第 2 款中的规定，具备条件的地方，应当单独设置收治未成年戒毒人员的强制隔离戒毒所。

四、未成年戒毒人员管理的措施

（一）分别管理

未成年戒毒人员由未成年人强制隔离戒毒所专门管理，未设立未成年人强制隔离戒毒所的，应设立专门的大（中）队进行管理或者设立专门的班组集中管理。女子未成年戒毒人员应当由女子强制隔离戒毒所设立专门的大队（中队）或者专门的班组进行管理。

（二）戒毒处遇

未成年戒毒人员的生活费标准要在成年戒毒人员的标准基础上上浮；在通讯、探视探访的条件和次数上要明显优于成年戒毒人员，具体标准可以根据当地的实际情况制定。对未成年戒毒人员原则上不使用警械具，单独管理要结合其身心特点适当减少天数，且不能连续使用。使用保护性约束措施要做好必要的防护，防止未成年戒毒人员受到伤害。

（三）日常管理

对未成年戒毒人员的管理实行以学习教育和康复训练为主，以康复劳动为辅的制度,每周合理安排劳动时间、专职教育时间和康复训练时间,有条件的戒毒所可实行全日学习的制度。未成年戒毒人员参加康复劳动的,其部分劳动收入作为适度劳动报酬返还其本人。未成年戒毒人员的班组长不得由成年强制隔离戒毒人员担任,要坚决防止发生所王所霸、恃强凌弱、吃拿卡要等现象。

对未完成九年义务教育的未成年戒毒人员,要开展文化课教育,帮助其完成九年义务教育。同时,要开展法律常识、思想道德、禁毒知识、职业技能等教育,让其成为遵纪守法、具有一定文化知识、掌握一技之长的合格公民。

(四)关怀救助

强制隔离戒毒所应当建立健全未成年人关爱救助机制,对未成年戒毒人员实施特殊的关怀救助,在人力、物力、资金等方面做好专门的准备和安排,条件允许的可以对他们开展专门的职业技术培训,或者帮助他们完成学业。可与关心下一代工作委员会、教育部门等机构合作,开展有利于未成年戒毒人员身心健康成长的活动。

(五)诊断评估

未成年戒毒人员必须严格开展一年后评估和期满前评估。对戒治效果较好,行为表现良好、社会适应能力强等达到评估标准的未成年戒毒人员,可以提请强制隔离戒毒决定机关提前解除强制隔离戒毒。

第二节　女性戒毒人员管理

一、女性戒毒人员的概念

女性戒毒人员,是指被公安机关依法决定强制隔离戒毒并送入戒毒所接受戒治康复的女性吸毒成瘾人员。由于女性戒毒人员在生理、心理和行为方面具有其特殊性,其在社会和家庭中扮演着特殊角色,在管理过程中,与男性戒毒人员相比既有相同之处,又要区别对待。

近年来,随着《禁毒法》和《戒毒条例》的颁布实施,国家不断加大对毒品违法犯罪的打击力度,女性戒毒人员占比呈上升趋势,对女性戒毒人员的管理作为强制隔离戒毒工作的一部分，如何帮助她们戒断毒瘾、回归家庭，成为戒毒场所亟待解决的课题，本节重点阐述女性戒毒人员的管理。

二、女性戒毒人员的特征

（一）心理特点

女性戒毒人员吸毒前比较外向，十分好动、交际广泛，吸毒后变得孤僻、害怕寂寞，内心脆弱，高度敏感，情绪低落，悲观失望，对生活失去兴趣。由于长期处于心理失衡状态，导致自我价值缺失，感觉不协调、自我认可度不高；容易多疑，嫉妒心重，自尊心强，经不起批评，报复心重。

（二）生理特点

女性戒毒人员由于其生理的特殊性，常常会出现生理期症状，个别强制隔离戒毒人员可能被决定强制隔离戒毒前刚流过产，年龄大的还可能出现绝经期或更年期综合征，加上长期吸食毒品，身体素质较差，部分戒毒人员还患有多种疾病，入所后病情会出现趋重的情况。

（三）行为特点

多数女性戒毒人员在吸毒前无业或无固定职业，受教育程度低，初中或小学文化程度占比大，特别是近年来，女性吸毒人群中年龄逐步趋于年轻化，18～35 岁的居多，这类人员法治观念淡薄，容易情绪失控、无故拉拽、殴打同伴，她们在胳膊上、腿上、脖子上的各种文身就是她们叛逆、疯狂和失控的表现。被强制隔离戒毒后有较强的抵触情绪，道德意识差，对家庭和社会不负责任；缺乏羞耻感，轻感情、重物质，言行不一；情感脆弱，遇到委屈容易哭泣。

（四）婚姻家庭及情感特点

由于家庭教育缺失，女性戒毒人员好奇心和攀比心强，盲目从众，性格上依附性强，缺乏安全感和爱的归属感。婚后部分有过被家暴的经历，对家庭充满不信任感，吸毒后社会不接纳、家庭不接受，常因照顾不了孩子出现内疚感，情感较为复杂，情绪变化大，对未来失去信心，从而破罐子破摔，婚姻家庭适应能力差。

三、管理的法律依据

(一)收治依据

接收女性戒毒人员时,除了按照规定对其进行身体健康检查和吸毒检查外,按照《司法行政机关强制隔离戒毒所医疗工作管理规定》还应当进行妊娠检测,并于1个月后复检。对于所外就医、探视的,除了按要求进行相关教育外,在戒毒人员出入所时认为有必要的可以进行妊娠检测,2008年6月1日开始施行的《禁毒法》第39条中规定,"怀孕或者正在哺乳自己不满1一周岁婴儿的妇女吸毒成瘾的,不适用强制隔离戒毒"。对怀孕或者正在哺乳自己不满1周岁婴儿的妇女,不予接收。

(二)安全检查规范

根据《禁毒法》对戒毒人员的身体和携带物品进行检查时应有两名以上人民警察在场的规定,以及《戒毒条例》第28条"女性强制隔离戒毒人员的身体检查,应当由女性工作人员进行"的规定,应当对女性戒毒人员的身体或携带物品进行检查,在对女性戒毒人员身体进行检查时应当由女性人民警察进行,至少要有两名人民警察在场。

(三)管理要求

《禁毒法》第44条第1款规定:"强制隔离戒毒场所应当根据戒毒人员的性别、年龄、患病等情况,对戒毒人员实行分别管理。"《司法行政机关强制隔离戒毒工作规定》第17条第2款规定:"女性戒毒人员由女性人民警察直接管理。"根据前述规定,对女性戒毒人员的管理应当按性别进行分别管理外,还应根据年龄或患病情况进行编队或编组管理,对患传染性疾病的女性戒毒人员按照相关规定进行管理。在从事直接管理的活动中应当由女性人民警察完成,在其他管理活动中,也要有女性人民警察在场。

(四)监控执勤

女子强制隔离戒毒所指挥中心应当由女性人民警察负责值班工作,实施24小时监控、全程跟踪。收治女性戒毒人员的戒毒所,应当配备适当数量的女性人民警察负责安全警戒工作。

四、管理中的风险隐患及难点

（一）家庭因素带来的问题

刚入所的女性戒毒人员往往存在焦虑情绪和悔恨心理，在戒治活动中表现为注意力不集中、情绪低落，饮食不振、睡眠质量不佳，不能理性处理问题，认知存在偏差等行为，容易出现过激反应而造成违规违纪，影响正常的戒治生活，破坏教育戒治秩序，严重者还会对场所安全造成威胁。

（二）心理因素带来的问题

多数女性吸毒人员会出现心理障碍，主要体现为高度焦虑、精神紧张等，少数会产生抑郁症、强迫症等，心理状态不稳定，情绪波动大，加上女性戒毒人员心理承受压力较差，抗挫折能力较弱，缺少排忧解难的技巧和方法，不能很好地进行自我调节，个别会出现自伤、自残、自杀等极端的情形，对场所安全带来严重的挑战。

（三）生理原因带来的问题

女性戒毒人员生理期、围绝经期、老年期等特殊情况对康复训练、戒毒治疗、学习教育和生产劳动都会产生影响，不利于日常管理，生理期异常对失去自由的戒毒人员也会产生严重的心理负担。加上个别戒毒人员会以生理期为借口，作为逃避戒治的理由，处置不当就会对戒治秩序产生影响。

（四）自身特点带来的问题

女性戒毒人员喜欢谈论家长里短、议论他人是非，加上她们情感细腻，敏感多疑，妒忌心强，导致女性戒毒人员之间的人际关系比较复杂，容易引发各种矛盾和冲突。

五、管理策略

（一）依法管理，分级处遇

运用好计分考核办法，分期管理和分级处遇等手段。根据《禁毒法》第 47 条的规定，戒毒期限执行一年后，经诊断评估，对于戒毒情况良好的戒毒人员可以提前解除强制隔离戒毒,对于需要延长戒毒期限的,最长可以延长一年。《戒毒条例》第 30 条中规定,“根据戒毒治疗的不同阶段和强制隔离戒毒人员的表现,实行逐步适应社会的分级管理”。用好奖惩机制,对戒毒人员采取日记载、周小结、月考评、逐月累计的计分形式进行动态考核。根据戒治效果进行分级分期管理,对应分级处遇,做到奖罚分明,奖惩有据。同时,开展法治教育,让她们学法、知法、懂法、守法,用法律手段维护自身权益。

(二)人文关怀,柔性管理

在项目引进上,禁止引进不适合女性戒毒人员从事的劳动项目,特别是处于生理周期时,合理安排经期女性戒毒人员的训练、学习、劳动和康复等活动,对需要连续 2 个小时以上站立的活动,应安排适当的中途休息。对 3 个月内有流产情况的,在管理教育、康复训练、生活处遇方面给予适当照顾。

(三)突出特色,凸显温馨

戒毒人员宿舍、寝室、活动室,包括床单被褥、衣帽、洗漱用品等可以根据女性心理特点,进行色彩选择和空间布局,使环境更温馨,减轻环境对她们产生的心理压力,淡化场所带来的压抑感;根据女性特征开设妇科门诊,定期进行妇科体检,设置心理宣泄室,定期或不定期地开展心理宣泄;与妇联开展联谊活动,邀请妇联的同志授课,讲解妇女权益保护和妇女生理知识等。

(四)转移注意力,注重特色教育

根据不同年龄段增设不同的兴趣班,如舞蹈、绘画、人生哲理、诗歌赏析、社会礼仪、服饰搭配、形象设计、色彩知识、音乐鉴赏等特色课堂,成立兴趣小组,激发戒毒人员的兴趣爱好,帮助她们提升素质。开设法治教育、传统文化教育、思想品德教育,培养戒毒人员良好的品行,帮助她们提高修养。

第三节　老弱病残戒毒人员管理

按照病残吸毒人员的收治标准,依法应收尽收,从而导致强制隔离戒毒所的老弱病残人数增加,占比上升,给场所安全管理带来挑战;老弱病残戒毒人员是戒

毒人群中的弱势群体，吸毒和疾病导致神经功能、心肺功能、免疫系统存在一些问题，身体上的器官发生器质性病变；吸食新型毒品的戒毒人员还存在神经受损，产生幻视幻听、恣意妄想，焦躁多疑的症状，容易引发正常死亡、自伤自残或自杀，严重影响场所的安全稳定。因此，探索对老弱病残戒毒人员的戒治方法，加强对老弱病残戒毒人员的管理就成为戒毒场所必须面对的问题。

一、概述

老弱病残戒毒人员，是指在戒毒所内接受强制隔离戒毒的人员中年龄偏大、体质偏差、行动不便或者存在身体残疾、患有疾病、精神障碍等身心问题，相对处于弱势的戒毒人员，还包括传染病处于非传染期、患有慢性病、自伤自残不危及生命的戒毒人员。老弱病残类戒毒人员最主要的特点就是身体素质或健康状况较差、适应戒治环境能力较弱；他们是心理疾病的高发群体，是所内自杀的高危人群，成为近年影响场所安全的重要因素。因此，加强对老弱病残人员的管理，对防止正常、非正常死亡起到至关重要的作用。

二、老弱病残戒毒人员的特征

（一）心理特点

老弱病残戒毒人员的精神状态差，悲观失望，得过且过，心理适应性差。由于长期承受心理、生理疾病的折磨，情绪波动大，有的戒毒人员以病为由期望变更戒毒模式，往往表现出小病大养、不配合治疗，甚至以病相挟，有的长期卧床不起，拒绝康复活动，导致身体机能逐渐萎缩蜕变；有的以消极戒治、不服管理等方式，达到逃避学习、康复训练的目的。

（二）行为特点

老弱病残戒毒人员大都丧失或部分丧失了劳动能力，行动缓慢或不便，生活自理能力受影响，在速度、力量、耐力、灵敏度、柔韧性方面较差，不能参加正常的学习劳动、康复训练等戒治活动，不善于与人交往或不愿与人沟通。

（三）生理特点

老弱病残戒毒人员一般年龄偏大（一般男性 55 周岁，女性 50 周岁以上）；患有严重疾病或多种慢性病、肢体器官残缺、功能部分丧失、智力有障碍、精神异常等;常伴有睡眠质量不高、新陈代谢差、食欲不好、免疫能力低等问题。

三、评估建档

由于老弱病残戒毒人员在管理过程中难度高、风险系数大,因此在管理措施方面的要求更严格,首先是进行排查、登记、建档,其次是分类分级、动态管控。[①]

(一)排查、登记、建档

通过对入所健康检查、个别谈话进行排查,发现身体畸形、疤痕明显等特征或身患疾病、体表有外伤、体内有异物等情形的,应当如实登记。体检结束后,对符合老弱病残条件的,医生应当给出结论,建立老弱病残戒毒人员专档,在档案、花名册明显处进行标记,标明种类和病情,对心脑血管疾病患者还要在管理卡上进行标注。

(二)分类、分级管理

对排查出来的老弱病残戒毒人员,按照病情状况进行分类管理,对患有传染性疾病,处于传播期的戒毒人员进行隔离管理。患病相对严重的戒毒人员由大(中)队民警根据涉及人员的生理、心理、行为,伤残程度、精神状况等综合情形,按照生理疾病类重点人员一般、严重、特别严重等进行科学认定,提请大(中)队每日研判会集中研究确认,确认后进行挂牌管理,落实相应的处遇和治疗方案。按照一人一策落实具体的管控措施和明确管理责任人,随时掌握其病情、服药情况,纳入医务人员重点巡诊对象,对于长期卧床人员应安排陪护或包夹监控人员;戒毒医疗中心和心理矫治中心根据诊治筛查或心理咨询情况,也可以提出戒毒人员管理的意见或建议。

(三)动态管控和评估

按照老弱病残戒毒人员严重程度、治疗效果或健康状况,建立相对应的管理台账,定期开展思想动态分析和安全风险研判,对于危险性高、管理难度大的,应列为重点人员进行管控,上报业务部门备案,及时向分管所领导报告,定期进行危

---

① 参见贵州省戒毒管理局编著:《贵州省司法行政戒毒工作手册》(2018 年版),第 88 页。

险性评估或戒治效果评价，依据评价结果调整戒治措施，实施动态管理。

四、管理隐患及难点

（一）给场所安全带来隐患

医疗康复资源有限，医疗水平发展不平衡，加上患心脑血管疾病的人员多，部分老弱病残戒毒人员还以病要挟，不主动配合治疗、戒治心态差异等因素，导致患病戒毒人员康复慢，身体健康状况可能恶化，因病造成所内死亡或伤残风险高。还可能因对未来失去信心，对生活没有希望、破罐子破摔等多重因素叠加引起自伤自残或自杀，从而引发安全事故。

（二）引发舆情及脱逃风险

老弱病残戒毒人员需要包夹监控和外诊治疗，在管理过程中可能因管理细节不到位，引发戒毒人员之间、戒毒人员与民警之间的矛盾，在外出就诊过程中还可能发生脱逃、滋事、故意博取同情而引发舆情风险。

（三）容易扰乱管理秩序

老弱病残戒毒人员在日常的管理过程中无论是生活、学习还是劳动中民警都会给予照顾，如果细节处理不当，导致个别戒毒人员因此抗拒教育戒治、不配合治疗、小病大养等情况发生，还可能引起其他戒毒人员的效仿，扰乱管理秩序，破坏戒治环境。

（四）增大管理教育难度

老弱病残戒毒人员受毒品和疾病的双重侵害，身心俱损，身体和心理问题叠加，不能参加正常的康复训练，不能参加技能培训和按要求完成戒治考核指标，对戒治工作的正常开展带来较大影响，增加了管理教育难度，对正常管理造成不良影响，长期卧床的还需民警专门管理和安排戒毒人员看护，增加了管理成本和安全风险。

（五）家庭支持系统低

老弱病残戒毒人员对亲人关心和抚慰的需求比较强烈，亲人的帮助有利于他们的戒治，而这部分人往往家庭支持系统较差，家庭条件不好，部分亲人弃之不管，有的出现婚姻家庭破裂或妻子离家出走，子女无人抚养的情况，不利于病情恢复和思想上的转化。

五、对老弱病残戒毒人员特殊情况的处置

（一）所外就医

《戒毒条例》第 31 条第 1 款规定："强制隔离戒毒人员患严重疾病，不出所治疗可能危及生命的，经强制隔离戒毒场所主管机关批准，并报强制隔离戒毒决定机关备案，强制隔离戒毒场所可以允许其所外就医……"对符合此条的老弱病残戒毒人员，应按此规定办理所外就医。

（二）变更戒毒模式

符合变更戒毒模式的老弱病残戒毒人员，经县级及以上医疗机构诊断患有严重疾病确实危及生命或者有严重残疾生活不能自理的，强制隔离戒毒所按规定及时建议强制隔离戒毒决定机关变更社区戒毒措施。对在所内自伤自残、吞食异物的戒毒人员由其所在场所给予相应的处理或治疗。

六、老弱病残戒毒人员的管理

（一）遵守法律法规，严格执行戒毒工作规范

在管理过程中，严格落实体检、巡诊、就医，排查、研判、管控、分级分类管理以及个别教育、心理咨询、依法救助等制度措施，规范填写入所健康状况检查表、入所登记表，对戒毒人员体表检查中发现身体畸形、文身、疤痕等明显特征时，应当拍照留存，由戒毒人员签字确认；对于体表有外伤、体内有异物等情形的，应当进行详细记录，由移送的公安机关人民警察和戒毒人员分别签字确认。情况复杂的进行专门调查，形成专案卷宗，为戒毒人员建立专档并保存好个人健康档案、心理健康档案、执法档案，做到程序规范、依法管理。

（二）提升戒毒医疗水平，规范戒毒工作流程

成立应急医疗小组，建立快速反应机制，配齐必要的医疗设备，完善重症戒毒人员跟踪治疗制度；积极与住地医疗机构协调开设医疗"绿色通道"，确保对突发

急性重症、意外伤害等戒毒人员进行及时抢救，确保每一名患病戒毒人员都能得到及时治疗，最大限度地减少所内因病死亡。同时，加强精神类疾病专科建设和诊疗工作，针对精神类疾病患者给予有效治疗，让症状得到有效控制或缓解，防止因精神问题而导致意外事件发生。

（三）强化康复训练，促进病残人员身心恢复

根据老弱病残戒毒人员的特点有针对性地制订康复训练计划，科学规划训练内容，完善康复训练流程，做好体能康复训练工作。结合心理特征，以恢复正常心理功能、塑造积极人格为目标，积极做好心理康复训练。按照老弱病残的等级，因人设岗安排从事适合的劳动康复项目或岗位，合理安排时间，开展以康复为目的的劳动康复训练。

（四）强化教育矫治，发挥教育职能作用

以身体治疗和心理康复为着力点，双管齐下、同步推进、相互促进；统筹安排医疗卫生常识、法律法规、心理健康、生命伦理、亲情责任、所规队纪等教学内容，通过教育实现生理心理同步治疗，治疗教育共同推进，所内所外衔接互动，严管厚爱配合运用；让其安心接受戒治，促进康复信心，强化自我定力，形成内外合力，达到康复目的。

（五）整合资源，集中管理

对生活不能完全自理的老弱病残戒毒人员，有条件的地区可以将其送到专门的医院进行管理治疗，没有条件的戒毒所可根据需要设置病残中队或病残班组，以便于管理、有利于老弱病残人员康复为原则，配优医疗人员，配强教育管理团队，完善场所设施，实现资源整合。

第四节　心理危机类戒毒人员管理

随着党和国家对人民心理健康的关注，人们开始关注身心健康问题，除公共突发事件（地震、新冠等）引发的心理危机外，由于个人原因引发的心理危机极端事件频频发生，戒毒人员往往又是心理危机出现的高危人群。本节我们只关注强

制隔离戒毒人员由于个人原因引发的心理危机,不涉及公共突发事件危机。

一、概述

一般而言,危机有两种含义:一是指突发事件,出乎人们意料发生的,如地震、水灾、空难、疾病暴发、恐怖袭击、战争等;二是指人所处的紧急状态。在这里,我们仅指个体的危机。

戒毒人员心理危机,是指强制隔离戒毒人员个体突然遭受严重灾害、重大生活逆境(如亲人死亡、婚姻情感破裂或天灾人祸等)给自身精神状态带来严重改变,以现有生活条件和经验难以克服的困难,以致陷入痛苦、焦虑等症状和行为障碍。戒毒人员心理危机,既可以指心理状态的严重失调,心理矛盾激烈冲突难以解决,也可以指精神面临崩溃或精神失常,还可以指发生心理障碍。

二、心理危机类别

张日昇教授编著的《咨询心理学》一书将心理危机分为三类,即正常发展危机、情境性危机、存在性危机。在这里,笔者将心理危机戒毒人员的类型分为一般心理危机类戒毒人员、严重心理危机类戒毒人员和病理性心理危机类戒毒人员。

(一)一般心理危机类戒毒人员

1. 初次被强制隔离戒毒的人员,入所后发现其言行异常的。
2. 心理筛查或团体辅导等活动中发现有异常的戒毒人员。
3. 最近一段时间家庭有变化(如离婚、失恋等)、人际关系失调、正常生活出现问题的人员。
4. 家庭或同伴中出现极端行为,产生恐慌、担心、焦虑、抑郁等人员。

(二)严重心理危机类戒毒人员

1. 教育适应期内有重大异常言行的人员。
2. 心理筛查或团体辅导等活动中发现有明显异常言行的人员。
3. 家庭或个人遭受重大变故、与同伴之间发生重大冲突等创伤性事件,有明显言行异常人员。

（三）病理性心理危机类戒毒人员

1. 患有严重心理障碍（如抑郁症、恐惧症、强迫症、焦虑症等）或精神分裂症并有医院诊断证明的戒毒人员。

2. 自杀未遂或有自杀倾向的戒毒人员。

三、如何识别心理危机类戒毒人员

心理危机的产生不可能是一蹴而就的，一般都会经历一个过程，在其言行中一定有预警信息出现，以下方法可以识别心理危机的戒毒人员：

1. 心理量表筛查出的两极化人员。

2. 在欺凌、暴力、遗弃、冷漠、侮辱等恶性环境中成长。

3. 家族或个人患有精神病史和自杀史人员。

4. 平时观察发现言行异常人员。

5. 个人遭遇重大事件，如失恋、离异或父母离异、生病等。

6. 个人或家族财产发生重大变故。

7. 家庭遭遇重大事件，如亲人（父母、妻儿等）患重大疾病、死亡等。

四、心理危机类戒毒人员“六步干预法”

顾瑜琦、孙宏伟等提出了心理危机的“六步干预法”，①心理危机类戒毒人员同样适用这六种方法。

（一）评估，确定问题

评估包括两个方面：一方面，要评估心理危机类戒毒人员诱发事件，即诱因是什么，主要问题是什么，要解决什么问题；另一方面，要做自杀危机等级评估，做到心中有数，忙而不乱。

确定出现危机状态的个体：

一是确定出现危机的个体是什么问题，是自然灾害或突发事件引发的应激方面的障碍（急性创伤性应激障碍或创伤后应激障碍）还是惊恐障碍，是由于个性原因引发的自我或他人的危机问题（边缘型人格障碍或反社会人格障碍），还是由于

---

① 参见顾瑜琦、孙宏伟主编：《心理危机干预》，人民卫生出版社 2013 年版，第 98 页。

成长环境、家庭教育引发的精神类疾病(如精神分裂症、抑郁症等)。

二是确定出现危机个体的问题属于什么范畴,究竟是一般性危机心理,还是严重危机心理,抑或病理性危机心理;有没有自杀倾向,有没有伤害他人的可能等。

(二)保证安全,得到承诺

保证安全是面对任何危机类戒毒人员的首要和重要前提。要把其对自我和他人的生理危险和心理危险性降低到最小可能。在这个阶段,要和心理危机类戒毒人员达成协议,得到“不伤害自己、不伤害他人,不危害社会”的承诺,最好签订一个安全承诺协议书,在协议书中,让心理危机类戒毒人员罗列出可以求助的人员是相当重要的。

(三)给予支持

要与出现心理危机的戒毒人员建立起良好的关系,通过沟通和交流让其感受到心理咨询师的关心和支持,并且能够给他提供帮助。在此过程中,心理咨询师一定要有同理心和共情能力,要理解出现危机状况的个体,千万不能用自己的标准去说教和评判,甚至批评和指责。需要提供一个宽松温暖的安全环境,特别是心理环境,帮助其降低心理的失调状态。

(四)提出并验证可变通的应对方式

大部分处于危机状态的戒毒人员,其思维处于受阻状态,想事情较为极端,往往出现灾难性思维。此时,帮助他从多角度思考,鼓励他探索出解决当下问题的方法与技巧。

(五)制订干预计划

对发生心理危机的戒毒人员进行综合了解,制订计划。有自杀危机的,根据危机等级进行相应干预。出现精神疾病类的,按相应疾病类型进行干预。

(六)实施干预重建系统

1. 不同群体的干预侧重点不同,所有技术均可运用,注意选择对被干预对象合适的有用技术。

2. 给机会交流、释放压力和情绪,理解心理危机如何发生发展。

五、心理危机干预措施

(一)一般心理危机类戒毒人员

这类人群无论是从何种途径筛查出来的,都要第一时间进行面谈评估,确定危机等级。

1. 收集资料,找准症结

(1)个人成长史、情感史、疾病史、吸毒史、戒毒史。

(2)家族精神病史和非正常死亡史。

(3)从小成长环境,父母教育模式。

(4)应对模式、认知模式和情绪表达模式。

(5)技能和技术。

(6)对未来的看法。

2. 初步评估,确定危机等级

通过个案概念化了解其行为模式等。为了了解危机类戒毒人员的言行、问题呈现方式及其成长经历,干预者需要思考以下问题:

(1)他为什么这么做;

(2)他为什么会这样看自己和看世界(他人);

(3)他为什么会这样回应我;

(4)面对问题时他为什么会用那样的应对方式;

(5)他为什么不能正常工作和生活;

(6)什么阻碍了他给予自己愉悦;

(7)什么原因导致的。

思考清楚以上问题,就是对个案概念化进行了认真梳理,初步评估了心理危机类戒毒人员的危机处于什么级别,为下一步危机干预厘清了思路,明确了方向。

3. 根据评估等级,针对性地干预

(1)如果只是属于一般心理危机等级,民警在平时的生活中要观察言行,给予积极关注,多沟通交流,让其感受到关心和支持。可以利用同伴教育进行引领、心理咨询师对其心理咨询,直到危机解除。

(2)对于首次被强制隔离戒毒的人员,要给予适当关注,防止他们因环境适应不良,引发心理危机。在教育适应期要大力开展心理健康教育和团体心理辅导活动,提升教育适应期的适应能力和心理素质。

(3)对即将出所回归社会的强制隔离戒毒人员,要用心观察,提前预判。应提前三个月进行政策法规、心理调适等宣传教育,提前一个月持续做回归社会“防复吸,强信心”系列团体心理行为训练。

(二)严重心理危机类戒毒人员

这类戒毒人员一般分两种情况:一种情况是遭遇突发事件后引发的严重心理失衡;另一种情况是自身的性格因素导致“小事”激发严重心理危机,这两种人群均存在事件的“诱因”,情绪的失控。干预方法如下:

1. 先处理情绪,后进行干预

人在心理严重失衡状态时,常常会有过激情绪、行为等问题,无法控制自己的情绪和行为。此时,要做好情绪安抚,待其情绪平稳后才能进行心理危机干预。

2. 处理“诱因”,调整认知

常处于应激情绪状态的戒毒人员,认知往往是狭窄且偏激的。因此,要处理“诱因”,必须进行认知调整。针对认知调整的心理咨询技术有很多,如认知行为疗法、合理情绪疗法、叙事疗法和近几年较为流行的 ACT、DBT 都是很有针对性的技术。在最开始时,先做个体危机干预,在脱离高危阶段,适当介入团体心理危机干预来调整认知。

3. 组建同质小组,小组力量激发潜能

对于严重心理危机类戒毒人员,采用同质小组会更有效果。所谓同质小组,是指将同一类型问题的戒毒人员组成一个小组,因每一个被干预者遇到的问题不一样,应对方式和理解也会不一样。面对不同的问题,同质小组将会进行多元思考,不断启发小组成员去反思;面对同样的问题,他们面对问题的应对方式不仅能让小组成员看到问题解决的途径,还能提升他们解决问题的信心和力量。

4. 情境训练,拓展其应对方式

严重心理危机类戒毒人员往往存在应对方式单一化的现象,通过设置不同的情境,采用头脑风暴、九宫格、我说你画等技术,拓展他们的应对方式,再对新的应对方式进行情境训练,多次重复,反复训练,让他们掌握更多的应对技巧,从而达到提高应对能力的目的。

(三)病理性心理危机类戒毒人员

1. 精神疾病急性发作的戒毒人员

对这类戒毒人员应立即采取措施,成立专人专管小组,对其实行24小时全程监护,确保人身安全,同时立即报告上级,条件允许的情况下,可以请求专家进行现场评估,根据评估结果进行相应处理。

2. 精神障碍类戒毒人员

对这类戒毒人员要密切关注情绪和行为的变化情况,实行24小时监控,条件允许的可做进一步检查,排除有无脑器质性病变因素,在所期间,要定期或不定期地进行心理危机干预,引导其拟定改变清单,参与小组活动,学会觉察情绪和表达情绪,学会正常的人际交往模式,督促其坚持运动。

3. 自杀倾向(发现或知晓其有自杀意念)类戒毒人员

对有自杀倾向的戒毒人员要进行自杀等级评估:一是要了解其具体的自杀想法、情感、计划和行为;二是要签订安全协议,取得安全承诺;三是要进行24小时包夹监控,直到自杀危机解除;四是拟定自杀应对清单,进行心理危机干预,初期为三天一次,后期可以根据需要进行,直到危机解除;五是联系家庭成员进行亲情帮扶;六是如有必要,联合精神科医生进行治疗。①

4. 人格障碍类戒毒人员

对边缘型人格障碍人员和反社会型人格障碍人员,要特别防止其"自伤自残"和攻击他人的行为,要有专门的心理咨询师进行跟踪辅导,制订一人一方案,方案中必须包括认知调整、情绪管理及应对方式提升等方面。可以让其记录下每日的心情和想法,自我鼓励训练,也可以让其寻找吸毒与自己性格之间关系等。

5. 伤害他人意念或倾向行为类戒毒人员

对这类戒毒人员必须立即采取24小时保护性约束措施,立即上报上级业务部门(管理科)和所分管领导。邀请专家进行评估,根据评估意见进行后续处理。待情绪平和后,再安排心理咨询师进行心理危机干预,直至消除危险因素。

① [美]David A. Jobes:《自杀风险的评估与管理》,李凌、刘新春等译,杨丽审核,中国轻工业出版社2020年版,第111页。

第五节　艾滋病及其他传染病类戒毒人员管理

一、概述

艾滋病是指人类免疫缺陷病毒(艾滋病病毒)引起的获得性免疫缺陷综合征。本书所指的艾滋病戒毒人员,是指在强制隔离戒毒所戒毒人员中,经疾病预防控制机构确诊为HIV感染者或确诊病例的戒毒人员。

传染病病人、疑似传染病病人,是指根据国务院卫生行政部门发布的《中华人民共和国传染病防治法规定管理的传染病诊断标准》,符合传染病病人和疑似传染病病人诊断标准的人,本书所指的其他传染病戒毒人员,是指在接受强制隔离戒毒的人员中,按照《中华人民共和国传染病防治法规定管理的传染病诊断标准》符合传染病人和疑似传染病病人的戒毒人员。由于吸毒人员在注射毒品时,存在共用针头以及不良的生活习惯,往往在新收入所时就有少部分人员患有艾滋病、梅毒、肝炎、肺结核等传染性疾病。如何做到早发现早处置,不让传染病在场所内进行传播并得到必要治疗,是规范传染性疾病戒毒人员管理、教育和康复的重点问题。

《传染病防治法》规定,传染病分为甲类、乙类、丙类。甲类传染病是指:鼠疫、霍乱。乙类传染病是指:传染性非典型肺炎、艾滋病、病毒性肝炎、脊髓灰质炎、人感染高致病性禽流感、麻疹、流行性出血热、狂犬病、流行性乙型脑炎、登革热、炭疽、细菌性和阿米巴性痢疾、肺结核、伤寒和副伤寒、流行性脑脊髓膜炎、百日咳、白喉、新生儿破伤风、猩红热、布鲁氏菌病、淋病、梅毒、钩端螺旋体病、血吸虫病、疟疾。丙类传染病是指:流行性感冒、流行性腮腺炎、风疹、急性出血性结膜炎、麻风病、流行性和地方性斑疹伤寒、黑热病、包虫病、丝虫病,除霍乱、细菌性和阿米巴性痢疾、伤寒和副伤寒以外的感染性腹泻病。

二、HIV感染者、艾滋病戒毒人员的认定和特征

(一)HIV感染者、艾滋病确诊病例及其他传染病的认定

根据国务院卫生行政部门发布的《中华人民共和国传染病防治法规定管理的传染病诊断标准》,依次对照戒毒人员是否符合HIV感染者、确诊病例及其他传

染病诊断标准,科学划分、科学归类、科学管理。

(二)艾滋病戒毒人员的特征

此类人员一般具有以下心理和行为特征:

1. 对生活丧失信心,对戒治活动不感兴趣甚至抵触,个别还具有仇视社会的心理。
2. 感觉愧对家人和朋友,长期处于焦虑、悔恨、自责、不安、孤独的痛苦之中。
3. 担心会传染或影响别人,做事谨小慎微,自我隔离、自我封闭。
4. 受到歧视排斥而产生自卑心理或破罐子破摔的想法。
5. 长期面临死亡问题而充满恐惧、反思、愿景等复杂心理。

三、保障措施和法律责任

(一)保障措施

强制隔离戒毒所按照艾滋病及其他传染病防治工作的需要合理配备管理人员和医务人员。对从事艾滋病及其他传染病防治工作的管理人员、医务人员以及在工作中接触传染病病原体的其他人员,应当按照国家规定,采取有效的防护措施和医疗保障措施,并给予适当的津贴;应当按照有关规定配备艾滋病及其他传染病防治工作需要的相关设施和设备,为医务人员、管理人员和监督人员配备必要的防护用品和设备。

(二)法律责任

强制隔离戒毒所未依照《传染病防治法》的规定履行艾滋病及其他传染病宣传教育、防治和保障职责的,由省戒毒管理局责令改正,通报批评;造成传染病传播、流行或者其他严重后果的,对负有责任的主管人员和其他直接责任人员,由有处理权限的组织人事部门依法给予行政处分;构成犯罪的,依法追究刑事责任。

强制隔离戒毒所和个人违反《传染病防治法》的规定,导致传染病传播、流行,给他人人身、财产造成损害的,依法应当承担民事责任。

四、艾滋病及其他传染病戒毒人员管理

（一）宣传教育

1. 宣传教育要求

戒毒所要将艾滋病及其他传染病防治宣传教育纳入戒毒人员入所、出所和常规教育的教学内容。根据《监管场所艾滋病防治管理办法》第 6 条的规定，被监管人员接受艾滋病防治相关内容的授课时间在入监所教育中不少于 5 课时，在出监所教育中不少于 3 课时，在常规教育中不少于 10 课时，被监管人员在所时间短、无法满足上述课时的，可以结合实际适当安排。

2. 宣传教育内容

宣传教育内容为艾滋病及其他传染病的基本知识、危害、流行特点、防治措施以及相关的法律、法规、政策及防治信息等。

3. 宣传教育形式

在宿舍区、医疗机构、教室、公告栏等显著位置张贴艾滋病及其他传染病防治宣传材料；在“12 · 1”世界艾滋病日、“6 · 26”国际禁毒日前后开展主题宣传教育；在相关疾病的检测、咨询、诊断和治疗过程中进行宣传教育；向戒毒人员发放宣传读物，利用影视、广播、报纸、板报等载体，采用讲座、演讲、知识竞赛、文艺演出等多种形式进行艾滋病及其他传染病的宣传教育。

（二）咨询培训

强制隔离戒毒场所要定期组织本单位民警开展艾滋病及其他传染病防治的法律、法规、政策和知识的培训，提高干警对艾滋病及其他传染病防范意识，增强对艾滋病及其他传染病的防治能力。开展戒毒治疗的医疗机构还应当定期对医务人员进行艾滋病等传染病的职业暴露防护培训。积极和卫生计生行政部门建立健全艾滋病及其他传染病防治协调机制和工作制度，对艾滋病及其他传染病防治进行有效管理，戒毒医疗机构及戒毒所卫生医疗部门应当对戒毒人员开展艾滋病及其他传染病防治的咨询、指导和宣传教育；必要时邀请卫生健康行政部门对戒毒所艾滋病及其他传染病进行宣传教育、咨询和培训。

（三）筛查检测、确证、告知、流转

戒毒所应当建立健全艾滋病及其他传染病监测机制，制订艾滋病检测计划和

工作方案，按照《司法行政机关强制隔离戒毒所医疗工作管理规定》第24条“戒毒人员入所时应当进行艾滋病病毒抗体初筛检测并在3个月内进行复查”的要求，加强戒毒所艾滋病监测，及时掌握艾滋病防治情况。对戒毒期限在3个月以上的戒毒人员在入所3个月内开展艾滋病、性病、肺结核、病毒性肝炎等传染病的监测和防治工作。

1. 艾滋病病毒抗体初筛检测

戒毒医疗机构及戒毒所设置有艾滋病检测实验室并经当地卫生健康行政部门验收合格的，可以开展戒毒人员艾滋病病毒抗体初筛检测。戒毒所不具备艾滋病病毒抗体初筛检测条件的，戒毒人员的艾滋病病毒抗体初筛检测由地方疾病预防控制机构承担，戒毒所做好协调和配合工作。

2. 艾滋病病毒抗体确证

戒毒所对艾滋病病毒抗体初筛检测呈阳性的样本，应当按照规定及时送当地艾滋病确证实验室进行确证，艾滋病确证实验室应当在收到样本后10个工作日以内将确证结果书面反馈给戒毒所。戒毒所应当指定专人负责检测样本及结果的报送、获取、核对、登记和管理，并按照规定的程序和时间向省级戒毒主管部门和地方疾病预防控制机构报告。

3. 告知

戒毒所应当在获知艾滋病确证阳性检测结果之日起30日内由医务人员或管理人员将艾滋病确证阳性检测结果告知戒毒人员。戒毒人员为无行为能力或者限制行为能力人的，应当告知其配偶、直系亲属或近亲属。在向戒毒人员告知确证阳性检测结果时，应当提供艾滋病咨询服务和心理疏导，告知艾滋病病毒感染者和病人的权利义务及注意事项。戒毒所相关人民警察及工作人员应当对戒毒人员艾滋病检测阳性结果保密。

4. 流转

为了杜绝交叉感染，提升戒治效果，按照规定对患有传染病及其他传染病的戒毒人员进行必要的隔离，将确诊的艾滋病、结核病、肝炎等传染性疾病的戒毒人员流转到特殊病专管所（区、大队）或建立的专门戒毒医疗机构进行管理治疗。戒毒人员在戒毒所之间调动、移送时，原戒毒所应当将被戒毒人员的艾滋病检测情况及相关资料移交给接收的戒毒场所。

（四）传染病戒毒人员的管理

戒毒所应根据艾滋病病毒感染者、病人和其他传染病人的特点，采取有针对性的措施依法进行管理教育，防止艾滋病及其他传染病在场所内传播，杜绝发生场所安全事故。

1. 加强对戒毒人员的日常生活管理。做到一人一套生活用品，杜绝共用剃须刀、牙刷等生活用具，使他们养成良好的生活习惯。加强安全防范，防止发生所内吸毒、同性性行为等易感染艾滋病的危险行为。

2. 应当关心身患传染病的戒毒人员。在管理过程中帮助传染病病人、病原携带者和疑似传染病病人，使其得到及时必要的救治。

3. 规范传染源处理。对传染病病原体污染的污水、污物、场所、物品以及医疗废物，必须在疾病预防控制机构的指导下或者照其提出的卫生要求，依照法律法规实施消毒处理和无害化处理，应当搞好环境卫生，定期消除鼠、蝇、蚊、蟑螂等病媒生物。

4. 加强社会外来人员检查。采取必要的检查、防控措施，防止传染性疾病带入所内。

（五）艾滋病戒毒人员的管理

艾滋病戒毒人员管理的难点如下：一是以自伤自残或者自杀来解决当下面临的痛苦或情绪失控与他人发生冲突；二是在管理和医疗过程中增加职业暴露的风险；三是管理教育因难以突破解决根本问题的瓶颈而存在诸多困难；四是社会接纳和家庭关系问题难以解决，对重建生活信心产生重大影响，增加了教育戒治的难度。管理措施如下：

1. 最大限度地消除歧视、给予尊重、维护尊严。在管理教育过程中注意语言表达，不得使用歧视性语言和语气，不指责、不揭伤疤，在戒治活动中多给予关心帮助。

2. 实行感染者集中专门管理，创造“非特殊”环境，让其找到心理平衡点，鼓励相互关心，互相照顾，发挥好示范带动作用，实现共同进步。

3. 不恐吓、不打击、给希望，帮助树立正确的人生目标。对艾滋病患者少开展艾滋病危害教育，不进行歧视性宣传，多开展生命意义教育，引导追求和实现人生的最大价值或做最有意义的事，强化其“艾滋病到我为止”的社会责任感。

4. 内外结合，减轻心理负担。所内根据特点制订针对性强的康复训练计划，加强康复训练,增强抵抗力和免疫力,减轻其身体健康下降带来的心理负担,所外帮助修复家庭亲情关系、搭建亲情帮教平台,增加心理期盼。

5. 加强安全管理和自我防范。民警要增强安全意识,采取必要的防护措施,熟悉应急处置预案,认真分析研判,化解隐患风险,防止事故发生。

五、职业暴露感染艾滋病的处置

2013 年印发的《职业病分类和目录》(国卫疾控发〔2013〕48 号)将"艾滋病(限于医疗卫生人员及人民警察)"纳入"职业性传染病"类别。2015 年印发的《职业暴露感染艾滋病病毒处理程序规定》(国卫筹办疾控发〔2015〕38 号)为规范职业暴露感染艾滋病病毒的处理程序和艾滋病职业暴露诊断提供了依据。戒毒场所发生职业暴露感染艾滋病病毒时一定要依规进行处置和调查。

(一)戒毒民警可能导致感染艾滋病病毒的情形

1. 被含有艾滋病病毒血液、体液污染的医疗器械及其他器具刺伤皮肤的。
2. 被艾滋病病毒感染者或病人的血液、体液污染了皮肤或者黏膜的。
3. 被携带艾滋病病毒的生物样本、废弃物浅层污染了皮肤或者黏膜的。
4. 其他因职业活动发生或可能感染艾滋病的。

(二)处置

1. 医疗卫生人员及人民警察等在职业活动中发生艾滋病职业暴露后,应当及时就近到医疗机构进行局部紧急处理,并在 1 小时内报告用人单位,用人单位应当在暴露发生后 2 小时内向辖区内的处置机构报告,并提供相关材料,配合处置工作。

2. 处置机构在接到用人单位的报告后,应当立即组织人员开展感染危险性评估、咨询、预防性治疗和实验室检测工作,收集、保存接触暴露源的相关信息,填写"艾滋病病毒职业暴露个案登记表"和"艾滋病病毒职业暴露事件汇总表",并将"艾滋病病毒职业暴露事件汇总表"上传至艾滋病综合防治信息系统。

(三)调查

1. 随访期内。暴露者艾滋病病毒抗体发生阳转的,处置机构应当及时报告调查机构,用人单位向调查机构提供暴露者与用人单位存在劳动或人事关系等相关证明材料,并写明工种、工作岗位。

2. 信息核实。调查机构组织临床、检验、流行病学等相关领域专家对收到的材料进行审核，必要时可以到处置机构进行核实。

3. 职业暴露的诊断标准。对于暴露源阳性，有“艾滋病病毒职业暴露个案登记表”，在暴露 24 小时内检测艾滋病病毒抗体为阴性，随访期内艾滋病病毒抗体阳转的暴露者，为艾滋病病毒职业暴露感染。对于暴露者在暴露前、后 6 个月内发生过易感染艾滋病病毒的行为，或者有线索显示暴露者感染的病毒不是来自本次职业暴露的，应当根据需要进行分子流行病学检测，并根据检测结果判定暴露感染者感染的病毒是否来自本次职业暴露。

4. 调查结论。调查机构出具的调查结论应当书面告知当事人和用人单位，并作为职业病诊断的重要依据。

第六节 精神障碍类戒毒人员管理

世界卫生组织调查发现，每 4 个成人中约有 1 个在他们生命中的某个时刻会患有精神障碍，强制隔离戒毒人员受物质滥用行为和成长环境的影响，导致生命中某个时刻患有精神障碍的风险比平常人更高。因此，了解戒毒人员中常见的精神类障碍，对于管理和教育工作十分重要。

一、概述

（一）精神障碍概述

精神障碍类戒毒人员，是指在强制隔离戒毒所接受戒毒的人员，因大脑机能活动发生紊乱，导致认知、情感、行为和意志等精神活动不同程度障碍的总称。大多数精神障碍类戒毒人员患有妄想、幻觉、错觉、情感障碍、哭笑无常、自言自语、行为怪异、意志减退，绝大多数精神障碍类戒毒人员缺乏自知力，不承认自己有病，不主动寻求医生帮助。成人的精神障碍包含：人格障碍、精神分裂症及其他精神病性障碍、抑郁、焦虑、成瘾障碍等 19 个大类方面的精神疾病。[①] 对精神障碍的

① 美国精神医学学会：《理解 DSM－5® 精神障碍》，夏雅俐、［美］张道龙译，北京大学出版社、北京大学医学出版社 2016 年版，第 35 页。

诊断,每一个疾病均有详细的诊断标准,可以用 DSM－5 或 ICD－11 和精神障碍诊疗规范(2020 版)进行诊断。

(二)人格障碍类戒毒人员概述

人格障碍类戒毒人员,是指戒毒人员的人格特征明显偏离正常,同时伴有自我和人际功能的损害,这种损害不符合个人戒治阶段和戒毒场所的文化环境。

人格障碍类戒毒人员患病率的调查结果因评定方法和调查场所的不同而有很大的差异,最低为 0.1%,最高为 13.0%。人格障碍类戒毒人员的危险因素包括:父母过度保护、否认拒绝型养育方式、父母关系不良、单亲家庭、被虐待等。表现出有人格障碍的戒毒人员经常难以相信他人,忽略自己的安全或者拿他人的安全冒险,可能会伤害自己或违反法律。

人格障碍类戒毒人员分为 A、B、C 和其他人格障碍四类。A 类人格障碍戒毒人员包括偏执型人格障碍、分裂样人格障碍和分裂型人格障碍;B 类人格障碍戒毒人员包括反社会型人格障碍、边缘型人格障碍,表演型人格障碍和自恋型人格障碍;C 类人格障碍戒毒人员包括回避型人格障碍,依赖型人格障碍和强迫型人格障碍。强制隔离戒毒所常见的人格障碍类戒毒人员中 A 型和 B 型较多。

二、精神障碍的行为特征

(一)精神障碍类戒毒人员的行为特征

本书采用了《成瘾者治疗指导计划》中对精神障碍的行为界定。①

1. 思维内容奇特(高贵感、被害、关联、影响、被控制、体感及不忠实感、妄想)。

2. 不合逻辑的思维/语言(思维缺乏关联、不连贯;不合常理的思维;晦涩、抽象或重复的言语;自造词语、言语重复或尖声高叫)。

3. 知觉障碍(主要为听幻觉、偶见视幻觉和嗅幻觉)。

4. 情感障碍(情感迟钝、情感缺失、情感平淡或不协调)。

5. 丧失自我感(自我边界丧失、同一性缺乏、明显的意识错乱)。

6. 意志减退(缺乏兴趣动力或能力去追踪行为的逻辑结果;对目标导向行为的明显矛盾心态或致其中止)。

---

① ［美］Robert R. Perkinson、Arthur E. Jongsma, Jr:《成瘾者治疗指导计划》(第 2 版),洪炜、石川、徐红红译,中国轻工业出版社 2005 年版,第 205 页。

7. 关系退缩(从外部世界中退缩,自我中心的先占观念和幻想,情感疏远)。

8. 精神运动异常(对环境反应显著减少;不同的紧张症模式,如木僵、刻板、激起、作态或违拗;不同寻常的怪癖或扮鬼脸)。

9. 不能恰当照料自己以满足基本的身体需要。

10. 对自身或他人具有潜在的危险。

11. 因物质滥用,加重精神病性症状。

以上症状并非要一一满足,只要出现一类就要引起我们的高度重视,通过进行详细访谈,最后确定其是否有精神类型障碍,如是,需要请精神科医生做进一步确诊。

(二)常见人格障碍类戒毒人员的行为特征

患有人格障碍的戒毒人员,一般都处理不好人际关系。经过治疗,多数患有人格障碍的戒毒人员随着时间的推移会慢慢改善,会变得更好。A 类障碍的个体戒毒人员通常表现得思想古怪和行为怪异。B 类障碍的戒毒人员通常显得戏剧化、情绪化或反复无常。C 类障碍通常表现得焦虑或恐惧。强制隔离戒毒所中常见的成人人格障碍是 A 类和 B 类人格障碍,下文重点介绍以下成人人格障碍类戒毒人员的典型特征。

1. 反社会型人格障碍戒毒人员的行为特征

反社会型人格障碍与品行障碍谱系与物质及相关成瘾障碍中的一些障碍紧密相关,反社会型人格障碍一般在家族中传递。在诊断反社会人格障碍时,第一要排除因其他精神类疾病或药物所致的反社会行为,第二要有证据表明 15 岁前出现有品行障碍,第三必须满 18 岁才能下此诊断。从 15 岁开始,有反社会型人格障碍的个体会忽视或损害他人的权利,作为一种习以为常的生活方式,表现为以下至少三种反社会行为:(1)不能遵守社会规范和法律,表现为频繁的可能被逮捕的行为;(2)说谎,使用假名,为牟利或取乐而诈骗他人;(3)失去对冲动的控制,不能提前计划;(4)易激惹和攻击性,表现为频繁打架或攻击他人;(5)不担心或不关心自己或他人的安全;(6)经常逃避或忽略主要责任,表现为总是失业、无法还债;(7)缺乏懊悔之心。

2. 边缘型人格障碍戒毒人员的行为特征

边缘型人格障碍中女性居多。随着年龄的增长,这种人格障碍有可能减轻或稳定,有家族传递性。边缘型人格障碍的最典型特征就是“不稳定性”和“冲动性”,自我形象的不稳定性、人际关系的不稳定性及情绪的不稳定性,容易冲动行事,常采用伤害自己的方式处理问题。边缘型人格障碍要与抑郁症、双相情感障碍、焦虑障碍及其他人格障碍做鉴别诊断,要排除药物所致的不稳定。

存在困难的人际关系模式、自我形象极端的改变,以及成人早期开始有冲动行为时,就可诊断为边缘型人格障碍,表现为以下至少五种情况:(1)疯狂的努力,避免某人离开;(2)不稳定的和紧张的人际关系模式(可能在有时对某人极端地爱,然后极端地恨,在两者之间转变);(3)自我形象以极端的、频繁的改变为标志(可能在高度自信和非常糟糕的自尊之间转变);(4)风险行为,倾向于冲动和自我伤害,如疯狂购物、有风险的性行为、物质滥用、有风险的驾驶和暴食;(5)有自杀行为或其他自我伤害;(6)强烈的愤怒(如频繁的打架或发脾气、经常生气);(7)强烈的悲伤或焦虑发作,持续数小时;(8)经常感到空虚(如感到乏味、没有意义或目标);(9)稍纵即逝的、压力所致的偏执想法或感受(可能猜疑他人对自己有不良的动机或计划),或感到“不真实”,或与自己或世界分离。

3. 间歇性暴怒障碍戒毒人员行为特征

间歇性暴怒障碍戒毒人员的行为特征主要有:(1)口头攻击(如大发雷霆、大吵大闹、争论),或针对财产、动物或他人的躯体进行攻击,任何一种都要每周发生2次并持续3个月,但该躯体攻击不损害财产或伤害他人;(2)包括财产损害、躯体攻击,或两者都有的3次爆发;躯体攻击引起对动物或他人的躯体伤害,这些行为在1年之内发生;(3)爆发的力量超过对个体的挑衅或个体所受压力的范围;(4)频繁的攻击爆发是冲动性的(未经计划的),不是为了达到特定的目标,如金钱、权力或恐吓;(5)频繁的攻击爆发引起个体的很大痛苦,破坏职业功能或关系,或发生法律或财物的损失(如被捕和罚款);(6)频繁的攻击爆发不是由于躯体疾病或毒品、酒精或药物使用所致,排除其他精神类疾病。

三、常见精神障碍类戒毒人员管理

强制隔离戒毒所中会遇到各类精神障碍类戒毒人员,常见的有以下几种:短暂精神病性障碍、创伤应激障碍和急性应激障碍、抑郁障碍、躯体及相关障碍、破坏性、冲动控制障碍、物质相关及成瘾障碍、人格障碍。①

---

① 美国精神医学学会:《理解 DSM－5®精神障碍》,夏雅莉、[美]张道龙译,北京大学出版社、北京大学医学出版社2016年版。

本节重点介绍戒毒所反社会型人格障碍戒毒人员、边缘型人格障碍戒毒人员和间歇性暴怒障碍戒毒人员的管理措施。

(一)反社会型人格障碍戒毒人员的管理

1. 列为重点预警管理,实行相应的包夹监控措施。

2. 拟定改变清单,从认知、情绪、行为三个方面一一罗列,并且明确标注改变的时间和方法。

3. 正向强化亲社会行为,鼓励其多做亲社会行为。

4. 进行认知调整,树立正确的认知。

5. 用场景模拟的方式进行行为训练。

6. 建立社会关系联结,如亲人、朋友等,帮助其建立情感联结。

7. 在集体生活中,可以给予其为大众服务的机会。

(二)边缘型人格障碍戒毒人员的管理

1. 列为重点预警人员,做好包夹管理措施。

2. 激发其改变动机,拟定治疗计划。

3. 使用正向强化方法进行行为训练。

4. 用 DBT 技术,进行分明技巧、痛苦耐受技巧、人际效能技巧及情绪调节技巧训练。

5. 进行小组成长活动,促进相互学习和支持。

6. 运动,养成良好的生活习惯和行为习惯。

7. 重建自我和重建社会关系。

(三)间歇性暴怒障碍戒毒人员的管理

1. 进行认知行为治疗,调整其歪曲认知。

2. 进行情绪管理的行为训练。

3. 进行放松训练。

4. 组建以成长环境为同质的小组,利用小组动力启发其思考。

5. 利用情境训练,进行应对方式的行为训练。

6. 记录情绪和行为,采用“递减”方式鼓励其减少过激情绪和行为。

7. 拓展其兴趣和爱好。

注意事项：绝大多数精神障碍类戒毒人员几乎都有物质/药物所致的类型，如物质/药物所致的精神性障碍，物质/药物所致的双向及相关障碍，物质/药物所致的焦虑障碍等，这些障碍的临床症状表现是一样的，只是物质/药物所致的。一要特别注意其症状是不是在物质中毒过程或中毒不久后出现，或物质戒断或接触某种药物后出现；二要判断所涉及的物质/药物是否能够产生该诊断。

复习思考题

1. 未成年戒毒人员管理的方针和原则有哪些？
2. 对女性戒毒人员管理的法律依据有哪些？
3. 老弱病残戒毒人员管理的主要措施有哪些？
4. 边缘型人格障碍的自我伤害和自杀危机的干预有什么不同？
5. 发生职业暴露感染艾滋病时如何处置？
6. 如何进行艾滋病及其他传染病的筛查检测、确证、告知？
7. 强制隔离戒毒所里的主要精神疾病有哪些类型？应如何进行干预？
8. 戒毒人员入所后都过了生理脱毒期，是否他们就不存在成瘾障碍了？请简要叙述理由。

本章主要参考文献

1. [美]Robert R. Perkinson、Arthur E. Jongsma, Jr：《成瘾者治疗指导计划》（第2版），洪炜、石川、徐红红译，中国轻工业出版社2005年版。
2. 美国精神医学学会：《理解DSM－5®精神障碍》，夏雅俐、[美]张道龙译，北京大学出版社、北京大学医学出版社2016年版。
3. [美]罗杰·A. 麦金农、[美]罗伯特·米歇尔斯、[美]彼得·J. 巴克利：《临床实践中的精神医学访谈》（第3版），赵媛媛、[美]张道龙译，北京大学出版社2020年版。
4. [美]David A. Jobes：《自杀风险的评估与管理》，李凌、刘新春等译，杨丽审核，中国轻工业出版社2020年版。
5. 贵州省戒毒管理局：《贵州省司法行政戒毒工作手册》，2018年7月。
6. 贵州省戒毒管理局：《贵州省司法行政戒毒场所八类重点戒毒人员教育转化工作手册》，2021年10月。

第七章　戒毒执法管理

本章摘要

通过本章学习，理解戒毒执法管理的意义，熟悉戒毒执法管理的概念和特征；了解评估的类型和组织机构、执法监督的内容和方法；掌握强制隔离戒毒接收与解除的对象和过程、探视、探访、通讯管理、戒毒措施变更、戒毒人员考核奖惩、诊断评估的内容和程序；学会综合运用戒毒人员的接收、解除、探视、探访、约束措施、戒毒措施变更、诊断评估结果的运用及所务公开等执法活动。

重点问题

本章重点是戒毒人员的接收与解除、强制隔离戒毒诊断评估，强制隔离戒毒诊断评估的运用。

第一节　戒毒执法概述

一、戒毒执法的概念

行政执法，是指国家机关为了执行法律、法规、规章，实现国家的行政管理职能，依照法定职权和法定程序，对公民、法人和其他组织实施的影响其权利义务的具体行政行为。戒毒执法是一种行政执法，戒毒执法有广义和狭义之分，广义的戒毒执法，是指国家公安机关、司法行政机关及戒毒场所根据法律授权，为帮助吸毒人员戒断毒瘾并顺利回归社会而执行禁毒、戒毒相关法律法规的具体行政行为。狭义的戒毒执法，是指戒毒场所及其工作人员根据法律授权，为帮助吸毒人员戒断毒瘾并顺利回归社会而执行禁毒、戒毒相关法律法规的具体行政行为。本章的戒毒执法专指司法行政机关戒毒场所的执法。戒毒执法管理，具体而言，是指戒毒场所及其戒毒民警对戒毒人员从接收入所、所内日常执法到解除强制隔离戒毒出所整个戒治过程中的执法活动的总称。

戒毒执法是我国行政执法的重要组成部分，必须将法治作为新时代司法行政戒毒工作的基本方针，牢固树立法治思维，提高法律素养，戒毒民警应切实尊崇和执行宪法法律，提高学法、用法和依法履职的能力，确保在入所收治、所内管理、戒治、所外就医、诊断评估、提请变更、解除的每一个环节都做到严格规范公正文明执法，确保每一个工作流程和环节都经得起检验，使人民群众在戒毒执法工作中切实感受到公平正义。①

二、戒毒执法的特征

（一）戒毒执法的规范性特征

党的十九大明确提出“建设法治政府，推进依法行政，严格规范公正文明执法”。戒毒场所作为国家政法机关的一部分，必须全面践行依法治国方略。按照全国统一的司法行政戒毒工作基本模式的要求，戒毒场所要以执法规范化带动其他戒毒工作的规范化建设，促进戒毒事业的发展，维护社会的安全与稳定。在《禁毒法》《戒毒条例》颁布实施后，司法行政机关颁布了《司法行政机关强制隔离戒毒工作规定》等一系列专门的规章和规范性文件，公安部、司法部、卫健委联合出台了《强制隔离戒毒诊断评估办法》，各省、自治区、直辖市和下属司法行政机关根据相关法律法规制定了符合本地区的规范性文件，严格规范了戒毒人员从接收开始，到管理、教育、戒毒治疗、诊断评估再到身心康复等各个执法环节，建立健全了各项执法活动程序和执法工作流程，始终保证戒毒执法活动在规范化的轨道上运行。

（二）戒毒执法的合法性特征

1. 执法主体的合法性。戒毒场所通过戒毒警察进行的戒毒执法，是体现国家禁毒意志和依法实施的具体行政行为，依法行政的本质属性是行政权合法，即戒毒场所及其人民警察作为执行主体是合法的，是经过相关法律、法规授权的执行主体。

2. 戒毒执法的内容是合法的。在《戒毒条例》和《司法行政机关强制隔离戒毒工作规定》中，对接收、物品检查、管理、违纪、突发事件处置、保护性措施、警戒具

① 参见吴爱萍：《强制隔离戒毒场所执法规范化建设现状分析与对策初探》，载《法制与社会》2018年第27期。

的使用、所外就医、诊断评估、探视探访、解除戒毒、死亡处理等内容作出了明确规范，为戒毒执法提供了明确的依据与标准。

3. 戒毒执法执行的程序和方式是合法的。强制隔离戒毒依据的法律法规及规范性文件，对执法内容、执法程序和方法都进行了规定。戒毒警察在执法过程中，必须严格遵守法定程序，依照法定方式执行。

(三)戒毒执法的复杂性特征

戒毒执法关系的相对人是戒毒人员，戒毒人员具有多重身份特征：病人、违法者、受害者。这种执法关系性质及作用对象特点的复杂性，决定了戒毒执法关系的复杂性、执法任务的复合性和多重目的性。首先，戒毒执法作为禁毒、戒毒法律关系的集中体现，其执法强制力的禁止性和命令性，通过执行戒毒决定和责成戒毒人员履行戒毒义务的方式实现。其次，针对戒毒人员受害者的属性，戒毒执法者首先要进行挽救和关爱，通过阻断获得毒品的渠道帮助其戒毒，通过心理治疗帮助其戒除心瘾，挽救其受损的社会关系和家庭关系；[①]针对戒毒人员病人的属性，戒毒场所要提供医疗服务和可靠有效的治疗方法进行戒毒，通过康复强健其体魄；针对其违法者的属性，戒毒场所采用强制隔离的措施，对戒毒人员实施以知法守法教育、道德教育、职业技术教育为核心的矫正教育，以消除戒毒人员的违法心理，培养其守法心理，掌握在社会上独立生存的技能。因此，戒毒执法工作非常复杂烦琐，需要戒毒警察具有较强的问题解决能力和处理多种复杂情境的较高执法水平。

(四)戒毒执法的保障性特征

强制力作为一种实现隔离戒毒的前提条件，作用并体现于对戒毒人员强制隔离戒毒的整个过程之中，表现为对戒毒人员的行为方式和自由加以管束与限制，在戒毒初期，这种约束和限制往往造成戒毒人员一定程度的痛苦和抵触。因此，随着戒毒人员的逐渐康复，要弱化强制隔离的约束性和限制性，强化戒毒执法的保障性特征。戒毒执法的保障性主要体现在以下几个方面：一是依靠隔离的手段保障戒毒人员不再继续受毒品的伤害；二是保障戒毒人员获得较好的医疗措施和身心康复服务；三是保障戒毒人员的生命健康权和人身、人格等基本权利；四是保障戒毒人员掌握一定的恢复社会关系的技能和获得职业生存的技能。

---

① 参见罗旭主编：《强制隔离戒毒执法与管理实务》，中国政法大学出版社 2020 年版，第 29 页。

三、规范戒毒执法管理的意义

近年来,戒毒场所为了推进依法治所,实现戒毒工作规范化管理的工作目标,在进一步完善戒毒法规体系及加强戒毒警察执法素质和执法水平等方面做了大量的工作,取得了明显成效。但是,戒毒场所在执法管理中依然存在不少问题,离戒毒工作规范化的目标尚有一定差距。尤其是在建立戒毒执法管理标准程序方面的工作尚未引起高度重视,虽然出台了一些执法管理工作的程序规范,但至今尚未形成一整套较为完善的执法管理的标准、规则和程序。管理标准是人们对于某种行为经过多次反复后对其规律的认识和确定,规则和程序的最大作用,在于能克服人的主观随意性,以规则和程序限制执法者的随意和武断。因此,规范执法工作对促进戒毒场所人民警察依法行使职权、公正文明执法、遏制侵权和腐败、树立戒毒警察高素质的良好形象,具有十分重要的意义。

一是加强执法规范化是实施依法治国的必然要求,也是适应戒毒工作新形势、新任务、新要求的迫切需要。戒毒所警察作为强制隔离戒毒执法主体,更要注重对戒毒人员进行依法依规管理,做到公正文明执法。

二是加强执法规范化是转变观念推动戒毒工作创新发展的迫切需要。戒毒人民警察要彻底转变以往的劳教观念,提高政治站位,从坚守底线安全观向践行总体安全观转变,克服工作中存在的用法不严、执法不公等现象。

三是加强执法规范化建设是适应戒毒警察队伍建设新要求的具体体现。维护宪法尊严,树立戒毒人民警察高素质、严执法、爱人民的良好形象,破除公众固有印象,着力提高严格公正文明执法水平,塑造一支坚守法治精神、恪守职业良知、忠诚履行职责的戒毒警察队伍。①

第二节　戒毒人员的接收与解除

一、接收

在《禁毒法》和《戒毒条例》施行后,强制隔离戒毒的执行方式主要有三种:第

① 参见吴爱萍:《强制隔离戒毒场所执法规范化建设现状分析与对策初探》,载《法制与社会》2018年第27期。

一种是严格按照上述两部法律法规的规定，实行强制隔离戒毒分期收治模式，即公安机关和司法行政机关分段执行，先由公安机关执行 3 ~ 6 个月，然后送司法行政机关执行剩余期限。目前，全国有 18 个省（自治区、直辖市）和新疆生产建设兵团按照这种方式运行。第二种是公安机关使用行政委托模式，把戒毒场所的具体工作交给司法行政机关执行，如安徽省。第三种是公安机关以整体移交的方式，将强制隔离戒毒的执行工作交给司法行政机关，如云南省、广州市。[①]

戒毒场所接收由公安机关投送来的戒毒人员，是戒毒执法的第一个环节。接收的过程是戒毒场所依法将符合法定条件和具有完备法律手续的戒毒人员接收至相对封闭的戒毒所内，开始执行强制性戒毒治疗措施的执法行为。

（一）接收的对象

戒毒场所接收的对象是依法经县级以上人民政府公安机关作出强制隔离戒毒决定的戒毒人员。《戒毒条例》第 27 条第 2、3 款规定："被强制隔离戒毒的人员在公安机关的强制隔离戒毒场所执行强制隔离戒毒 3 个月至 6 个月后，转至司法行政部门的强制隔离戒毒场所继续执行强制隔离戒毒。执行前款规定不具备条件的省、自治区、直辖市，由公安机关和司法行政部门共同提出意见报省、自治区、直辖市人民政府决定具体执行方案，但在公安机关的强制隔离戒毒场所执行强制隔离戒毒的时间不得超过 12 个月。"此条规定确定了强制隔离戒毒由公安、司法行政共同管理、分段执行的工作模式，同时为有的省份结合实际确定执行模式预留了空间。[②] 目前，大部分省份实行分段执行体制，个别省份采取分段执行和直接投送相结合的执行体制，少数省份采取全部直接投送体制。因此戒毒场所接收的对象可分为两种情况：

1. 由公安机关决定强制隔离戒毒后直接送交司法行政机关执行的戒毒人员。

2. 由公安机关戒毒场所执行 1 年以下（包括 3 ~ 6 个月），转送至司法行政机关执行的戒毒人员。

《戒毒条例》对具体的程序等并没有进行解释，导致移交戒毒人员的环节欠缺一定的规范性。实践中由于公安机关戒毒场所和司法行政戒毒场所对戒毒人员

---

① 参见温静雅：《广州市强制隔离戒毒全程收治模式的研究》，华南农业大学 2016 年硕士学位论文，第 22 页。

② 参见毕于乾、廖伟健：《强制隔离戒毒执法规范化建设探析》，载《中国司法》2017 年第 6 期。

收戒身体标准不同，有近五成的强戒对象不能转送。司法强戒所不收治，一些问题人员就无法移送出去，往往在公安强戒所收戒2年后放出去，或转为社区戒毒，这类吸毒人员成为社区戒毒中的管理难点。[①] 公安机关戒毒场所转送戒毒人员，有的不足3个月，有的超过6个月，有的不转送，有的直送。2016年，浙江省司法戒毒所收治不满3个月转送的有862名，超过6个月转送的有129名，不转送的近1000人，直送1551人。[②] 转送时间随意性大，使司法戒毒所诊断评估无法根据时间准确对应，容易造成完整的戒治流程被打断，影响戒毒人员的后续戒治效果。

（二）接收的过程

戒毒场所接收由公安机关投送的戒毒人员，是戒毒人员管理的第一个环节，也是强制隔离戒毒执法的开始。

1. 审查与核对

接收时戒毒场所应审查公安机关提供的被决定戒毒人员的各种法律文书，并根据法律文书对戒毒人员的身份进行核对。

（1）法律文书的审查

一是对由公安机关决定强制隔离戒毒后直接送交司法行政戒毒场所执行的戒毒人员，应查收戒毒人员在公安机关戒毒场所执行强制隔离戒毒期间的相关材料，包括《吸毒成瘾认定意见书》《吸毒人员动态管控情况表》等。戒毒人员HIV病毒检测呈阳性的，还应检查移送机关提供的HIV抗体确认报告单（原件）、近期CD4检测单、告知记录和抗病毒治疗病历资料等。二是为全面了解戒毒人员的有关情况，对由公安机关戒毒场所转送至司法行政戒毒场所的戒毒人员，戒毒场所应当查收戒毒人员在公安机关戒毒场所执行强制隔离戒毒期间的相关材料。应查收《吸毒人员动态管控情况表》《吸毒成瘾认定意见书》《强制隔离戒毒决定书》、执行剩余期限的函件、《强制隔离戒毒诊断评估手册》等。

戒毒场所要审查《强制隔离戒毒决定书》《吸毒成瘾认定意见书》《吸毒人员动态管控情况表》等法律文书是否合法、合规，确认执行强制隔离戒毒的期限。对

---

① 参见王瑞山：《试论我国强制隔离戒毒制度的完善》，载《华东师范大学学报（哲学社会科学版）》2015年第3期。

② 参见高贞主编：《刑事执行与戒毒工作若干问题研究》，法律出版社2018年版，第120页。

法律文书或材料不齐全或者记载有误的，应及时提交移送机关核对、更正。

(2)戒毒人员身份核对

负责接收工作的戒毒警察要询问戒毒人员，按照《强制隔离戒毒决定书》及相关材料认真核对直(转)送戒毒人员身份，审核记载的姓名、身份证号码、戒毒期限、起止日期等信息是否有误。接收对象与《强制隔离戒毒决定书》情况不符的，不予接收。

2. 入所检查

(1)身体健康检查

《司法行政机关强制隔离戒毒工作规定》第12条规定："强制隔离戒毒所接收戒毒人员时，应当核对戒毒人员身份，进行必要的健康检查，填写强制隔离戒毒人员入所健康状况检查表。戒毒人员身体有伤的，强制隔离戒毒所应当予以记录，由移送的公安机关工作人员和戒毒人员本人签字确认。对女性戒毒人员应当进行妊娠检测。对怀孕或者正在哺乳自己不满一周岁婴儿的妇女，不予接收。"身体健康检查主要包括两项内容：一是检查戒毒人员身体是否有陈旧性损伤、对戒毒人员进行吸毒检测，必要时做精神检查。二是进行常规健康检查，确定是否患有疾病。接收女性戒毒人员时应当进行妊娠检测。发现怀孕或者哺乳自己不满一周岁婴儿的妇女，应当依法不予接收并建议强制隔离戒毒决定机关变更戒毒措施。

身体健康检查应当由医生进行。医生按照检查情况如实逐项填写《强制隔离戒毒人员入所健康状况检查登记表》。经检查发现戒毒人员有伤的，应当如实记录，必要时通过拍照、录像、笔录等方式固定证据，由移送的公安机关工作人员和戒毒人员共同签字确认。

对于存在危及生命的病情或者伤情需要立即送医疗机构抢救的紧急情形和因严重残疾生活不能自理的情形，根据国家禁毒办等八部委《关于加强病残吸毒人员收治工作的意见》，以及国家禁毒办会同公安部监所管理局、司法部戒毒管理局制定的《强制隔离戒毒所收戒病残吸毒人员标准(试行)》的规定，可不予接收。

(2)安全检查

安全检查包括身体检查和物品检查。人身安全检查应当由两名以上人民警察进行，明确搜检和警戒分工。女性戒毒人员的身体检查应由女性人民警察进行。戒毒场所接收功能区内设置安全检查室，配备安检门、手持金属探测器、毒品检测仪等仪器设备。检查发现属于法律规定的违禁物品，应予以没收，并追查违禁品来源，依照权限处理相关人员。

戒毒人员随身携带的内衣裤、书籍等，可以自行保管和使用。手机、贵重财物等物品，由大队代管或由其指定的亲属领回，戒毒人员及其家属应当在相关登记表上签名、捺指印；对现金可以记账处理。对需要代为保管的物品，戒毒警察应当填写《强制隔离戒毒人员财物代管登记表》，记载物品的详细信息。

3. 办理接收手续

经法律文书检验和身体健康检查，对符合接收对象和法定条件的戒毒人员，戒毒场所与移送的公安机关工作人员办理接收手续。在所政管理信息系统内签署接收意见。接收戒毒人员后，戒毒场所出具接收回执给移送的公安机关。

4. 信息采集、建档

戒毒人员接收后，负责接收的大队应当在 24 小时以内对戒毒人员开展个别谈话，全面了解和核实戒毒人员的个人信息、健康状况、家庭社会关系、现实思想状况和其他有关情况。在 3 个工作日内填写《强制隔离戒毒人员入所登记表》，详细记录戒毒人员的基本情况、强制隔离戒毒起止日期、入所日期、家庭成员及主要社会关系、既往吸毒、戒毒史、有无前科劣迹等，录入戒毒人员信息管理系统，并按照规定的内容和顺序，整理、建立戒毒人员档案。

5. 告知与通知

(1)告知

告知，指的是权利义务告知，是指戒毒场所对接收的戒毒人员，由民警全面告知接收决定、在所期间的权利义务及其他相关事项的管理行为，是体现执法严肃性，维护戒毒人员的权利、体现以人为本理念的重要管理执法环节。告知以书面签收和口头告知相结合的方式进行，由民警向戒毒人员送达并宣读入所告知书。入所告知书的主要内容包括：强制隔离戒毒执行依据；在所期间必须遵守法律法规规章、规定、所规队纪，服从民警的命令和指挥，自觉接受戒毒治疗、教育矫治、康复训练等义务；在所期间享有的探访、探视、亲情电话、购物、就医等权利；复议、诉讼、申诉、控告等救济权利及渠道；地址等其他场所的必要信息。

(2)通知

通知，是指通知戒毒人员家属。为保障戒毒人员家属的知情权，便于家属来所探访，《司法行政机关强制隔离戒毒工作规定》第 15 条规定："戒毒人员入所后，强制隔离戒毒所应当书面通知其家属，通知书应当自戒毒人员入所之日起五日内发出。"通知书可以邮寄，也可以直接送交戒毒人员家属。对无家属的戒毒人员，戒毒场所可通知其所在单位、基层组织或原居住地的公安派出所。

二、解除

解除指的是解除强制隔离戒毒措施。《司法行政机关强制隔离戒毒工作规定》第 58 条第 1 款中规定,“对强制隔离戒毒期限届满且经诊断评估达到规定标准的戒毒人员,应当解除强制隔离戒毒”。

(一)解除强制隔离戒毒的类型

解除强制隔离戒毒主要包括按期解除强制隔离戒毒、提前解除强制隔离戒毒、合并执行期限届满解除强制隔离戒毒、所外就医人员解除强制隔离戒毒。

1. 按期解除,即按照强制隔离戒毒期限计算规定戒毒期限届满当日按规定程序解除出所。

2. 提前解除,即在强制隔离戒毒期限计算规定的戒毒期限尚未届满前,根据《提前解除强制隔离决定书》这一法律文件办理解除出所。

3. 合并执行期限届满解除,即被延长强制隔离戒毒期限与原期限合并执行的期限已满,解除出所。

4. 所外就医人员解除,即所外就医人员在所外接受疾病治疗期间,强制隔离戒毒期满,所外就医人员回所,或书面委托亲属来所办理解除。

(二)解除强制隔离戒毒的程序

1. 提出解除意见报送决定机关

《司法行政机关强制隔离戒毒工作规定》第 59 条中规定,强制隔离戒毒所应当在解除强制隔离戒毒 3 日前通知强制隔离戒毒决定机关。

2. 发放解除证明书、发回代管物品

强制隔离戒毒决定机关同意解除强制隔离戒毒的意见后,戒毒场所于解除出所当日向戒毒人员发放《解除强制隔离戒毒证明书》,并由其签字确认。《解除强制隔离戒毒证明书》是证明戒毒人员执行强制隔离戒毒完毕的法律依据。《解除强制隔离戒毒证明书》一式两份,戒毒人员和戒毒场所各留存一份。同时应对代为保管的物品和个人账目进行核对,结清账目,确认无误后,由戒毒人员签字领回。在完成安全检查后,办理出所手续。戒毒人员由家属、所在单位、户籍所在地或者现居住地公安派出所领回的,由经办民警与领回人办理交接手续并签字。解除强制隔离戒毒的所外就医人员，强制隔离戒毒所应当及时通知其来所办理解除手续。

3. 离所通知

按照相关规定和要求，戒毒人员解除3日前，戒毒场所以电话方式通知戒毒人员家属、所在单位、户籍所在地或者现居住地公安派出所将其按期领回。

实践中，由于各种原因"出所必接"的要求有时落实不到每一个出所人员，在戒毒人员无人领回时，戒毒场所应当做好相关的情况记录和说明，并经戒毒人员签字确认后，允许其自行离所。戒毒人员出所时无人领回，自行离所的，戒毒场所以电话方式通知强制隔离戒毒决定机关，由戒毒人员本人和经办民警签字。

（三）强制隔离戒毒期限的计算

1. 强制隔离戒毒期限自作出强制隔离戒毒决定之日起计算；

2. 延长的强制隔离戒毒期限，与原决定的强制隔离戒毒期限合并执行；

3. 戒毒人员外出探视（含路途）期间，强制隔离戒毒期限连续计算；外出探视逾期未归期间，不计入强制隔离戒毒期限；

4. 戒毒人员所外就医期间，强制隔离戒毒期限连续计算；所外就医条件消失的，回所继续执行剩余的强制隔离戒毒期限；所外就医期间强制隔离戒毒期满的，视为强制隔离戒毒执行完毕；

5. 戒毒人员脱逃期间，不计入强制隔离戒毒期限。

第三节　戒毒人员的探视、探访与通信、通讯管理

探视、探访、通信、通讯是戒毒人员与外界进行交流、沟通的主要手段，充分体现了国家立法的初衷和戒毒"以人为本，科学戒毒"的工作理念，在戒毒期间与外界进行交流、沟通，有利于使戒毒人员感受到家庭、社会的关心，防止产生被抛弃感，也有利于借助家庭、社会的力量开展帮助戒毒工作。

一、探视管理

探视，是指戒毒场所允许戒毒人员在一定的期限内回家探望亲人、处理家庭

重大事务。探视管理是戒毒警察对戒毒人员的探视进行审核、批准及处理相关事务的执法活动。

(一)探视的分类

1. 因病、因事探视。戒毒人员因配偶或者直系亲属病危、可能死亡或者家庭发生其他重大变故,可以申请外出探视。

2. 奖励型探视。戒毒人员在接受较长时间的戒毒治疗后,且戒治效果较好,戒毒场所可以批准其外出探视。奖励型外出探视,是在戒毒场所接受较长时间的戒毒治疗后,对戒毒效果较好的戒毒人员适当考虑其回家探视,并在规定时间内返所,目的是鼓励其早日戒除毒瘾,以便戒毒人员解除后顺利回归家庭、融入社会,巩固戒毒成效。

(二)探视的对象

戒毒人员外出探视的对象,《禁毒法》有明确限定,即仅限于配偶和直系亲属。因此。戒毒人员的探视对象包括:配偶、父母、子女、祖父母、外祖父母、孙子女、外孙子女、儿媳、公婆、女婿、岳父母等。

(三)探视的条件

1. 因病、因事型外出探视的前提条件是戒毒人员的直系亲属病危、可能死亡或者家庭发生其他重大变故。其中,其他重大变故包括家庭受到自然灾害造成房屋损毁严重、财产损失巨大等必须由戒毒人员本人亲自实施的行为。

2. 奖励型外出探视的前提条件。戒毒人员在经过较长时间的戒毒治疗后(一般为 1 年以上),戒毒效果较好,经戒毒场所诊断评估后予以确定。

(四)探视的程序

1. 探视的申请

戒毒人员申请外出探视需首先提供相关证明材料,再由戒毒人员本人提出书面申请,填写《强制隔离戒毒人员外出探视审批表》。

申请因事型外出探视应当提供的证明材料:一是医疗单位的证明材料,即医疗单位(县级以上医院)的诊断证明或病危通知书、死亡证明;二是戒毒人员的户籍所在地或现居住地公安机关(派出所或上级机关)和原单位(或就读学校、街道社区乡镇）出具的证明材料，证明材料中应当说明探视者与被探视者的关系和探视理由；三是规定的其他证明材料。

申请奖励型外出探视，需提供戒毒人员家庭关系较好且能落实帮教措施等材料，配偶等直系亲属签订的担保书等。

2. 探视的审批

戒毒场所管理部门审核《强制隔离戒毒人员外出探视审批表》，确定符合条件的，报戒毒场所负责人批准，并报省（自治区、直辖市）司法行政机关戒毒管理部门备案，发放《强制隔离戒毒人员外出探视证明书》，以证明戒毒人员出所的合法性。探视证明书中应注明探视原因、出所期限等。戒毒人员有下列情形之一的，不予批准探视：（1）处于急性脱毒期的；（2）正在接受保护性约束措施或单独管理的；（3）经大队合议，表现被鉴定为差或有危险倾向的；（4）其他不宜办理探视的。

3. 探视的执行

戒毒人员探视前，民警要对戒毒人员进行教育，规定注意事项，特别是远离毒品和毒友的方法以及再次涉毒和逾期不归可能面临的法律后果。探视期间戒毒人员应随身携带探视证明。戒毒人员一次外出探视时间不得超过10日（包含路途时间）。戒毒人员外出探视的费用自理。

4. 探视的终止

外出探视期限届满，戒毒人员应按时回所，外出探视终止。戒毒人员回所时，戒毒场所应对其进行身体和携带物品的安全检查，防止将违禁品带入所区。同时还应当对其进行身体健康检查和吸毒检测。女性戒毒人员外出回所应当进行妊娠检测。

《禁毒法》及相关法律法规仅规定戒毒人员拥有探视权，却没有对探视作出明确规定，从而造成强制隔离戒毒机关在执行过程中往往从场所安全考虑出发变相限制强制隔离戒毒人员的探视权。[①]

二、探访管理

探访，是指戒毒人员的亲属、所在单位或者就读学校的工作人员可以按照戒毒场所探访规定探访戒毒人员。探访管理是戒毒警察对探访事务进行审核、检查

① 参见郭健：《论我国强制隔离戒毒制度的完善》，西北大学2019年硕士学位论文，第8页。

和现场处置的执法活动。

戒毒人员的亲属和所在单位或就读学校的工作人员探望戒毒人员，可以了解其戒毒状况，鼓励戒毒人员戒除毒瘾以便早日回归社会。戒毒场所以所务公开的形式向社会公开探访日期。

（一）探访人员的范围

1. 戒毒人员的“亲属”。亲属既包括戒毒人员的配偶、父母、子女、兄弟姐妹、祖父母、外祖父母、孙子女、外孙子女等，也包括戒毒人员的监护人。

2. 所在单位的工作人员。所在单位的工作人员是指戒毒人员在被决定强制隔离戒毒前工作的机关、企事业单位的领导、同事等。

3. 就读学校的工作人员。就读学校的工作人员指戒毒人员在被强制隔离戒毒前就读的学校的教师及其他工作人员。

其他人员因特殊情况要求探访的，应当经戒毒场所负责人批准。

（二）探访的程序

1. 核实探访人员的身份

戒毒场所应当核实探访人员的身份。探访人员探视时应出示身份证明来证明与戒毒人员之间的关系，包括居民身份证、护照、居民户口簿、结婚证或者原工作单位、就读学校以及当地乡（镇）人民政府、城市街道办事处、公安派出所出具的证明公函、介绍信、证明书等。

无法核实身份的不允许探访。国外、境外亲属来所探访，须经省（自治区、直辖市）司法行政机关戒毒机关批准。

2. 安全检查

探访时，戒毒场所要对探访人员进行安全检查，随身携带的物品统一存放在物品柜中。探访人员不得在探访室照相、录音、录像或使用移动通讯设备。

3. 探访的现场管理

探访管理警察通知符合探访条件的戒毒人员所在大队，由大队戒毒警察将戒毒人员带往探访室或指定地点，有序安排探访人员探访。大队戒毒警察随时清点戒毒人员人数，对探访现场进行巡查、督促，监控探访情况，维持秩序，发现异常，及时处置。探访结束，大队戒毒警察应当填写《戒毒人员探访情况登记表》，核对人数后，将戒毒人员及时带回大队。[①]

探访人员交给戒毒人员现金的，应当存入戒毒人员在所内的个人账户，并由戒毒场所出具收据。每次探访人数不得超过3人，探访时间不得超过30分钟。探访人员送交戒毒人员物品须经批准，并由人民警察当面检查。实践中建议探访人员从戒毒场所超市购买物品，以防夹带违禁物品。

探访室管理警察应认真、准确地回答探访人员有关探访及强制隔离戒毒等方面的提问，探访管理值班警察向探访人员宣传戒毒工作的相关制度、政策，做好规劝和沟通工作；依法对戒毒人员的探访进行监管和监听，发现被探访的戒毒人员或探访人员在交谈中使用隐语、外国语或其他违反规定的行为，应及时劝止；经劝止无效的，应中止探访。

（三）禁止探访的情形

有下列情形之一的不得探访，特殊情况须经所政管理部门审核，报戒毒场所负责人批准：

1. 根据形势或工作需要，作出暂时停止或限制探访的；
2. 正在接受审查或呈报逮捕的；
3. 正在实施保护性约束措施或单独管理的；
4. 非探访日要求探访的；
5. 其他不适宜探访情形的。

《禁毒法》第46条第1款规定："戒毒人员的亲属和所在单位或者就读学校的工作人员，可以按照有关规定探访戒毒人员……"《司法行政机关强制隔离戒毒工作规定》第22条亦有相关规定，但是在实际执行过程当中存在戒毒人员的探访人员范围过小、探访权过少的问题。[②]

三、通信管理

通信管理，是指戒毒警察对戒毒人员与外界往来的信件、包裹、汇款等进行登记、检查收发或扣留的执法活动。戒毒所不干涉戒毒人员的通信行为，只履行登记、签名手续，并及时邮出和分发。遇有特殊情况需要检查戒毒人员的信件时，应

---

① 罗旭主编：《强制隔离戒毒执法与管理实务》，中国政法大学出版社2020年版，第72～73页。

② 参见郭健：《论我国强制隔离戒毒制度的完善》，西北大学2019年硕士学位论文，第8页。

当有 2 名以上的民警进行严格的检查和记录，并注意保护戒毒人员的隐私。

（一）邮件登记

戒毒大队负责登记戒毒人员的邮件，填写《强制隔离戒毒人员发出邮件登记表》和《强制隔离戒毒人员收到邮件登记表》。内容包括：收寄件日期、收寄件戒毒人员的姓名、收寄件人姓名、收寄件人地址、收寄件人与戒毒人员关系、邮件数量、内含物品、检查结果、处理结果、收寄件人签字、经办人签字等。

（二）邮件检查

检查时应确认邮件内无违反法律的物品或内容，没有夹带违禁品，没有影响戒毒场所安全管理的物品。应当有本人和 2 名以上民警在场，一名民警负责检查，另一名民警负责监督。

戒毒人员的来往信件，其中涉及戒毒人员个人隐私的，检查民警要为其保守秘密。

对戒毒人员申诉、控告、检举方面的信件，民警要及时转递，不得扣压。对戒毒人员写给戒毒所上级机关和司法机关的信件，不进行拆检。涉及违宪违法、违禁、危及戒毒场所安全的信件和包裹，应当扣留。

（三）戒毒人员邮件的收发

戒毒人员的往来邮件，经过检查没有问题的，外来的邮件由收件人当场签收，寄出的邮件由发件人当场签发；如邮件内容涉及戒毒场所安全问题或有影响戒毒人员戒毒康复的情形而不宜收发的，应及时说明情况，对收件人或发件人现场填写扣押通知单，对邮件做扣押处理。

四、通讯管理

通讯管理，是指戒毒警察依法对戒毒人员使用指定的固定电话或者符合安全规定的电脑与其亲属、监护人或者所在单位、就读学校有关人员通话或者视频通话进行的审批、监督和控制的执法活动。

（一）通讯的申报

戒毒人员有与家属、监护人或者所在单位、就读学校有关人员通话需要，需向大队提出申请,并填写《强制隔离戒毒人员拨打亲情电话登记表》,由大队向管理部门申报。

(二)通讯的审批

戒毒大队向管理部门提出申报后,管理部门根据相关规定、戒毒人员的处遇情况进行审核批准。

(三)通讯的安排

戒毒管理部门安排戒毒人员使用专门的设施设备通讯。如果发现通话内容有违规违纪或者危害戒毒场所安全稳定的情形应立即终止通话。通讯时,必须有民警在场,并由民警记录相关情况。

第四节　约束措施与戒毒措施的变更

一、约束措施

约束措施,是指为了维护戒毒场所和戒毒人员的安全,采取的约束戒毒人员活动范围或行动自由的措施。主要有保护性约束措施和单独管理。

(一)保护性约束措施

保护性约束措施,是指戒毒人员因毒瘾、精神疾病发作可能发生自伤、自残等情形时,为了保护戒毒人员的自身安全而采取的一种强制保护措施。

1. 保护性约束措施的适用情形

戒毒人员有下列情形之一的,强制隔离戒毒所应当采取保护性约束措施对戒毒人员进行约束:(1)因毒瘾发作可能发生自伤、自残等情形时;(2)因毒瘾发作实施伤害他人的行为时;(3)因出现急性戒断症状实施伤害他人的行为时;(4)因出现精神障碍实施伤害他人的行为时。

2. 保护性约束措施的使用程序

(1)大队申请、报批。对戒毒人员采取保护性约束措施,由所内医疗机构或者戒毒大队提出使用意见,填写《使用保护性约束措施审批表》,报请有关部门批准。

(2)审核批准。将《使用保护性约束措施审批表》报送所政管理部门,由所政管理部门进行审核后,由戒毒场所所长、政治委员或副所长审批。在紧急情况下,可先采取措施,并在24小时内补办审批手续。

3. 保护性约束措施的执行

对戒毒人员采取保护性约束措施时,可以使用约束带、约束服、约束床等约束工具。采取保护性约束措施时应当遵守有关医疗规范,严格按照有关规范使用,民警和医护人员应当密切观察,防止使用不当导致戒毒人员受伤。

保护性约束措施需由2名以上民警参与、实施,开始和停止使用保护性约束措施时,经办民警应在《使用保护性约束措施审批表》上签名,并注明开始执行和解除的时间。在使用保护性约束措施时,应注意观察周围环境变化、气温变化,做好通风和保暖措施,以防止被约束人出现窒息、中暑、冻伤等情况。①

(二)单独管理

单独管理,是为了防止发生危险或为查清戒毒人员违纪、违法问题而采取的一种与他人隔离的管控措施。

1. 单独管理的适用情形

根据《司法行政机关强制隔离戒毒工作规定》第28条的规定,戒毒人员有下列情况之一的,强制隔离戒毒应当采取单独管理:(1)严重扰乱所内秩序的;(2)私藏或者吸食、注射毒品的;(3)预谋或者实施脱逃、行凶、自杀、自伤、自残的;(4)涉嫌犯罪应当移送司法机关处理的;(5)有其他危险行为的。

2. 单独管理的程序

(1)大队申请、报批。采取单独管理措施,由大队填写《强制隔离戒毒人员单独管理审批表》,报请有关部门批准。(2)审核批准。《强制隔离戒毒人员单独管理审批表》报送所政管理部门,由所政管理部门进行审核后,报戒毒场所负责人批准。实践中,为了保护被单独管理人的合法权益,一般应当先履行审批手续,再采取单独管理措施。遇到紧急情况,若不及时采取措施,可能会造成严重危险后果时,可口头请示所领导同意后,先行采取单独管理措施,并在24小时内,按照规定补办审批手续。(3)单独管理的执行。对戒毒人员的单独管理,应当在单独管理室进行,由人民警察专门负责。执行单独管理时应有2名民警在场,由经办民警

① 梁建军、方敏晔:《戒毒场所保护性约束应用研究》,载《犯罪与改造研究》2018年第2期。

在《强制隔离戒毒人员单独管理记录表》上签字,并注明执行时间。对单独管理期间民警的管理行为也应记录在《强制隔离戒毒人员单独管理记录表》中。①安全检查。对被单独管理的戒毒人员要进行人身和物品检查,防止其将危险物品和违禁品带入单独管理室。②文明管理。对被单独管理人员,按规定标准供应饭菜和饮用水,保持室内卫生,室外活动每日不少于一小时,对患有疾病的应当及时给予治疗。对被单独管理的戒毒人员应当及时审查和教育疏导。③解除单独管理。对问题已经查清、现实危险已经消除的,单独管理超过5日的,应及时解除单独管理。解除单独管理应有2名民警在场,由经办民警在《强制隔离戒毒人员单独管理记录表》上签字,并注明解除时间。[①]

二、戒毒措施的变更

戒毒措施的变更,是指在强制隔离戒毒执行过程中由于某种原因造成的强制隔离戒毒措施发生变化的情形。

(一)变更社区戒毒

1. 变更社区戒毒的条件

(1)戒毒人员在所外就医期间,健康状况不再适宜回所执行强制隔离戒毒的。戒毒人员患有严重疾病,办理所外就医后身体健康状况未改善或变差的;戒毒人员身体健康状况有所改善,但需要在社会医疗机构长期治疗或由家人长期照顾,回所继续执行强制隔离戒毒可能会造成情况恶化的。(2)提前解除强制隔离戒毒的。戒毒人员表现良好,经一年期满诊断评估后,符合提前解除强制隔离戒毒条件的。

2. 变更社区戒毒的程序

(1)戒毒场所应当填写《强制隔离戒毒人员变更戒毒措施审批表》,向强制隔离戒毒决定机关提出变更为社区戒毒的建议;(2)戒毒场所变更社区戒毒的建议,报送强制隔离戒毒决定机关批准,同时戒毒场所变更社区戒毒的建议报所在省、自治区、直辖市司法行政机关戒毒管理部门备案;(3)办理离所。强制隔离戒毒决定机关同意变更戒毒措施的,戒毒场所应当于5日内书面通知戒毒人员亲属或者所在单位、就读学校以及户籍所在地或者居住地公安机关,发放《强制隔离戒毒人

① 罗旭主编:《强制隔离戒毒执法与管理实务》,中国政法大学出版社2020年版,第97~98页。

员提前解除强制隔离戒毒证明书》,并办理离所手续。经批准变更为社区戒毒的,已执行的强制隔离戒毒期限折抵社区戒变更社区戒毒期限。

(二)涉刑变更

涉刑变更,是指戒毒人员因被依法刑事拘留、逮捕、收监移交相关执行机关,而使强制隔离戒毒措施发生变更的情形。

1. 刑拘、逮捕、收监

刑拘的全称为刑事拘留,刑事拘留,是指公安机关在侦查过程中遇到法定的紧急情形,对现行的或重大嫌疑分子所采取的临时剥夺人身自由的强制方法,[①]是依法对现行犯或者重大嫌疑人员采取的限期剥夺其人身自由的强制措施,其目的是及时抓获现行犯或者重大犯罪嫌疑人,取得证据、查明案情,保证侦查活动的顺利进行。逮捕,是指公安机关、人民检察院或者人民法院对犯罪嫌疑人、被告人实行羁押,防止其继续犯罪、逃避刑罚、阻碍刑事诉讼活动的顺利进行,依法暂时剥夺其人身自由的一种强制性措施。收监又称收押,是指戒毒场所对被判处死刑缓期2年执行、无期徒刑和有期徒刑的戒毒人员,依照法定程序予以收监关押的活动。

2. 涉刑变更的工作内容

涉刑变更需将戒毒人员移交给公安机关、人民检察院或人民法院。移交刑拘、逮捕、收监工作由调查、所政管理、医务、大队等部门协作完成。

(1)调查部门负责核实来所办案人员的身份及移交涉案戒毒人员所依据的法律文书;(2)所政管理部门负责通知大队办理相关出所手续;(3)大队负责涉案戒毒人员的人身和物品检查,并协助办理移交手续;(4)戒毒场所医院负责涉案戒毒人员的出所体检;(5)戒治区值班民警负责出所涉案戒毒人员身份、法律文书的复查和登记工作。[②]

---

① 参见徐静村主编:《刑事诉讼法学》(第2版),法律出版社2011年版,第136页。

② 参见罗旭主编:《强制隔离戒毒执法与管理实务》,中国政法大学出版社2020年版,第108~109页。

第五节　戒毒人员的考核与奖惩

一、戒毒人员考核奖惩的作用

(一)测评戒毒人员戒治的行为表现

戒毒场所对戒毒人员的考核过程,具有显示、评价和监测戒毒人员行为表现的作用。

1. 显示作用

戒毒场所对戒毒人员的考核坚持公开的原则。例如,计分考核,坚持定期记载评议和公布制度。每个年度戒毒场所对戒毒人员实施的综合考评,也要听取戒毒人员本人的意见,基本过程也是公开进行的。公开的考核,使戒毒人员在一定时期内的行为表现有了可比性,以便促进戒毒人员之间的良性的竞争。

2. 评价作用

戒毒场所对戒毒人员的直接、公开的考核过程,既是显示戒毒人员行为表现的过程,也是戒毒场所对戒毒人员强制隔离戒毒的评价过程。考核能够客观真实地反映每一名戒毒人员的现实状态,从而发挥公正评价戒毒人员行为表现的作用。

3. 监测作用

在戒毒管理过程中,戒毒警察需要时刻了解戒毒人员的行为表现,以便对戒毒人员采取有针对性的管理措施。戒毒场所对戒毒人员的考核,正是戒毒警察详细了解戒毒人员行为表现的一种有效手段。戒毒警察通过对戒毒人员的直接考核,可以检测出每一名戒毒人员在一定时期内的遵守所规队纪、参加文化学习、技术培训、生活卫生和习艺劳动中的表现,达到对戒毒人员行为表现了如指掌,以便更好地开展对戒毒人员的管理工作。

(二)引导戒毒人员遵守戒毒人员规范

考核奖惩实施的目的,是引导戒毒人员树立正确的戒治目标,督促戒毒人员遵守行为规范。只有戒毒人员有积极戒治的表现时,才能受到奖励。奖励起着引导戒毒人员积极改造的作用。对戒毒人员的各种处罚,其基本条件是戒毒人员有各种消极表现。通过对戒毒人员的处罚,使戒毒人员清楚地知晓哪些是不能做的，从而推动戒毒人员转向积极的戒治行为。

（三）维护正常的戒毒管理秩序

维护正常的戒毒管理秩序，是戒毒警察的一项经常性的工作，严明的奖惩制度是维护正常的戒毒管理秩序、创造良好的戒毒管理环境的有效手段。戒毒场所通过对戒毒人员的奖惩，旗帜鲜明地指出在戒毒场所内提倡什么、反对什么。对严格遵守所规纪律的行为大力表彰，对违反所规纪律的行为严厉批评，这样可以使戒毒场所正常的管理秩序得以维护，使戒毒人员的改造有一个良好的所内环境，从而促进戒毒人员的积极戒治。

（四）激励戒毒人员积极戒治

强化理论认为，激励员工的关键在于在行为之后及时给予强化，也就是奖惩；强化可以有效地塑造人的行为。① 所谓戒毒管理中的激励，就是寻找适当的刺激点激发戒毒人员积极戒治的内在驱动力，塑造戒毒人员的行为。寻找适当的刺激点，就是研究戒毒人员的需要，然后寻求合法合理的途径满足戒毒人员的需要，并且将满足戒毒人员需要的过程与戒治目标紧密地结合起来。这样就可以激发戒毒人员的戒毒主动性，促使戒毒人员积极戒治。

二、戒毒人员的考核

考核是戒毒场所依照法律法规的精神和规范性文件规定的条件和程序，对戒毒人员的戒治的行为表现实施考察与评定的管理活动。

戒毒场所对戒毒人员的考核是戒毒管理的日常性活动。考核的主体是戒毒场所，坚持戒毒警察依法直接考核的原则，考核的客体是戒毒人员的行为表现。对戒毒人员的考核是检验戒毒人员戒治效果的主要手段，考核的结果是对戒毒人员进行诊断评估和分级处遇的重要依据，考核的目的是要调动戒毒人员的积极性，提高戒治效果，营造良好的戒治氛围。

从管理工作的角度来说，戒毒人员的考核是从戒毒人员的行为表现方面进行的一系列考核工作。强制隔离戒毒所应当对强制隔离戒毒人员的行为表现进行考核，并将考核结果作为对强制隔离戒毒人员进行诊断评估的依据。

---

① 参见王淑英：《西方激励理论研析》，载《求知导刊》2017 年第 33 期。

（一）考核内容

戒毒人员的行为表现考核的是戒毒人员在戒治期间的外在行为表现，考核内容主要包括遵章守纪、戒毒康复、教育学习、康复劳动等四个方面。

1. 服从管理教育，遵守所规所纪

依据《强制隔离戒毒诊断评估办法》和《司法行政强制隔离戒毒所强制隔离戒毒人员行为规范》的内容开展考核工作，对戒毒人员在所期间的生活、学习、医疗康复、生产劳动、文明礼貌等方面的行为标准进行对照考核。

2. 接受戒毒治疗，参加康复训练

戒毒人员在强制隔离戒毒期间，应当根据自身毒瘾戒断症状和戒毒场所的医疗戒治要求，自觉接受戒毒场所实施的脱毒治疗。稽延性戒断症状反复、常规疾病、慢性病以及出现精神障碍的戒毒人员，也应接受对症治疗。

戒毒康复训练主要包括：戒毒康复教育、体能康复训练以及心理康复训练。戒毒康复教育主要是介绍戒毒康复项目和要求，传授增强戒毒意愿、修复个性缺陷、恢复正常社会情感、拒绝毒品的知识和方法，为开展戒毒康复训练奠定基础。

体能康复训练主要是借鉴医学和运动生理学理论、方法和技术，将运动康复运用到戒治过程中。开展适合戒毒人员身体状况的恢复性训练、体能训练。实际工作中，要求戒毒人员积极参加广播体操、健身操、器械训练等常用健身项目，帮助戒毒人员掌握锻炼方法，养成锻炼习惯。

心理康复训练主要是对戒毒人员进行情绪管理、意志力训练、个性修复、情感重建、人际交往、防复吸训练、拓展训练等专题团体心理辅导，帮助戒毒人员增强抵抗诱惑的意志，客观认识个性缺陷与吸毒的关系，引导戒毒人员通过自我体验和自我反省，塑造积极人格，增强拒毒能力，强化戒毒效果。重点考查戒毒人员的态度和训练效果是否良好。

3. 参加各项教育矫治活动

戒毒人员强制隔离戒毒期间必须接受的教育矫治内容主要包括入所教育（戒毒法律法规教育、所规队纪教育、卫生知识教育、行为养成教育）、法律常识教育、思想道德教育、戒毒常识教育、心理健康教育文化素质教育以及各项辅助教育等。

4. 参加康复劳动

戒毒场所组织戒毒人员参加康复劳动是为了充分发挥劳动的教育矫治功能，帮助戒毒人员树立正确的劳动态度，改变好逸恶劳的思想和习惯。除生理脱毒期外，教育适应期、康复巩固期、回归指导期有劳动能力的戒毒人员都应该按照戒毒场所设定的康复劳动定额，积极参加康复劳动，并通过劳动获得一定的劳动报酬。同时，还应积极参加戒毒场所组织的职业技能培训，考取职业技能资格或等级证书，为日后回归社会就业创造条件。

在考核实践工作中，各省司法强制隔离戒毒工作管理机关，会依据相关法律法规制定更为具体、更具可操作性、与实际工作结合紧密的考核内容和标准，推动戒毒人员考核工作科学化。

(二)考核方式

戒毒人员的考核坚持依法、科学、公正、公开的原则，围绕各方面的行为表现情况进行综合考核、客观评价。在戒毒工作实践中，计分考核法是当前戒毒工作中适用较多的方法。

计分考核法是戒毒场所将戒毒人员的行为表现划分为若干个测量点，进行指标分解，然后再将戒毒人员各个部分的正负得分相加，形成戒毒人员的整体分数，以此显示戒毒人员的行为表现的管理措施。计分考核工作应当坚持戒毒工作方针，坚持严格、规范、公正的原则，坚持戒毒警察直接考核和集体评议相结合的原则。计分考核是对考核内容进行分解量化，采取日积累，月考评、逐月累计的计分形式进行的动态考核。

大队负责建立戒毒人员行为考核台账，及时记载考核情况并统计分数。行为考核结合诊断评估工作进行，在戒毒人员执行强制隔离戒毒时间达到一年后，要对其行为表现进行综合性的评价，累计的行为考核分数合格时，其行为表现评估才为“合格”，否则即是“不合格”，行为表现合格与否，直接影响着戒毒人员是否提前解除或者延长解除强制隔离戒毒期限的执行期变更。

三、戒毒人员的奖惩

奖励与惩戒可以使戒毒人员产生直接的强烈的情绪体验，是激发戒毒人员戒治的积极性和主动性、提高戒治效果的重要手段。

(一)奖励的种类和适用条件

1. 奖励的种类

(1)精神奖励。精神层面的奖励有：表扬、嘉奖、记功或颁发荣誉证书等；

(2)物质奖励,物质层面的奖励有:奖金、生活用品奖励等;

(3)行政奖励,行政层面的奖励有:管理级别的提高、提出提前解除强制隔离戒毒措施的建议等。

2. 奖励的条件

在管理实践中,精神奖励、物质奖励、行政奖励这三类奖励互为运用、紧密相连。对受到精神层面表彰的戒毒人员可给予一定的物质奖励,达到行政奖励标准的给予相应的行政奖励。在日常行为表现中有突出表现达到一定标准的,按规定给予奖励,并在考核中给予计分,在诊断评估时可以作为建议提前解除其强制隔离戒毒期限的重要情节。

(二)惩戒的种类和适用条件

《司法行政机关强制隔离戒毒工作规定》第 27 条对戒毒人员的惩戒进行了规定。

1. 惩戒的种类

惩戒包括警告、训戒、责令具结悔过。警告是一种口头警告形式;训戒,一般采用个别谈话形式;责令具结悔过,是书面检查形式。

2. 惩戒的适用条件

《司法行政机关强制隔离戒毒工作规定》第 27 条第 1 款规定,对有下列情形之一的戒毒人员,应当根据不同情节分别给予警告、训诫、责令具结悔过:(1)违反戒毒人员行为规范、不遵守强制隔离戒毒所纪律,经教育不改正的;(2)欺侮、殴打、虐待其他戒毒人员的;(3)隐匿违禁品的;(4)交流吸毒信息、传授犯罪方法的。

对戒毒人员处以警告、训诫和责令具结悔过,由戒毒大队警察作出书面处理意见,报大队领导批准,批准后由戒毒大队警察执行。实践中,各个省份都会根据法律法规的精神和规范性文件的要求结合本地的情况制定符合实际的考核奖惩标准和考核奖惩体系。

第六节　强制隔离戒毒诊断评估

强制隔离戒毒诊断评估,是指强制隔离戒毒所对戒毒人员在强制隔离戒毒期间的生理脱毒、身心康复、行为表现、社会环境与适应能力等戒治情况进行的综合考核和客观评价。诊断评估工作是强制隔离戒毒执法工作的重要内容之一，是对戒毒人员在戒毒场所戒治期间的生理脱毒、身心康复、行为表现、社会环境和适应能力情况，从医疗戒毒、心理矫治、康复训练、教育矫正、行为表和习艺劳动等方面进行考评。对这些内容进行考核和评价的结果，可作为延长戒毒时间或提前解除强制戒毒的依据。

一、诊断评估的类型

戒毒人员的诊断评估，分为阶段性评价和综合诊断评估两种。

（一）阶段性评价

阶段性评价，是在戒毒过程的初期对戒毒人员生理脱毒状况进行的评价，是制订个案矫治计划的依据。《强制隔离戒毒诊断评估办法》第 21 条规定："执行强制隔离戒毒三个月后，强制隔离戒毒所应当参照生理脱毒评估标准对戒毒人员生理脱毒情况进行阶段性评价，评价结果应当作为一年后和期满前生理脱毒诊断评估的重要依据。"

执行强制隔离戒毒 2～3 个月后，戒毒场所应当参照生理脱毒评估标准对戒毒人员的生理脱毒情况进行阶段评估，以后每个戒毒阶段结束时都要进行一次阶段评估，评估结果应当作为 1 年后和期满前生理脱毒诊断评估的重要依据。这是在戒毒过程中掌握戒毒人员脱毒康复状况的依据，也是制订个案矫治计划的依据。

阶段性评价又可分为入所评估与阶段评估。戒毒人员入所当日，戒毒场所要组织入所评估，利用入所体检、心理晤谈等形式对戒毒人员进行身心康复的初步检查，准确评估戒毒人员是否处于急性脱毒期。将身体尚未脱瘾的人员收治到医疗区，进行脱毒治疗；安排身体已经脱瘾的戒毒人员进入康复期收治。之后 7 日内应开展详细的入所评估，记录身体、心理、前阶段行为表现等情况，采集原始数据，作为戒毒治疗标准。①

① 罗旭主编：《强制隔离戒毒执法与管理实务》，中国政法大学出版社 2020 年版，第 136 页。

(二)综合诊断评估

综合诊断评估又分为执行强制隔离戒毒1年后的诊断评估(或年度综合诊断评估)和戒毒期满前的诊断评估两种情况。

执行强制隔离戒毒1年后对戒毒人员进行的综合性诊断评估,目的在于评价戒毒人员是否"戒毒情况良好"。对于戒毒情况良好的,可以提出提前解除强制隔离戒毒的意见。强制隔离戒毒期满前对戒毒人员进行的综合诊断评估,目的在于评价戒毒人员戒毒情况是否"达到规定标准",如果达到规定标准,应当按期解除强制隔离戒毒,如果未达到标准,应当提出延长强制隔离戒毒期限的意见。

二、诊断评估的组织机构

司法行政机关成立相应的诊断评估组织机构是依法严格、公平公正开展诊断评估工作前提和基础。

(一)省级管理机构

目前,我国在各个省、自治区、直辖市司法行政强制隔离戒毒主管机关(省或市级戒毒管理局)设立了强制隔离戒毒诊断评估工作指导委员会,负责指导、监督所辖省、自治区、直辖市戒毒场所的诊断评估工作。卫生计生行政部门应当对诊断评估中的生理脱毒、身心康复评估工作进行指导,必要时可以指派专业医师参与诊断评估工作。

(二)所级管理机构

戒毒场所设立诊断评估工作委员会,负责指导、监督戒毒场所的诊断评估工作。诊断评估工作委员会由分管执法工作的副所长担任主任,分管戒毒工作的其他副所长担任副主任,成员由管理、教育、生活卫生、康复劳动、心理矫治、戒毒医疗、纪检监察等部门的负责人组成。

(三)执行机构

司法行政戒毒工作基本模式建立后,全国各地的戒毒场所设立了诊断评估中心,专门从事诊断评估工作,实现了日常管理教育主体和诊断评估主体的分离。一般诊断评估中心设生理脱毒、身体康复、心理康复、行为养成、社会环境及适应能力五个评估小组,开展分区流转评估和综合诊断评估工作;负责统筹、组织各评估小组开展全所的诊断评估工作,制订工作计划、开展诊断评估工作,完成审批流程和档案卷宗的收集和整理工作。诊断评估中心可以邀请相关专业人员和各类专家参加诊断评估工作,确保诊断评估工作更加科学、公开、公平、公正。

对戒毒人员执行强制隔离戒毒措施的主体和进行诊断评估的主体是同一个机构,强制隔离戒毒诊断评估的主体既是“裁判员”,又是“运动员”,这就难以保证诊断评估主体能够对戒毒人员的戒毒效果进行科学、客观、公正的评价。①

三、诊断评估的内容和方法

诊断评估共有四项内容,即生理脱毒评估、身心康复评估、行为表现评估、社会环境与适应能力诊断评估。其中大队负责行为表现评估,医疗戒毒中心、教育矫正中心、康阶段性评估复训练中心、心理矫治中心负责各自专业模块考核评估,诊断评估中心负责数据的汇总和审核。

(一)生理脱毒评估的内容和方法

生理脱毒评估是对戒毒人员生理毒瘾戒断情况的综合评价,主要由所内医疗机构的职业医师负责完成生理脱毒评估的检测、观察、测试以及判断确认工作。生理脱毒评估内容包括毒品检测、戒断药物使用、急性戒断症状、稽延性戒断症状以及精神症状或精神障碍改善五个部分。在开展生理脱毒诊断评估时,戒毒人员应当同时达到以下五项评估标准的,生理脱毒评估结果为“合格”,否则生理脱毒评估结果为“不合格”。

1. 多次毒品检测结果

在戒毒人员强制隔离戒毒期间,对戒毒人员进行多次毒品检测,一般采用尿检的方式进行。毒品检测结果均呈阴性为合格。

2. 使用缓解戒毒症状药物情况

由所内医疗机构的执业医师对戒毒人员是否已经停止使用戒毒药物进行客观认定。确认已停止使用控制或缓解戒断症状的药物的为合格。

3. 急性戒断症状情况

所内医疗机构的执业医师观察戒毒人员生理反应,查看近一个月内的就诊记

---

① 参见李奕潇:《论我国强制隔离戒毒制度之完善》,广西大学 2017 年硕士学位论文,第 22 页。

录,确认戒毒人员急性戒断症状是否存在。急性戒断症状完全消除的为合格。

4. 稽延性戒断症状情况

所内医疗机构的执业医师通过查看就诊记录,了解戒毒人员是否存在明显的稽延性戒断症状。未出现明显的稽延性戒断症状的为合格。

5. 是否出现因吸毒导致的明显精神症状或原有精神障碍控制情况

结合民警平时的观察和执业医师查看戒毒人员的就诊记录,通过模拟吸毒环境、毒品观摩和体验观察法对戒毒人员开展医学观察和测试,判断戒毒人员是否出现因吸毒而导致的明显精神症状或原有的精神障碍得到有效控制或减轻。未出现或得到有效控制的为合格。

评估合格者转入教育适应期,评估不合格者继续脱毒观察。

(二)身心康复评估的内容和方法

身心康复评估是对戒毒人员身体机能、体能与心理健康、家庭及社会关系改善情况的综合评价,主要由大队民警和心理咨询师负责完成测试、考试以及考评工作。身心康复评估内容包括身体机能、体能测试、戒毒动机和防复吸方法、心理健康状况或精神症状、家庭及社会关系五个部分。在身心康复诊断评估时,戒毒人员应当同时达到五项评估标准,身心康复评估结果为“合格”,否则结果为“不合格”。

1. 身体相关机能情况

所内医疗机构的医师根据戒毒人员的体检结果与入所体检、定期体检的结果进行对比,有所改善的为合格。

2. 体能改善情况

参照国家《普通人群体育锻炼标准》,大队专业警察组织戒毒人员开展耐力、速度、柔韧、灵敏、力量和协调性等项目测试。评估测试成绩与入所初期的测试成绩相比,体能测试有所提高的为合格。

3. 戒毒动机和掌握防复吸方法情况

戒毒警察采用动机量表分析戒毒动机是否明确,结合拒毒训练或者借助相关仪器测试、分析戒毒人员的戒毒信心,戒毒动机明确的且信心增强的为合格;组织专项考试,测试戒毒人员在戒治期间对防复吸方法的掌握程度,考试成绩及格的为合格。

4. 心理测试情况

戒毒矫治中心民警,结合戒毒人员平时的行为表现和采用心理测试的方法,确认戒毒人员是否出现严重心理问题或者精神症状。未出现严重心理问题或精神症状的为合格。

5. 家庭及社会关系改善情况

大队民警通过查看亲情电话、探访、探视、信件记录、与戒毒人员谈话、了解其日常行为表现等方法,综合评定戒毒人员的社会关系。有明显改善与家庭、社会关系的愿望和行动的为合格。

(三)行为表现评估的内容和方法

行为表现评估是对戒毒人员日常现实表现的综合评价,即对戒毒人员的考核。采取"日考核、周小结、月公示、逐月累计"的办法,按照计分的形式对戒毒人员的行为表现进行动态考核。根据划定戒毒人员一年后诊断评估和期满前诊断评估必须达到的最低分数,确定"合格"或"不合格"。

《强制隔离戒毒诊断评估办法》中,对戒毒人员行为表现评估标准的衡量,主要内容包括遵章守纪、戒毒康复、教育学习、康复劳动四个方面。各省、自治区、直辖市现行的衡量戒毒人员行为表现的《强制隔离戒毒人员考核实施办法》,分别由各省、自治区、直辖市司法行政强制隔离戒毒主管机关结合各自的实际制定,在考核标准、计分办法、运行情况方面各不相同,仍处于实践探索阶段。

(四)社会环境与适应能力诊断评估的内容和方法

社会环境与适应能力评估是对戒毒人员未来回归社会之后的后续照管情况作出的综合评价。社会环境与适应能力评估良好的,戒毒人员发生复吸的可能性就小,戒断操守率就大,反之复吸率增大,操守率降低。社会环境与适应能力评估包括社会帮教、家属或社区支持、接受监督和援助意愿、就业谋生技能、生活来源或固定住所五个部分。

在进行社会环境与适应能力诊断评估时,戒毒人员同时具备三项以上(含三项)评估标准和要求的,社会环境与适应能力评估结果为"良好"。否则结果为"一般"。

四、诊断评估程序

(一)建立(接收)诊断评估手册

直送的戒毒人员入所 7 天内,戒毒场所应当按照三部委统一的表格式样,为戒毒人员建立《强制隔离戒毒诊断评估手册》。记载戒毒人员在执行强制隔离戒毒期间的生理脱毒、身心康复、行为表现、社会环境与适应能力等方面的详细戒治情况,作为诊断评估的依据。

对于公安机关转送的戒毒人员,戒毒场所对其后续的戒毒情况应当继续在移交的戒毒人员诊断评估手册上进行记载。

(二)考试测评

诊断评估中心按照戒毒人员的具体情况,统一组织参加诊断评估的戒毒人员进行生理脱毒、身心康复、行为表现、社会环境与适应能力的考核、考评、测试,并填写各项诊断评估表。

(三)诊断评估委员会研究

诊断评估委员会召开会议,对诊断评估中心的意见进行集体评议,形成诊断评估初步结论。纪检监察部门在诊断评估过程中应当责成专人对诊断评估工作进行全程监督。

(四)结果公示

诊断评估中心根据所务会议决议,起草公示材料,向各大队戒毒人员公示三个工作日。戒毒人员本人或者他人向戒毒场所提出异议的,诊断评估中心应当给予解释或者答复。对解释或者答复仍有异议的,可以向省局诊断评估指导委员会提出复核要求。

(五)呈报审批

诊断评估结果公示结束后,诊断评估中心应当在一周内按规定将有关材料报送原决定机关审批。

(六)宣布执行

诊断评估中心接到强制隔离戒毒原决定机关的决定书后,向戒毒人员宣布执行。

现有的诊断评估体系是从生理脱毒、身心康复、行为表现和社会环境与适应能力等四个方面进行层级递进式的评估,对各个方面的规定比较笼统,缺乏具备实际可操作性的、科学的、细化的评估标准。[①] 虽然各省级司法行政机关出台了本地的诊断评估办法，导致各地实际操作中标准不一、方法不同，存在较大的差异和争议，客观上不公正，易引发戒毒人员的猜忌和心理不平衡及矛盾，影响戒毒人员情绪和场所稳定。

五、诊断评估结果的应用

（一）生理脱毒阶段性评价

戒毒人员执行强制隔离戒毒 3 个月后，戒毒场所应当参照生理脱毒评估标准，对戒毒人员生理脱毒情况进行阶段性评价，评价结果应当作为 1 年后和期满前生理脱毒诊断评估的重要依据。

（二）1 年后诊断评估结果的认定

1. 提出提前解除强制隔离戒毒或延长强制隔离戒毒期限意见

戒毒人员 1 年后诊断评估时，对生理脱毒评估、身心康复评估、行为表现评估均达到“合格”，社会环境与适应能力评估结果为“良好”的，戒毒场所可以提出提前解除强制隔离戒毒的意见；对行为表现评估为“不合格”的，戒毒场所可以提出延长强制隔离戒毒期限的意见。

2. 不得提出提前解除强制隔离戒毒意见

戒毒人员 1 年后诊断评估时，戒毒场所应当认真核查戒毒人员的有关重要信息。《强制隔离戒毒诊断评估办法》第 13 条规定，对具有下列情形之一的戒毒人员，不得提出提前解除强制隔离戒毒的意见：（1）拒不交代真实身份和住址的；（2）脱逃被追回或者有自伤自残行为的；（3）所外就医、探视、请假外出等期间或者回所时毒品检测结果呈阳性或者拒绝接受毒品检测的；（4）被责令接受社区康复的人员拒绝接受社区康复或者严重违反社区康复协议，因再次吸食、注射毒品被决定强制隔离戒毒的；（5）其他不宜提前解除强制隔离戒毒的。

（三）期满前诊断评估结果的应用

强制隔离戒毒期满前，戒毒场所应当对戒毒人员进行综合诊断评估。

---

① 参见陈进婉：《强制隔离戒毒诊断评估的不足与对策》，载《中国药物依赖性杂志》2018 年第 4 期。

1. 按期解除强制隔离戒毒

对生理脱毒、身心康复、行为表现评估结果均达到“合格”的戒毒人员，戒毒场所应当按期解除强制隔离戒毒。

2. 提出延长强制隔离戒毒期限的意见

对生理脱毒、身心康复评估结果中有一项以上为“不合格”的戒毒人员，戒毒场所可以提出延长强制隔离戒毒期限 3 ~ 6 个月的意见；对行为表现评估尚未达到“合格”的戒毒人员，戒毒场所根据其情况，可以提出延长强制隔离戒毒期限的意见。延长戒毒期限累计不得超过 12 个月。

3. 提出责令社区康复的建议

对即将解除强制隔离戒毒的人员，如果社会环境与适应能力评估结果为“一般”的，戒毒场所应当对其提出责令社区康复的建议。

现实中，戒毒人员通过诊断评估来确定是否获得提前解除强制隔离戒毒，身处囹圄的戒毒人员争取自由的愿望更为强烈，因而获得提前解除强制隔离戒毒的奖励也就成了戒毒人员最大的利益追求。在追求自由的强烈需求下，戒除毒瘾变成可有可无的次要目标。将强制隔离戒毒诊断评估结果单纯地作为一项奖励措施，是与戒除毒瘾的工作目标背道而驰的。[①] 因此，还需建立科学的诊断评估体系、创新构建量化评估的方法。

第七节　戒毒执法监督

行政执法监督是有监督职责和监督权的行政机关以及广大新闻媒体、社会公众对行政主体做出的行政执法行为进行的监督活动，[②]戒毒执法监督是指具有监督权的国家机关、其他社会组织及公民个人依照法律规定，对人民警察在戒毒所和司法行政机关中的戒毒执法活动，进行观察、检查、评价、督促、建议的活动。

① 参见陈进婉：《强制隔离戒毒诊断评估的不足与对策》，载《中国药物依赖性杂志》2018 年第 4 期。

② 参见姜明安主编：《行政执法研究》，北京大学出版社 2004 年版，第 12 页。

一、执法监督的内容

（一）戒毒执法主体和程序的合法性

1. 戒毒执法主体的合法性，是指戒毒执法是否由法定的主体戒毒场所或戒毒警察来执行。比如，戒毒执法由强制戒毒场所的职工或其他人员实施戒毒执法就是不合法的。

2. 戒毒执法程序的合法性。戒毒执法主体合法，只是前提条件，重点在于戒毒执法是否遵循了法定的执法程序，是否按照规则办事。

（二）戒毒执法行为的合法性

强制隔离戒毒执法是一项系统的执法活动，涉及方方面面，这也决定了戒毒执法监督的范围是十分广泛的，主要包括以下几个方面。

1. 对戒毒人员入所接收、出所管理活动是否合法进行监督；

2. 对戒毒场所呈报戒毒期限变更、所外就医、提前解除强制隔离戒毒是否符合相关规定进行监督；

3. 对戒毒人员逃跑、破坏监督秩序、重大疫情、所内吸毒、安全生产事故、所内死亡等事故进行监督；

4. 对戒毒人员教育矫治、生活卫生、戒毒治疗、诊断评估、习艺劳动、文化建设、安全防范等方面进行监督；

5. 对戒毒人员犯罪案件的立案监督、侦查监督和审判监督等。

（三）戒毒执法主体履行法定职责情况

《禁毒法》和《戒毒条例》明确规定了戒毒场所和戒毒警察的职责。戒毒执法监督就是监督戒毒警察的履职情况。

1. 戒毒场所是否履行了相关职责。这些职责主要有：对戒毒人员履行安全检查、安全防范职责；进行针对性心理、生理治疗和身体康复训练的职责；分类管理职责；实施医疗救治和戒毒治疗的职责；实现探访探视的职责；营造良好戒毒矫治秩序的职责。

2. 戒毒警察是否履行了相关职责。这些职责主要有：依法执行强制隔离戒毒的职责；依法开展诊断评估的职责；现场直接管理的职责；双人值班带班的职责；

亲自组织习艺劳动的职责；实施日常考核并记录登记的职责；个别谈话和心理疏导教育的职责；加强职业技术教育的职责；加强生活卫生保障戒毒的职责等。

（四）戒毒执法违法行为的查处情况

根据戒毒执法违法行为程度可以分为违规、违纪和违法三种情形。

1. 对违反规章制度的查处。违反制度规定的违法行为由业务部门进行查处，主要是由政工监督察部门实施，进行内部处理，根据情况给予相应处分。

2. 对违反纪律的查处。违反纪律严重的戒毒执法行为由上级主管部门依纪依规进行处理；一般性违纪行为由本级纪委监督部门或政工部门进行处理。

3. 对违法行为的查处。对一般违法行为由纪委进行查处，根据具体情况给予相应的纪律处分；对严重违法构成犯罪的则由检察机关进行查处，适用刑法，由法院进行定罪量刑。

（五）其他情况的监督

除了以上内容的监督外，戒毒执法监督还有对戒毒人员行政复议情况的监督、所外就医、强制隔离戒毒措施的变更、延长强制隔离戒毒期限、戒毒人员行使选举权和被选举权等方面的监督，以及对戒毒人员及其法定代理人、近亲属提出的控告、举报和申诉的处理进行监督。

二、执法监督的主要种类及其方法

（一）法律监督及其方法

1. 行政监督及其方法

行政监督是来自戒毒所上级行政机关的监督，是最有效、最直接的监督。上级机关通过规定强制隔离戒毒权力的范围、行使方式及法律责任等方式，达到防止戒毒执法活动违法或滥用执法权的目的。上级机关指出检查中发现的问题，批评、建议，直至撤销下级的错误决定，也可以作出限期整改的决定，确保监督中发现的问题得以妥善解决。

2. 检察监督及其方法

检察监督是指人民检察院对强制隔离戒毒执法的监督。检察监督主要采取经常检察和重点检察相结合、重点问题及时检察的方法，主要通过听取情况介绍、调阅有关资料、列席戒毒所会议、召开座谈会、进行个别谈话以及查看戒毒人员的生活、学习、劳动、康复现场等形式开展工作。

在现实中因为相关法律的缺失,导致了检察机关不能有效地对戒毒所的日常戒毒管理活动进行直接的、有效的监督。近年来各地司法行政机关与当地立法部门和国家机关采取措施出台了一些强制隔离戒毒检察监督的地方性法规和规范性文件,弥补了这一漏洞,取得了较好的效果。检察机关进行强制隔离戒毒执法监督可以通过构建和完善一系列相关的工作机制,优化检察监督运行,来保障监督职能的有效发挥。一是探索建立强制隔离戒毒执法监督协作机制——公检司联席会议制度;二是建立以"巡"为主,"驻""巡"结合的介入监督制度;三是构建以办理控告申诉案件的方式介入强制隔离戒毒的监督机制;四是探索以检察建议的方式介入强制隔离戒毒的监督机制。①

3. 社会监督及其方法

社会监督是以国家机关以外的社会组织或公民为主体进行的监督。这种监督主体范围十分广泛,民主性比较突出。社会监督的方法主要表现为社会组织或公民对司法强制戒毒场所和强制隔离戒毒工作人民警察的批评与建议,以及就违法失职行为向有关机关的申诉、控告和检举。

(二)纪检监察监督及其方法

1. 纪检监督

根据《中国共产党章程》第 46 条第 1 款的规定,党的各级纪律检查委员会的"三项主要任务"是:维护党的章程和其他党内法规;检查党的路线、方针、政策和决议的执行情况;协助党的委员会推进全面从严治党、加强党风建设和组织协调反腐败工作,推动完善党和国家监督体系。戒毒场所的纪律检查委员会(纪委)针对戒毒场所内的相关工作进行监督。实施戒毒执法纪检监督是保证戒毒执法权依法健康运行的具体做法,也是司法强制戒毒场所依法依纪推进反腐败斗争的举措。

2. 监察监督

《行政监察法》赋予监察机关一定的监督权力。戒毒场所的监察室是对戒毒场所进行监察监督的专门机构。

---

① 参见吴世东等:《强制隔离戒毒执法检察监督的探索》,载《人民检察》2021 年第 10 期。

戒毒场所纪检监察监督的方法主要有:(1)参加或列席相关的会议,如戒毒人员诊断评估会议;(2)调阅文件资料、审查案件卷宗;(3)对有关纪检监察事项进行调查;(4)根据领导或者上级纪检监察部门的决定,或者根据工作需要,组织专项检查;(5)对有关部门的工作和当事人进行回访,了解戒毒民警察的执法情况;(6)走访有关部门和人员,了解戒毒警察的作风纪律情况等。

(三)戒毒人员及其家属的监督和方法

1. 戒毒人员及其家属的监督。戒毒人员及其家属的监督,是指由戒毒人员和戒毒人员家属直接进行的戒毒执法监督。戒毒人员及其家属是戒毒执法的利益关系方,戒毒执法的公正与否直接关系到戒毒人员的利益是得到保障还是受到损害,因此戒毒人员及其家属对于戒毒执法活动有切身的感受和体验。在执法活动中听取戒毒人员及其家属的意见,主动接受其监督,是戒毒执法活动正常进行的有力保证。

2. 戒毒人员及其家属监督的方法

(1)申诉、控告、检举。戒毒人员及其家属对戒毒场所及戒毒警察作出的对其本身或亲属不公正的戒毒执法行为有权申诉,对戒毒场所及戒毒警察违法、失职的行为有权控告或检举。省戒毒管理局受理对司法强制戒毒场所,司法强制戒毒场所受理对内设科室及强制戒毒工作人民警察提出的申诉、控告、检举。

(2)戒毒人员陈述、申辩。戒毒人员在戒毒场所或戒毒警察作出与自身利益有关的不利的决定时,有权陈述自己的意见、看法,提供有关证据材料,进行说明和申辩。戒毒场所对戒毒人员的陈述、申辩,要进行调查、核实相关情况是否属实,经调查核实,戒毒人员陈述、申辩有事实依据的,要根据新事实,重新作出处理意见。

(3)申请复议。戒毒人员对强制隔离戒毒决定不服的,向上级公安机关提出复议的,戒毒场所应当及时转交相关材料,不得扣压复议材料。

(4)行政诉讼、行政赔偿。戒毒人员及其家属对戒毒场所或戒毒警察的侵权行为及造成不良后果的,可以提出行政诉讼和行政赔偿。戒毒场所对戒毒人员提起的行政诉讼材料应及时向人民法院传递,对人民法院来戒毒场所开庭审理案件的进行登记审查,并提供开放场所和条件。

(四)媒体监督及其方法

媒体监督,是指报纸、刊物、广播、电视等大众传媒对各种违法犯罪、渎职腐败行为进行的揭露、报道、评论或抨击，支持和监督国家机关的方式。媒体监督，具有速度快、范围广、影响大的特点，在促进司法公正、遏制司法腐败方面发挥了积极作用。然而，媒体监督是一把“双刃剑”，缺乏制约或运用不当可能对司法公正造成负面的影响。①

舆论媒体的监督是通过借助传媒手段进行的新闻舆论的监督，是最能体现社会监督的广泛性、公开性的监督，能够十分有效地影响戒毒场所和戒毒警察的行为，发挥其他监督形式无法替代的作用。监督方法主要有报道、评论、讨论、批评、发内参等。

三、所务公开

所务公开，是戒毒场所为确保强制隔离戒毒执行，戒毒矫治工作的公平、公正，将戒毒执法事务向社会公开，接受舆论媒体和社会公众监督的方式。

（一）所务公开的内容

1. 向社会公众公开。主要内容有：戒毒场所的性质、任务和职责权限；戒毒警察的权利、义务和纪律要求；对戒毒场所和戒毒警察执法、管理工作进行举报投诉的方式和途径；戒毒人员收治、解戒的法定条件和程序；戒毒人员的基本权利和义务；戒毒人员申诉、控告、检举的方式和途径；戒毒人员减期、社区戒毒、所外就医、违法处理、探视、探访、奖惩考核等的条件、程序；戒毒人员思想、文化、职业技术教育、习艺劳动的有关情况；戒毒人员伙食、被服、食品安全、疾病预防控制有关情况；戒毒场所执法管理重大事件的处置及调查情况；戒毒场所工作相关法律法规和规章等。

2. 向戒毒人员及其亲属公开。内容主要有：戒毒场所的名称、地址及联系方式；对戒毒人员减期、所外就医建议、分级处遇、考评、奖惩的结果、戒毒人员立功或重大立功的结果有异议的处理方式；戒毒场所批准戒毒人员通讯探访、离所探视的结果；戒毒人员参加文化、职业技术教育、社会自学考试、习艺劳动等考核的结果；戒毒人员食品、日用品消费及个人钱款账户收支等情况；戒毒人员的身体健康状况、体检结果以及疾病诊治等情况等。

---

① 参见田云：《论媒体监督的困境与对策——以司法公正为视角》，河北经贸大学 2015 年硕士学位论文，第 7 页。

除此之外，戒毒场所还应当以戒治区或大中队为单位，向戒毒人员全面公开戒毒场所执行强制隔离戒毒和日常管理过程中的法律依据、程序、结果，以及对结果不服或者有异议的处理方式，但对涉及国家秘密、工作秘密和戒毒人员个人隐私的信息不得公开。

（二）所务公开的方式

1. 所内宣传方式

司法强制戒毒场所通过文字形式，利用所办小报、戒区板报、壁报、网络点播、印发宣传手册等载体公开戒毒管理工作规章制度，并通过戒毒人员班组生活会、戒毒人员自管会、队前讲评等方式加强对所务公开内容的学习与讨论，以书面考试、知识竞赛等方法提高所务公开的实效。

通过音像、图片等形式，在戒毒人员探访室安装触摸屏，展示所务公开的内容，在探访室、所内道路灯箱广告牌，收治区域设置电子显示屏等向戒毒人员及其家属宣传党的强制隔离戒毒的方针政策，戒毒法律的相关规定，拓展所务公开的空间与渠道。

2. 对外宣传形式

（1）开展所外活动。戒毒场所利用自身资源，通过深入社区、学校、企业等单位开展文艺活动，向社会各界宣传强制隔离戒毒的相关政策以及强制隔离戒毒的主要做法，提高社会公众对强制隔离戒毒工作的认知度，为净化社会风气，构建无毒社区，贡献积极作用。（2）签订帮教协议。戒毒机关充分利用戒毒人员亲情帮教的力量，与戒毒人员家属、地方公安机关、社区戒毒工作者签订帮教协议，主动与社会各界加强联系，主动接受社会监督的内容写入帮教协议，提高所务公开的主动性和影响力。（3）媒体宣传。戒毒管理机关可以通过报刊、广播、电视等媒体公布所务公开的要求和内容，宣传所务公开的做法及其成效。对所务公开过程中的重要活动，可以通过召开新闻发布会、组织新闻单位来戒毒场所采访等形式进行重点宣传。探索运用互联网、手机短信平台、微博、微信等新媒体，向社会各界公开有关信息。[①] （4）开展所务咨询。各级司法行政强制戒毒机关要开设所务公开咨询电话，建立健全戒毒场所机关领导的接待日制度，及时接待有关咨询来访；还可以根据所务公开工作需要，主动开展街头咨询活动。（5）印发《所务公开手

① 罗旭主编：《强制隔离戒毒执法与管理实务》，中国政法大学出版社2020年版，第104页。

册》。《所务公开手册》是重要的书面宣传材料。要向每名戒毒人员、来所探视的家属、来所考察的社会各界人士发放《所务公开手册》,使之了解所务公开的情况。

复习思考题

1. 戒毒人员的接收有哪些主要环节?
2. 奖励型探视在实践中使用的难点在哪里?
3. 你认为单独管理和保护性约束措施在使用上有什么不同?
4. 行为表现评估既是奖惩考核的依据,也是诊断评估的组成部分,在日常执法中存在不同程度的"重行为表现""戒治效果"的情况,针对这种情况,如何建立规范、科学、统一的戒毒人员行为考核评价体系?
5. 在社会环境与适应能力的评估方面,很多戒毒人员难以逃脱"吸毒—强制隔离戒毒—复吸—强制隔离戒毒"的怪圈,在衔接帮扶方面应采取哪些措施?
6. 戒毒执法监督有哪些途径?

本章主要参考文献

1. 罗旭主编:《强制隔离戒毒执法与管理实务》,中国政法大学出版社 2020 年版。
2. 司法部戒毒管理局:《司法行政机关强制隔离戒毒执法实务》,法律出版社 2017 年版。
3. 田云:《论媒体监督的困境与对策——以司法公正为视角》,河北经贸大学 2015 年硕士学位论文。
4. 陈进婉:《强制隔离戒毒诊断评估的不足与对策》,载《中国药物依赖性杂志》2018 年第 4 期。
5. 李奕潇:《论我国强制隔离戒毒制度之完善》,广西大学 2017 年硕士学位论文。
6. 郭健:《论我国强制隔离戒毒制度的完善》,西北大学 2019 年硕士学位论文。
7. 梁建军、方敏晔:《戒毒场所保护性约束应用研究》,载《犯罪与改造研究》2018 年第 2 期。
8. 梁建军、方敏晔:《戒毒期限计算问题研究——由一起法援案例引发的思考》,载《犯罪与改造研究》2019 年第 3 期。
9. 高贞主编:《刑事执行与戒毒工作若干问题研究》,法律出版社 2018 年版。
10. 吴爱萍:《强制隔离戒毒场所执法规范化建设现状分析与对策初探》,载《法制与社会》2018 年第 27 期。
11. 姜明安主编:《行政执法研究》,北京大学出版社 2004 年版。
12. 吴世东等:《强制隔离戒毒执法检察监督的探索》,载《人民检察》2021 年第 10 期。

第八章　戒毒场所安全管理

本章摘要

安全管理是戒毒工作管理体系的重要组成部分,任务是排查化解突出矛盾、应对各类风险挑战、堵塞隐患漏洞、完善安防措施等,担负着预防事故发生和确保场所安全稳定的重要使命。通过本章学习,主要识记戒毒场所安全管理概述、原则,领会法律依据,掌握场所安全管理八个方面的内容和六种突发事件的应对和处置。

重点问题

本章重点是场所安全管理内容,突发事件的预防以及应急处置,戒毒场所安全管理八个方面的内容,六种突发事件的预防和应对。

第一节　戒毒场所安全管理概述

一、戒毒场所安全管理的含义与任务

(一)戒毒场所安全管理

1. 安全管理的概念

"安全"是指没有危险、不受威胁、不出事,可以理解为平安与健康。人类的整体与生存环境资源和谐相处,互不伤害,不存在危险的隐患,是免除使人感觉难受的损害(包括急性损害和慢性损害)风险的状态。"管理"是指组织中的管理者通过计划、组织、人员配备、指导(领导)、控制等有效支配和协调资源,并努力实现组织目标的过程。"安全管理"是指管理主体通过相关行为干预或形态控制达到事

故预防的目的。由于造成事故的原因往往是人的不安全动作和物的不安全状态所导致的，所以，安全管理也可以说成通过行为控制、工程技术等手段和方法，实现预防事故发生的目的。[①]

2. 戒毒场所安全管理的概念

戒毒场所安全管理，是指戒毒机构（部门）及其工作人员依照相关法律法规，在特定的时间和空间，针对戒毒人员通过对人的主观因素、物的客观因素等外力干预或形态控制，实现戒毒场所安全的目的。戒毒场所安全管理既包括人的安全，也包括物的完整，最终目的是实现人的平安健康。从安全体系来看，主要有法理依据、组织机构、工作人员、制度规定、场所设施、管理对象、经费保障、装备器械等方面；从安全内容来看，主要包括管理教育、生活卫生、生产消防、医疗保障、信息舆论、档案材料等方面的安全。场所安全管理的任务就是以实现场所安全和秩序稳定为目标，以确保戒毒人员更好地接受教育戒治为导向，以落实戒毒场所安全责任为主线，以发现整改隐患问题为手段，以加强场所安全制度建设为保障，以提升戒毒场所安全管理水平为助力，实现戒毒场所的安全。

（二）戒毒场所

戒毒场所泛指实施戒毒的处所、地方。广义指社区戒毒、社区康复、戒毒医疗、强制隔离戒毒、戒毒康复等实施戒毒的机构或部门。狭义（一般都指狭义）指对被决定强制隔离戒毒的人员实施强制隔离戒毒的场所，主要包括公安机关强制隔离戒毒所和司法行政机关强制隔离戒毒所。

公安机关戒毒所与司法行政机关戒毒所，二者既有相同之处：一是依据的都是《禁毒法》《戒毒条例》等法律法规；二是都从事强制隔离戒毒管理工作，最终目标都是实现场所安全并提高戒治质量。二者又略有不同：首先是执法主体不同，公安机关强制隔离戒毒所的执法主体是公安机关，隶属于公安部；司法行政机关强制隔离戒毒所的执法主体是司法行政机关，隶属于司法部；其次是适用的规章制度不同，公安机关强制隔离戒毒所的主要依据《公安机关强制隔离戒毒所管理办法》（公安部令第 117 号），司法行政机关强制隔离戒毒所则执行《司法行政机关强制隔离戒毒工作规定》（司法部令第 127 号）；最后是管理阶段不同，《戒毒条例》第 27 条第 2 ~ 3 款规定：被强制隔离戒毒的人员在公安机关的强制隔离戒毒

---

① 傅贵：《安全管理学——事故预防的行为控制方法》，科学出版社 2013 年版，第 3 ~ 7 页。

场所执行强制隔离戒毒3~6个月后，转至司法行政部门的强制隔离戒毒场所继续执行强制隔离戒毒。不具备条件的省、自治区、直辖市，由公安机关和司法行政部门共同提出意见报省、自治区、直辖市人民政府决定具体执行方案，在公安机关的强制隔离戒毒所执行强制隔离戒毒的时间不得超过12个月。

（三）场所安全管理的任务

场所安全管理的主要任务是围绕场所安全，贯彻执行党和国家安全工作方针政策，遵守国家法律和安全法规，抓实各项安全管理工作，强化风险防控，完善防范措施，确保戒毒场所安全稳定，实现安全管理"六无"（无戒毒人员脱逃、无所内贩毒吸毒、无所内发案、无生产安全事故、无所内重大疫情、无非正常死亡）目标。

二、戒毒场所安全管理的特点

戒毒场所安全管理是法定主体在特定条件下针对戒毒人员依照管理规则和程序，为实现安全目标进行的活动，主要具有以下特点。

（一）主体的法定性

《禁毒法》第41条规定："对被决定予以强制隔离戒毒的人员，由作出决定的公安机关送强制隔离戒毒场所执行。强制隔离戒毒场所的设置、管理体制和经费保障，由国务院规定。"该条规定明确了强制隔离戒毒所是强制隔离戒毒人员安全管理的唯一合法主体，强制隔离戒毒场所的人民警察是依法履行场所安全管理职责的具体责任人。

（二）对象的特殊性

管理对象只能是在执行强制隔离戒毒的戒毒人员。其主要有三种情形：一是吸毒成瘾人员中拒绝接受社区戒毒的，在社区戒毒期间吸食、注射毒品的，严重违反社区戒毒协议的，经社区戒毒、强制隔离戒毒后再次吸食被公安机关决定强制隔离戒毒的；二是注射毒品的或者吸毒成瘾严重被公安机关直接作出强制隔离戒毒决定的；三是吸毒成瘾人员自愿接受强制隔离戒毒，经公安机关同意，进入强制隔离戒毒场所戒毒的。

（三）内容的具体性

安全管理内容分为主观方面和客观方面，主观方面主要包括队伍建设、制度执行、体制机制、应急处突、情报收集等软件建设方面；客观方面主要包括场所设施、部门设置、人员配置、安全设备、后勤保障、信息科技产品等硬件建设方面。经过多年的经验总结和不断探索，安全管理内容都有具体的执行标准、制度规范、操作流程，安全管理的内容相对具体。

（四）管理的强制性

对戒毒人员的安全管理具有强制性，《禁毒法》第 42 条规定："戒毒人员进入强制隔离戒毒场所戒毒时，应当接受对其身体和所携带物品的检查。"第 44 条规定："强制隔离戒毒场所应当根据戒毒人员的性别、年龄、患病等情况，对戒毒人员实行分别管理……对患有传染病的戒毒人员，应当依法采取必要的隔离、治疗措施；对可能发生自伤、自残等情形的戒毒人员，可以采取相应的保护性约束措施……"第 47 条规定："强制隔离戒毒的期限为二年……强制隔离戒毒的期限最长可以延长一年。"这些规定都说明，对强制隔离戒毒人员的安全管理具有强制性。

三、戒毒场所安全管理的意义

在强制隔离戒毒过程中，因管理不到位容易引发一些意外事故，危害戒毒人员以及他人的生命财产安全，影响场所稳定；做好安全管理工作有利于最大限度地消除危险，避免造成人身财产损失，维护所内秩序，提高安全管理水平，为戒毒人员提供规范有序的戒治环境，达到帮助吸毒成瘾人员戒除毒瘾，从而维护社会稳定的目的。因此，安全稳定是戒毒场所需要高度重视的一项工作，是戒毒场所各项工作的重中之重。

（一）安全管理是一切工作的基础和前提

戒毒工作的最终目的是帮助吸毒人员戒除毒瘾，然而，要是没有安全保障，其他工作就无法开展，戒毒工作的价值和意义将无法体现；戒毒所一旦发生事故，所有成绩将被一票否决，事故不仅会造成严重的社会影响和较大的经济损失，还可能造成人员伤亡，除对本单位本系统造成严重影响外，当事人还会因工作不到位受到不同程度的追责问责。因此，只有加强安全管理，提供安全有序的戒治环境，才能保证戒治工作正常开展。

（二）安全管理是防止伤亡事故和实现“六无”目标的根本对策

戒毒场所引发事故的原因很多，主要是对场所安全重要性的认识不足、管理不到位、执行制度不力、防范意识不强、操作不规范等因素造成的，搞好场所安全工作，有利于汲取事故教训，总结成功经验，提高安全防范意识，消除威胁场所稳定和戒毒人员人身安全的隐患，防止事故发生，实现场所安全“六无”目标，保护戒毒人员的合法权益。

（三）安全管理是戒毒事业发展的重要保障

搞好场所安全管理有利于改进管理方法，创新工作思路，促进安全管理水平的提升，实现场所安全；有利于提高戒毒所民警的工作效率，增强忧患意识，保障各项戒毒措施的落地落实，把可能发生的事故消灭在萌芽状态，做到精益求精、防患于未然，确保场所安全工作取得新成效；有利于依法管理、规范管理、严格管理水平不断提升，形成安全管理的长效机制，促进戒毒事业健康发展。

（四）安全管理是维护场所安全和戒治秩序的重要抓手

场所安全是总体国家安全的一部分，确保场所安全有利于维护国家安全和社会稳定，将场所安全放到国家安全大局中去谋划，有利于提高民警的能力水平和增强为民服务的本领，有利于领会国家安全观蕴含的丰富内涵，结合场所安全实际并付诸实施，为总体国家安全做到应尽之责。因此，搞好场所安全管理是贯彻“总体国家安全观”的重要举措，是落实“依法治国”的重要体现，是执行安全方针政策的重要步骤，是实现国家安全和社会稳定的重要抓手。

第二节　戒毒场所安全管理内容

场所安全管理是一个系统工程，内容复杂、涉及面广，按照戒毒人员戒治时间节点可分为入所、在所、出所管理；按照全国统一司法行政戒毒的基本模式可分为生理脱毒区、教育适应区、康复巩固区、回归指导区管理；从戒治功能可分为教育戒治、学习生活、习艺康复、医疗救治、休闲娱乐区管理；从空间可分为办公区、戒治区、所内、所外管理；从物资保障可分为设施设备、机械器件、电力通信、生活物资、交通装备、水质水源等；按季节变化可分为防寒保暖、防汛抗旱、防暑降温、防火救灾等，还包括人员收治、安全检查、离所就医、单独管理、保护性约束、提审转捕等。戒毒场所安全管理体系相对完善，为方便掌握，归纳为值班执勤管理、安全稳定形势研判、安全排查、安全防控、应急处置、安全警戒、联防联控和监督检查八个方面。

一、值班执勤管理

（一）值班管理

戒毒所的值班主要分为所领导、科领导、指挥中心、医生、警戒门岗、大（中）队、警戒护卫、车班等值班；各级值班人员按职责分工履行值班职责，跟进落实待办事项；逐项完成当天场所安全任务，巡查检查场所风险点，及时发现整改问题，做好应急处突准备，并规范记录日常管理活动。

（二）一日工作流程

从起床、组织整理内务、集合点名到开餐、出收工、就寝；从交接班、每日研判、安全检查到巡查、教育康复、夜间值守，民警要严格执行一日工作规程和值班查班、生产习艺、学习教育等各项制度，结合《司法行政机关强制隔离戒毒所生活卫生管理规定》《司法行政强制隔离戒毒所强制隔离戒毒人员行为规范》抓好戒毒人员的日常安全管理工作。

（三）直接管理

在依法履行职责，执行执勤任务时，按规定由警察本人直接组织、亲自处理日常事务的，民警必须亲自组织实施和处理。严禁指使、安排、默许戒毒人员代行警察职责。在管理过程中，加强对戒毒人员的清点，严防戒毒人员脱管失控，及时掌握特殊岗位、重点人员的动态情况，做到底数清，情况明。

（四）请示报告

对工作中遇到的问题、重要工作任务、重大风险隐患、上级或领导交办的工作事宜、需要其他部门协助解决的问题、需要上级提前知晓的重要信息等要加强请示汇报。工作中出现较大事件或突发安全事故必须严格按照规定内容和程序在规定时间内上报,严禁瞒报、漏报、迟报。

二、安全稳定形势研判

(一)安全稳定形势研判的基本要求

省、自治区、直辖市戒毒管理局每月召开一次安全稳定形势研判会,对研判情况每季度以书面形式报司法部戒毒管理局;强制隔离戒毒所每周召开一次安全稳定形势研判会议,戒毒大队应当在每日交接班时对安全稳定形势进行分析研判;遇重大安保活动、重大突发公共事件、重要节日以及发现影响安全稳定的重大隐患时,应及时召开安全稳定形势研判会议或专题研判会议。研判会议以文字或者音视频方式记录,研判记录至少保存1年,重要记录应当长期保存。

(二)安全稳定形势研判的内容

研判主要从戒毒人员思想动态及管理情况、重点人员情况及包夹措施、危急重病戒毒人员处置情况、民警值班情况、安全设施运行情况、落实上级领导机关工作部署情况、其他影响场所安全稳定的情况七个方面的内容进行研判。梳理戒毒人员社会关系、生理心理、病史病症、往罪往罚、违规违纪、三无三假①、两高两从②、毒友狱友、探访外联、特长技能、日常言行等信息研究分辨;针对场所中发现的言行异常、身体异样、家庭变故、提审调查、涉法涉诉、丧失信心以及设施设备异常等风险隐患进行判断评定;全面分析掌握警察队伍情况,设施设备、戒毒人员、所情社情存在的不稳定因素,始终做到预知预判,掌握工作的主动权。

(三)安全稳定形势研判的形式

安全研判一般以会议形式进行,也可以以举办现场会议的形式召开,特殊情况下还可以进行视频研判或书面研判。研判内容可以是综合性研判,也可以针对特定人员、具体事项开展专题研判。

---

① 无汇款、无探访、无信件,假姓名、假地址、假身份。

② 高血压、高血糖,从事过军警、从事过爆破。

三、安全排查

（一）法律依据

《禁毒法》第 42 条规定："戒毒人员进入强制隔离戒毒场所戒毒时，应当接受对其身体和所携带物品的检查。"《戒毒条例》第 28 条第 1 款规定："强制隔离戒毒场所对强制隔离戒毒人员的身体和携带物品进行检查时发现的毒品等违禁品，应当依法处理；对生活必需品以外的其他物品，由强制隔离戒毒场所代为保管。"《司法行政机关强制隔离戒毒工作规定》第 13 条第 1 款规定："……对生活必需品以外的其他物品进行登记并由戒毒人员本人签字，由其指定的近亲属领回或者由强制隔离戒毒所代为保管。检查时应当有两名以上人民警察在场。"第 18 条第 1 款规定："强制隔离戒毒所应当建立安全管理制度，进行安全检查，及时发现和消除安全隐患。"第 20 条规定："对强制隔离戒毒所以外的人员交给戒毒人员的物品和邮件，强制隔离戒毒所应当进行检查，防止夹带毒品及其他违禁品。检查时，应当有两名以上人民警察在场。检查邮件时，应当依法保护戒毒人员的通信自由和通信秘密。"强制隔离戒毒所应当对进入场所的人民警察实行身份验证制度，对外来人员实行以证换证制度，应当严格执行戒毒管理区大门安全检查制度，配备检查人员和检测设备，严格检查程序，对进出人员、车辆以及随车装载货物等物品进行认真检查。

（二）安全检查

1. 检查方式方法

安全检查以定时和不定时的方式进行，主要为了防止强制隔离戒毒人员脱逃、外力对戒毒场所的破坏以及严格执行安全防控制度、发现和消除安全隐患、防止违禁品违规品流入所内。大队每周对责任区进行清查，责任民警每日对责任围范进行清查；警戒护卫组织每日对围墙、周界进行巡查检查；两道门岗（行政区一号门岗、管理区一号门岗）要做好进出车辆、人员、物品的检查；根据需要可以在重大节假日、敏感节点开展专项检查、指定具体内容开展针对性清查。另外，对新收入所或者请假探视、离所就医或住院治疗后回所继续执行的；使用、解除单独管理或者保护性约束措施的；押解、遣送的零星戒毒人员或有藏匿、传递、使用违禁品嫌疑的，民警认为需要检查的，由相应岗位的责任民警按要求进行安全检查。

2. 检查的内容

司法部《关于切实加强监狱、强制戒毒所违禁物品管理的若干规定》明确规定了违禁品的种类，主要包括：警械、枪支、弹药、雷管、炸药等物品；手机、对讲机及相关附属配件和其他具有移动通讯功能的电子设备；各种货币现钞、金融卡和有价证券；鸦片、海洛因、冰毒、吗啡、大麻、可卡因以及国家规定管制的其他能够使人形成瘾癖的麻醉药品和精神药品；管制刀具和刃器具；军警制服、便服、假发；危害国家安全宣传制品和淫秽物品；其他可能影响监所安全稳定的物品。同时，在工作实践中也将酒、自制食品、火源、首饰、充值卡、有无线上网功能的电子设备、电脑、移动存储介质、照相机、摄像机、录音设备、酒精饮料以及非法途径从所外获得的烟、食品、保健品、药品、书籍；未经批准放置、使用的劳动工具、棍棒、绳索、攀爬物品、自制工具器具，自制赌博工具等作为违规品、违禁品的检查内容。

（三）隐患排查

强制隔离戒毒所要严格执行安全排查和安全防控制度，发现后应立即消除安全隐患，杜绝事故发生，严格按照《司法行政机关强制隔离戒毒所安全排查工作规定》和《司法行政机关强制隔离戒毒所安全检查要点》等进行排查，采取全面排查与重点排查相结合、日常排查与集中排查相结合、自查自纠与督促检查相结合、视频巡查与现场检查相结合的方式，对安防设施、生产设施、生活设施、消防设施、人员进行逐一排查，日常检查，动态排查。

（四）隐患问题整改

依照排查、登记、评估、报告、监控、治理和销账"七步工作法"对场所安全隐患进行排查整改，对检查中发现的问题隐患，严格落实整改责任人、落实整改措施、落实整改时限，第一时间进行整改，实现隐患整治的闭环管理，对突出问题开展集中整治攻坚，防止前查后改、再查再犯的情况发生，确保安全隐患动态清零。

四、安全防控

（一）加强"五重"管理

"五重"管理是指戒毒场所加强对重点人员、重点时段、重点部位、重点环节、重点物品的安全管理和防控。

1. 重点人员管理,做好重点戒毒人员的排查管控工作,对排查出来的重点人员按照一人一策,逐人逐项落实好管控措施。

2. 重点时段管理,针对夜间、清晨、午休、出收工、点名开餐、娱乐活动、民警交接班等重点时段,切实加强现场管理、保障警力分布配置,确保巡逻巡查到位。

3. 重点部位管理,对围墙周界、空置房间、戒毒人员宿舍、生产车间、厕所、盥洗间、晾衣间、杂物间、食堂操作间、管理区大门、离所就医病房、库房等重点部位的管控,落实好现场巡逻与视频巡查相结合的管控措施,进入密闭隐蔽的空间或房间时,确保有两名民警,落实安全措施、做好安全防范。

4. 重点环节管理,对执行入所体检、单独管理、保护性约束措施、异所调遣、转捕、提审、开庭、探访、拨打亲情电话等重点环节,要提前做好分析研判,采取有效措施,强化线索摸排和信息收集,确保底数清、情况明。

5. 重点物品管理,对劳动工具、生产原材料、生产生活辅料、药品、警戒具、绳索等重点物品做好管控、登记、清理、排查、销毁,对于可能引发事故的风险要及时排除或者采取针对性措施,及时消除隐患。

(二)重点人员的管控

在"五重"管理中,对重点人员的排查管理尤其重要,是场所安全管理的一项重要措施。

1. 重点人员的分类

重点人员的分类没有统一的规定,实践工作中,根据内容不同一般将重点人员分为八类。一是涉法涉诉类:主要包括财产纠纷、债权债务、负案在戒,婚姻家庭矛盾等引起诉讼的戒毒人员,可能引发危及场所安全稳定的。二是行为认知类:对社会不满,仇视社会或他人、言行极端、不服管理,有报复他人、逃跑、自伤自残或自杀倾向可能引发区域性、群体性事件或有过严重违纪行为不思悔改的。三是生理疾病类:患有如艾滋病等传染性疾病或其他严重疾病,危害身体机能或存在身体损伤,可能造成戒毒人员身体健康状况恶化、导致伤残或造成所内死亡的。四是情感伦理类:亲情严重缺失有悲观厌世情绪,家庭发生重大变故引起情绪波动,因情感纠葛出现认知偏差等可能诱发自伤自残或自杀而危及场所安全的。五是心理异常或精神问题类:患有心理疾病或精神疾病,吸食毒品导致心理障碍,具有暴力倾向等可能发生伤害他人或自伤自残情形的。六是特殊经历类:入所前有涉黑涉恶、涉恐涉暴,曾有从军、从警、习武、爆破、开锁等有特殊身份或特殊技能，信奉邪教或有宗教极端思想可能危及场所安全的。七是三假三无类：三假（假姓名、假身份、假地址），三无（无亲人探访、无亲人通信、无亲人汇款）人员及家中无任何亲人的戒毒人员，可能危及场所安全的。八是其他原因类：有可能严重违规违纪或危及场所安全稳定的。

2. 重点人员的分级

根据危险程度和管控力度的不同，将重点人员分为三级：一般级（Ⅲ级重点管控或预警关注）、严重级（Ⅱ级重点管控或重点防控）、特别严重级（Ⅰ级重点管控或特别管控），对应采用黄色、橙色、红色进行标注。一般级重点人员即具有产生现实危险性的要件和潜在风险，存在危险倾向，需要进行关注和预防；严重级重点人员即具有产生现实危险的要件，具有发生危险行为的动机和条件，需要采取重要防控措施；特别严重级重点人员具有严重现实危险性要件，生理、心理、精神明显异常，需要采取严密管控或保护性约束措施。

3. 重点人员的认定

重点人员的提出和认定，由大（中）队民警根据涉及人员的综合特征表现提请大（中）队会议集中研究确认，落实具体的管控措施和明确责任领导、责任民警，实行挂牌动态管理，在特殊情况下可以报请值班大队领导同意后，先行落实相应管控措施，并于次日研判会上通报确认。大队确认为重点人员的，按要求上报所政管理部门备案，所政管理部门根据掌握的线索和信息，提出列管意见，协调指挥中心、医疗部门、心理咨询中心、教育科等部门成立攻坚小组，制定攻坚方案并采取相应措施，管控教育转化重点人员；所领导或所政管理部门根据工作需要，也可以直接安排大（中）队将戒毒人员列为重点人员管控。

4. 强化重点人员管控教育

根据重点人员的特点，按危险程度或级别，对重点人员实行一人一策，建档立卡，建立管理台账，制订教育转化方案，落实安全管控、医疗救治、帮扶救助和心理矫治工作措施，主要任务是防风险、保安全，同时采取针对性措施、帮助解决实际问题，达到完全转化的目的。适时根据教育转化情况，定期进行风险评估、效果评估、综合评价，提出管理建议，及时调整并完善工作措施，必要时开展走访调查，协调有关部门或亲属进行帮教，对于转化效果好的重点人员，经评估后及时调整或变更管控级别或撤销对重点人员的管理措施。

（三）严格执行防护设施标准

戒毒管理区内的所有建筑物的外窗、外走廊等部位设金属防护栅等安全防护设施，窗户玻璃宜采用安全玻璃或粘贴防爆膜；探访室内设安检系统，戒毒人员和探访人员之间应采用安全玻璃封闭隔离，使用有线电话交谈；戒毒所应根据安全需要设置询问室（提审室）用于外来办案部门的询问、提审、开庭等，询问室内戒毒人员与询问人之间用金属防护栅栏进行隔离；戒毒管理区内的水、暖、电检查口、给排污（水）、检查井口等处设牢固的闭锁及防护装置；戒毒管理区内的室内楼梯扶手栏杆封闭到顶，室外疏散楼梯周围设防护设施，通向屋顶的消防爬梯离地面高度不小于3米，且3米水平距离内不应开设门窗洞口，通向顶楼的天窗要进行锁闭；戒毒人员用房外墙管道应有防攀爬设施，戒毒人员用房室内管道不应裸露。

（四）严格离所就医管控

1. 医院选择。强制隔离戒毒人员确需到社会医院诊治的，强制隔离戒毒应当按照安全、方便、就近的原则，选择二级以上医院作为就医的定点医院。根据需要选择条件适合的所外医院建立戒毒人员专用病房，专用病房应当设置安全防护设施，便于人民警察能够直接管理、所内指挥中心能够远程视频监控病房的情况。

2. 审批程序。本所医疗机构不具备诊疗条件需要到其他医院离所就医的，经医疗机构负责人审核同意后按规定程序办理；需要在其他社会医院住院治疗的，报省、自治区、直辖市司法行政机关戒毒管理部门备案。强制隔离戒毒人员离所就医期间，应当穿着便于识别且有特殊标识的服装和拖鞋；住院治疗时，应当与社会就医人员隔离，入住独立病房，病房位置便于管理，有条件的应当安装必要的安防设施；需要服用的药物应当由医务人员或警察管理，在警察的监督下按时按量使用。

3. 警力配置和管理。强制隔离戒毒人员离所就医，按照警察与强制隔离戒毒人员不低于3∶1的比例配备警察全程管理，并使用执法执勤车或社会急救车辆接送，所内医务人员应当随行；对住院治疗的，强制隔离戒毒所应当安排1名大队以上领导带队，2名以上警察24小时进行直接管理，确保强制隔离戒毒人员不脱离警察视线，具备条件的强制隔离戒毒所可以使用电子定位管理装置，确保不发生强制隔离戒毒人员脱管失控和脱逃问题；离所就医期间管理、治疗、交接班等情况应当及时记录，做好资料印证，以便备查。

五、应急处置

（一）编制突发事件的总体预案

戒毒所为依法、迅速、科学、有序地应对突发事件，最大程度减少突发事件及其造成的损害应当预先制定工作总体预案，并根据变化情况适时修订完善。总体预案包括：总则（编制目的，编制依据，分类分级，适用范围，工作原则）、领导指挥体系（领导小组）、应急处置运行（信息报告，先期处置，应急响应，应急结束，调查评估等）、应急保障（人、财、物保障，通信保障，交通保障，医疗后勤保障，装备设备保障）、监督管理（预案演练，学习培训，责任与奖惩）、附则（预案实施、管理）六个部分组成，也可以根据实际情况增减。

（二）制定具体突发事件应急处置预案

本着增强忧患意识，防患于未然建立突发事件的预警机制，提高应急反应能力。建立健全防止毒品流入、脱逃、非正常死亡、所内案件、生产安全事故、重大疫情应急处置预案，不断增强预案的针对性和可操作性，通过学习、实战观摩等方式组织警察对应急预案进行学习培训，按《司法行政机关强制隔离戒毒工作规定》第18条第2款“强制隔离戒毒所应当制定突发事件应急预案，并定期演练”的要求，每个季度至少演练一次，帮助掌握预案的要点以及处置流程和方法，确保对突发事件快速应对、有效处置。

六、安全警戒

按照《司法行政机关强制隔离戒毒工作规定》第19条第2款“强制隔离戒毒所应当安排专门人民警察负责强制隔离戒毒所的安全警戒工作”、《司法行政强制隔离戒毒所安全警戒工作规定》第3条“强制隔离戒毒所应当加强安全警戒工作，建立安全警戒护卫机构，发挥警戒护卫作用，维护场所秩序和安全”的规定，戒毒所安全警戒护卫机构负责戒毒场所安全警戒工作。

（一）安全警戒机构

根据《司法行政强制隔离戒毒所安全警戒工作规定》的要求，强制隔离戒毒所应当加强安全警戒工作，建立安全警戒护卫机构（警戒护卫大队），发挥警戒护卫作用,负责全所的安全警戒工作,日常执勤警力达到安全警戒人员总数的1/2以上,重大节假日或特殊情况,执勤警力达到安全警戒人员总数的2/3以上。

(二)人员配备

按照强制隔离戒毒人员总数的2% ~3%的比例在正式人民警察编制中选配专兼职安全警戒人员,其中专职人员不得少于安全警戒人员总数的60%,40周岁以下人民警察的比例不得少于安全警戒人员总数的50%。收治女性强制隔离戒毒人员的强制隔离戒毒所,应当配备适当数量的女性人民警察从事安全警戒工作。强制隔离戒毒人员总数在500人以下(不含500人)的强制隔离戒毒所,配备安全警戒人员数不得少于10人;强制隔离戒毒人员总数在500人以上1000人以下(不含1000人)的强制隔离戒毒所,配备安全警戒人员数不得少于16人;强制隔离戒毒人员总数在1000人以上的强制隔离戒毒所,配备安全警戒人员数不得少于20人。承担安全警戒工作的人民警察应当政治坚定,身体健康,作风过硬,业务精通。

(三)安全警戒护卫机构的职责任务

1. 负责强制隔离戒毒所戒治区门前的警卫工作,做好出入所人员、车辆查验、登记等工作。

2. 负责警戒执勤工作;负责强制隔离戒毒所所区及围墙内外的巡逻、检查,协助清查违禁物品。

3. 负责相关区域视频监控工作;组织或者参与强制隔离戒毒人员的转移、调遣工作。

4. 组织或者参与制定突发事件应急预案,定期开展演练,参与防范和处理强制隔离戒毒所各类突发事件。

5. 完成其他安全警戒工作任务。

(四)警戒装备

强制隔离戒毒所应当安装监控、应急报警、门禁检查和违禁品检测等安全技防系统,按照规定保存监控录像和有关信息资料,建立严格的警械、武器、警用装备领发、保管、保养、携带、使用、检查、更换、收回等制度。

（五）警械具使用的情形

1. 以暴力手段抗拒或阻碍民警依法履职的。

2. 寻衅滋事、结伙斗殴、行凶、逃跑、暴乱、挟持人质的。

3. 自伤、自残、自杀行为的。

4. 押解、单独管理、保护性约束。

5. 外医就诊时，冲击警戒线或故意破坏警戒设施的。

6. 其他危及场所安全的行为。

（六）警戒护卫组织训练和考核

1. 安全警戒护卫机构应当认真组织开展政治理论、法律法规和安全管理、戒毒业务等知识学习，提高政治素质和业务能力。

2. 制定年度训练大纲和月训练计划，对承担安全警戒工作的人民警察开展队列、擒敌技术、警棍盾牌术、器械体操、武装越野等体能训练，开展警械、武器、交通、通讯工具使用及信息化应用等技能训练，提高实战能力和水平。

3. 健全登记、执勤、考核、奖惩、会议、请示、报告等制度，规范人民警察执法行为，提高执法执纪水平。

（七）警戒设施

1. 警戒围墙高度不低于 4.5 米，墙体强度达到 370 毫米实心砌体的安全防护等级，围墙转角和围墙顶部应呈圆弧形，表面光滑，无任何可攀登处。

2. 除戒毒管理区大门及与其相连的业务用房外，不应出现以房代墙现象，并且戒毒管理区大门与其相连的业务用房的外墙，不得设置有门窗洞口，一时难以整改或房屋建筑等设施毗邻警戒围墙较近的，应当安装隔离防护设施。

3. 警戒围墙或安全隔离带安装照明装置，照明灯具位置、间距应当适当，具有防水、防爆功能，保证夜间视频监控图像清晰和安全隔离带视线良好。

4. 警戒围墙内外两侧均设巡逻道，宽度不小于 2 米。

5. 戒毒管理区主出入口大门内外留有检查车辆与人员通行的缓冲区域，并设置警戒线和必要的缓冲设施。

6. 戒毒管理区主出入口应分设车行通道、人行通道，并应分别设置门禁控制系统，车行通道大门宽不少于 6 米、高不低于 4.5 米，顶部和地面应设监控、探测等安全装置。

7. 警卫室应设在戒毒管理区主出入口处，门窗设有安全防范设施，室内设通讯、监控、报警和门禁控制等装置。

七、联防联控

（一）所内联动

安全警戒护卫机构应当加强与所内其他业务科（室）以及大队之间的配合，按照联防联动、处置高效的原则建立业务协作机制，实现相互支援、快速响应，互相配合，所内最短时间到达、最小单元处置、最大单元协作。

（二）所外联防联控

戒毒场所要加强与驻地公安机关、消防、街道办事处（乡镇人民政府）、村（居）民委员会等单位的联系，建立健全共同防范和处置突发事件的联动机制，实现戒毒所指挥中心、周界监控接入公安局指挥中心，提高联防联动、应急处置能力，实现内外联动。

（三）系统联防联控

建立省级联防联动机制，根据需要在省、自治区、直辖市戒毒管理局的统一领导下，各戒毒所之间相互联动、积极响应、互相支持，实现全省司法行政戒毒系统资源共享、优势互补、警力统一调配、统一指挥、集中使用。

八、监督检查

（一）跟踪问效

为了安全制度及安全预防措施得到更好的贯彻落实，强制隔离戒毒所要强化责任分解、责任考核、责任追究，落实回头看制度，开展经常性、突击性警务督察。

1. 查思想，看责任意识是否坚定。
2. 查整改，看突出问题是否解决。
3. 查落实，看制度执行是否严格。
4. 查纪律，看履职尽责是否到位。
5. 查作风，看敬业精神是否加强。

6. 查能力，看岗位技能是否过硬。

（二）追责问责

健全和完善责任追究机制，充分发挥安全隐患风险点责任倒查机制的作用，严肃查处管理过程中出现的违规违纪行为，对工作中发生问题的，按照《禁毒法》第 69 条、《戒毒条例》第 45 条、《司法行政机关强制隔离戒毒工作规定》第 33 条等相关规定进行问责，依法给予处分；构成犯罪的，依法追究刑事责任。

第三节　突发事件的应急处置

由于形成的原因和演化发展进程复杂，戒毒场所突发事件表现出来的特点也不同，戒毒场所突发事件最根本的特点就是突发性，警察对大多数突发事件发生的时间、地点、对象、范围、种类、引发的后果都无法预测，在表现形式上没有或者未发现征兆，呈现出一种偶然性，诱发的原因也具有多样性。

一、戒毒场所突发事件的概念、类型及特征

（一）强制隔离戒毒场所突发事件的概念

突发事件，从字面上可以理解为突然发生的事件，是出乎人们意料的事件总称。《突发事件应对法》第 3 条第 1 款规定，突发事件是指突然发生，造成或者可能造成严重社会危害，需要采取应急处置措施予以应对的自然灾害、事故灾难、公共卫生事件和社会安全事件。笔者认为，强制隔离戒毒场所突发事件，是指突然发生、威胁到强制隔离戒毒所正常运行、造成或者可能造成严重社会危害，需要采取应急处置措施予以应对的自然灾害、事故灾害、公共卫生事件和场所安全事件等各类事件。①

（二）强制隔离戒毒场所突发事件的类型

从不同的主体、诱因、性质和范围等角度，可将强制隔离戒毒场所突发事件进

① 参见刘笑盈：《突发事件处置与舆论引导》，五洲传播出版社 2013 年版，第 6 页。

行不同的分类。

1. 按照发生的原因、机理、过程、性质和危害程度进行分类

按照发生的原因、机理、过程、性质和危害程度的不同,突发事件分为自然灾害、事故灾害、公共卫生事件和场所安全事件四大类事件。

(1)自然灾害,主要包括气象灾害(台风、雷电、水灾等)、地质灾害(地震、山体滑坡、泥石流等)、个别戒毒场所还可能受到海洋灾害的威胁。

(2)事故灾害,主要包括消防安全事故(火灾、踩踏)、生产安全事故(触电、危险化学品、建筑)、交通事故(押解、执行公务)、特种设施设备安全事故(压力容器、升降设备)、影响场所安全的供水供电、失泄密事故等。

(3)公共卫生事件,主要包括传染病疫情、群体性不明原因疾病、食品安全以及其他影响戒毒人员健康和生命安全的事件,如食药安全事件。

(4)场所安全事件,主要包括恐怖袭击、非正常死亡、所内发案、所内吸毒、脱逃、暴力冲所、信息网络安全、群体性事件、舆论发酵等。

2. 按照性质、严重程度、影响范围的分类

按照性质、严重程度、影响范围等因素一般分为四级:Ⅰ级(特别重大)、Ⅱ级(重大)、Ⅲ(较大)、Ⅳ(一般)。在《突发事件应对法》中,突发事件的分级与突发事件预警分级是分别规定的,这里的分级是突发事件分级,指造成不同程度影响的监管安全案(事)件。

3. 按照是否可控的分类

突发事件可分为可防控突发事件与不可防控突发事件。场所安全管理方面的突发事件属于可防控突发事件,自然灾害方面的突发事件属于不可防控突发事件。本节所称的突发事件主要是指场所安全管理方面的突发事件。

二、戒毒所突发事件的监测预警、信息报告和处置准备

(一)监测预警与信息报告①

认真做好突发事件信息监测和收集工作,利用科技手段和发挥信息员的作用,多途径收集情报信息,按照早发现、早报告、早处置的原则,对监测到的信息进行分析,及时发现事件苗头,并采取措施加以控制,把突发事件处理在萌芽状态或

① 参见贵州省戒毒管理局编著:《贵州省司法行政戒毒工作手册》(2018 年),第 65 页。

者把损失降到最低。

1. 信息报告主体

突发事件信息报告实行分级负责，戒毒所应急指挥部是指受理报告和向上级报告突发事件信息的主体，所属各部门是向戒毒所指挥部报告的主体，戒毒所指挥部根据各部门报告突发事件的情况信息将集中整理后再向上级部门报告。

2. 信息报告类别

突发事件信息报告分为：一是“预警报告”，指尚未发生，但危及本系统本单位安全稳定概率大、不可控，随时有可能演变为突发案（事）件，需要上级提前知晓的重要信息的报告；二是“即时报告”，指发生突发案（事）件需立即作出的报告；三是“随时报告”，指在事发和处置过程中根据情况变化随时做出的报告，事发单位应对事件详情和进展情况随时续报，调查了解后进行详细报告。

3. 信息报告内容

信息报告内容包括突发事件发生的时间、地点、性质、影响范围，已经采取的应急措施，事态发展情况和先期处置情况等，同时也要报告后续处置的准备和下一步工作打算，对已经处置完毕的突发事件根据情况要写出处置报告。

（二）应急预案启动准备和启动工作

应急指挥系统要做到信息畅通、反应迅速、协调到位、指挥有力、运转高效，能及时有效完成应急预案启动准备或启动工作。

1. 应急预案启动准备

负责信息监测、监控、信息接警的部门在可能发生突发事件时，应立即进行应急响应，并做好信息接收或报送工作，所应急指挥部做好应急预案的启动准备工作，所应急处突部门和联动部门按照应急预案随时做好应急处突准备。

2. 应急预案启动工作

发生突发事件后，事发部门应在第一时间向分管所领导或值班所领导汇报，接报所领导向指挥长简要报告情况后，由指挥部启动处置预案，紧急情况下分管所领导或值班所领导可先启动预案后再报告。接报所领导在部署具体处突措施后下达处置命令，有关人员接到通知后，必须立即到指定地点集结并按命令进行处置。

3. 信号标记规定

发生突发事件应逐级汇报，信号以应急处置预案设置的拉响警报、按下报警器、对讲机呼叫、吹响警哨、电话短信通知、社交软件提示等方式通知或联系，通知时遵守保密要求。

三、戒毒场所突发事件处置原则

（一）以人为本，减轻危害

突发事件会产生多种威胁，面临多种挑战，面对多种决策，在选择多重价值目标时，要把挽救戒毒人员生命和保障戒毒人员人身安全等放在首要位置。随着事态的发展变化，必须高度关注参加处突民警职工的自身安全，做好提前预判和工作部署，采取有效的防控措施，尽可能避免次生、衍生灾害的发生和减少不必要的伤亡。

（二）统一指挥，分级负责

1. 强制隔离戒毒所突发事件处置要在领导小组的统一领导、统一指挥、统一部署下开展工作，指挥部直接指挥场所突发事件的安排部署工作。

2. 各工作小组根据工作职责和指挥部的指令、命令开展工作。

3. 各小组或部门之间要根据受领的任务，密切配合、协同作战，统筹兼顾，发挥优势。

4. 领导要实施靠前指挥，减少中间环节，提高指挥效能。

（三）收集情报，争取主动

完善突发事件预警体系，广辟信息途径或渠道，努力获取更多信息，根据工作需要密切与公安、医疗、乡镇（街道）、村（居）民委员会等部门的合作，加强信息收集分析和突发事件基础业务建设，争取工作主动，做到精准处置，有效管控。

（四）快速反应，及时处置，集中用警，突出重点

1. 建立健全快速反应机制，及时了解和掌握情况，正确判断事件性质、规模、发展趋势。

2. 处置时要行动迅速、果断处置，力争把事件处置在预谋和始发阶段。

3. 根据任务合理部署警力，突出重点，集中使用。

4. 严密警戒，控制要害，确保安全。

（五）因地制宜，灵活处置，密切协作，争取支援

1. 参加人员要在熟悉预案、领会指挥部命令的基础上，充分发挥主观能动性，正确分析判断突发情况，因地制宜采取相应措施。

2. 在情况发生变化时，切不可贻误战机，错过最佳处置时机，应当机立断，灵活施策，积极完成任务。

3. 先期处置以控制事态为主，根据事件的性质、情况的急缓和危害程度，及时争取公安等当地部门的支持。

（六）依法行动，最低限度使用武力

1. 认真遵守国家的法律法规，贯彻执行上级指示、命令，做到令行禁止，正确运用法律赋予的权利，妥善处置各种情况。

2. 在最大限度确保人的生命安全的前提下，按规定使用警戒具或武器。

3. 将使用警械情况、武器数量及种类、范围控制在完成任务必需的最低限度，尽量减少人员伤亡和财产损失。

四、戒毒场所几类突发事件的预防与应对

突发事件的应急处置作为场所安全最后的防线，实施起来难度大、标准严、风险高，处置不当就容易造成严重后果，最好的处置就是预防，让突发事件消灭在萌芽状态。[①] 因此，场所安全工作应严在平时、重在预防，既要有预防事故发生的先手，又要有随时应对突发事件应急处置的高招。

（一）戒毒人员脱逃的预防和应对

戒毒人员脱逃，是指依法被执行强制隔离戒毒的人员，从戒毒场所逃跑的行为。它不仅影响戒毒场所正常的管理，还会因为追逃造成巨大的经济损失和社会影响，戒毒人员逃脱后可能在社会上实施各种违法犯罪活动，造成危害社会治安，威胁公民人身财产安全的后果。如果脱逃的戒毒人员不能及时追回，也容易引发群众的广泛关注和社会舆情，造成群众恐慌的不良社会影响。

---

① 参见胡仕林：《群体性事件发生学研究》，中国社会科学出版社 2018 年版，第 12 页。

1. 戒毒人员脱逃的原因和类型

(1)戒毒人员成功脱逃的原因：一是主观原因。戒毒人员脱逃的主观方面体现在有强烈的逃跑想法或意愿，主要表现在对强制隔离戒毒决定不服、家庭发生变故、吃不了苦、由于仇恨图谋报复、思亲想家、受人引诱唆使等原因在主观上想脱逃。二是客观原因。在客观方面体现为创造条件实施脱逃，主要表现在利用场所存在的管理漏洞、硬件设施薄弱等可乘之机脱逃或主动创造条件脱逃等。

(2)脱逃的方式：一是翻墙、挖洞、利用房屋设施设备或线路管网等隐蔽实施型；二是通过车辆物品隐蔽、乔装打扮冒充他人等蒙混过关型；三是装病伪病外出就诊、努力表现争取外出劳动、亲情帮教会见、转所押解寻找机会等投机型；四是通过暴力冲关、强行脱离、挟持人质威胁、伤害民警等暴力型；五是外出探视逾期不回(根据《司法行政机关强制隔离戒毒工作规定》第25条的规定，非因不可抗力逾期不归的外出探视的戒毒人员，视作脱逃处理的人员)。

2. 戒毒人员脱逃的防范

(1)重视防逃工作，强化防逃意识，解决民警思想上的麻痹大意。

(2)加强风险研判、信息收集和重点人员的管控。

(3)严格场所设施建设标准、加强危险物品管理，及时发现并堵塞漏洞。

(4)充分利用科学技术手段，发挥好技防的作用。

(5)制定防脱逃预案，构建防脱逃预警机制。

3. 戒毒人员脱逃的处置

根据《戒毒条例》第32条的规定，“强制隔离戒毒人员脱逃的，强制隔离戒毒场所应当立即通知所在地县级人民政府公安机关，并配合公安机关追回逃脱人员”。

(1)戒毒所在具体的脱逃实践中，在发生戒毒人员脱逃事故后，现场戒毒人民警察第一时间向指挥中心(值班所领导)报告，科学分配警力，合理控制现场，查阅收集脱逃人员档案，收集相关信息资料，及时提供给处突指挥部。

(2)戒毒所值班所领导应及时请示所长，待所长同意后，立即启动脱逃处突预案，通知全体职工返回单位，按照预案分工、收集信息、协助追脱。

(3)戒毒所所长应立即向省戒毒管理局报告，通知所在地县级人民政府公安机关和戒毒人员常住地或户籍所在地公安机关，协助配合追逃工作。

(4)戒毒管理局应立即向司法部戒毒管理局报告，简要汇报某某所戒毒人员逃跑情况，安排部署追逃的相关措施等。

(5)戒毒所根据上级指示和情况变化,指挥长统一指挥调度,多方联动,协同追逃,锁定目标,成功追捕。

(6)召开现场教育大会,对事故原因进行分析,对追脱工作进行总结,写出调查报告报上级部门。

(二)戒毒人员死亡的预防和应急处置

根据《强制隔离戒毒人员死亡处理规定》(禁毒办通〔2015〕80号),戒毒人员死亡分为正常死亡和非正常死亡。戒毒人员正常死亡是指强制隔离戒毒所内的戒毒人员由于人体衰老或者疾病等原因导致的自然死亡。非正常死亡是指自杀死亡、自伤自残导致的死亡,或者由于自然灾害、意外事故、故意伤害、体罚虐待、他杀、击毙等外部原因作用于人体造成的死亡。

1. 戒毒人员死亡的主要原因

戒毒人员死亡原因分为正常死亡和非正常死亡两种不同情形:(1)正常死亡主要是人体衰老或者突发心脑血管疾病导致的死亡,一般是由戒毒人员身体不健康原因引起。(2)非正常死亡主要有三个方面的因素:一是内在因素,表现在认知、心理或精神引发的自伤自残或自杀导致的死亡,主要有家庭因素、环境适应、心理抑郁、压力承受等方面和吸食毒品产生幻觉等自身因素引起的;二是外在因素,表现在他杀、打架斗殴、故意伤害、体罚虐待、击毙、投毒等外力作用所致或者因摔倒、触电、溺水、火灾、食物中毒、工伤事故、医疗事故、交通事故、机械故障、房屋倒塌等意外事故所致的死亡,主要由故意、过失行为或意外因素所致;三是不可抗力因素,表现在地震、泥石流、台风、极端气候等自然灾害导致的死亡。

2. 戒毒人员死亡的预防

实现有效预防就必须针对死亡原因采取针对性措施:(1)强化思想教育。从解决戒毒人员的思想认识着手,实时进行思想动态分析,对存在死亡意念或有心理问题的戒毒人员通过集体教育、个别教育、心理咨询等方式,帮助其减轻思想负担、减轻心理压力;认识到打架斗殴、自伤自残、故意伤害等违规违纪的危害,提高对意外事故、自然灾害的自我防范意识。(2)健全规章制度。从解决制度执行问题着手,严格执行规章制度减少或杜绝非正常死亡,提高民警防范戒毒人员死亡的意识,增强工作的积极性和主动性。一是严格落实民警直接管理、安全研判、安全培训、应急演练等各项制度。二是严格执法、文明管理、依规办事,在管理过程中严格落实各项操作规程,让制度落实不走样。三是加强对重点人员、重点部位、重点时段、重点物品、重点环节的管控。(3)维护设施设备。从解决硬件设施设备存在的问题着手,执行场所建设标准,配齐并完善场所设施设备,健全机构设置,建立安全隐患排查机制,发现并堵塞隐患漏洞。(4)加强所医合作。向外寻求合作,开通就医绿色通道,设置专管病房,做到资源共享,确保病员能得到及时有效的救治。(5)发挥科技作用。加大新技术的运用,加强远程会诊系统、大数据分析系统、心理咨询系统、安全预警系统、重点人员跟踪监控等系统和生命体征监测床、智能机器人等科技产品的运用。

3. 戒毒人员死亡的处置

(1)及时告知。戒毒人员死亡后,强制隔离毒所应当按照有关规定通知其近亲属。无近亲属或者无法通知其近亲属的,应当通知死亡戒毒人员户籍所在地或者居住地的村(居)民委员会或者公安派出所,按时到戒毒所处理戒毒人员死亡事宜。①

(2)逐级报告。戒毒所应及时向所属公安机关或者司法行政部门报告,并通报原决定机关。戒毒人员因传染性疾病死亡的,应当立即通报当地疾病预防控制机构,公安机关、司法行政部门应当按照有关规定分别呈报公安部、司法部。

(3)证据固定。封存、查看戒毒人员死亡前15日内的原始监控录像。一是对死亡现场进行保护、勘验并拍照、录像;二是对收治、巡视、监控、管教等岗位可能了解死亡戒毒人员相关情况的民警和医生等进行询问调查,分散管理同室戒毒人员并进行询问;三是封存、查阅收治登记,入所健康和体表检查登记,管教民警谈话教育记录,单独管理、保护性约束或者械具使用审批表,就医记录,诊断评估等与死亡有关的台账、记录等;四是登记、封存死亡毒人员的遗物;五是查验尸表,对尸体进行拍照并录像,组织医学诊断。同时,应当保护死亡现场和尸体,需要查验、转移、处理尸体的,应当及时报告所属主管机关,并经主管机关同意。

(4)调查处置。对戒毒人员死亡的处理应当分工负责,加强协作,坚持依法、公正、及时、人道的原则。一是公安机关或者司法行政部门经调查后给出初步判断,初步判断戒毒人员非正常死亡的,应当对死亡原因进行鉴定,死亡戒毒人员的近亲属对死亡调查结论无异议的,应当在调查结论告知书上签字确认。二是死亡调查和尸体、遗物的处理按相关规定进行,有关人员涉嫌犯罪的,将案件移送有管

① 参见杨学虎主编:《新编强制隔离戒毒执法管理实用手册》,中国法制出版社2018年版,第291页。

辖权的侦查机关,属于国家赔偿范围的,由主管的公安机关或者司法行政部门依照《国家赔偿法》的规定予以赔偿。对有故意或者重大过失的责任人员,依法给予处分;构成犯罪的,依法追究刑事责任。

(5)死亡事件应急处置。在处理戒毒人员死亡的过程中应做到有理有据有节,耐心细致地做好解释工作,不激化矛盾,听取戒毒人员亲属的合理关切,帮助解决合理诉求。对于死亡戒毒人员亲属及相关人员因戒毒人员死亡无理纠缠、聚众闹事,影响戒毒场所正常工作秩序和社会稳定的,戒毒场所应积极做好工作并及时报告所属上级机关,通报相关部门,按职责协同配合做好善后处置,公安机关对违法行为依法处置,对构成犯罪的依法追究刑事责任。同时,按规定做好所务公开或信息发布,关注网络舆情,防止别有用心的人以此制造负面影响,给社会造成不稳定因素。

(三)戒毒人员打架的预防和应对

戒毒人员打架很容易造成人身伤害并引发所内案件,对场所安全稳定构成威胁甚至造成安全事故发生。戒毒人员打架,是指戒毒所内两名或两名以上戒毒人员通过暴力打击报复、心理宣泄或制服对方为目的的行为,其最主要的特点就是采取暴力手段。按照不同的标准可分为:一对一互殴和群体性斗殴、突发斗殴和预谋性斗殴、殴打他人和被人殴打、徒手斗殴和持械斗殴等。打架的每一个细节对打架危害和后续处理都会产生影响,造成的后果各不相同,处置措施也不同。

1. 戒毒人员打架的主要原因

(1)环境原因。环境原因包括客观和主观两个方面。客观方面是指气候和设施设备:天气炎热、物资短缺,就餐、习艺劳动等;房屋设施不完善,寝室内没有独立的卫生间和盥洗室,不能相对隔离,容易发生碰撞摩擦,窜组容易引发矛盾。主观方面是指戒治氛围:戒治秩序乱,戒治积极性不高,警戒矛盾突出等现象容易发生打架。

(2)戒毒人员的原因。"哥们义气""英雄"主义强烈,法律意识淡薄、认知上的偏见,解决问题的方式方法错误,导致遇事总是自己解决,喜欢用决斗的方式"摆平"。另外,吸食新型毒品的戒毒人员因产生幻觉容易攻击他人,家庭和所外矛盾也是引发打架的因素。

(3)民警方面的原因。警力未按要求配置、责任心不强、重视程度不够或者管理经验不足、民警威信不高、直接管理不到位、调查处理不彻底等都是引起打架的间接原因。

(4)制度方面的原因。由于减少或延长戒毒期限的决定权在决定机关、呈报程序较为复杂、审批周期较长等制约因素，一般打架后的延期处理不及时或未被批准，导致违法成本低，达不到震慑作用，戒毒人员没有畏惧感。

2. 戒毒人员打架的预防

(1)提高民警的素质，严格落实直接管理。加强业务培训、应知应会考核、实战对抗等，不断提高民警单兵作战能力和应急处突水平，加强巡逻巡查，让戒毒人员处于视线和监控之下，及时发现苗头性、倾向性问题，打架前第一时间处置，及时化解矛盾，树立民警威信，让其不能打、不敢打。

(2)加强法治教育，培养良好的行为习惯。通过集体教育、课堂教育、队前讲评、个别谈话等方式进行法治宣传，让戒毒人员认识到打架的危害和后果，清楚违法成本，自觉做到遵规守纪。同时，严格按照司法部《司法行政强制隔离戒毒所强制隔离戒毒人员行为规范》进行管理，规范戒毒人员的言行，帮助其养成良好的习惯，减少违规违纪行为。

(3)加大处罚力度，净化场所戒治秩序。加大对打架等违纪行为的打击和处罚力度，保持对打架等违纪行为的高压态势，要善于抓住典型进行处罚，达到处罚一人警醒一片的效果，加强与公安机关的沟通协调，对于达到延长戒毒期限条件的戒毒人员，应当延长戒毒期限，确保执法的严肃性。

(4)强化履职监督，提升民警的履职能力。注重隐患排查，及时发现问题并堵塞漏洞，加大对民警规范执勤、在岗履职、应急演练等考核，确保有足够的民警直接管理现场，第一时间对打架行为进行控制，防止事态扩大。

3. 戒毒人员打架的处置

(1)一对一互殴的处置。一是立即制止。疏散围观人员，将双方带离现场并调查处理；对伤者进行及时诊治。二是个别教育。采取相应管控措施，防止矛盾激化。三是调查取证。了解打架发生的原因，对过错方给予相应处罚。四是集体教育。开展集中警示教育，做好后续的跟踪管理。

(2)群殴群斗的处置。一是现场民警按下报警器、采用对讲机报告或吹响警哨的方式请求支援，所指挥中心拉响警报，通知警戒护卫大队进行处突；二是现场民警通过警告、呵斥全体蹲下或使用催泪喷雾进行先期处置；三是就近民警接到信息后，确保岗位安全的情况下赶往现场支援；四是现场民警与警戒护卫队员规范使用警械具制止、隔离、疏散相关人员，按照分割包围、带走隔离的要求控制场面，医务人员配合做好伤员的救治；五是民警对首要分子精准控制并注意自身安全防范；六是及时做好后续调查处理工作，将组织带头者或主要成员采取调岗、换组、异队、异所等措施进行分化瓦解，并做好交接工作，对核心成员进行重点管控和教育；七是开展集中教育大会，视违纪情节，宣布处罚决定，防止类似事件的发生。

（四）劫持人质事件的预防和应对

劫持人质，是指戒毒人员公开以暴力、胁迫或其他手段控制民警、戒毒人员或其他入所人员，以此威胁、强迫戒毒所满足某种要求的违法犯罪行为。除患有精神疾病类戒毒人员劫持人质事件具有不确定性外，一般劫持人质事件都具有很强的目的性、预谋性、暴力性和对抗性，在实施劫持之前，思想上都经过很长时间的反复斗争，长时间的谋划和准备，在条件具备的情况下实施劫持行为。发生劫持事件的原因主要有为达到个人目的，受到不公正对待，受到体罚虐待、侮辱或为了报复泄愤等，也可能是劫持者患有精神疾病，在实施过程中往往伴有暴力，在谈判过程中充满对抗。由于戒毒工作的特殊性，还会出现把自己作为伤害对象与民警对峙的情况，情节严重时还可能发生多人参与劫持的事件。实施地点一般为隐蔽空间或角落，实施对象一般为落单或处于弱势的人员。

1. 戒毒人员劫持人质的预防

劫持事件的结果有被劫持人质安全获救、受伤或死亡。无论什么结果，对戒毒所造成的危害都非常巨大，如果发生戒毒人员伤残或死亡，就会严重影响场所安全稳定和引发社会问题。因此，做好预防工作尤为重要。一是注重对戒毒人员的思想动态分析和场所安全形势研判，注重信息收集，梳理排查可能发生劫持的重点人员并加强管理教育；二是以人为本、文明管理，鼓励戒毒人员之间互相帮助，互相尊重，营造良好的戒治环境；三是实行所务公开，对戒毒人员奖惩做到公平公正，公开透明；四是畅通申诉渠道，按要求开展个别教育和心理咨询，倾听心声，关注诉求；五是开展集体教育，加大法治宣传力度，注重正面引导，弘扬正能量；六是向外拓展，了解戒毒人员的社会关系和婚姻家庭情况。

2. 劫持人质事件的处置

（1）控制现场，立即报告。发生劫持事件应第一时间报告指挥中心并启动预案，在确保人质安全的前提下，有序疏散其他戒毒人员离开现场，防止场面失控、减轻当事人的心理负担。现场民警根据地形占据有利位置，与劫持者展开对话，了解其意图，稳住其情绪，行动组按照预案和职责分工进行先期处置，做好信息资料的收集整理工作。

(2)喊话谈判，妥善处理。在当事人情绪和行为可控，人质相对安全的情况下，谈判组应结合收集的信息与当事人周旋，稳定劫持者情绪，了解其真实意图。通过谈话沟通、政策宣讲、安全保证等方式满足其合理诉求、在不违反法律规定的前提下给予承诺，劝其释放人质，进行妥善处置，根据需要可以由领导出面或邀请家属出面劝解。

(3)请求支援、果断处置。所指挥部应及时向上级部门报告，结合处置情况按照联防联控机制迅速通知戒毒所驻地公安机关、综治办等相关部门，对严重危及人质生命安全的，依靠专业反恐防暴部门进行处置，当事人失去耐心情绪波动、行为过激，很可能伤害人质时，行动处置组及突击组应根据现场情况，采取强攻方式解救人质。

(4)救治伤员、善后处置。一是医疗保障组要及时联系当地的医疗机构到场做好急救准备，确保受伤人员得到及时有效的救治，最大程度减少伤亡；二是处置过程全程录像，处置完毕后事故调查组应立即介入调查，对戒毒人员劫持人质的原因、存在问题、整改措施、工作意见建议、事故教训等进行调查取证，形成事故调查报告；三是根据情节对相关当事人依法依规进行处罚，当事戒毒人员有悔改情节主动中止劫持，人质未受伤害的，给予从轻或减轻处罚；四是造成人员伤亡的，按照戒毒人员死亡的相关规定进行处理；五是涉嫌犯罪的移送司法机关处理，处置完结召开警示教育大会，总结经验教训，改进工作，落实措施。

(五)戒毒所突发事件网络舆情的预防和应对

戒毒所突发事件网络舆情，是指通过新闻报道、网络媒体关注、社交平台对自己关心或者自身利益紧密相关的戒毒所某一事件发布的持有多种情绪、态度、立场、意见交错的报道(观点、评论)发酵已经引发或者可能引发舆论焦点的总和。[①]基于戒毒所的特殊性，容易引发网络舆情的情形如下：一是突发事件或事故；二是执法管理不规范；三是细节处理不严谨；四是保密工作不扎实；五是戒毒所与单位或个人纠纷；六是民警个人行为不严谨；七是管理对象在所外引发的问题；八是境外势力攻击炒作等情形引起的社会关注。

---

① 参见陈璟浩：《突发公共事件网络舆情演化研究》，知识产权出版社2018年版，第1~2页。

戒毒所网络舆情一般经历形成、发酵、波动和消退四个阶段，具有传播路径广、传播速度快、持续周期短、不确定因素多、影响时间长等特点。

1. 突发事件网络舆情的预防

(1)建立信息管理制度，加强网络舆情监测，开展舆情预警、舆情分析，形成报告并提出方案。

(2)居安思危，制定预案，加大专业培训力度，提升民警应对各种风险挑战和舆情处置的能力。

(3)按照《政府信息公开条例》等相关法规进行所务公开，主动接受媒体监督，提高戒毒所工作的透明度。

(4)加强民警职工教育，教育民警模范遵守法律法规和社会公德。

(5)实行新闻发言人制度和信息发布制度，不造谣、不信谣、不传谣，不私自接受与工作有关的采访。

(6)加强对微信群、单位微信公众号、微博和网站等单位媒介的管理，严格信息发布，做好信息审核，不转发无法证实来源的信息。

(7)强化保密意识，做好保密工作。

2. 突发事件网络舆情的处置

(1)监测预警、主动报告。舆情监测中对可能引发突发事件的风险源，主动收集信息，并对其发展态势进行研判，通过比较、甄别、梳理、分析，形成舆情简报，作为科学决策的第一手资料，按分工报领导签阅，根据工作要求上报。对于已经引发舆论关注的网络舆情，立即报告并启动预案。

(2)主动应对、正面回应。及时回应民众关切，发现影响或者可能影响场所安全稳定、扰乱管理秩序的虚假或者不完整信息的，在职责范围内发布准确的官方信息予以澄清，发布信息涉及其他行政机关的，事先进行沟通确认，确保发布的信息准确一致；根据舆情演变进行后续发布，做到信息动态发布。

(3)系统调查、定性优先。网络舆情发生后，要与舆论传播赛跑，以最快的时间掌握相关信息、全面准确判断事件性质，减轻舆情对决策的影响，不隐瞒，直面问题，及时定性，准确、完整地将信息传递给社会大众，避免发生“知情人透露”或小道消息的情况，掌握舆论引导主动权；同时，注意内容审核和正面引导，防止信息带来的负面效应。

(4)尊重媒体、相信群众。发生网络舆情后不能简单删帖了事或关闭评论，应加强沟通，加大与媒体平台的合作，争取得到媒体平台的支持。寻求客观公正的第三方媒体平台参与监督、专题策划报道，同时做实做细各项工作，不给一味追求轰动效应、博取眼球赚流量的媒体以可乘之机，从而起到正面引导的作用。

（5）有理有节、依法维权。对于恶意造谣生事、故意扭曲事实等在网上发布虚假消息、反动言论、煽动网民不满情绪、借势炒作的行为；借此以谋取利益为目的而过度解读和挖掘质疑引起网民猜测和不满的个人或组织，主动联系沟通要求改正澄清，必要时进行报警处理或依法维权。

（六）公共卫生事件的预防和应对

按照《突发公共卫生事件应急条例》第 2 条的规定，突发公共卫生事件，是指突然发生，造成或者可能造成社会公众健康严重损害的重大传染病疫情、群体性不明原因疾病、重大食物和职业中毒以及其他严重影响公众健康的事件。戒毒所可能发生的公共卫生事件主要有四种情形：一是医疗卫生，体现在药品本身或治疗过程问题引发的事件，戒毒人员用药品自伤自残或伤害他人的事件；二是食品安全，主要包括食物中毒、食源性疾病、食品污染等对人体健康有危害或者可能危及生命的情形；三是传染病，体现为发生所外传入或所内发生传染疾病的传播事件；四是职业中毒，主要是习艺加工原材料、加工项目、有毒有害气体，导致民警及戒毒人员大面积中毒事件。

1. 戒毒所公共卫事件的预防

（1）加强医疗卫生管理。坚持“预防为主”的工作方针，严格药品进货渠道和采购程序，采购正规厂家和公司的药品，加强药品管理，定期清理过期药品，按照医嘱监督戒毒人员服药并做好登记。

（2）强化食品安全管理。防止发生化学、生物、物理等质量问题食品引起的安全事件，按要求落实农药残留检测、水质检测、食品留样、消毒等制度。

（3）坚持事前处置理念。对于传染病按照“早发现、早诊断、早隔离、早治疗”的防治原则，提高警惕，加强监测，及时发现病例，采取有效的预防措施，切断传播途径，防止疫情在场所传播和蔓延，制定所级公共卫生应急预案，及时组织全体民警学习，适时进行应急演练。

（4）做好项目引进管理。加强习艺项目的筛查与甄别，把好入口关，禁止将有毒有害加工项目引进所，防止加工项目、原材料、习艺环境引发的职业中毒。

2. 戒毒场所公共卫生事件的处置

（1）及时报告，维护秩序。发生公共卫生安全事件时，应立即向戒毒所指挥部报告，由指挥部启动应急预案，及时上报属地医疗卫生行政主管部门和省戒毒管理局。在应急处置过程中，要及时续报有关情况，不得瞒报、漏报和迟报，并协调相关单位协助处置。同时，应维护好现场秩序，安抚中毒人员和未中毒人员的情绪，防止起哄闹事的事件发生。

（2）先期处置，现场管控。根据职责分工和规定的权限，加强现场管理和警戒护卫，在医生指导下开展处置工作，控制突发事态，防止其他意外情况发生。配合卫生行政部门开展溯源流调、调查追踪。

（3）等级评估，应急响应。根据突发事件的性质、危害程度、涉及范围，确定突发事件等级并作出响应，积极救治确诊病人，隔离观察疑似病人，控制外来人员，防止疫情扩散，做好其他戒毒人员的安抚工作，防止产生群体恐慌。同时，加强健康状况监测工作和舆情监控，根据需要做好信息发布，做到正面引导。

（4）处置评估，善后处理。根据治疗或控制情况，对公共卫生事件进行评估，调整或结束应急响应，突发事件处置完毕后，开展事故调查，根据调查结果追究相关责任人的责任，落实整改措施，及时堵塞漏洞，总结经验，汲取教训，完善相关制度，杜绝类似事件发生。

复习思考题

1. 简述戒毒场所安全“六无”目标。
2. 简述场所安全稳定形势研判的主要内容。
3. 简述“五重”管理的具体内容。
4. 简述安全检查的内容。
5. 简述安全警戒护卫机构的职责任务。
6. 简述警戒具使用的情形。
7. 简述强制隔离戒毒所突发事件处置原则。
8. 论述戒毒人员死亡的预防和应急处置。
9. 论述戒毒人员打架的预防和应急处置。

本章主要参考文献

1. 王宏伟：《新时代应急管理通论》，应急管理出版社 2019 年版。
2. 刘笑盈：《突发事件处置与舆论引导》，五洲传播出版社 2013 年版。
3. 陈璟浩：《突发公共事件网络舆情演化研究》，知识产权出版社 2018 年版。

4. 胡仕林:《群体性事件发生学研究》,中国社会科学出版社 2018 年版。
5. 王凤彬、李东:《管理学》(第 6 版),中国人民大学出版社 2021 年版。
6. 傅贵:《安全管理学——事故预防的行为控制方法》,科学出版社 2013 年版。
7. 司法部戒毒管理局:《司法行政戒毒工作基本规范》,2017 年。
8. 贵州省戒毒管理局:《贵州省司法行政戒毒工作手册》,2018 年。

第九章　戒毒医疗工作管理

本章摘要

戒毒医疗工作是戒毒工作的重要组成部分，做好其管理工作更能有效地保障戒毒医务工作者和戒毒人员的人身权利，保障戒毒工作顺利有效开展。通过本章学习，了解戒毒医疗的常用概念，戒毒医疗机构的设置与管理，医务工作人员管理，医疗设备与药物管理；理解戒毒治疗的特点，病患戒毒人员诊断评估、收治管理、康复管理、出院管理、医疗档案管理，尤其是强制隔离戒毒所内特殊患病吸毒人员的管理；领会加强戒毒医疗工作建设的意义。

重点问题

本章重点是戒毒医疗机构的设置与监督管理，病患戒毒人员的工作过程管理。

第一节　戒毒医疗管理概述

一、戒毒医疗的概念与特点

（一）戒毒医疗的概念

戒毒医疗的概念有狭义和广义之分。从狭义上来说，戒毒医疗指的是急性生理脱毒治疗，时间一般在 10 天左右；从广义上来说，戒毒医疗指的是在戒毒过程中发生的所有与医疗有关的行为。广义上的戒毒医疗，不仅包括急性生理脱毒治疗，还包括诸如稽延性戒断综合征、吸毒所致各个系统并发症、吸毒所致精神障碍、机体原发疾病等的治疗，同时相关医学科普教育、出所后医疗照管等均属该范畴。

1. 脱毒治疗

脱毒治疗，是指对吸毒人员进行药物替代或者非替代性药物治疗，以期缓解突然停止使用毒品之后出现的戒断综合征，消除身体依赖，避免可能出现的各种身体并发症的治疗方法。例如，目前针对海洛因成瘾者应用较为广泛的药物替代治疗方法为美沙酮替代递减治疗方法，在医师指导下成瘾者通过口服美沙酮，可缓解或消除停止使用海洛因之后的戒断综合征，在减轻成瘾者戒断痛苦的同时，也能有效促使其保持操守，降低复吸概率。

2. 稽延性戒断综合征

稽延性戒断综合征，是指在完成生理脱毒一段时间之后，早期急性戒断症状已经基本控制或完全消失的前提下，仍持续存在的一组临床综合征，包括身体症状（周身不适感、睡眠障碍等）和精神症状（焦虑抑郁、渴求感等）。稽延性戒断综合征的持续时间因人而异，具有个体差异性，有的延长至数月，有的甚至数年后仍未缓解。如不给予干预措施，稽延性戒断综合征难以自行缓解，成为目前高复吸率的重要原因之一。

（二）戒毒医疗的特点

1. 戒毒治疗的长期性

药物滥用是一种慢性、复杂性、高复发性脑部疾病，这意味着吸毒本身是一种慢性疾病，同时也印证了吸毒者具有病人、受害者的身份属性，而且其具有高复发性，预示着疾病的治疗过程很漫长。“一朝吸毒，终生戒毒”，吸毒者可能很长时间都处于“吸毒—成瘾—戒毒—复吸—成瘾—戒毒”的恶性循环中。脱毒容易，脱瘾难。在完成生理脱毒治疗之后，吸毒者从生理上戒除了毒瘾，但是在精神、心理层面对毒品的依赖与渴求可能会持续很长时间，因而成为整个戒毒治疗中非常关键和重要的环节。对吸毒人员的戒毒治疗，并不仅仅局限于强制隔离戒毒期间，因此与社区康复的衔接工作显得尤为重要，要切实保障吸毒人员解除强制隔离戒毒回归社会之后，依然能获得相应治疗。

2. 戒毒治疗的目的性

戒毒治疗的目的，并不能简单地理解为完全根除。首先，戒毒治疗应做到减轻或消除吸毒人员对毒品的身体依赖和心理依赖，通过应用药物治疗以及心理干预等多种治疗方法，降低吸毒人员对毒品的依赖程度。例如，将吸毒人员由重度依赖降低为轻中度依赖，轻度依赖转变为消除依赖，进而完全终止使用毒品。其次，戒毒治疗应做到减轻毒品对吸毒人员的伤害，应该帮助吸毒人员的生理、心理以及家庭和社会功能得以恢复，降低毒品对吸毒者个人、家庭乃至整个社会的危害。最后，戒毒治疗应做到吸毒人员接受治疗机会的增加和治疗水平的提升。戒毒治疗除了依靠专业戒毒医疗人员外，更离不开整个社会的大力支持。

3. 戒毒治疗的个体性

戒毒治疗面向的是吸毒人员，具体到每个个体，又有其各自不同的吸毒史、既往病史。从制定戒毒治疗方案上来说，受到毒品种类、吸食剂量、滥用方式、吸食时间、当前药物依赖程度以及既往疾病、身体状况等多种因素的影响。因此，戒毒治疗具有明显的个体性特点，这就意味着戒毒治疗要做到因人而异，将每个吸毒人员的各项情况进行综合梳理，制订个体性治疗方案。

4. 戒毒治疗的灵活性

戒毒治疗具有灵活性特点，在确定个体性戒毒治疗方案以后，治疗方法并不是一成不变的，而是要做到“具体问题具体分析”，根据戒毒人员的变化，随时进行方案的评估与调整。但是，灵活性并不意味着可以随意改动基本治疗原则。例如，对海洛因成瘾者进行美沙酮替代递减治疗或者维持治疗的过程中，治疗剂量并不是一成不变的，涉及不同时期用药剂量的调整问题，正是对戒毒治疗灵活性的体现。但是并不意味着可以随意调整使用剂量，应该在遵循“控症为准，每日递减，只减不增，达标停药”基本原则的前提下，进行相应调整。

5. 戒毒治疗的综合性

迄今为止，吸毒成瘾的机制尚无定论，成瘾机制具有复杂性，这就意味着戒毒治疗的困难性和多元性。戒毒治疗不同于普通疾病的治疗，不能单单依赖某一种方法或某一种药物，需要在利用当前先进治疗技术和手段的基础上，对多学科力量进行整合，形成完整的治疗体系。戒毒治疗离不开药物治疗，药物治疗是戒毒治疗的基础，在完成药物脱毒治疗后，需要与多种心理干预手段以及社会支持系统等相结合，形成综合戒治举措。例如，将口服药物治疗，与认知行为疗法、团体治疗、家庭治疗等方法相结合，以期提升戒毒治疗效果。

6. 戒毒治疗的可及性

通俗来说，戒毒治疗的可及性是指当吸毒人员有治疗动机时，或者说有主观戒毒意愿时，应当尽可能在第一时间及时采取相应的治疗措施。吸毒人员虽然具有病人这一属性，但与普通病人具有明显区别，即吸毒人员主动就医意愿要远远低于普通病人，戒毒治疗动机不够充分。吸毒人员即便在某一时刻产生主动戒毒意愿，但其观念又是瞬息万变的，可能在尚未到达戒毒医疗机构前，就已经放弃了戒毒的想法。因此，戒毒治疗的可及性，让吸毒人员在产生主观戒毒意愿时，能够及时得以治疗，是非常重要的。

7. 戒毒治疗的适度性

戒毒治疗的适度性主要是指在诊断明确的前提下，在戒毒治疗过程中根据吸毒人员的症状和体征给予相应药物，对药物用量、药物使用时间、给药途径等加以严格控制，使戒毒治疗保持在适度范围内，杜绝过度治疗。尤其是在应用具有成瘾倾向的替代性药物治疗时，更应严格遵循适度性原则。例如，对海洛因成瘾者在应用美沙酮进行替代递减治疗时，必须严格控制美沙酮的用量。因为美沙酮属于阿片类药物之一，同样具有成瘾性，过量应用可导致叠加成瘾、背离戒毒治疗的初衷。

二、戒毒医疗工作的重要作用

（一）戒毒医疗工作是戒毒康复工作的重要内容

戒毒医疗工作是整个强制隔离戒毒工作的基础和关键，是戒毒康复工作的重要内容，有序开展戒毒医疗工作对提升强制隔离戒毒人员的戒治效果，具有重大意义。《禁毒法》第 43 条第 1 款规定：“强制隔离戒毒场所应当根据戒毒人员吸食、注射毒品的种类及成瘾程度等，对戒毒人员进行有针对性的生理、心理治疗和身体康复训练。”由此可见，对强制隔离戒毒人员进行生理脱毒治疗是国家法律的明确规定。吸毒人员在突然停止使用毒品或突然减少毒品使用剂量时，会出现一系列急性戒断症状，常常令其难以忍受，完成生理脱毒治疗，使急性戒断症状减弱或基本消失，可为进行后续心理矫治、回归社会等工作提供有力保障。由此可见，生理脱毒治疗是戒毒医疗工作的前提和首要环节。同时，戒毒医疗工作关乎戒毒康复工作整体大局，是戒毒康复工作的重要内容，在整个戒毒康复工作中占有举足轻重的地位。

（二）戒毒医疗工作是维护戒毒人员权益的重要体现

《民法典》第 1005 条规定：“自然人的生命权、身体权、健康权受到侵害或者处于其他危难情形的，负有法定救助义务的组织或者个人应当及时施救。”自然人的生命安全、生命尊严以及身心健康都受法律保护，任何组织或者个人不得侵害。吸毒人员具有违法者、病人、受害者三重属性。吸毒人员既是违法者，又是慢性高复发性脑部疾病患者，同时也是使用毒品的受害者。吸食毒品会对人体各器官、各系统产生不同程度的损害，吸食毒品种类不同，损害的具体表现也不尽相同。比如，长期吸食氯胺酮可使人体泌尿系统产生明显损害，不少吸食者在停用数年之后，其泌尿系统损害的表现依然存在。吸毒人员由于长期吸食毒品，身体状况往往较差（如营养不良、免疫功能低下等），比普通人患病的概率明显增高。如果吸毒人员本身患有高血压、糖尿病、心脏病等基础性疾病，再加上吸食毒品对身体所造成的损害，其身体状况越发不容乐观。并且，长期吸食毒品可使吸毒人员产生各种精神障碍。因此，针对每个戒毒人员的具体情况，及时给予妥当的个体化医疗救治，是维护其权益的重要体现。

（三）戒毒医疗工作是维护戒毒场所安全稳定的重要措施

实现强制隔离戒毒场所“无毒品流入、无戒毒人员脱逃、无非正常死亡、无所内案件、无生产安全事故、无重大疫情”，是戒毒场所开展戒毒矫治工作的需要，更是司法行政戒毒机关维护社会稳定大局的具体体现。戒毒医疗工作中存在的风险，是影响强制隔离戒毒场所安全稳定的因素之一。首先，强制隔离戒毒人员普遍身体状况较差，部分患有严重疾病，如若伴有消极心理，可能出现自伤、自残等情形。其次，强制隔离戒毒人员罹患各种传染病的概率较大，成为场所内疫情监控、传染病防控、民警职业暴露风险等工作的重大风险。同时，由于吸毒人员可能伴有各种精神障碍，其行为具有一定的不可控性，容易引发对其他强制隔离戒毒人员或戒毒民警的攻击行为。因此，做好戒毒医疗工作是维护戒毒场所安全稳定的重要保障。

（四）戒毒医疗工作是预防复吸的重要手段

目前，强制隔离戒毒人员的复吸率仍然居高不下，影响强制隔离戒毒人员复吸行为的因素包括个人、家庭、社会等层面。从强制隔离戒毒人员的个人因素来看，如果其身体出现戒断症状，可诱发对毒品的强烈渴求，进而导致复吸行为的发生。许多强制隔离戒毒人员在戒除毒品很长一段时间之后，虽然急性戒断症状已消除，但可能持续存在以焦虑、抑郁、睡眠障碍等为典型表现的稽延性戒断症状。在强制隔离戒毒人员出所回归社会后，如若稽延性戒断症状长期得不到有效缓解,为减轻身心的不适感,容易引发复吸行为。对强制隔离戒毒人员开展行之有效的戒毒医疗工作,可使其身体状况得到改善、体质得以增强,从而更好地回归社会,降低复吸率。

第二节　医疗机构与人员管理

一、戒毒医疗机构的设置与管理

(一)戒毒医疗机构的设置

1. 戒毒医疗机构的组成

戒毒医疗机构的组成主要包括:综合的戒毒医院、普通医疗机构中通过申请可以开展戒毒治疗的专业科室(医疗机构戒毒治疗科)以及强制隔离戒毒所内的戒毒医疗中心。

2019 年 12 月 13 日,司法部第 49 次部长办公会议为认真贯彻习近平总书记关于禁毒戒毒工作重要指示批示精神,构建和完善司法行政戒毒工作制度体系,规范司法行政机关强制隔离戒毒所医疗工作,提高医疗水平,提升戒毒工作治理效能,根据《禁毒法》《戒毒条例》等法律法规和司法部《司法行政机关强制隔离戒毒工作规定》等相关规定专门审议通过了《司法行政机关强制隔离戒毒所医疗工作管理规定》,并要求各省、自治区、直辖市司法厅(局)、新疆生产建设兵团司法局结合本地实际,认真贯彻执行该规定。其总则第 2 条明确指出:“强制隔离戒毒所应当为强制隔离戒毒人员(以下简称‘戒毒人员’)提供科学规范的戒毒治疗,依法对患病戒毒人员给予必要治疗,在职责范围内做好疾病防控工作。”其中还明文规定:“省、自治区、直辖市司法行政机关戒毒管理部门可以根据需要设置综合医院。”“强制隔离戒毒所分布集中的地区,可以设置或指定 1 个医疗机构为该区域内强制隔离戒毒所提供医疗服务。”“符合条件的医疗机构可以向有关部门申请成为基本医疗保险定点医疗机构。”

2021 年 1 月 25 日,为了进一步加强戒毒治疗服务管理,规范戒毒治疗服务行为,依法开展戒毒治疗工作,保证戒毒治疗质量安全,维护医务人员和戒毒人员的合法权益,根据《禁毒法》《执业医师法》《戒毒条例》《医疗机构管理条例》《麻醉药品和精神药品管理条例》《护士条例》等法律法规的规定,卫生健康委、公安部、司法部对《戒毒医疗服务管理暂行办法》进行了修订，并印发了修订后的《戒毒治疗管理办法》。该办法中提到“省级卫生健康行政部门商同级公安、司法行政部门，根据本行政区域戒毒治疗资源情况、吸毒人员分布状况和需求，制订本行政区域戒毒医疗机构设置规划，并纳入当地医疗机构设置规划”，并且强调戒毒治疗的实施主体是“经省级卫生健康行政部门批准从事戒毒治疗的医疗机构”。[①]

此外，根据司法部《关于建立全国统一的司法行政戒毒工作基本模式的意见》的明确要求，强制隔离戒毒所需设置戒毒医疗中心，全面负责戒毒人员生理脱毒、健康检查、传染病筛查防治、日常医疗、精神疾患防治等工作。

2. 戒毒医疗机构设置的要求

（1）《司法行政机关强制隔离戒毒所医疗工作管理规定》第 7 条强调：“医疗机构医务人员数量、医务用房数量和面积、医疗设备配备应当达到司法部和国家卫生健康委员会等相关部门规定的医疗机构基本标准。专门收治病残戒毒人员的强制隔离戒毒所应当提高医疗机构的配备标准。”

（2）《戒毒治疗管理办法》指出，医疗机构申请开展戒毒治疗，必须同时具备下列条件：其一，具有独立承担民事责任的能力；其二，符合戒毒医院基本标准或医疗机构戒毒治疗科基本标准和《戒毒治疗管理办法》的规定。同时第 7 条规定，申请设置戒毒医疗机构或医疗机构从事戒毒治疗业务的，应当按照《医疗机构管理条例》《医疗机构管理条例实施细则》及本办法的有关规定报省级卫生健康行政部门批准，并报同级公安机关备案。

（3）《司法行政机关强制隔离戒毒所医疗工作管理规定》和《戒毒治疗管理办法》均强调了一点：戒毒医疗机构应当依法取得《医疗机构执业许可证》，且其《医疗机构执业许可证》的副本备注栏中应有由批准其开展戒毒治疗的卫生健康行政部门进行的“戒毒治疗”的项目登记。按照国家规定取得戒毒医疗资质后戒毒医疗机构才可开展戒毒治疗。

3. 戒毒医疗机构的具体工作内容

（1）戒毒医疗机构应当为戒毒人员提供科学规范的戒毒治疗，依法对患病戒毒人员给予必要治疗，在职责范围内做好疾病防控工作。

（2）戒毒医疗机构需进行智慧医疗建设，提高诊疗过程、药品、医疗档案等管

---

① 卫生健康委、公安部、司法部：《关于印发戒毒治疗管理办法的通知》，载《中华人民共和国国务院公报》2021 年第 13 期。

理工作信息化、智能化水平。

(3)戒毒医疗机构应当根据当地医疗资源布局,通过资源共享、人才共享、技术支持、优势互补、服务衔接等合作方式,参加社会公立医院的医联体建设。

(4)戒毒医疗机构需根据需要牵头组建或者参与社会医院组建的戒毒、心脑血管病、传染病及精神障碍等疾病治疗专科联盟,通过专科共建、临床带教、业务指导、教学查房、科研协作和学术交流等方式,提高戒毒医疗和专科疾病的诊断治疗能力。

(5)戒毒医疗机构需建立远程医疗协作网,通过医联体内上级医院向医疗机构提供远程医疗、教学和培训,实现疑难病症所内医疗机构检查、上级医院诊断的诊疗模式。

(6)戒毒医疗机构需通过医联体建设、社会医院对口支援等方式畅通戒毒人员就诊通道,建立社会医院医师驻所门诊、定期进所门诊、会诊机制。

(7)戒毒医疗机构还需组织医务人员进行业务培训,定期安排医务人员到医联体、专科联盟和相关医院进修学习,采取多种方式保障医务人员按照国家有关规定进行继续医学教育。

(8)强制隔离戒毒所内的戒毒医疗中心作为全国统一强制隔离戒毒模式“四区五中心”的重要组成部分,作为强戒所内的一个集基本医疗保障和毒品戒治于一身的综合部门,具有医疗职责、健康服务职责和医疗协作职责。① 其工作内容除作为戒毒机构的组成之一需完成的外,还包括以下具体内容:①贯彻执行戒毒人员医疗卫生工作制度、规划及计划;②承担所内医疗工作,包括戒毒人员医学戒治及其他基本医疗保障等,其中,戒毒人员医学戒治指的是对强戒人员采取相应的医疗、护理、康复、心理治疗等医学措施,帮助其减轻毒品的躯体依赖和精神依赖、减少戒断痛苦、促进身心康复的医学活动,其他基本医疗保障主要指传染病、慢性病及其他疾病的诊断与治疗,以期保障强戒人员与其他人一样享有同等的生命健康权;③戒毒医疗中心工作的具体形式包括对强戒人员的入所体检、身体康复训练,对其生理脱毒、稽延性戒毒症状以及其他一般性疾病的门诊和定期巡诊,对戒毒人员传染性、精神性疾病的监测防治,对食品安全、公共卫生事件的应急处置,还有对危急重病强戒人员的救治和转诊等;④对强戒人员进行定期健康体检,建

---

① 参见徐杰等:《我国强制隔离戒毒所的医疗与管理困境与发展》,载《中国药物依赖性杂志》2022年第31期。

立和管理健康档案；⑤开展卫生防疫和健康宣传教育等；⑥面向社会为吸毒成瘾人员提供戒毒门诊、戒毒咨询等戒毒医疗服务，承接对外医疗合作，开展专家来所坐诊、远程会诊等工作，畅通戒毒人员救治绿色通道；⑦为入所服务的社会医院医务人员提供必要的工作条件；⑧管理和维护医疗工作相关信息数据系统及药品、设施设备；⑨完成领导交办的其他工作。

（二）戒毒医疗机构的监督管理

1. 国家鼓励吸毒成瘾人员自行戒除毒瘾。吸毒人员可以自行到戒毒医疗机构接受戒毒治疗。戒毒医疗机构开展医疗工作应当遵守国家医疗卫生法律法规和卫生健康主管部门制定的相关规定和技术规范，遵循药物依赖诊断治疗指导原则，并接受卫生健康行政部门的监督管理。卫生健康行政部门应对戒毒医疗机构的医疗服务进行业务指导。此外，公安机关、司法行政等部门在各自职责范围内负责对强制隔离戒毒所、戒毒康复场所、监狱、拘留所和看守所开展戒毒治疗的监督管理。

2. 任何组织、单位和个人，未经省级卫生健康行政部门批准取得戒毒治疗资质，不得开展戒毒治疗。违法开展戒毒治疗的，要依法查处。[①]

3. 戒毒医疗机构的校验期限按照《医疗机构管理条例》和《医疗机构校验管理办法（试行）》的有关规定执行，需严格定期对开展戒毒医疗服务的医疗机构进行校验。

4. 县级以上地方卫生健康行政部门应当按照有关规定，采取有效措施，加强对成熟的戒毒诊疗技术的临床应用管理。

5. 县级以上地方卫生健康行政部门应当及时将辖区内戒毒治疗的开展情况报上级卫生健康行政部门和同级禁毒委员会。

6. 县级以上地方卫生健康行政部门在戒毒治疗监管工作中，应当加强与同级公安机关、司法行政等部门的协作，并充分发挥卫生健康行业学（协）会和专业社会团体的作用。

7. 卫生健康行政部门、医疗机构及其医务人员违反《戒毒治疗管理办法》有关规定的，依照国家有关法律法规予以处罚。

---

① 《设置戒毒医疗机构或者医疗机构从事戒毒治疗业务许可改革措施》，载《中国卫生法制》2021年第5期。

8.《司法行政机关强制隔离戒毒所医疗工作管理规定》专门就加强戒所内的戒毒医疗的监督管理工作予以强调:“强制隔离戒毒所应当加强对医疗工作的管理,建立系统完备、科学规范、运行有效的医疗工作制度,强化监督检查。”

9.《禁毒法》明确规定:“戒毒治疗不得以营利为目的。”“戒毒治疗收取费用的,应当按照省、自治区、直辖市人民政府价格主管部门会同卫生行政部门制定的收费标准执行。”“戒毒医疗机构发现接受戒毒治疗的戒毒人员在治疗期间吸食、注射毒品,不向公安机关报告的,由卫生行政部门责令改正;情节严重的,责令停业整顿。”

10. 需严格加强对戒毒诊疗新技术、新项目的临床管理。

二、医务工作人员的管理

(一)执业人员资格

戒毒医疗机构是一个专业要求非常高、综合性非常强的工作部门。其不仅承担着戒毒人员医学戒治的工作职责,还承担着医疗保障、卫生防疫、健康服务、与其他部门的矫治协作等职责。其任务重、职责大,必须为其配备包括医师、护士、临床药学、医技、心理卫生等在内的相应数量的专业技术人才,从而为戒毒治疗工作的正常开展提供必要的安保和工勤保障。医疗机构中的医务人员除应当具有良好的职业道德和敬业精神外,医师、护士、药学人员及其他专业技术人员还应当取得相应的执业资格。

1. 医师

戒毒医疗机构的医师均应具备执业医师资格并经注册取得《医师执业证书》,严格按其执业范围从事相应的医疗卫生工作。另外,戒毒医疗机构中专门从事戒毒治疗的医师除具有执业医师资格并经注册取得《医师执业证书》外,其执业范围必须为精神卫生专业。而且,戒毒医疗机构中使用麻醉药品和第一类精神药品治疗的医师应当取得麻醉药品和第一类精神药品处方权。

2. 护士

戒毒医疗机构的护士除经执业注册取得《护士执业证书》外,还应经过三级精神病专科医院或者开设有戒毒治疗科的三级综合医院脱产培训戒毒治疗相关业务 3 个月以上才能正式上岗戒毒医疗机构的护理工作。

3. 药剂人员

戒毒医疗机构应当至少有 1 名具有主管药师以上专业技术职务任职资格的药剂人员，而且其必须经过三级精神病专科医院或者开设有戒毒治疗科的三级综合医院培训戒毒治疗相关业务后才能上岗。此外，戒毒医疗机构至少应当有 1 名取得麻醉药品和第一类精神药品调剂权的药剂人员。

4. 其他

戒毒医疗中心还应配备相应的医技人员及心理工作者，并应为其提供先进的医疗设备，以便于戒毒医疗机构能够更加科学、更加全面、更加有针对性地对戒毒人员提供医疗保障和戒治服务。

（二）戒毒医疗机构的执业规则

戒毒医疗机构的执业规则既可规定其工作人员的岗位职责与义务，又可保障其执业权利。其执业规则主要有以下内容：

1. 医务人员应当在具有戒毒治疗资质的医疗机构开展戒毒治疗。

2. 医疗机构及其医务人员开展戒毒治疗应当遵循与戒毒有关的法律、法规、规章、诊疗指南或技术操作规范。

3. 设有戒毒治疗科的医疗机构应当将戒毒治疗纳入医院统一管理，包括财务管理、医疗质量管理、药品管理等。另外，强戒所内的戒毒医疗中心应纳入强制隔离戒毒所统一管理，包括财务管理、质量管理等。

4. 医疗机构开展戒毒治疗应当根据业务特点制定管理规章制度，加强对医务人员的管理，不断提高诊疗水平，保证医疗质量和医疗安全，维护医患双方的合法权益。

5. 医疗机构开展戒毒治疗应当采用安全性、有效性确切的诊疗技术和方法，并符合国务院卫生健康行政部门医疗技术临床应用的有关规定。

6. 医疗机构开展戒毒治疗应当采取有效措施，严防戒毒人员或者其他人员携带毒品与违禁物品进入医疗场所。

7. 医疗机构可以根据戒毒治疗的需要，对戒毒人员进行身体和携带物品的检查。对检查发现的疑是毒品及吸食、注射用具和管制器具等按照有关规定交由公安机关处理。在戒毒治疗期间，发现戒毒人员有人身危险的，可以采取必要的临时保护性约束措施。开展戒毒治疗的医疗机构及其医务人员应当对采取临时保护性约束措施的戒毒人员加强护理观察。

8. 开展戒毒治疗的医疗机构应当与戒毒人员签订知情同意书。对属于无民事行为能力或者限制民事行为能力人的戒毒人员，医疗机构可与其监护人签订知情同意书。知情同意书的内容应当包括戒毒医疗的适应证、方法、时间、疗效、医疗风险、个人资料保密、戒毒人员应当遵守的各项规章制度以及双方的权利、义务等。

9. 开展戒毒治疗的医疗机构应当按照规定建立戒毒人员医疗档案，并按规定报送戒毒人员相关治疗信息。开展戒毒治疗的医疗机构应当要求戒毒人员提供真实信息。

10. 开展戒毒治疗的医疗机构应当对戒毒人员进行必要的身体检查和艾滋病等传染病的检测，按照有关规定开展艾滋病等传染病的预防、咨询、健康教育、报告、转诊等工作。

11. 戒毒人员治疗期间，医疗机构应当不定期对其进行吸毒检测。发现吸食、注射毒品的，应当及时向当地公安机关报告。

12. 开展戒毒治疗的医疗机构应当为戒毒人员提供心理康复、行为矫正、社会功能恢复等，并开展出院后的随访工作。

13. 戒毒人员在接受戒毒治疗期间有下列情形之一的，医疗机构可以对其终止戒毒治疗：其一，不遵守医疗机构的管理制度，严重影响医疗机构正常工作和诊疗秩序的；其二，无正当理由不接受规范治疗或者不服从医务人员合理的戒毒治疗安排；其三，发现存在严重并发症或者其他疾病不适宜继续接受戒毒治疗的。

14. 开展戒毒治疗的医疗机构及其医务人员应当时刻谨记强戒人员“病人、受害者、违法者”的三重身份，依法保护戒毒人员的隐私，不得侮辱、歧视戒毒人员。

15. 戒毒人员与开展戒毒治疗的医疗机构及其医务人员发生医疗纠纷的，按照有关规定处理。

16. 开展戒毒治疗的医疗机构应当定期对医务人员进行艾滋病等传染病的职业暴露防护培训，并采取有效防护措施。且由于强制隔离戒毒所的相对封闭性，更应注意组织医务人员进行业务培训，定期安排医务人员到医联体、专科联盟和相关医院进修学习，采取多种方式保障医务人员按照国家有关规定进行继续医学教育。

17. 开展戒毒治疗的医疗机构应当根据卫生健康行政部门的安排，对社区戒毒和康复工作提供技术指导或者协助。

（三）监督管理

1. 医疗机构不得安排未取得执业资格的医学专业毕业生单独从事临床活动，且严禁戒毒人员从事诊疗活动。此外，《禁毒法》明确规定："卫生行政部门应当加强对强制隔离戒毒场所执业医师的业务指导和监督管理。"

2. 戒毒医疗机构工作人员违反《禁毒法》《戒毒药物维持治疗工作管理办法》及其他相关规定的应依照国家有关法律法规予以处罚。对违反规定使用麻醉品、精神药品构成犯罪的戒毒医疗机构工作人员可依法追究其刑事责任。

三、病患戒毒人员管理

（一）强戒所外戒毒医疗机构病患戒毒人员的管理

1. 应当根据戒毒人员所患并发症或并发疾病的实际情况进行针对性的诊治与管理，对其进行毒瘾戒治的同时，提供基本的医疗保障；

2. 发现存在严重并发症或者其他疾病不适宜继续接受戒毒治疗的，应及时终止戒毒治疗，以抢救患者生命、保证其生存质量为先。

（二）病患戒毒人员的管理

1. 所内普通病患

强制隔离戒毒所对戒毒人员身体健康检查主要包括入所健康检查、出所健康检查和定期健康检查三类。其中入、出所健康检查应在戒毒人员入所时及出所前进行，定期健康检查一般可以根据需要每年开展一次。通过健康检查可有效地发现潜在的病患戒毒人员。此外，当所内强戒人员出现身体不适时，可以得到非常及时的所内门诊、急诊服务，可以有效保障患病强戒人员的生命健康权。

《司法行政机关强制隔离戒毒所医疗工作管理规定》指出，戒毒大队应当在人民警察中指定专人负责患病戒毒人员的相关管理工作。另外，为了规范司法行政强制隔离戒毒所强制隔离戒毒人员的行为，教育引导戒毒人员养成良好的行为习惯，促进戒毒人员顺利回归社会，根据《禁毒法》《戒毒条例》《司法行政机关强制隔离戒毒工作规定》等法律、法规和规章，广州市公安局海珠区分局专门发布了《司法行政强制隔离戒毒所强制隔离戒毒人员行为规范》，其中对强戒所内的病患戒毒人员的医疗康复做出了明确的行为规范：其一，强戒所内患病强戒人员应如实际陈述病情,配合医务人员做好各项检查和治疗,不自伤自残,遵照医嘱按时服药,不私藏药品;其二,积极参加心理辅导和心理治疗,逐步改善和消除心理问题;其三,积极参加康复训练,正确使用训练器材,恢复身体机能,重塑健康体格。

2. 所内特殊病患

(1)艾滋病

众所周知,吸毒人员中艾滋病的发病率非常高,联合国毒品与犯罪问题办公室有统计研究指出,全球目前有超过 1100 万人吸毒,其中大概有 140 万人感染了 HIV。[①] 2015 年 5 月 19 日,为认真贯彻落实我国艾滋病防治的有关法律法规和相关政策,最高人民检察院、公安部、司法部等联合制定了《监管场所艾滋病防治管理办法》,为加强监管场所艾滋病防治工作、遏制艾滋病的传播、保护被监管人员和监管场所工作人员的身体健康、维护监管场所安全提供了依据。该办法第 3 条第 3 款明确指出:"公安机关、司法行政机关分别负责所属监管场所内的艾滋病防治具体实施工作,包括组织开展艾滋病防治知识宣传教育、培训、机构建设、职业暴露防护;对被监管人员开展艾滋病病毒抗体筛查检测、检测结果告知、咨询和健康指导;对艾滋病病毒感染者和病人进行治疗、管理;协助地方医疗卫生机构对艾滋病病毒感染者和病人进行流行病学调查和随访;对重返社会的艾滋病病毒感染者和病人提供出监所转介服务。"强制隔离戒毒所作为监管场所的重要组成部分且作为 HIV 发生率相对较高的监管场所,其针对所内患有艾滋病的强戒人员的管理应重点参照该办法执行。

①强戒所应当根据艾滋病防治工作需要,定期监测防治,确定专门监所或在所内划定专门区域,对艾滋病病毒感染者和病人进行管理、治疗。

②强戒所应当依法对艾滋病病毒感染者和病人进行管理,保障其合法权益。对以感染艾滋病病毒为由,抗拒管理、散布不正当言论或威胁管理人员和其他被监管人员的,应当按照有关规定予以惩戒。构成犯罪的,依法追究刑事责任。

③强戒所应当根据艾滋病病毒感染者和病人的特点,采取有针对性的管理教育措施。

④强戒所应当加强安全防范,防止强戒人员在所内发生共用注射器、性交等易感染艾滋病危险的行为,避免艾滋病在所内传播。

⑤强戒所应当加强对强戒人员的日常生活管理,规范强戒人员的日常行为,

---

① 参见 https://www.unodc.org/unodc/en/hiv-aids/new/drug-use_and_HIV.html。

做到一人一套生活用品，杜绝共用剃须刀、牙刷等生活用具。

⑥对获准探视、所外就医、请假出所的艾滋病病毒感染者和病人，强戒所、居住地社区矫正机构和相关部门应当依法加强管理。

⑦艾滋病病毒感染者和病人在强戒所内死亡的，强戒所应当按有关规定通知检察机关和有关疾病预防控制机构和医疗机构。有关疾病预防控制机构和医疗机构应当对尸体处理进行技术指导。

⑧强制隔离戒毒所应当做好传染病职业暴露防护和培训工作，对从事艾滋病等传染病防治工作的医务人员和管理人员应当按照规定给予适当津贴。

（2）其他传染病

《司法行政机关强制隔离戒毒所医疗工作管理规定》就传染性疾病的防治管理作出如下规定：①强制隔离戒毒所应当依法做好传染病防治工作，根据本地区传染病流行特点制定预防控制预案并定期演练，严格执行传染病疫情报告制度，配合疾病预防控制机构做好疫情控制相关工作；②强制隔离戒毒所应当搞好环境卫生，定期消除鼠、蝇、蚊、蟑螂等病媒生物；③强制隔离戒毒所应当开展性病、肺结核、病毒性肝炎等传染病的监测和防治工作；④强制隔离戒毒所应当加强对社会外来人员的管理，采取必要的检查、防控措施，防止传染性疾病带入所内。

（3）精神病及疑似精神异常戒毒人员

①准确评估其精神状态，建立四级排查机制；②加强对言行异常戒毒人员的治疗工作，所内就医按照疾病管理三级防控的要求，落实分类治疗管理措施；③离所就医需着约束衣加戴手铐，并按照戒毒工作人民警察与戒毒人员不低于2∶1的比例配备戒毒工作人民警察全程看护和管理，由执法执勤车或社会急救车辆接送；④精神异常戒毒人员病情严重，或确诊为精神病、器质性精神障碍，不出所治疗可能致残或危及生命的，或给场所造成严重安全隐患的，凭所内医疗机构或者二级以上医院出具的诊断证明，经省局批准，报强制隔离戒毒决定机关备案，强制隔离戒毒所可以允许其所外就医；⑤精神异常戒毒人员病情十分危急，确有即时生命危险并难以治愈的（精神分裂症、脑肿瘤、脑血管病、颅内感染等），或危及场所安全稳定的（明显的暴力行为、自杀行为），凭二级以上医院出具的诊断证明，经省局审核同意后可直接提请强制隔离戒毒决定机关变更为社区戒毒。精神异常戒毒人员所外就医或变更为社区戒毒的，应当由亲属来所接回。亲属接回确有困难的，可以由强制隔离戒毒所送回，但必须完善交接手续，并做好证据留存。

四、医疗设备与药物管理

（一）设备和药物的使用与选购

1. 戒毒治疗应用到的药品、医疗器械、设备等不得以营利为目的进行使用

2008 年 6 月 1 日颁布施行的《禁毒法》明确规定，戒毒治疗的药品、医疗器械和治疗方法不得做广告。

2. 戒毒治疗应用到的药品、医疗器械、设备等必须符合国家有关规定

《戒毒条例》第 11 条对戒毒医疗机构应当履行义务的规定中明确指出，戒毒医疗机构"使用的药物、医院制剂、医疗器械应当符合国家有关规定"。另外，《戒毒治疗管理办法》指出，"用于戒毒治疗的药物和医疗器械应当取得药品监督管理部门的批准文号。购买和使用麻醉药品及第一类精神药品应当按规定获得'麻醉药品和第一类精神药品购用印鉴卡'，并在指定地点购买，不得从非法渠道购买戒毒用麻醉药品和第一类精神药品。医疗机构开展戒毒治疗需要使用医院制剂的，应当符合《药品管理法》和《麻醉药品和精神药品管理条例》等有关规定"。

（二）设备和药物的监管

《戒毒条例》规定戒毒医疗机构需"依法加强药品管理，防止麻醉药品、精神药品流失滥用"，且强调"强制隔离戒毒场所应当配备设施设备及必要的管理人员"。《戒毒治疗管理办法》规定，"医疗机构开展戒毒治疗应当有专职的麻醉药品和第一类精神药品管理人员"，"医疗机构开展戒毒治疗应当加强药品管理，严防麻醉药品和精神药品流入非法渠道"且"开展戒毒药物维持治疗工作按照《戒毒药物维持治疗工作管理办法》执行"。具体监管措施在《司法行政机关强制隔离戒毒所医疗工作管理规定》中有所体现：

1. 医疗机构应当建立药品进货检查验收制度，不符合规定要求的，不得购进和使用。禁止以戒毒人员为对象进行戒毒药物试验。

2. 医疗机构应当将药品与非药品分开存放，中药材、中药饮片、化学药物、中成药应当分别储存、分类存放。

3. 医疗机构购买和使用麻醉药品和第一类精神药品，应当按规定获得"麻醉药品和第一类精神药品购用印鉴卡"。存放麻醉药品和第一类精神药品应当使用保险柜，实行双人双锁管理。

4. 戒毒大队应当配备药品柜集中保管戒毒人员药品，药品应当按人分别存放，不得混放、混用。

5. 人民警察应当监督戒毒人员遵照医嘱服药，做到按次给药、当面核对、监督服下。服药后，人民警察和戒毒人员应当签字确认。

第三节　戒毒医疗工作过程管理

一、病患戒毒人员诊断评估与收治管理

（一）诊断评估

1. 戒毒医疗机构应当对新接收的戒毒人员按照规定项目进行进入医疗机构后的健康检查。

2. 体检时，医师应当认真询问戒毒人员的吸毒史、身体状况、既往病史、药物过敏史、家族病史等情况，进行吸毒检测，填写入所健康状况检查表。对女性戒毒人员应当进行妊娠检测，并于1个月后复检。

3. 对戒毒人员体表检查中发现的身体畸形、文身、疤痕等明显异常特征应当拍照留存，由戒毒人员签字确认。对于体表有外伤、体内有异物等情形的，应当进行详细记录，并由移送的公安机关人民警察和戒毒人员分别签字确认。

4. 戒毒人员入所时应当进行艾滋病病毒抗体初筛检测并在3个月内进行复查。

5. 入所健康检查结束后，医师应当填写体检结论。戒毒人员身体状况不符合规定收治标准的，医疗机构应当建议不予接收。

6. 戒毒医疗机构应秉持依法、科学、公平、公正的原则，对病患戒毒人员在戒毒医疗机构戒毒期间的生理脱毒、身心康复、行为表现和社会环境与适应能力、身体健康状况等情况进行综合考核、客观评价，为其生命健康保驾护航，提供科学规范的诊疗服务。

（二）收治管理

1. 根据《关于加强病残吸毒人员收治工作的意见》的要求，对经诊断评估后符合戒毒医疗机构收治条件的病患吸毒人员应当应收尽收，应治尽治。

2. 戒毒医疗机构应当高度重视加大基础建设的力度，努力为戒毒人员应收尽收创造条件，包括不断健全收治场所功能（建立专门收治病患吸毒人员的区域、场所和医疗机构）、完善收治管理制度和所外就医制度、加强机构医务人员的业务技能培训、深入调研论证、完善保障机制、落实服务救助措施、充实人力资源、完善协作机制等，着力提升戒毒医疗服务能力。

3. 必要时严格依法对病残吸毒人员进行强制收戒治疗，积极提供帮扶救助服务。

二、病患戒毒人员治疗康复管理

（一）日常医疗监护

1. 戒毒医疗机构应实行 24 小时值班制度。医务人员对戒毒人员诊疗时，负责管理的人民警察或亲属、监护人应当在场。戒毒人员到医疗机构就诊有困难的，医务人员应当及时前往现场诊疗。

2. 诊疗时，负责管理的人民警察或负责陪护的患者亲属、监护人应当对候诊、就诊、检查、取药、治疗全过程进行有效管理和监护。就诊结束，诊疗医师应当向负责管理的人民警察及患者亲属、监护人说明戒毒人员的病情和治疗措施。

3. 戒毒人员经诊断需要休息或者有特殊饮食需求的，医疗机构应当开具证明，由强制隔离戒毒所或其家属、监护人予以安排。

4. 戒毒人员因生产劳动、自伤自残、打架斗殴以及其他意外原因致伤就医的，医疗机构应当及时将戒毒人员诊疗处置情况通知强制隔离戒毒所的相关部门和戒毒人员所在的戒毒大队或其家属、监护人。

5. 医疗机构应当建立每日巡诊制度。强戒所内医务人员巡诊时应当有戒毒大队人民警察在场。巡诊携带的医疗器械和药品应当放置在医务人员和人民警察可控范围内，并做到用前清点，用后复核。巡诊过程中产生的医疗废物应当带回或做无害化处理。

6. 巡诊过程中，医务人员应当对患有伤病的戒毒人员给予必要处置，向戒毒人员和负责管理的人民警察及其亲属、监护人告知注意事项。需要进一步检查治疗的，应当及时安排门诊诊疗。巡诊结束后，医师应当填写巡诊记录，并将诊疗情况及时记入戒毒人员病历。

（二）治疗康复

1. 遇到疑难病例的，医疗机构应当组织会诊。必要时，可以采取远程会诊、请专科医院医师会诊等方式。

2. 医务人员发现戒毒人员伪装生病或者拒绝治疗的，应当留存证据并告知戒毒人员所在的戒毒大队或其亲属、监护人。

3. 戒毒人员需要在医疗机构住院治疗的，医师应当开具住院通知单，及时安排住院，并与脱毒治疗的戒毒人员分别管理。

4. 医疗机构候诊室、诊室、医技室、治疗室、病房等诊疗区域的医疗设备、器械应当合理摆放。医用注射器、手术器械以及其他锐利物品用后应当及时回收处置，防止发生人身安全事故。

5. 戒毒医疗机构应当制定危重病戒毒人员抢救预案，保证抢救室、抢救用床、抢救器械、抢救药品和救护车辆处于正常完好状态。医务人员应当掌握抢救工作流程、技术措施和所需设备的使用方法，保证抢救工作及时有序。

6. 戒毒人员病情危重有生命危险的，强制隔离戒毒所应当按照工作预案组织现场抢救和转院救治，并及时通知家属。强制隔离戒毒所应当对抢救和处置过程进行记录，留存相关视听资料。

7. 对戒毒人员中符合治疗标准的艾滋病病毒感染者和艾滋病病人，医疗机构应当提供规范的抗病毒治疗方案。

8. 对戒毒人员采取保护性约束措施时，应当遵守有关医疗规范，医务人员和人民警察应当密切观察，防止发生意外情况。

（三）离所就医

1. 强制隔离戒毒人员患有伤病，强戒所内医疗机构不具备诊疗条件需要到其他医院离所就医的，经医疗机构负责人审核同意后按规定程序办理；需要在其他医院住院治疗的，应当报省、自治区、直辖市司法行政机关戒毒管理部门备案。

2. 戒毒人员离所就医时，负责管理的人民警察或者医疗机构医务人员应当携带相关病情资料。就诊时，应当将病情和前期诊疗情况告知就诊医院医师，保管好就诊时形成的病历、诊疗单据等就诊资料。戒毒人员回所后，医疗机构应当对其离所就医期间的就医资料进行整理，及时归入戒毒人员的个人健康档案，同时将诊疗情况告知戒毒人员所在的戒毒大队。

3. 强制隔离戒毒所应当根据需要选择条件适合的所外医院建立戒毒人员专用病房，专用病房应当设置安全防护设施，具备人民警察能够直接管理、所内指挥中心能够远程视频监控病房情况的条件。

（四）所外就医

《戒毒条例》第 31 条对患严重疾病的强戒人员作出了相关规定："强制隔离戒毒人员患严重疾病，不出所治疗可能危及生命的，经强制隔离戒毒场所主管机关批准，并报强制隔离戒毒决定机关备案，强制隔离戒毒场所可以允许其所外就医。所外就医的费用由强制隔离戒毒人员本人承担。所外就医期间，强制隔离戒毒期限连续计算。对于健康状况不再适宜回所执行强制隔离戒毒的，强制隔离戒毒场所应当向强制隔离戒毒决定机关提出变更为社区戒毒的建议，强制隔离戒毒决定机关应当自收到建议之日起 7 日内，作出是否批准的决定。经批准变更为社区戒毒的，已执行的强制隔离戒毒期限折抵社区戒毒期限。"此外，《司法行政机关强制隔离戒毒所医疗工作管理规定》关于强戒人员所外就医的管理规定如下："戒毒人员患有严重疾病，不出所治疗可能危及生命的，由医疗机构向戒毒人员所在戒毒大队提出所外就医的建议并提供相关诊断证明材料。"

三、病患戒毒人员评估出院管理

（一）场所内出院管理

根据《司法行政机关强制隔离戒毒所医疗工作管理规定》第 37 条的规定，戒毒人员出院时，医疗机构应当将戒毒人员住院治疗情况、出院后注意事项告知戒毒人员所在戒毒大队。由于长期吸食毒品，戒毒人员身体素质普遍较差，常合并多种疾病。因此，在戒毒人员出院时，应根据其具体情况，将回归戒毒大队后的注意事项详细告知管教民警。出院后，康复指导民警负责为病残强制隔离戒毒人员进行相关物理治疗和文体治疗，促进其身体康复。心理治疗民警负责心理疏导和矫治、实施心理康复工作等。设立专门护工开展适合不同层级标准的专门护理。

1. 非传染性疾病出院管理。对于患有非传染性疾病的强制隔离戒毒人员，应当将其具体病情及注意事项告知管教民警。如若患有高血压、糖尿病等基础性疾病的强制隔离戒毒人员，应当告知其注意事项以及日常个人护理方式等。对于身体状况较差的强制隔离戒毒人员，务必注意监控其日常起居。对于此类病患强制隔离戒毒人员，在出院后，强制隔离戒毒场所应努力做好戒毒人员的疾病跟踪管理工作、民警管控戒毒人员药物及服用工作，对其进行定期巡诊。①

2. 传染性疾病出院管理。患有传染性疾病的强制隔离戒毒人员在场所内医院出院后，强制隔离戒毒所应当依法做好传染病防治工作，根据本地区传染病的流行特点制定预防控制预案并定期演练。严格执行传染病疫情报告制度，配合疾病预防控制机构做好疫情控制相关工作。强制隔离戒毒所应当搞好环境卫生，定期消除鼠、蝇、蚊、蟑螂等病媒生物。同时，应当开展艾滋病、性病、肺结核、病毒性肝炎等传染病的监测和防治工作。对从事艾滋病等传染病防治工作的医务人员和管理人员做好传染病职业暴露防护和培训工作。② 同时，根据出院后强制隔离戒毒人员罹患传染病的种类不同，采取相应的管理措施。

（二）所外就医出院管理

1. 强制隔离戒毒人员所外就医期间，健康状况不再适宜回到强制隔离戒毒所执行强制隔离戒毒的，强制隔离戒毒所应当向强制隔离戒毒决定机关提出变更为社区戒毒的意见。对于病情危重的强制隔离戒毒人员，其自身身体状况不再适合回所执行强制隔离戒毒的，病情诊断评估小组可以在进行所外就医病情诊断时，同步出具变更戒毒措施的意见，在经批准所外就医后，强制隔离戒毒所应及时向强制隔离戒毒决定机关提出变更为社区戒毒的意见。

2. 办理变更戒毒措施，由病情诊断小组出具《强制隔离戒毒人员病情诊断表》《医院诊断治疗意见书》，2 日内转送戒毒所。经大队民警评议、所长办公会审议决定，强制隔离戒毒所及时向强制隔离戒毒决定机关提出变更为社区戒毒的建议，并将强制隔离戒毒人员变更为社区戒毒的情况报告附《强制隔离戒毒人员病情诊断表》《医院诊断治疗意见书》以及所长办公会纪要上报备案。

3. 强制隔离戒毒决定机关同意变更戒毒措施的，戒毒所应当在 5 日内书面通知戒毒人员亲属或者监护人、原所在单位、就读学校以及户籍所在地或者居住地

---

① 参见陈玉海：《病残戒毒人员分层管理模式探索与思考》，载《中国司法》2015 年第 2 期。

② 《司法部关于印发〈司法行政机关强制隔离戒毒所医疗工作管理规定〉的通知》，载阿里地区司法处 2022 年 1 月 19 日，https://sf.al.gov.cn/info/1077/2890.htm。

公安机关。①

四、病患戒毒人员医疗档案管理

（一）病患戒毒人员医疗档案的内容

病患戒毒人员医疗档案包括强制隔离戒毒人员从入所到出所期间，所有与医疗活动有关的档案。根据《司法行政机关强制隔离戒毒所医疗工作管理规定》第26条第1款的规定，强制隔离戒毒所应当为戒毒人员建立个人健康档案，由专人负责管理。病患戒毒人员医疗档案包括戒毒人员体检表（入所各阶段体检表及特殊体检等）、病历（纸版病历、电子病历）、辅助检查报告（CT、彩超、X线、血液生化常规检查等）、吸毒检测报告、所外就医病历及检查报告等相关资料。

（二）病患戒毒人员医疗档案的保管

实现病患戒毒人员医疗档案规范化管理的基础，是病患戒毒人员医疗档案管理制度的建立与完善。病患戒毒人员在所期间，其医疗档案应由戒毒医疗中心专人集中管理，出所之后将其交由场所内专门档案管理科室进行保管。根据《司法行政机关强制隔离戒毒所医疗工作管理规定》第4条的规定，强制隔离戒毒所应当加强智慧医疗建设，提高诊疗过程、药品、医疗档案等管理工作信息化、智能化水平。目前，病患戒毒人员医疗档案包括纸版医疗档案和电子医疗档案两种类型。根据相关规定，纸版医疗档案病历保存期不得少于15年，应当注意做好防潮、防火、防蛀等预防工作，尽力确保档案完好。病患戒毒人员医疗档案管理人员，应当定期进行档案整理工作，确保档案的完整性、准确性。同时，病患戒毒人员医疗档案管理人员需对档案内容严格保密，确保档案的安全性，确保戒毒人员基本信息及隐私不被泄露。

（三）病患戒毒人员医疗档案的借阅

病患戒毒人员医疗档案的借阅应严格遵循《司法行政机关强制隔离戒毒所医疗工作管理规定》要求，除对病患戒毒人员开展医疗活动人员以及相关管理人员之外，其他任何人不得擅自对其档案进行查阅。如因工作需要，确需查看病历的，

---

① 《北京市戒毒管理局强制隔离戒毒人员所外就医及变更戒毒措施工作规定》，载北京市监狱管理局2022年1月18日，http://jyj.beijing.gov.cn/swgk/202101/t20210127_2234100.html。

应在获得强制隔离戒毒所负责人批准的前提下，方可对其进行查阅，且查阅完毕后应当立即将其归还，同时保证病患戒毒人员的相关信息不被擅自泄露。戒毒人员本人或委托他人申请查阅、复制病患戒毒人员医疗档案的，应先由强制隔离戒毒所负责人审核批准，方可进行查阅、复制。同时，受委托人必须出具有效身份证明、代理关系的法定证明材料和授权委托书。

根据《司法行政机关强制隔离戒毒所医疗工作管理规定》第48条的规定，人民法院、人民检察院、公安机关、医疗保障部门以及医疗事故技术鉴定机构在办理案件或者依法办理相关事项中，要求审核、查阅或者复制戒毒人员病历资料的，经强制隔离戒毒所负责人批准，医疗机构予以协助。

复习思考题

1. 简述戒毒医疗的概念与特点。
2. 简述戒毒医疗工作的重要作用。
3. 简述戒毒医疗机构的构成。
4. 简述戒毒医疗机构的监督管理的内容。
5. 简述病患戒毒人员管理工作的要点。
6. 简述病患戒毒人员的离所就医和所外就医管理要点。
7. 简述病患戒毒人员档案内容及档案保管要点。

本章主要参考文献

1.《禁毒法》。
2.《民法典》。
3.《司法部关于建立全国统一的司法行政戒毒工作基本模式的意见》。
4.《司法行政机关强制隔离戒毒所医疗工作管理规定》。
5. 杨良主编：《药物依赖学》，人民卫生出版社2015年版。
6. 杜新忠主编：《实用戒毒医学》（第2版），人民卫生出版社2015年版。
7. 郝伟、赵敏、李锦主编：《成瘾医学：理论与实践》，人民卫生出版社2016年版。
8. 程仕虎、王文学、李运波：《完善病残戒毒人员收治管理和戒毒医疗改革的研究》，载《司法警官职业教育研究》2021年第4期。
9. 胡湛蕾：《司法行政戒毒学员医疗保险制度之构建》，载《北京政法职业学院学报》2019年第4期。
10. 吕成荣主编：《监狱精神病学》，东南大学出版社2018年版。

第十章　戒毒人员教育矫正工作管理

本章摘要

教育矫正工作管理作为场所戒毒管理的重要组成部分，是教育矫正工作持续推进、有序开展的根本保障。通过本章的学习，了解教育矫正工作管理的概念，理解教育矫正工作管理的特点和意义，熟练掌握戒毒场所教育矫正组织机构管理、教育矫正工作人员管理、教育矫正对象管理以及教育矫正基础设施与经费管理，系统领会戒毒人员教育矫正工作过程管理。

重点问题

本章重点是掌握戒毒场所教育矫正工作诸要素的管理，领会戒毒人员教育矫正工作过程管理。

第一节　戒毒场所教育矫正工作管理概述

教育矫正工作管理作为场所戒毒管理的重要组成部分，是教育矫正工作持续推进、有序开展的根本保障。深入理解教育矫正工作管理的概念、特点和意义，对于掌握戒毒场所教育矫正工作要素管理、领会戒毒人员教育矫正工作过程管理，都具有一定的促进作用。

一、教育矫正工作管理的概念

教育矫正不仅是戒毒人员在戒毒期间享有受教育权的根本体现，而且是他们提高自身素养、实现再社会化的基本保障，更是他们在解除戒毒之后保持操守、防止复吸的重要前提。依据 2014 年 7 月司法部印发的《强制隔离戒毒人员教育矫治纲要》的相关规定,教育矫正的目标是“通过综合运用各种教育矫治方法和手段,帮助戒毒人员认清毒品危害,树立法制观念,提升道德情操和文化素养,改善不良心理,掌握就业谋生技能,增强社会适应能力,戒除毒瘾,成功融入社会”。教育矫正工作管理是为了实现教育矫正目标,对有关教育矫正的机构、人员、财务、事项等要素,进行计划、组织、调控、评价的一系列管理活动。

教育矫正工作管理包括教育矫正行政管理与教育矫正业务管理。其中,教育矫正行政管理属于宏观管理范畴,主要涉及制定和督促执行教育矫正法规政策、建立教育矫正工作的科学结构与布局、对各级教育矫正机构实施分层领导与组织管理、开展教育矫正工作督导与评估等。教育矫正业务管理属于微观管理范畴,既涉及教育矫正工作人员管理、教育矫正对象管理、教育矫正基础设施与经费管理,又涉及戒毒人员的教育矫正方案设计、教育矫正现场管理、教育矫正效果考核等。

二、戒毒场所教育矫正工作管理的特点

教育矫正工作管理既有戒毒管理的法定性、行政性、复杂性、强制性、矫治性等共同特点,也有自身的规范性、人本性、协调性等特殊之处。

(一)规范性

教育矫正工作管理的规范性,是指在教育矫正工作过程中必须遵循一定的程序和标准,且各项教育矫正工作管理“由谁做”“做什么”以及“如何做”都应有明确的要求和规定。依法执教、依法施教是戒毒场所教育矫正工作的必然要求,教育矫正工作管理的所有过程和所有措施都必须依法依规实施。目前,我国教育矫正工作的法律依据主要包括《禁毒法》《戒毒条例》和公安部、司法部等有关部门制定的《公安机关强制隔离戒毒所管理办法》《司法行政机关强制隔离戒毒工作规定》《强制隔离戒毒人员教育矫治纲要》《司法行政强制隔离戒毒所强制隔离戒毒人员行为规范》《强制隔离戒毒诊断评估办法》《司法行政机关强制隔离戒毒所教育矫治工作考核办法》《强制隔离戒毒所建设标准》等一系列带有法律性质的行政规章及其他规范性文件。这些法律和规章制度的出台实现了教育矫正工作有法可依、有章可循,充分保障了教育矫正工作管理的法治化、规范化运行。此外,许多戒毒场所结合本单位的具体情况,制定了教育矫正工作管理的实施细则,宏观协调、科学指导和统筹安排法律常识教育、思想道德教育、戒毒常识教育、心理健

康教育、行为养成教育、文化素质教育、劳动和职业技能教育等活动，逐步建立规范的教育矫正工作管理体系。

（二）人本性

教育矫正工作管理的人本性，是指在教育矫正工作管理过程中秉持以人为本的理念，把尊重人的主体性、调动人的积极性放在首位，突出人在管理中的地位。教育矫正工作管理的核心是"人"，其实质是以人为主体的管理。从微观管理范畴而言，教育矫正工作管理的"人"主要包括教育矫正工作人员、戒毒人员。对于教育矫正工作人员来说，要重视他们的专业成长、职业发展，为他们提供良好的工作环境与工作条件，充分调动他们开展教育矫正活动的积极性，使他们能够安心从教、潜心育人、精心矫正，不断提高人力资源管理的水平。对戒毒人员来说，作为违法者，他们有改变认知、重塑观念的再社会化需要；作为受害者，他们有得到关怀、受到扶助的需要；作为病人，他们有治疗疾病、康复训练等方面的需要。一方面，注重把人本理念贯穿到教育矫正工作管理的全过程，在严管的前提下给予厚爱，尤其尊重戒毒人员的人格，保障戒毒人员的权利，增强他们戒除毒瘾的信心和回归社会的勇气；另一方面，力求契合戒毒人员在改变认知、重塑观念、得到关怀、受到扶助、治疗疾病、康复训练等方面的多重需要，通过科学计划、合理组织、及时调控、有效评价教育矫正工作，充分调动戒毒人员参与教育矫正活动的主观能动性，使他们从被动的"要我戒""要我学""教给我"转变为主动的"我要戒""我要学""我自教"。

（三）协调性

教育矫正工作管理的协调性，是指教育矫正工作管理主体通过合理配置人员、设备、仪器、经费、信息、技术等多种资源，有机调整相关管理职能之间、工作要素之间的关系。教育矫正工作管理主体是指受国家和社会的委托，依法负责计划、组织、调控、评价教育矫正工作的机构与人员。其中的人员是指戒毒教育矫正领域各级管理人员，统称为教育矫正工作管理者。教育矫正工作管理的客体是教育矫正工作管理主体在管理活动中所指向的对象，包括机构、人员、设备、仪器、经费、事项等。教育矫正工作管理的职能是通过教育矫正工作管理活动体现出来的设计、规划、组织、指挥、监督、调控、评价等诸多作用与功能。教育矫正是在遵循教育矫正原则的基础上，通过选择多项教育矫正内容、运用多种教育矫正方法，实现教育矫正目标的综合性活动。教育矫正活动的多样性、综合性决定了教育矫正工作管理的协调性。一方面,要求教育矫正工作管理者全面而深刻地理解管理客体的特点及其相互关系,并在实践活动中将其加以科学组织、动态调节;另一方面,教育矫正工作管理者应根据不同时期部署的戒毒工作任务以及不同戒毒人员的具体情况,及时设计、调整教育矫正方案,适时进行教育矫正现场管理与效果考核,使教育矫正内容、方法实现有机结合,从而达到教育矫正资源利用的最优化和整体功能的最大化。

三、戒毒场所教育矫正工作管理的意义

戒毒场所教育矫正工作管理是一项复杂而系统的工程,通过合理配置教育矫正资源,直接或间接地影响着教育矫正工作的条件、质量与效果。具体而言,其意义主要体现在以下三个方面。

(一)有利于促进教育矫正工作目标的逐步实现

从学理层面而言,教育目标是教育目的的下位概念。[①] 教育目的又称为教育总体目标,通常是根据社会需求与人的自身发展需要,对教育事业培养人才质量的总体规定。教育目标则是根据受教育者的身心特点,将教育目的中各方面要求加以细化,尤其注重教育内容对受教育者的影响程度并提出预期达到的教育效果。在戒毒系统中,教育矫正目的是从顺应社会的要求和个体发展的需求出发,对戒毒人员加以教育、感化和挽救,进而帮助他们戒断毒瘾、回归社会,将其造就成为守法公民。教育矫正目标则是根据国家制定的教育矫正目的,结合各所、各区、各类、各项教育矫正的特定任务,在制定总体规定的前提下对戒毒人员身心发展状态上加以阶段化、层次化、具体化的要求。简言之,教育矫正目的是教育矫正目标的统领性、指向性、抽象性规定,教育矫正目标是教育矫正目的的阶段化、层次化、具体化要求。在戒毒场所中,教育矫正目标是教育矫正工作的出发点和归宿,更是教育矫正管理部门制定教育矫正规范、设计教育矫正方案、执行教育矫正措施、取舍教育矫正内容、选择教育矫正方法的根本依据。因此,加强戒毒场所教育矫正工作管理,有利于促进教育矫正工作目标的逐步实现。

---

① 马志颖编著:《当代课程与教学论》,上海交通大学出版社 2020 年版,第 83 页。

（二）有利于确保各项教育矫正任务的有序执行

教育矫正任务既是指引教育矫正活动的标杆，也是衡量教育矫正成效的标尺。司法部在 2014 年 7 月印发的《强制隔离戒毒人员教育矫治纲要》对教育矫正工作的目标、原则、内容、方法、组织实施等方面进行了系统的规定。司法部在 2018 年 5 月印发的《关于建立全国统一的司法行政戒毒工作基本模式的意见》对生理脱毒区、教育适应区、康复巩固区、回归指导区四个不同戒治期区的主要目标、工作任务、戒治时限进行了具体阐述，进一步明确了教育矫正中心的主要任务，即"改变戒毒人员错误认识、增强戒毒人员戒毒动机和戒毒信心。要设置教学、图书阅览、禁毒展览、文化活动、职业技能培训设施，配备电化教学设备，建立集教学点播、教学效果考核、教育管理信息采集于一体的教育管理网络，建立涵盖多学科的专兼职教师队伍。要采取资源共享、购买服务、教研合作等多种方式，引进社会力量参与所内教育矫正工作。要以帮助戒毒人员掌握就业谋生技能、增强社会适应能力为目标，开展实用性的职业技能教育培训。要引进现代化教育理念，运用启发式引导式互动教育方法，调动戒毒人员主动参与的积极性"。面对内容繁重、专业性强的教育矫正任务，教育矫正管理部门既需要优化教育矫正工作体制机制，也需要加强教育矫正设施设备、场地环境等硬件建设，从而确保各项教育矫正任务的有序执行。

（三）有利于增进教育矫正人力资源的协同配合

从应然角度来说，教育矫正是一个纵向贯通、横向衔接、内外联动的社会子系统。所谓教育矫正的纵向贯通，是指从部局到场所再到科室、中心、大队，都有各自承担的教育矫正工作，且彼此上下联系，即上级通过相关管理人员把部局教育矫正的指示精神、中心思想及时贯彻到基层，下级通过相关管理人员把基层教育矫正的成果经验、问题不足及时反馈给部局。所谓教育矫正的横向衔接，是指场所生理脱毒区、教育适应区、康复巩固区和回归指导区之间的教育矫正工作先后衔接、依次流转，且在不同戒毒场所的教育矫正中心之间、教育矫正中心与其他中心之间以及教育矫正中心内部均存在人际横向联系的工作需要。所谓教育矫正的内外联动，是指戒毒场所积极加强与当地政府、企事业单位、教育机构、社会组织等社会力量的联系、交流，逐步形成以教育矫正工作人员、教育戒治专家、戒毒人员亲友、戒毒社会工作者、志愿者为核心的场所内外教育合力。因此，建立和健全一套畅通上下、协调左右、联系内外的教育矫正组织机构与管理体系，不断加强戒毒场所教育矫正工作管理，有利于增进各级、各类教育矫正人力资源的协同配合。

第二节　戒毒场所教育矫正工作要素管理

教育矫正工作要素，是指构成教育矫正工作系统的内部因子，以及维持其运行的必要因素。教育矫正工作要素包括教育矫正工作主体、教育矫正工作客体、教育矫正工作介体。教育矫正工作主体是受国家和社会的委托，依法履行教育矫正职能、开展教育矫正工作的机构、人员。教育矫正工作主体划分为两类：第一类是作为教育矫正工作主体的群体，即承担、组织、发动、实施教育矫正工作的各级机构；第二类是作为教育矫正工作主体的个体，即承担、组织、发动、实施教育矫正工作的人员。教育矫正工作客体是教育矫正工作主体的作用对象、教育矫正活动的接受者。在戒毒场所中，教育矫正工作客体是接受教育矫正的戒毒人员。教育矫正工作介体是教育矫正工作主体用以影响、作用于教育矫正工作客体的中介因素。教育矫正工作介体使教育矫正工作主体与教育矫正工作客体之间建立联系，从而保证教育矫正工作的正常开展。教育矫正工作介体通常被称为“第三要素”，①主要包括教育矫正内容、方法、手段、设备、仪器、经费、事项等。② 从管理层面而言，教育矫正工作主体、教育矫正工作客体、教育矫正工作介体都是教育矫正工作管理客体，其中部分教育矫正工作主体既是教育矫正工作管理客体又是教育矫正工作管理主体。

一、戒毒系统教育矫正组织机构管理

戒毒系统教育矫正组织机构，是指为了实现对戒毒人员教育矫正工作的计划、组织、调控、评价而设立的职能部门。戒毒场所教育矫正组织机构的管理内容包括明确各个组织机构的部门划分、层级结构、各自职能及其相互关系，由此形成

---

① 参见高莹主编：《矫正教育学》，教育科学出版社2007年版，第67页。

② 关于教育矫正工作介体的管理，本节主要探讨教育矫正设备、仪器等基础设施管理以及教育矫正经费管理。对于教育矫正内容、方法、手段、事项的管理，将在本章第三节中加以介绍。

一个有机整体。

(一)戒毒系统教育矫正组织机构的建制

我国戒毒系统教育矫正组织机构的设立取决于现行戒毒系统的领导体制,即中央、地方和戒毒场所三级管理体制。在司法行政戒毒系统中,教育矫正组织机构的设置主要分为司法部戒毒管理局教育矫治处、省(自治区、直辖市)戒毒管理局教育矫治处、①基层戒毒场所教育矫正机构三级部门。

我国戒毒系统教育矫正组织机构建制基本上属于行政管理垂直化与业务管理扁平化相结合的体制。这种管理体制的意义主要体现在以下两个方面:第一,有利于在全国范围内统一制定、共同执行戒毒人员教育矫正的政策、规划,实现对整个戒毒系统教育矫正工作的宏观管理与指导;第二,有利于充分发挥各个基层戒毒场所开展教育矫正工作的积极性和主动性,使教育矫正内容、方法、手段更有针对性,更能收到较好的教育矫正效果。

(二)戒毒领域教育矫正组织机构的职能

1. 司法部戒毒管理局教育矫治处的主要职能

司法部戒毒管理局教育矫治处是负责全国司法戒毒系统教育矫治工作的管理机构。其中,负责的有关教育矫正职能主要包括但不限于:(1)制定全国范围内的戒毒人员教育矫正规划;(2)选择和组织编写戒毒人员系列学习教材,并提出选择或编写其他有关教育矫正教材的意见;(3)组织有关专家、学者等人员深入基层开展教育矫正工作调研,为上级领导机关进行新的决策提供科学依据;(4)举办全国性或重点区域的戒毒人员教育矫正研讨会,开展学术交流活动,宣传和推广典型经验;(5)检查系统内戒毒人员教育矫正工作,并按照有关标准进行考核、评价,以便更好地指导全局性的工作;(6)通过新闻媒体等多种方式,广泛开展舆论宣传活动,以获得社会各界对我国戒毒人员教育矫正工作的理解、支持和参与。

2. 省(自治区、直辖市)戒毒管理局教育矫治处的主要职能

省(自治区、直辖市)戒毒管理局教育矫治处是负责本辖区戒毒系统教育矫治工作的管理机构。其中,负责的有关教育矫正职能主要包括但不限于:(1)根据本

---

① 个别省(自治区、直辖市)在把原来“劳动教养工作管理局”调整为“教育矫治局”的同时加挂“戒毒管理局”。

辖区戒毒工作实际，制定统一的教育矫正管理制度，并使之逐步达到规范化、科学化；(2)调研、掌握和指导本辖区各戒毒场所教育矫正工作；(3)根据司法部戒毒管理局的规划意见，结合本辖区戒毒人员的构成特点与戒治需求，制订戒毒人员教育矫正工作计划；(4)根据司法部戒毒管理局的指导意见，做好本辖区戒毒人员系列学习教材的选择以及相关编写工作；(5)组织召开本辖区的戒毒人员教育矫正研讨会、经验交流会；(6)检查本辖区戒毒人员教育矫正工作，认真做好教育矫正考核、评定、总结与表彰工作；(7)加强教育矫正机构管理人员、工作人员的培训，切实提高戒毒场所教育矫正工作队伍的专业化水平；(8)通过戒毒专刊、工作专网、微信公众号等多种方式，及时发布戒毒人员教育矫正信息，加强戒毒场所之间、戒毒民警之间教育矫正工作经验的交流与学习；(9)通过新闻媒体等多种方式，广泛开展舆论宣传活动，以获得社会各界对本辖区戒毒人员教育矫正工作的理解、支持和参与。

3. 基层戒毒场所教育矫正机构的主要职能

基层戒毒场所教育矫正机构主要包括教育矫治科、①根据综合戒治需要而设立的核心业务组织即“教育矫正中心”以及对戒毒人员实施监督管理与教育戒治大队。

教育矫治科的主要职能包括但不限于：(1)根据上级主管部门的有关指示精神与工作要求，结合本戒毒场所的实际情况，拟定教育矫正工作制度、规划与措施，规范教育矫正工作流程；(2)组织、协调相关部门、单位及社会力量积极参与、开展戒毒工作；(3)指导、督促、检查与考核全所教育矫正工作；(4)及时掌握全所教育矫正工作情况，收集、反馈、上报教育矫正工作重要信息和工作报表，通报、交流教育矫正工作典型经验；(5)开展教育矫正工作基础性专题研究，及时向上级和戒毒场所领导提供全面、科学、准确的决策依据，提出可行性对策和建议。

教育矫正中心的主要职能包括但不限于：(1)接受教育矫治科的管理与指导；(2)贯彻执行教育矫正工作制度、规划，制订场所年度教育矫正工作计划，落实教育矫正工作流程；(3)负责课程设置、学时安排以及课堂教学工作，督促、检查专兼职教师备课、授课和作业批改，开展教研活动，评价教学质量；(4)组织与管理戒毒人员在所戒治期间的学习教育活动；(5)开展戒毒人员的职业技能培训，协助落实

① 多数强制隔离戒毒所把负责矫正教育工作的职能科室为“教育矫治科”，个别强制隔离戒毒所称为“教育科”“教育改造科”“教育处”等。

技能鉴定工作;(6)负责提出戒毒人员教育矫正方面的评估意见;(7)建立健全教育矫正工作台账;(8)加强教育矫正软硬件建设,管理和维护教育矫正相关信息数据系统及设施设备,建立集教学点播、教学效果考核、教育管理信息采集于一体的教育管理网络;(9)负责场所戒毒文化建设,运用影视、广播、展览、文艺演出、图书、报刊、宣传栏和所内局域网等文化载体,活跃戒毒人员的文化生活;(10)组织教育矫正工作相关的业务培训、学习考察和课题研究;(11)采取资源共享、购买服务、教研合作等多种方式,引进社会力量参与所内教育矫正工作。

大队是戒毒场所依法对戒毒人员实施监督管理、教育戒治,完成各项工作任务的基层组织。2015 年司法部颁布的《司法行政机关强制隔离戒毒所教育矫治工作考核办法》第 15 条规定,强制隔离戒毒所应当设置教育管理部门,大队设置分管教育矫治工作领导并配备教育专管民警协助工作。在教育矫正工作实施过程中,教育矫正中心提供专业化的服务和方案;大队在做好现场管理、安全管理的基础上,主要负责保障整个教育矫正过程的顺利进行,利用专业中心的优势更好地推进教育矫正工作。大队的教育矫正工作职能主要包括但不限于:(1)协助中心开展教育矫正工作;(2)负责戒毒人员的学习管理,在课堂教学活动中协助授课教师维持现场秩序;(3)对戒毒人员进行个别谈话等工作;(4)通过建立教育矫正中心与大队民警的"会诊"机制,共同进行学情分析、教学计划拟定及调整,确保教育矫正取得良好的效果。

二、戒毒场所教育矫正工作人员的管理

戒毒场所教育矫正工作人员,是指那些直接面对戒毒人员,向他们传授文化知识、进行职业训练、指导生活技能,并对他们开展思想转化、心理矫治和行为矫正工作的专业人员。戒毒场所教育矫正工作人员管理是根据教育矫正工作目标要求,对教育矫正工作人员进行岗位任用、职责划分、业务培训、考核评价的管理活动。通常而言,戒毒场所教育矫正工作人员管理的范畴既涉及基层教育矫正负责人、教育矫正专职人员、教育矫正兼职人员,也涉及他们各自的岗位设置与职责任务。

(一)戒毒场所教育矫正工作人员岗位

戒毒场所教育矫正工作队伍的主体是戒毒人民警察(以下简称戒毒民警)。以强制隔离戒毒所的教育矫正工作为例,其核心业务组织的岗位设置包括教育矫

正中心主任、教育矫正中心副主任、专职教师和兼职教师。教育矫正中心通常设有主任1名,[①]部分大型、中型强制隔离戒毒所另设有副主任1～3名,配备专职教师1名以上,[②]兼职教师若干名。通常而言,专兼职教师的选任条件包括三个方面:第一,热爱教育矫正事业,具备良好的职业素养;第二,具有大学专科及以上学历,并积累了一定的戒毒工作经验;第三,经过相关专业学习或培训,取得教师资格证或有关教育教学方面的培训证书。在教育矫正工作人员不足的情况下,许多强制隔离戒毒所根据相关规定和实际需要,聘请社会专业人员作为师资力量的补充。

(二)戒毒场所教育矫正工作人员的职责

戒毒场所教育矫正工作人员的基本职责在于,通过综合运用各种教育矫正方法和手段,帮助戒毒人员认清毒品危害,树立法治观念,提升道德情操和文化素养,改善不良心理,掌握就业谋生技能,增强社会适应能力,逐步戒除毒瘾,成功融入社会。具体而言,教育矫正中心主任、教育矫正中心副主任、专职教师和兼职教师各自承担不同的职责分工,有各自的任务安排。

1.教育矫正中心主任的职责任务

教育矫正中心主任的职责任务主要包括但不限于:(1)主持教育矫正中心的全面工作;(2)宣传贯彻党的方针政策,落实上级领导安排的各项工作任务,规范执法执纪行为,提高教育矫正工作能力和效率,完成各项工作;(3)组织对课堂教学的监督、检查与考核;(4)组织开展禁戒毒宣传教育、文体活动、社会帮教、职业推介及其他教育矫正活动;(5)完善中心建设,负责对中心人员的教育管理,指导中心的日常工作,定期检查工作开展情况和业务台账,落实整改;(6)负责组织教育矫正工作相关的业务培训、学习考察和课题研究,推广应用戒毒新技术、新方法;(7)按时参加全所诊断评估办公会议,提出诊断评估结论和意见;(8)不断完善中心业务工作流程,提高工作实效和科学化水平;(9)完成上级领导交办的其他

---

① 通常而言,教育矫正中心隶属于教育矫治科,由科长兼任中心主任。

② 依据《强制隔离戒毒人员教育矫治纲要》的相关规定,"强制隔离戒毒所应当按照不低于收治人数1%的比例配备专职教师,收治人数低于500人的场所,应至少配备5名专职教师,负责课堂教学、康复训练和专题教育。按照不低于0.6%的比例配备专职心理咨询师,为有需要的戒毒人员提供个体心理咨询服务"。因此,强制隔离戒毒所通常按照在所戒毒人员收治规模配备相应数量的专职教师。一般情况下,专职教师人数不低于在所戒毒人员人数的1%。当然,小型强制隔离戒毒所可配备1名专职教师。

工作。

2. 教育矫正中心副主任的职责任务

教育矫正中心副主任的职责任务主要包括但不限于:(1)协助中心主任开展中心各项工作;(2)制定戒毒人员教育矫正工作实施细则,合理设置教育矫正课程,协助主任做好专兼职教师的管理和考核;(3)建立教育矫正工作台账,按要求落实课堂教学的方案设计、备课笔记,建立完善各项业务原始记录;(4)参与组织禁戒毒宣传教育、文体活动、社会帮教、职业推介及其他教育矫正活动;(5)协调和督促大队按要求完成各项教育矫正工作内容,并参与检查、考核;(6)做好分管工作的业务平台建设、运行与维护;(7)参与组织教育矫正工作的业务培训、学习考察和课题研究,推广应用戒毒新技术、新方法;(8)办理中心其他日常事务;(9)完成上级领导交办的其他事项。

3. 专职教师的职责任务

专职教师的职责任务主要包括但不限于:(1)在中心主任、副主任指导下开展入所教育、日常教育、出所教育,并督查考核;(2)积极备课,按要求组织课堂教学,并辅导答疑、做好课堂记录、布置和批改作业;(3)及时掌握各戒治期区戒毒人员的学情变化,妥善处理教学中出现的问题,并向中心主任汇报;(4)对难以转化的戒毒人员,应实施重点个别教育、跟踪教学和案例研讨;(5)组织戒毒人员参加职业技能培训、辅助教育、分类教育、社会帮教等工作;(6)参加教育矫正课题研究、撰写年度教研工作计划、参与课题组会议等有关工作;(7)参与教育矫正评价工作;(8)完成上级领导交办的其他工作。

4. 兼职教师的职责任务

兼职教师的职责任务主要包括但不限于:(1)在中心主任、副主任指导下进行教育矫正、教学及教研工作;(2)承担部分课程的备课、授课任务,并辅导答疑、做好课堂记录、督促戒毒人员完成作业;(3)及时掌握各戒治期区戒毒人员的学情变化,妥善处理教学中出现的问题,并向中心主任汇报;(4)参加教育矫正课题研究,参加有关会议;(5)辅助教育矫正评价工作;(6)完成上级领导交办的其他工作。①

---

① 重庆市教育矫治局、重庆市戒毒管理局编:《重庆市建立全国司法行政戒毒工作基本模式指南》,2018 年。

三、戒毒场所教育矫正对象管理

戒毒场所教育矫正对象,是指在戒毒场所中依法接受教育矫正影响的个体或集体。戒毒场所教育矫正对象的管理范畴既包括作为个体的教育矫正对象管理,也包括集体的教育矫正对象管理。

(一)戒毒场所教育矫正对象个体管理

戒毒场所教育矫正对象个体管理,是指为了解决每位戒毒人员的个体思想、心理、行为等问题而单独进行的教育管理活动。它与戒毒场所教育矫正对象集体管理相对应,共同构成戒毒场所教育矫正对象的管理体系。

1. 戒毒场所教育矫正对象个体管理的法规依据

个别教育作为教育、挽救每位戒毒人员的根本手段与有效方法,主要包括个别谈话、个别感化、个别辅导、个案矫治等多种形式。戒毒场所教育矫正对象个体管理是开展个别教育工作的前提基础和重要内容。按照2013年4月司法部发布的《司法行政机关强制隔离戒毒工作规定》第47条的要求,“强制隔离戒毒所应当对戒毒人员开展有针对性的个别教育。戒毒大队人民警察应当熟悉分管戒毒人员的基本情况,掌握思想动态,对分管的每名戒毒人员每月至少进行一次个别谈话”。为了明确教育矫正对象个体管理工作,《强制隔离戒毒人员教育矫治纲要》在把个别谈话频率由“每月至少一次”调整为“每两个月至少一次”的基础上进一步提出,“入所初期,进行一次个性化分析诊断,由大(中)队民警和心理咨询师,参照心理测评结果、个人成长史、现实表现等情况和诊断评估标准,逐人制订个案化教育矫治方案,运用多种手段开展教育矫治工作,做好跟踪管理;在强制隔离戒毒中期,从戒毒人员法制观念、道德水平、文化素质、心理、生理健康状况等方面,对教育效果进行评价,根据需要调整教育矫治方案,提高个别教育的针对性;在解除强制隔离戒毒前,对每名戒毒人员进行综合评估”。《司法行政机关强制隔离戒毒所教育矫治工作考核办法》不仅重申“强制隔离戒毒所大(中)队民警每2个月至少对每名戒毒人员进行1次个别谈话教育”,而且要求“对存在逃跑、自杀、行凶、自伤自残、绝食、起哄闹事、私藏违禁物品行为的、违纪受到罚分处理或被执行单独管理的、半年内无人探访或家庭发生变故的、公安机关提审的、心理或行为明显异常的戒毒人员应当及时开展谈话疏导,并将谈话记录写入《谈话记录本》”,同时规定“强制隔离戒毒所应当逐人制定个别化教育矫治方案,做好跟踪管理”。

2. 戒毒场所教育矫正对象个体管理的工作准则

戒毒场所教育矫正对象个体管理的工作准则是戒毒管理法治化、正规化、科学化的基本保障。以强制隔离戒毒所为例，教育矫正对象个体管理的工作准则主要包括教育矫正对象的谈话制度、重点转化要求等。

教育矫正对象的谈话制度主要包括定期谈话制度、十必谈制度。其中，定期谈话制度是指“强制隔离戒毒所大（中）队民警对每名戒毒人员每两个月要至少安排一次个别谈话”。十必谈制度详细规定了戒毒民警对戒毒人员必须开展个别谈话教育的十种情形，即在戒毒人员出现下列情形之一时，戒毒民警要及时对其进行个别谈话教育：（1）戒毒人员新入所或变更大（中）队时；（2）戒毒人员管理级别变更、期区流转或劳动岗位调换时；（3）戒毒人员受到奖励或因违法违纪受到处分时；（4）戒毒人员之间发生矛盾或冲突时；（5）戒毒人员外出探视前后或家庭发生变故、出现困难时；（6）长时间无人探访或家人不与戒毒人员联系时；（7）戒毒人员情绪、行为明显异常时；（8）戒毒人员主动要求谈话时；（9）戒毒人员变更执行方式、所外就医、延长强制隔离戒毒期限或临近解除强制隔离戒毒时；（10）戒毒人员出现其他需要进行个别谈话教育的情形。

教育矫正对象的重点转化工作，是指戒毒民警依法对戒治难度大、正在或可能危及场所安全的重点人员实施有组织、有计划、有步骤的教育矫正，促使其转变思想、真诚悔过、遵规守纪、努力戒治的转化活动。教育矫正对象的重点转化工作成效如何，直接反映戒毒场所教育矫正工作管理的能力和水平。教育矫正对象的重点转化要求作为教育矫正对象个体管理的组成部分，是考察教育矫正工作管理状况的主要指标，通常涉及重点人员的认定要件、攻坚教育的转化要点等。

重点人员的认定要件包括三个方面：（1）重点人员的认定主体，即以大队为主的场所教育矫正机构；（2）重点人员的认定流程，即一般由所在大队提出申报建议，经场所教育矫正职能部门审核，报分管所领导批准；（3）重点人员的认定客体，即当戒毒人员出现下列情形之一时，所在大队应当将其申报为重点人员：第一，一贯不认错悔过、经常不服管教、寻衅滋事的人员；第二，有较强的反社会心理和行为、散布反政府或反社会言论、煽动闹事、屡教不改的人员；第三，制造或传播有损戒毒场所安全稳定的谣言、屡教屡犯的人员；第四，具有自杀、自残、自伤、逃跑倾向或以自残、自伤、绝食、装病、装疯等虚假手段图谋不轨、抗拒戒治的人员；第五，破坏场所戒治秩序、抗拒习艺劳动、故意损坏生产工具、无故不参加矫治活动、屡教不改的人员；第六，不服强制隔离戒毒决定且不通过合法途径表达诉求、无理缠闹、抗拒戒治的人员；第七，疑似“三假”（假姓名、假身份、假户籍住址等）、负案在戒人员或疑似掌握重大案情线索、被公安机关通缉的在戒人员；第八，涉黑、涉恶、涉毒团伙的关键成员。此外，一些戒毒场所还把特别难戒人员、有严重认知行为障碍人员列为重点人员。重点人员的认定比例一般为在所人数的1% ~2%。一些场所还建立了重点人员分级制度，定期摸排出所级重点人员、大队级重点人员。

对重点人员的攻坚教育转化要点包括五个方面：(1)要成立教育转化攻坚小组，即按照“专人负责、共同参与、集体会诊、合力攻坚”的原则，成立3~5人组成的攻坚转化工作小组，明确主攻民警和成员分工；(2)要制订教育转化攻坚方案，即认真分析研判攻坚对象的矫治表现、个性特征、身体状况、成长经历、家庭背景、社会关系等情况，深刻剖析违法成因、症结所在和工作难点，明确攻坚策略、突破方向；(3)遵循攻坚转化工作规律，即综合考虑攻坚对象类型、特点，结合民警的专业特长，科学调配攻坚力量，适当吸纳亲情资源、社会帮教资源共同参与攻坚，尤其强化个别谈话技术、心理分析技术、个别化矫正技术、社会帮教的实践运用；(4)要建立攻坚转化工作信息交流机制，即定期召开攻坚转化工作碰头会、专题分析会、所情研判会等，通报重点人员的转化情况，分析研究攻坚转化的对策；(5)要确保安全，即根据攻坚需要和防控重点，严格落实民警包管和戒毒人员联号夹控措施，力求确保安全。

（二）戒毒场所教育矫正对象集体管理

戒毒场所教育矫正对象集体管理，是指为了解决戒毒人员普遍的共性问题，以全所、大队、中队、班级、班组、寝室等集体为组织形式而进行的教育管理活动。戒毒场所教育矫正对象的集体管理与个体管理是相互依赖、彼此协调的。戒毒民警既要通过对教育矫正对象个体的直接管理循序渐进地影响集体，又要通过对教育矫正对象集体的共同管理潜移默化地影响个体。

1. 戒毒场所教育矫正对象集体管理的法规依据

集体教育作为教育、挽救戒毒人员的重要手段与有效方法，主要包括课堂教学、分类教育、讲评教育、专题教育等多种形式。戒毒场所教育矫正对象集体管理是开展集体教育工作的前提基础和基本内容。按照《司法行政机关强制隔离戒毒工作规定》第46条的要求，“强制隔离戒毒所应当采取课堂教学的方式，对戒毒人员集中进行卫生、法制、道德和形势政策等教育”。为了明确教育矫正对象的集体管理工作,《强制隔离戒毒人员教育矫治纲要》在要求"规范课堂教学"的基础上,提出"课堂教学原则上实行小班教学,每班不超过 50 人",并规定配备"负责课堂教学、康复训练和专题教育"的专职教师。《司法行政机关强制隔离戒毒所教育矫治工作考核办法》不仅重申"强制隔离戒毒所课堂教学原则上实行小班制,每班不得超过 50 人",而且要求"戒毒人员参与率达到 100%,考试合格率达到 80%(含)以上",还提出强制隔离戒毒所应当"组织开展积极向上的文体活动、主题教育活动等辅助教育活动",并规定"强制隔离戒毒所每半年至少举办 3 次全所范围的辅助教育活动,参与每次活动的戒毒人员应达到在所戒毒人员的 50%(含)以上"。

2. 戒毒场所教育矫正对象集体管理的工作准则

戒毒场所教育矫正对象集体管理的工作准则是戒毒管理法治化、正规化、科学化的重要保障。强制隔离戒毒所各大队通常以编班管理的形式,开展课堂教学、专题教育等集体教育活动,集中组织戒毒人员进行综合性戒毒矫治康复训练。① 其中,教育矫正对象集体管理的工作准则主要包括教育矫正对象的学习规范、班级管理制度等。

教育矫正对象的学习规范主要包括以下六个方面:(1)遵守学习纪律,自觉维护课堂秩序,尊重教师,认真听讲;(2)认真接受入所教育,学习强制隔离戒毒有关法律法规、强制隔离戒毒所的所规所纪和戒毒人员的权利义务等内容;(3)按时完成学习任务,接受社会主义核心价值观、卫生、法治、道德和形势政策等教育;(4)认真参加职业技能培训和职业技能鉴定,掌握实用技能,提高就业能力;(5)认真参加强制隔离戒毒所组织的文娱活动,阅读健康有益书刊,按规定收听、收看广播电视,使用内部计算机网络;(6)认真接受出所前的回归社会教育,学习戒毒康复、戒毒药物维持治疗等相关知识,参加强制隔离戒毒所组织到戒毒康复场所及戒毒药物维持治疗场所的参观、体验活动。

班级管理制度,是指为了保证班级活动的顺利开展而制定的班委成员职责、班级活动纪律以及奖惩细则。② 在戒毒场所的教学班中,班主任由戒毒民警担任,班委成员通常包括班长、学习委员、纪律委员、宣传委员、文体委员等。关于班委成员的产生,首先由符合条件的本教学班戒毒人员(以下简称本班学员)本人提出申请,或由本班学员集体提名推荐,或由班主任推荐,之后经大队审核后在全体学

① 参见罗旭主编:《强制隔离戒毒执法与管理实务》,中国政法大学出版社 2020 年版,第 23 页。

② 参见吴秋芬主编:《班级管理》,安徽大学出版社 2005 年版,第 134 页。

员中进行差额选举投票，最后由大队集体研究，在多数票获得者中综合确定当选人，并在大队公示无异议后，填写《使用人员审批表》报所政管理部门审批。关于班委成员职责，班长负责向班主任汇报本班学员的思想、学习、生活等情况，召集、主持班会，协调整个班委组织的日常管理工作；学习委员负责协助任课教师的教学工作，收发学习用具，组织本班学员的学习活动，督促本班学员按时完成作业，使任课教师能够及时掌握情况、及时进行辅导；纪律委员负责督促本班学员遵守所规队纪、课堂纪律，及时向班主任、值班民警或任课教师汇报本班执行纪律情况；宣传委员负责收集班级好人好事、典型事件，协助戒毒民警利用墙报、黑板报、广播等形式开展宣传教育；文体委员负责协助戒毒民警组织形式多样的文娱、体育、队列操练活动，收集并反映本班学员关于丰富班级文化生活的合理建议。

班级活动纪律以及奖惩细则的制定主要是依据《司法行政机关强制隔离戒毒工作规定》《强制隔离戒毒人员教育矫治纲要》《司法行政强制隔离戒毒所强制隔离戒毒人员行为规范》等法规、规章，同时兼顾戒毒场所教育矫正工作的实际情况、本班学员参与班级活动的需要。以班级课堂纪律为例，学员应从以下六个方面严格要求自己：第一，听到集合上课的号令，学员带好课本、笔记本等文具，迅速到指定位置集合，在值班民警的指挥下安静列队进入教室，按事先要求在规定的位置就坐，因病不能上课的应持有医务所证明；第二，任课教师进入教室、准备上课前，学习委员或文体委员喊“起立”，学员起立的同时齐声说“老师好”并等任课教师答礼后方可坐下；第三，学员在上课期间不得喧哗、私语或睡觉，应做到坐姿端正、认真听讲、做好笔记，任课教师提问时学员应积极举手回答，学员自己有疑问时要举手示意，得到允许后起立发问；第四，任课教师准备下课前，学习委员或文体委员喊“起立”，学员在起立的同时齐声说“老师再见”；第五，学员在课后要按照任课教师的要求和值班民警的安排，按时完成作业，保证质量；第六，自学时要认真完成自学任务，保持教室安静，不得交头接耳、嬉笑打闹或随意走动。学员的上课出勤率、课堂表现、课后作业、考试成绩直接与其奖惩挂钩。对于学习态度端正、遵守课堂纪律、学业成绩优良的学员，可及时予以表扬，也可根据情况按学期表彰单科成绩优秀者，还可根据综合成绩评选优秀学员并给予额外奖励。对于不服管教、表现较差、不求上进，尤其是经常违反课堂纪律、无故旷课以及在考试中作弊的学员，应视情节给予通报批评、警告、记过等处分。奖励或处分学员时，要坚持实事求是、集体研究的原则，做到准确无误，并严格履行审批手续。有关材料应及时归入档案，并作为综合诊断评估的依据。

四、教育矫正基础设施与经费管理

（一）教育矫正基础设施管理

教育矫正基础设施，是指戒毒场所开展教育矫正工作所需的基础建筑、设施设备。教育矫正基础设施管理作为戒毒场所教育矫正管理的要素之一，是戒毒管理法治化、正规化、科学化的必备条件。

1. 教育矫正基础设施管理的法规依据

教育矫正基础设施管理是保障戒毒场所教育教学活动有序进行的物质条件与重要前提。国务院于2011年发布、2018年修订的《戒毒条例》第29条规定，“强制隔离戒毒场所应当配备设施设备及必要的管理人员，依法为强制隔离戒毒人员提供科学规范的戒毒治疗、心理治疗、身体康复训练和卫生、道德、法制教育，开展职业技能培训”。司法部、公安部在2014年组织编制的《强制隔离戒毒所建设标准》第11条明确提出，“强制隔离戒毒所建设项目由房屋建筑及其设备、场地、安全防范和其他配套设施构成”；第12条规定，“强制隔离戒毒所房屋建筑包括：强制隔离戒毒人员用房、警察用房、业务用房、附属用房”，其中“业务用房包括：收戒（治）用房、管理用房、教育矫治用房、帮教用房、职业技能培训用房、特殊业务用房、会堂或多功能厅等”。《强制隔离戒毒人员教育矫治纲要》指出，强制隔离戒毒所不仅要“配备完善的教育矫治设施设备”，尤其在教育矫正基础设施方面“应当设置与收治人数相适应的教学、文体活动、图书阅览、职业技能培训等功能用房，配备齐全的电化教学设施和教学网络”，而且“在设施建设、环境营造中集中体现戒毒工作理念和特色”，同时注重“设置鼓励、引导、关怀和与禁毒内容相关的标识，突出整洁优美、和谐有序、活泼向上的氛围，充分发挥环境育人的功能”。

2. 教育矫正基础设施管理的工作要求

教育矫正基础设施管理工作既包括教育矫正活动所需的基础建筑设置，也包括教育矫正活动所需的设施设备管理。

关于基础建筑设置方面，戒毒场所应设置与收治人数相适应的教室、图书阅览室、禁毒展览室、职业技能培训室、文化活动室、个别谈话室等功能室，并由教育矫正中心专人管理。其中，教室应满足院区20%戒毒人员同时上课的要求；图书阅览室藏书应不少于1000册且能满足30名以上戒毒人员同时阅读的要求；禁毒展览室应设有毒情形势、禁毒斗争、毒品知识、毒害认知、拒毒戒毒等内容板块；职业技能培训室应具有培训、操作实习等场地;[1]文化活动室可与艺术矫治教室合并,应具有开展书法、绘画、棋牌、球类等文化娱乐活动的场地。各类功能室的内部环境应光线充足、通风良好、整齐清洁,可以通过悬挂名人名像、设置名言警句、张贴所规队纪等形式营造浓厚的教育氛围。戒毒场所还可以设置会堂、礼堂或多功能厅,用于召开全所戒毒人员大会、组织大型集体教育活动、举办各类讲座、开展文艺汇演等活动。

关于设施设备管理方面,戒毒场所在教室中应配有黑板、讲桌、课桌椅、电化教学设备以及其他现代化教育所需的教学仪器,有条件的可以配有多媒体教学一体机、多媒体讲台、两板式推拉黑板、平板电脑、无纸化考试等设施设备;在图书阅览室中应配有书架、报刊架、书籍、报刊、阅览桌椅,有条件的可以配有电子阅览系统(戒毒局版)、电子阅览桌椅、平板电脑等设备;在禁毒展览室中应配有禁毒宣传知识挂图、禁毒宣传书籍、毒品展览柜、仿真毒品、禁毒展板等,有条件的可以配有信息查询系统(戒毒局版)、全息投影、虚拟翻书、电子抢答、幻影成像、多点触控、互动橱窗等设备;[2]在职业技能培训室应配有就业推介会展板、职业技能培训设备等;在文化活动室应配有书画用具、音响设备、棋牌以及球类等设施,有条件的可以配有多媒体教学一体机、教具柜、展示园地;在个别谈话室应配有必要的隔离等安全设施、录音录像设备;警察办公室、档案与文印室均应配有教育矫正工作软件,建立集教学点播、教学效果考核、教育管理信息采集于一体的教育管理网络。此外,戒毒场所应建立文化墙、文化走廊、戒毒文化专栏、戒毒文化专刊等功能设施,突出教育戒治主题,营造浓厚的场所文化氛围。

(二)教育矫正经费管理

教育矫正经费管理,是指遵循场所戒毒管理原则和有关法规制度,对教育矫正经费进行筹措、分配和使用的过程。教育矫正经费管理涉及教育矫正经费的来源、分配和使用,在教育矫正工作管理中居于基础地位。

1. 教育矫正经费管理的法规依据

教育矫正经费是保障戒毒场所教育教学工作有序进行、有效运转的重要物质

---

① 参见广东省戒毒管理局:《广东省戒毒管理局全国统一司法行政戒毒工作基本模式操作指南(试行)》,2018 年。

② 四川省戒毒管理局:《四川省司法行政强制隔离戒毒场所教育矫正中心管理规范》,2018 年。

基础,必须予以专项管理、合理调度。《司法行政机关强制隔离戒毒工作规定》第5条规定,“司法行政机关强制隔离戒毒工作所需经费,按照国家规定的标准纳入当地政府财政预算”。《强制隔离戒毒人员教育矫治纲要》在提出“落实教育矫治经费”的基础上指明,“按照财政部、司法部《强制隔离戒毒所基本支出经费标准》规定要求,制订本地教育经费标准,确保教育矫治工作经费保障足额到位,做到专款专用,为教育矫治工作开展提供良好条件”。《司法行政机关强制隔离戒毒所教育矫治工作考核办法》第21条规定,“强制隔离戒毒所应当严格按照本省(区、市)强制隔离戒毒所基本支出经费标准所规定的戒毒人员教育经费标准和支出范围开支,确保专款专用”。

2. 教育矫正经费管理的工作要求

教育矫正经费管理的工作要求主要包括以下四个方面:(1)明确经费来源渠道,即根据本省(区、市)强制隔离戒毒所基本支出经费标准,确定本地戒毒人员所需的教育费用,再由地方财政列入当年的政府财政预算,及时拨付给基层教育矫正机构;(2)规范经费支出管理,即教育矫正经费由戒毒场所教育矫治科统一预算管理,在分管领导审核之后由教育矫正中心、大队按照相关标准与支出范围加以使用,确保专款专用;(3)划定经费使用范畴,即教育矫正经费主要用于个别教育、集体教育、社会帮教、职业技能培训、习艺劳动、场所文化等工作范畴,购置戒毒人员课本、书报、教学资料、文体用品等;(4)加大经费投入力度,即各地要按照《强制隔离戒毒所建设标准》和基本模式功能布局建设要求,加大教育矫正经费的投入力度,在严格实行招投标、严格落实工程监理和审计监督制度的基础上推进教育矫正中心功能建设,配齐配全必要的设备设施。

第三节　戒毒人员教育矫正工作过程管理

如前文所述,教育矫正工作管理是为了实现教育矫正目标,对有关教育矫正的机构、人员、财务、事项等要素,进行计划、组织、调控、评价的一系列管理活动。在诸多要素中,戒毒人员作为接受教育矫正的客体,是教育矫正工作开展的逻辑起点。戒毒人员教育矫正工作过程管理是戒毒场所教育矫正工作管理的重要组成部分与核心内容,主要包括戒毒人员教育矫正的方案设计、现场管理、效果考核等三个环节。

一、戒毒人员教育矫正方案设计

戒毒人员教育矫正方案设计既是戒毒人员教育矫正工作过程管理的起始环节,也是系统指导、有序开展戒毒人员教育矫正工作的重要依据,更是逐步实现教育矫正目标的先决条件。

(一)戒毒人员教育矫正方案的概念及其分类

1. 戒毒人员教育矫正方案的概念

戒毒人员教育矫正方案,是指负责戒毒人员教育矫正的组织机构或工作人员,为了实现教育矫正的目标与任务,对未来某一阶段的工作措施、方法、步骤与时间安排等事项进行预先谋划和安排的指导性文件。上级通过制订、检查戒毒人员教育矫正方案指导下级工作,下级依据戒毒人员教育矫正方案开展工作。

2. 戒毒人员教育矫正方案的分类

根据不同的划分标准、维度,可以把戒毒人员教育矫正方案分为不同的类型。例如,根据活动时限的不同,可分为年度教育矫正方案、半年教育矫正方案、季度教育矫正方案、月度教育矫正方案等;根据戒治期区的不同,可分为生理脱毒区教育矫正方案、教育适应区教育矫正方案、康复巩固区教育矫正方案、回归指导区教育矫正方案;根据教育矫正对象性别、年龄的不同,可分为男性戒毒人员教育矫正方案、女性戒毒人员教育矫正方案、未成年戒毒人员教育矫正方案、成年戒毒人员教育矫正方案、老年戒毒人员教育矫正方案;根据教育矫正内容的不同,可分为法律常识教育方案、思想道德教育方案、戒毒常识教育方案、心理健康教育方案、行为养成教育方案、文化素质教育方案、劳动和职业技能教育方案等;根据教育矫正方法的不同,可分为课堂教学方案、讲评教育方案、专题教育方案、分类教育方案、个别教育方案、社会帮教方案、同伴教育方案等。

在教育矫正实践中,通常根据工作需要把上述不同标准、维度进行组合分类,如2022年度女性戒毒人员心理健康教育方案、未成年戒毒人员思想道德教学方案、老年戒毒人员张某个别教育方案等。

(二)戒毒人员教育矫正方案设计的主要内容

戒毒人员教育矫正方案设计的内容主要包括工作目标与任务、工作方法与措施、步骤与时间安排三个方面。

1. 工作目标与任务

戒毒人员教育矫正工作目标与任务涉及“做什么”的问题，即“达到何种预期效果”“具体承担哪些工作”，是戒毒人员教育矫正方案设计的核心组成部分。戒毒人员教育矫正工作的总目标是把戒毒人员转化成为戒断毒瘾、回归社会的守法公民。在对戒毒人员进行某方面的教育矫正时，往往需要明确一系列具体的目标。这些具体的目标必须服从于总目标，为实现总目标服务。戒毒人员教育矫正工作任务是戒毒人员教育矫正工作目标的细化、工作职责的细分。

2. 工作方法与措施

戒毒人员教育矫正工作方法与措施涉及“怎么做”的问题，即“通过怎样的途径达成目标”“采取怎样的方式完成任务”，是戒毒人员教育矫正方案设计的主干组成部分。在设计戒毒人员教育矫正方案时，必须把围绕任务和目标所应采取的措施与方法作为方案的重要内容。

3. 步骤与时间安排

戒毒人员教育矫正工作步骤与时间安排涉及“何时做”的问题，即“通过怎样的阶段达成目标”“需要多少时间完成任务”，是戒毒人员教育矫正方案设计的必要组成部分。一系列较大目标的实现或者一项用时较长的任务，往往都是分步骤、分阶段实施的。阶段性小目标的实现是达到所预想的大目标的基础和保障。因此，在设计戒毒人员教育矫正方案时，应当明确先做什么、后做什么、何时完成哪项任务等，以使整个方案有条不紊、有步骤地实施。

（三）戒毒人员教育矫正方案设计的注意事项

设计戒毒人员教育矫正方案时应从明确指导思想、科学设定目标、逐层分解任务、便于操作实施等四个方面加以注意。

1. 明确指导思想

基层戒毒场所教育矫正机构、教育矫正工作人员在设计戒毒人员教育矫正方案时必须以国家有关法律、法规和政策为依据，认真贯彻落实“以人为本、科学戒毒、综合矫治、关怀救助”的戒毒工作原则，围绕“把戒毒人员转化成为戒断毒瘾、回归社会的守法公民”这个总目标确定教育矫正工作的具体目标、任务、内容、措施、方法等。任何教育矫正工作主体在设计戒毒人员教育矫正方案时都应明确这个指导思想，不容许有丝毫的偏离。

2. 科学设定目标

教育矫正工作主体必须实事求是地科学设定教育矫正工作目标。在设计戒毒人员教育矫正方案时,既要以国家有关法律、法规和政策为依据,同时也应结合本系统、本地区或本教育矫正机构的实际情况确定教育矫正工作目标。所设定的目标,既不能过高,也不能过低。过高则难以实现,过低则对工作起不到应有的促进作用,二者皆不可取。在目标设定过程中,必要时可进行决策论证和可行性分析,最终形成为各方所接受的、能够引领教育矫正工作发展的目标。

3. 逐层分解任务

在目标设定后,需要逐层对任务进行分解,即把戒毒人员教育矫正工作的总目标按教育矫正内部的机构设置和组织层次依次分解。分解要求是纵向到底,横向到边,一直分解到每一个岗位和个人。对于戒毒人员教育矫正工作的任务,应做到自上而下的层层分解、自下而上的层层保证,互相联系、上下贯通,形成一层接一层、一环套一环的任务体系。在形成任务体系后,还要进一步根据每个部门、岗位和个人所担负的任务,明确各自应承担的责任。也就是各自明确在实现目标的过程中自己应该干什么、怎么干、干到什么程度、达到什么要求等。只有这样,才能在目标的实现、任务的实施中进行自我控制,充分发挥各自的主观能动性。

4. 便于操作实施

设计的戒毒人员教育矫正方案必须便于操作实施,即提出的目标、任务、措施、方法、步骤以及时间安排等各个事项一定要具体、明确、可行。同时又不能定得太死,要留有余地,以便在实施过程中根据情况的变化,对方案进行调整、修改,使之更符合实际。

二、戒毒人员教育矫正现场管理

戒毒人员教育矫正现场管理,是指基层教育矫正工作人员、大队民警对戒毒人员接受教育学习的活动现场实施组织、监管、督导的执法活动。[①] 戒毒人员教育矫正现场管理通过聚焦“戒毒人员教育矫正”、立足“现场”、凸显“管理”,确保戒毒人员教育矫正方案的有序执行、有效实施。

---

① 参见罗旭主编:《强制隔离戒毒执法与管理实务》,中国政法大学出版社 2020 年版,第 91 ~ 92 页。

(一)戒毒人员教育矫正现场管理的功能划分

戒毒人员教育矫正现场通常设在戒毒场所的教育矫正中心和戒毒人员生活区。按照戒毒人员教育矫正现场发挥的功能不同,主要分为集体教育现场、个别教育现场、文娱活动现场和体育活动现场。

1. 集体教育现场

集体教育现场是组织戒毒人员参加课堂教学、分类教育、讲评教育、专题教育等集体教育活动的场所,通常设置在教室、禁毒展览室、职业技能培训室等功能室或者会堂、多功能厅中,也可以集中在操场或者其他较为宽阔的地方进行。

2. 个别教育现场

个别教育现场是戒毒民警针对戒毒人员个体思想或行为方面存在的现实问题而进行单独教育的场所,通常设置在个别谈话室、心理咨询室等功能室中,也可以在戒毒民警办公室或者其他适当的场所。

3. 文娱活动现场

文娱活动现场是组织戒毒人员开展文化娱乐活动的场所,通常设置在图书阅览室、文化活动室等功能室或者礼堂、多功能厅中,也可以集中在文化广场、操场或者其他较为宽阔的地方进行。

4. 体育活动现场

体育活动现场是组织戒毒人员进行各项体育活动、体育比赛的场所,通常设置在运动康复中心、操场中。

(二)戒毒人员教育矫正现场管理的基本任务

在戒毒人员教育矫正现场管理中,教育矫正工作人员与大队民警的工作岗位、职责各有侧重,但均兼具执法者、监督者、管理者的角色,且管理任务相互交叉、彼此配合,从而确保整个教育矫正过程的顺利进行。

1. 教育矫正工作人员承担的现场管理任务

教育矫正工作人员在向戒毒人员施教的过程中承担着一定的现场管理任务。例如,任课教师的教育管理任务主要包括但不限于:(1)在每学期之初,将课程教学计划上报给教育矫正中心;(2)按要求组织、督促戒毒人员按时上课,维护课堂纪律,做好课堂管理工作;(3)及时掌握各戒治期区戒毒人员的学情变化,对教学中出现的问题妥善处理,并向中心主任汇报;(4)组织戒毒人员自学、讨论等活动,做好辅导答疑工作;(5)认真写好教案,及时填写教学日志、戒毒人员点名册以及活动记录等;(6)布置、指导戒毒人员完成作业,认真批改作业;(7)考试前组织戒毒人员认真复习,考试中严格要求戒毒人员遵守考场纪律,考试后认真批改试卷并做好成绩登统分析工作。又如,教育适应区、康复巩固区、回归指导区的课堂教学活动通常以班级为单位,[①]且班主任由所在期区的专兼职教师担任。班主任的教育管理任务主要包括但不限于:(1)掌握本班学员的出勤、学习纪律等情况,并及时解决问题、给予指导;(2)督促本班学员按时完成学习任务;(3)经常与本班每一位学员的包管民警联系,互通情况、交流信息,共同做好学员教育矫正工作;(4)建立健全本班各项规章制度,做好本班的相关教辅工作。

2. 大队民警承担的教育矫正现场管理任务

大队民警承担的教育矫正现场管理任务主要包括但不限于:(1)按要求提前带领戒毒人员到达教育矫正现场;(2)在课程学习、小组讨论、专题讲座、文体比赛等活动开始前,整队点名,宣布教育纪律,提出学习要求,组织有序进场;(3)在教育矫正活动过程中,履行监督、管理职能,协助教育矫正工作人员维持现场秩序,尤其在课堂管理中做到随堂听课、跟班到组,并督促戒毒人员尊重老师、团结同戒,营造良好的学习氛围;(4)及时发现、解决教育矫正活动中出现的矛盾和问题,确保教育矫正活动顺利开展;(5)在教育矫正活动结束后,整队点名,进行讲评总结,提出改进希望,组织有序退场。

三、戒毒人员教育矫正效果考核

戒毒人员教育矫正效果考核作为戒毒人员教育矫正工作过程管理的阶段性总结环节,不仅可以帮助教育矫正工作人员准确把握教育矫正工作现状,及时发现教育矫正工作中存在的问题与不足,进而采取合理、有效的措施加以调控和改进,而且能够系统地诊断与鉴定教育矫正目标实现的程度、教育矫正内容与方法的效果,促使教育矫正活动始终朝着既定的目标推进。

(一)戒毒人员教育矫正效果考核的概念与特点

1. 戒毒人员教育矫正效果考核的概念

戒毒人员教育矫正效果考核是根据教育矫正目标,运用可操作的科学手段与

---

① 在生理脱毒区中,通常不开展以班级为单位的课堂教学活动。

工具，对戒毒人员群体或个体接受教育结果、矫正成效进行的测验、考查与评定。对戒毒人员群体或个体的考核是教育矫正质量评价实践中最为重要的评价类型。对戒毒人员教育矫正效果考核的内容、方法因其所处的不同戒毒场所、不同戒治期区而有所不同。

2. 戒毒人员教育矫正效果考核的特点

对于戒毒人员教育矫正效果考核的特点，可以从明确的目标指向、科学的手段工具、综合的价值判断等三个方面加以系统理解和认识。第一，戒毒人员教育矫正效果考核是具有明确的目标指向性的活动过程。各类教育矫正工作应以“把戒毒人员转化成为戒断毒瘾、回归社会的守法公民”为总目标，并将之分解为一系列阶段化、层次化、具体化的标准和要求。戒毒人员教育矫正效果考核的功能主要体现在检测、评价教育矫正目标的实现程度上，从而改进和完善教育矫正工作，为教育矫正决策提供依据，不断推动教育矫正的发展。因此，戒毒人员教育矫正效果考核内容的选择、标准的确定、方法的运用都应以教育矫正目标为依据，具有明确的目标指向性。第二，戒毒人员教育矫正效果考核是运用科学的手段与工具的系统活动。戒毒人员教育矫正效果考核的主体通常是依法履行教育矫正职能、开展教育矫正工作的机构、人员，考核的客体主要是戒毒人员接受法律常识教育、思想道德教育、戒毒常识教育、心理健康教育、行为养成教育、文化素质教育、劳动和职业技能教育等活动的效果。为了保证教育矫正效果考核的公正性、客观性，考核主体必须摒弃个人的主观臆测，采取实事求是的科学态度，严格选用科学且规范的定性或定量评价方法、手段与工具，对戒毒人员教育矫正效果给予客观的测验、考查与评定。第三，戒毒人员教育矫正效果考核是进行综合性价值判断与评定的过程。一方面，戒毒人员教育矫正效果考核内容具有综合性，主要涉及其认知水平、行为表现、教育矫正可能性以及社会环境适应能力等；另一方面，戒毒人员教育矫正效果考核方式具有综合性，可以通过采用定量与定性相结合的方式，系统而全面地了解教育矫正活动情况，考核分析各项教育矫正指标的完成程度，及时发现教育矫正活动与教育矫正目标之间是否存在偏差以及偏差的症结所在，进而明确今后的改进方向。

（二）戒毒人员教育矫正效果考核的内容与标准

基于测量评价的科学理论，立足《强制隔离戒毒诊断评估办法》中“身心康复”“行为表现”和“社会环境与适应能力”以及《强制隔离戒毒人员教育矫治纲要》中“教育矫治目标”“教育矫治内容”等评价标准和有关规定，把“认知水平”“行为表现”“教育矫正可能性”“社会环境适应能力”作为戒毒人员教育矫正效果的主要考核内容，并提出相应的考核标准。①

1. 戒毒人员教育矫正效果考核的内容

教育矫正效果考核的第一项基本内容是戒毒人员的认知水平。如果没有正确的认知，就没有对遵纪守法的正确认识，没有对毒品危害的正确认识，也没有对家庭和社会带来伤害的正确认识，更没有对科学戒除毒瘾的正确认识。正确认知是增强戒毒意愿、强化戒毒动机、接受戒毒治疗的重要前提。戒毒人员认知水平可以通过开展法律常识教育、思想道德教育、戒毒常识教育、心理健康教育、文化素质教育、劳动和职业技能教育等活动提高和体现。

教育矫正效果考核的第二项基本内容是戒毒人员的行为表现。尽管通过量化考核的方法能够简便、客观地评价戒毒人员的行为表现，但由于外化行为与内在心理的不一致性，一些戒毒人员表里不一。虽然有的戒毒人员行为表现良好，但其危险性仍较高，违法和复吸风险的可能性仍较大。因此，教育矫正效果考核应当坚持全面性原则，既要对戒毒人员的认知水平进行考核，也要对戒毒人员的行为表现及心理状况进行评价，以便全面、客观地揭示戒毒人员的实然状态，真实评价教育矫正效果。

教育矫正效果考核的第三项基本内容是戒毒人员的教育矫正可能性评估。教育矫正可能性评估是根据戒毒人员的心理测验结果，结合调查报告、观察记录等多方面资料，对戒毒人员个体或群体的“可教性”“可矫性”作出的描述性评估。戒毒人员的“可教性”“可矫性”构成了教育矫正效果的重要因素。

教育矫正效果考核的第四项基本内容是戒毒人员的社会环境适应能力。健康的家庭和稳定的社会支持环境是戒毒人员回归社会后净化朋友圈、保持戒毒操守、增强拒毒能力、抵御困境压力、提高就业水平的情感纽带与动力来源。这里的环境既包括家庭环境，又包括社会环境。《司法行政机关强制隔离戒毒所教育矫治工作考核办法》明确规定，对即将解除强制隔离戒毒的人员开展包括就业形势教育、拒毒技巧教育、重建社会支持系统教育和后续照管宣传教育等内容的回归社会教育。戒毒人员社会环境适应能力的提高，不仅有利于他们不断调整和改变

---

① 司法部戒毒管理局组编：《司法行政强制隔离戒毒教育矫正实务》，法律出版社 2021 年版，第 257～261 页。

自己的观念、态度、习惯、行为，学会正确应对不良生活事件，而且有利于增强自身接受社会监督和援助的意愿，为其回归社会、保持操守创造良好的条件。

2. 戒毒人员教育矫正效果考核的标准

(1)戒毒人员认知水平的考核标准，主要包括以下九个方面：①树立守法观念；②树立正确的世界观、人生观和价值观；③强化社会公德、职业道德和家庭美德意识；④了解国家和社会发展形势；⑤了解心理健康常识；⑥掌握毒品危害常识；⑦掌握戒毒康复常识和方法；⑧了解中华优秀传统文化和现代文化常识；⑨树立正确的劳动态度，掌握一定的职业技能。

(2)戒毒人员行为表现的考核标准，主要包括以下五个方面：①服从管理教育，遵守所规所纪；②接受戒毒治疗，参加康复训练；③参加教育矫治活动；④参加康复劳动；⑤坦白、检举违法犯罪活动。

(3)戒毒人员教育矫正可能性的考核标准主要包括以下五个方面：①身体相关机能有所改善；②体能测试有所提高；③戒毒动机明确，信心增强，掌握防止复吸的方法；④未出现严重的心理问题或精神症状；⑤有改善与家庭、社会关系的愿望和行动。

(4)戒毒人员社会环境适应能力的考核标准主要包括以下五个方面：①与有关部门签订社会帮教协议或者有明确意向；②家属或者所在社区支持配合其戒毒；③有主动接受社会监督和援助的意愿；④掌握一定的就业谋生技能；⑤有稳定的生活来源或者固定居所。

(三)戒毒人员教育矫正效果考核的方式

1. 量化考核

量化考核是一种采用数据统计方式的定量评价，通过运用测试法、测量法、统计法等具体方法，对考核对象的特性用数值进行分析和判断，从而达到评价目的。戒毒人员行为表现定量评价、运用量表进行学习测试等都属于量化考核。戒毒人员教育矫正工作中有不少内容是可以数量化的，这为开展量化考核提供了有利条件。量化考核的优势在于提高戒毒人员教育矫正效果考核的精确化、客观化，增强教育矫正评价结果的说服力。

2. 质性评价

质性评价是一种采用文字描述方式的定性评价，通过运用调查法、观察法、哲学分析法、系统分析法和逻辑分析法等具体方法，搜集、处理考核对象的信息，对其作出价值评判,从而掌握考核对象的基本情况、判断其基本性质。例如,通过观察法、调查法获取戒毒人员的相关信息后,对其思想状况进行评估后形成的总结、评语。① 质性评价的优势在于具有较高的灵活性,不会局限在所谓的数据、数值、数量之中,适用于难以量化或不宜量化的考核内容。

复习思考题

1. 简述教育矫正中心的主要职能。
2. 简述专职教师的职责任务。
3. 简述戒毒人员教育矫正方案的分类。
4. 试析戒毒场所教育矫正工作管理的意义。
5. 试析戒毒人员教育矫正方案设计的注意事项。

本章主要参考文献

1. 马志颖编著:《当代课程与教学论》,上海交通大学出版社 2020 年版。
2. 高莹主编:《矫正教育学》,教育科学出版社 2007 年版。
3. 重庆市教育矫治局、重庆市戒毒管理局编:《重庆市建立全国司法行政戒毒工作基本模式指南》,2018 年。
4. 罗旭主编:《强制隔离戒毒执法与管理实务》,中国政法大学出版社 2020 年版。
5. 吴秋芬主编:《班级管理》,安徽大学出版社 2005 年版。
6. 广东省戒毒管理局:《广东省戒毒管理局全国统一司法行政戒毒工作基本模式操作指南(试行)》,2018 年。
7. 四川省戒毒管理局:《四川省司法行政强制隔离戒毒场所教育矫正中心管理规范》,2018 年。
8. 司法部戒毒管理局组编:《司法行政强制隔离戒毒教育矫正实务》,法律出版社 2021 年版。

① 司法部戒毒管理局组编:《司法行政强制隔离戒毒教育矫正实务》,法律出版社 2021 年版,第 256 页。

第十一章　戒毒场所心理矫治工作管理

本章摘要

通过本章学习，了解戒毒场所心理矫治的概念；理解戒毒场所心理矫治的原则、特点和意义；了解戒毒场所心理矫治机构的组织架构及职能，了解心理矫治机构工作人员的职责和资质；理解心理矫治工作对象的管理原则；了解心理矫治效果评估的概念、分类与方法，理解心理矫治效果评估的程序，深刻理解心理矫治工作过程，能够分析具体情况，设计、实施和评估心理矫治方案。

重点问题

本章重点是戒毒场所心理矫治的原则、特点和意义，心理矫治工作对象的管理原则及心理矫治效果评估的程序，掌握心理矫治工作过程，能够分析具体情况，设计、实施和评估心理矫治方案。

第一节　戒毒场所心理矫治工作概述

追求吸食毒品的欣快感和逃避断药后的身心痛苦，是吸毒人员对毒品产生心理依赖的直接原因。心理依赖通常比较顽固，导致吸毒人员难以戒断毒品，并往往在戒断一段时间之后又恢复使用。俗话说，心病还须心药医，在戒毒场所开展心理矫治，对于帮助戒毒人员延缓复吸或戒断毒瘾、顺利回归家庭和社会是极为必要的。

一、戒毒场所心理矫治目标、原则与内容

戒毒场所心理矫治，是指戒毒场所的工作人员运用心理科学原理方法与技

术，通过心理健康教育、个体咨询、团体辅导等手段，促使戒毒人员消除不良心理及心理障碍，重塑健康人格，降低复吸风险，促进操守保持，顺利回归社会的活动。

（一）戒毒场所心理矫治的目标

一般意义上的心理矫治目标，是促进戒毒人员成长、自强自立，使之能够面对和处理个人生活中的各种问题。具体到戒毒场所的心理矫治目标，是帮助戒毒人员戒除毒瘾。这一目标的实现，需要整合多种心理矫治方法，针对戒毒人员各个层面的心理问题开展足够长时间的矫治，促使戒毒人员心理健康，从而实现戒除毒瘾的目标。实践工作中的心理矫治目标，往往是出自对各种现实情况及条件的综合考虑，可以从以下几个角度去理解。

1. 中间目标和终极目标

戒毒场所心理矫治的终极目标是帮助戒毒人员戒除毒瘾，中间目标则是向终极目标迈进的步骤。在实际的心理矫治过程中，矫治往往以达到中间目标为目的。中间目标可能是从矫治错误认知、提升戒毒动机、减轻抑郁焦虑情绪等方面入手，通过戒毒人员的自我成长和人格重建，在此基础上实现戒除毒瘾的终极目标。

2. 内部目标与外部目标

内部目标是戒毒人员自己对自己提出的目标，而外部目标则是由戒毒场所对戒毒人员提出的目标。戒毒人员提出的内部目标，有时仅仅是处理自己当前的问题，如改善睡眠、改善与家人关系等，与戒毒场所的矫治目标可能并不完全一致，对于非自愿戒毒人员更是如此。但无论什么情况，只要矫治能够持续进行，戒毒场所与戒毒人员总能在某种程度上达成一致的工作目标。

3. 矫正、发展和预防的目标

对于戒毒场所而言，这几种目标只是所强调的方面各有不同。矫正的目标是帮助戒毒人员控制或停止使用毒品、改善和消除心理问题、改善家庭及社会功能，顺利回归社会。发展的目标着眼于帮助戒毒人员提高拒毒防复吸能力、培养和加强其优势资源。预防的目标是帮助戒毒人员降低复吸风险，提高心理健康水平。预防的任务有时会与发展的任务相互重叠。

（二）戒毒场所心理矫治的原则

1. 循证矫治

循证矫治源于循证医学，即“在戒毒工作实践中，具体情况具体分析，选择那些已经被科学证据证明有效的方法和措施，结合工作人员的个体经验，针对戒毒人员的具体特点，设计、执行具体的矫正措施与矫正实务”。[①] 心理矫治方法流派众多，有些方法技术已经被证明对戒毒人员更为有效，如动机晤谈技术、认知行为疗法等，因此工作人员在制订矫治方案时，可以优先考虑选择相应方法技术，提高矫治工作质量。另外，在实施矫治时，要注意数据的收集、追踪，做好矫治效果的评估工作，这既是为了提升当下工作的质量，又为未来工作开展提供数据支撑。

2. 尊重信任

尊重信任意味着，工作人员应当接纳戒毒人员的价值观、生活方式、接纳其认知、行为、情绪和个性等，同时相信戒毒人员有改变自己的主观愿望和能力。一直以来，社会传统观念将吸食毒品视为道德问题，认为吸毒者懒惰、道德败坏。心理矫治工作人员应当检视自己的价值观，避免将自己的好恶带入矫治工作中，同时需要认识到接纳不意味着全盘照收，而是以中立非评判的态度去理解戒毒人员。

3. 助人自助

授人以鱼，不如授人以渔。心理矫治工作人员只是戒毒人员生命中一个阶段的陪伴者，戒毒人员最终是要学会自己去面对和处理生活中各式各样的问题。工作人员要善于激发戒毒人员戒毒的积极性、主动性，帮助戒毒人员认识自我、激发自身潜力、学会自己解决问题。

4. 隐私保护

心理矫治工作人员要尊重戒毒人员的隐私权，这是双方建立互信关系的基础。对戒毒人员暂时不愿透露的隐私，工作人员可通过承诺保密打消顾虑，不应强行逼问。对戒毒人员主动诉说的秘密、隐私，工作人员不进行评价。一般情况下，工作人员开展心理矫治的谈话内容，即使是戒毒人员的错误言论，也无须向主管民警和各级领导汇报。但是在出现危及安全的特殊情况时，如戒毒人员有自杀自伤、伤人、脱逃等倾向时，工作人员应及时与有关部门互通信息，采取相应的防范措施，以确保场所安全和戒毒人员的人身安全。

（三）戒毒场所心理矫治的内容

根据《司法部关于建立全国统一的司法行政戒毒工作基本模式的意见》，结合

---

① 参见吴善积：《强制隔离戒毒工作中推行循证矫治模式的基本路径、存在问题与对策》，载《中国司法》2014 年第 4 期。

戒毒场所多年来开展心理矫治工作的实践，戒毒场所心理矫治的主要工作内容和方法包括开展心理健康教育、心理咨询、团体辅导、危机干预和实施心理评估等。每种方法既可独立使用，也可综合使用、相互补充，共同发挥矫治作用。

1.心理健康教育

心理健康教育，是指心理矫治工作人员根据戒毒人员生理心理发展的规律和特点，运用心理学的教育方法和手段，对戒毒人员的心理实施积极的影响，以促进其心理发展与适应，维护其心理健康的教育实践活动。根据《司法行政机关强制隔离戒毒场所心理矫治工作指南(试行)》的要求，戒毒人员在所期间应接受不少于30个课时的课堂化心理健康教育课程，心理健康教育普及率应达到100%。

心理健康教育的内容一般包括戒断时的心理症状介绍、心瘾产生原因分析、心理健康基本知识、所内心理救助基本流程、情绪调控与人际沟通方法、压力与挫折应对方法等。从教育形式来看，心理健康教育以课堂教育为主，板报广播宣传、专题讲座、专题活动等为辅。

2.心理咨询

心理咨询，是由心理咨询师运用心理学及相关知识，遵循心理学原则，通过各种技术和方法，帮助戒毒人员解决心理问题的过程。

戒毒人员的心理咨询既要遵循心理咨询的一般原则，也要贯彻为场所教育戒治服务的特殊原则。心理咨询的对象以自愿申请的戒毒人员为主，但大队民警和专兼职心理咨询师发现戒毒人员有明显心理问题、异常行为的，应主动建议其进行心理咨询，或代为提出申请。

美国国家药物滥用研究所(National Institute on Drug Abuse, NIDA)通过数十年的治疗实践提出《药物依赖治疗原则》,[①]其中第11条指出“非自愿的戒毒者通过治疗依然可以得到帮助”。非自愿包含两种特征：一是被强制性，即在法律要求或是社会压力下被迫接受戒毒治疗；二是无意愿性，即个体本身不觉得自己需要被帮助，也不认为自己是受助者。实践证明，法律强制或社会压力也会成为戒毒人员的戒毒动机之一。即使戒毒人员被动接受心理咨询，依然可以从治疗中受益。

---

① NIDA, *Principles of Drug Addiction Treatment: A Research - Based Guide (Third Edition)* (Jan. 2018), https://nida.nih.gov/publications/principles - drug - addiction - treatment - research - based - guide - third - edition/principles - effective - treatment.

需要注意的是，在出现咨访关系不匹配、咨询长期没有明显效果、戒毒人员疑似精神疾病等情况时，心理咨询师应停止咨询，同时向心理矫治中心报告，进行转介处理。

3. 团体辅导

团体辅导是在团体情境下进行的一种心理辅导形式。它是心理矫治工作人员以戒毒人员团体为对象，针对共性心理问题，运用适当的辅导策略与方法，通过团体内的人际交互作用，促使戒毒人员自我体验和自我反省，学习新的行为方式，改善人际关系，增强问题解决能力的助人过程。

团体辅导较个体咨询能覆盖更多的戒毒人员，对戒毒场所来说是一种更为经济的选择，因此近年来戒毒工作实践中团体辅导或是包含团体辅导的矫治项目越来越多。需要注意的是，团体辅导并不适用于所有戒毒人员，在开展前需要认真甄选，如存在社交障碍、人际焦虑过高或太自我中心等心理问题的人员，不宜参加团体辅导。

4. 心理评估

心理评估是心理矫治工作人员综合运用多种心理量表和测验、分析技术，对戒毒人员的某一心理现象和行为特征作全面、系统和深入的客观描述的过程。戒毒场所开展心理评估的目的是，了解和掌握戒毒人员心理健康状况、人格、情绪、动机等个性心理特征、心理渴求程度和拒毒能力水平等，筛查有心理问题的人员，辅助诊断问题所在及严重程度，及时介入开展有针对性的心理矫治，评估矫治效果，改进矫治方法。

对筛查出心理问题的戒毒人员，心理矫治工作人员应及时反馈给戒毒场所管教部门和相关大队，并安排心理矫治。戒毒人员拒绝或不配合心理评估时，工作人员应进行引导。引导无效的可暂缓评估，记录在案并另行安排测评。疑似患有精神疾病的戒毒人员，工作人员应建议及时转送专业医疗机构诊断。

5. 危机干预

危机干预是心理矫治工作人员采取紧急应对的心理咨询与治疗方法，使处于心理危机状态的戒毒人员恢复心理平衡，安全度过危机的过程。危机干预能减少和避免极端事件和危及场所安全的事故发生。

戒毒人员发生下列情况之一时，可认定为处于心理危机状态：(1)面临重大挫折，如家庭、婚姻变故，或者其他重大突发事件而导致情绪严重波动、行为明显反常的；(2)性格过于孤僻、长期不与他人交往或与集体不融洽，缺乏支持的；(3)长期紧张、焦虑、压抑，对场所环境严重适应不良，对生活缺乏信心的；（4）身患治疗周期长的疾病，个人觉得医治无效或医治无望而痛苦的；（5）经医疗机构诊断为严重心理疾病（如抑郁症、恐惧症、强迫症、癔症、焦虑症、精神分裂症等）且出现心理或行为异常的；（6）有自伤、自残、自杀、逃跑等危险倾向或者行为的；（7）存在明显攻击性行为或暴力倾向的；（8）由于身边的人出现个体危机状况而受到影响，产生恐慌、担心、焦虑、困扰等情绪的；（9）在心理测试或者心理咨询中发现心理状态严重异常的。

心理矫治工作人员应通过筛查预警机制，及时对处于危机状态的戒毒人员开展危机干预，同时将干预情况反馈给戒毒人员所在大队及相关部门，并根据危机干预的效果和心理状态进行评估，对戒毒人员的管理教育措施提出建议和意见，确保心理危机干预和相关管理教育措施同步实施到位。心理危机干预后，应对戒毒人员开展及时的心理咨询，帮助戒毒人员真正从危机事件中恢复过来。危机事件对其他戒毒人员造成不良影响的，还应对其他戒毒人员进行心理咨询或团体辅导，消除危机事件造成的负面影响，确保场所秩序稳定。依据立足教育、重在预防的工作原则，日常工作中还应通过心理健康教育帮助戒毒人员提升危机应对能力。

6. 防复吸训练

防复吸训练是心理矫治工作人员依据心理治疗的理论与技术，对戒毒人员进行心理行为训练，帮助他们学习掌握对自身预防或消除复吸的有效方法的过程。实践工作中，戒断治疗—复吸再治疗—再复吸的恶性循环，会让戒毒人员丧失信心，加深戒除毒瘾的困难程度。戒毒场所开展防复吸训练，有助于提升戒毒人员的拒毒能力，降低复吸风险，更好地巩固矫治效果。

防复吸训练通常具有相对严格的结构与模式，心理矫治工作人员扮演更加积极的指导者角色，运用讲授、分享、训练与参与体验的方式开展训练。训练需要持续一定的时间（至少 3 个月），才能让戒毒人员改变旧有的认知行为模式，形成新的认知行为模式。

二、戒毒场所心理矫治的特点

戒毒场所心理矫治工作的特点是由矫治对象及工作性质的特殊性决定的。

（一）工作人员的专业性

戒毒场所心理矫治工作涵盖了个体咨询、心理评估、心理健康教育、团体辅导、危机干预等方面，要求工作人员既有相关的心理学理论知识基础，同时涉猎医学、精神病学、社会学等相关知识，又要有过硬的专业技能，在工作开展中还要遵循心理咨询与治疗的伦理要求。对于强制隔离戒毒场所的工作人员来说，通常还具有戒毒人民警察的身份，如何处理好心理矫治工作人员和警察的双重角色，也是专业性的一种体现。

（二）工作对象的特殊性

戒毒人员身具违法者、受害者和病人的三重属性，除去一般人的常态心理外，还具有作为违法人员所具有的违法心理以及因毒品引发的种种特殊心理问题，如顽固的心理依赖、焦虑抑郁、幻觉、妄想等精神病症状，这些是一般人或其他违法者所不具备的。

（三）工作内容的复杂性

戒毒场所开展心理矫治的目的是帮助戒毒人员戒断毒瘾，戒毒人员成瘾的表现虽然相似，但导致成瘾的深层原因却受其认知、人格特征、家庭背景等多方面因素的影响。美国学者大卫·卡普齐和马克·D. 斯托弗指出："没有任何一个单一的模型能够充分解释为什么一些人会对某种物质上瘾，而另一些人却没有。"[①]工作人员开展心理矫治时，往往需要使用生物—心理—社会模型[②]的综合戒治策略，充分考虑戒毒人员个体、家庭、社会环境之间复杂的交互作用，形成个性化的矫治方案。

（四）工作方法的整合性

工作人员可能因为自身的专业学习经历和生活经验，有着不同的理论取向和流派、技术偏好，但在开展戒毒心理矫治工作时，需要以开放的态度、以问题为导

① ［美］大卫·卡普齐、［美］马克·D. 斯托弗主编：《成瘾心理咨询与治疗权威指南》（第 3 版），王斐译，中国人民大学出版社 2021 年版，第 13 页。

② 参见杨波、秦启文：《成瘾的生物心理社会模型》，载《心理科学》2005 年第 1 期。

向、以实用为原则,综合运用多种心理学方法和技术,为戒毒人员提供个性化的心理矫治。

三、戒毒场所开展心理矫治工作的意义

(一)戒毒场所开展心理矫治工作是对戒毒人员权利的保障

国家相关法律法规明确规定各类戒毒场所要采取各种措施帮助吸毒人员戒除毒瘾,教育和挽救吸毒人员。目前我国戒毒措施的主流为强制隔离戒毒,《禁毒法》第 43 条第 1 款明确指出:"强制隔离戒毒场所应当根据戒毒人员吸食、注射毒品的种类及成瘾程度等,对戒毒人员进行有针对性的生理、心理治疗和身体康复训练。"《戒毒医疗服务管理暂行办法》(卫医政发〔2010〕2 号)第 32 条第 1 款规定:"开展戒毒医疗服务的医疗机构应当对戒毒人员采取多种康复措施,包括心理康复、行为矫正、社会功能恢复等,并开展出院后的随访工作。"《戒毒条例》也对社区康复工作作出要求,第 39 条规定:"负责社区康复工作的人员应当为社区康复人员提供必要的心理治疗和辅导、职业技能培训、职业指导以及就学、就业、就医援助。"这些条款充分体现了我国戒毒工作以人为本的理念,保障了戒毒人员的合法权益。

(二)戒毒场所开展心理矫治工作是科学戒毒的必要措施

已经有大量的研究证实,吸毒人员长期吸食毒品后,大脑神经细胞受到损伤,导致认知、情绪、人格、行为、人际关系等一系列失调,重度的可能出现致幻、妄想等类精神病症状。杜江等指出,50% ~70% 的吸毒人员存在某种类型的精神障碍的共病状况,常见如精神分裂症、双相情感障碍等。[①] 这种共病,导致吸毒人员接受戒毒治疗时依从性差、治疗效果受限,因此需要进行心理上的治疗。有研究[②]指出,戒毒人员的高精神质、高神经质人格特征、自我评价消极、缺乏积极心理资本等,是导致复吸的重要因素。因此戒毒场所想要提高戒毒工作质量,降低复吸率,心理矫治必不可缺。

---

① 参见杜江、赵敏、谢斌:《精神障碍与物质滥用的共病》,载《国际精神病学杂志》2006 年第 2 期。

② 参见许书萍、张勇、徐定等:《强制隔离戒毒人员出所复吸风险评估及干预对策研究》,载《华东理工大学学报(社会科学版)》2021 年第 6 期。

(三)戒毒场所开展心理矫治工作是维护稳定的必然要求

新时代戒毒工作由“治标”向“治本”迈进,即戒毒场所通过科学化、专业化的教育戒治,让戒毒人员回归社会后,成为守法公民。从戒毒场所层面来说,心理矫治不但能够降低因戒毒人员的心理问题危及场所安全的风险,还能够提升戒毒人员配合管理、教育、康复等各项活动的积极性,有效维护了场所的安全稳定。从社会层面来说,通过心理矫治提升戒毒人员的心理健康水平和戒断率,有助于减少因毒致病、因毒返贫、因毒犯罪等一系列问题,有力地维护了家庭、社区和整个社会的安定和谐。

第二节 戒毒场所心理矫治机构与人员管理

戒毒场所通过建立健全心理矫治机构、人员、对象和设备的管理措施,可进一步明确责任边界,落实心理矫治工作职责,有效对工作人员进行评价考核,最终构建完备的心理矫治体系,确保场所安全稳定运转。

一、戒毒场所心理矫治机构管理

心理矫治机构一般设立在戒毒所、司法机关、各社区机构、戒毒医院等,承担着相应的心理矫治任务,服务于戒毒人员的心理健康,维护各机构场所的安全稳定。心理矫治机构在医疗机构一般称为心理科。在强制隔离戒毒所,心理矫治工作过去依附于教育矫治工作。2018 年以来,根据《司法部关于建立全国统一的司法行政戒毒工作基本模式的意见》(司发〔2018〕3 号)的要求,各强制隔离戒毒所建立心理矫治中心,配备专业人员,承担心理矫治工作。

(一)心理矫治机构的组织构架

根据工作需要,戒毒场所心理矫治工作实行三级网络。心理矫治中心负责组织实施场所心理矫治工作。教育矫治主管部门负责指导检查、督促落实、协调各部门为心理矫治工作提供服务保障、推进专业队伍建设。大队设立心理矫治工作小组,协助心理矫治中心开展工作,负责本队心理矫治工作的组织实施。

(二)心理矫治中心的职能

1. 制定执行场所的心理矫治工作制度、规划及计划,组织实施全所性的心理矫治工作。

2. 实施戒毒人员心理健康调查、测试和评估,建立和管理心理健康档案。

3. 开展重点戒毒人员的个体心理咨询,及时实施心理危机干预。

4. 开展戒毒人员专题团体心理辅导、心理健康知识讲座等,实施心理健康教育。

5. 承接对外合作和引入社会支持,开展心理矫治理论和技术研究。

6. 管理和维护心理矫治的相关信息数据系统及设施设备。

7. 完成领导交办的其他心理矫治工作任务。

(三)心理矫治工作小组的职能

1. 制订本大队的心理矫治工作计划,并负责组织实施。

2. 协助心理矫治中心对本队戒毒人员开展心理矫治工作,维护现场秩序。

3. 组织开展本队戒毒人员的心理健康问题分析排查,掌握戒毒人员的心理健康动态。

4. 做好相关设施设备的使用和管理。

5. 建立和保管本队心理矫治工作档案资料。

二、戒毒场所心理矫治工作人员管理

(一)心理矫治中心人员管理

心理矫治中心应当设专职主任 1 人,根据需要可以增设副主任 1 人,大型所且民警与戒毒人员比例达到18%的场所应配备不少于 2 人的专职工作人员,其他所应配备不少于 2 人的专兼职工作人员。每个大队配备至少 1 名兼职心理咨询师,专(兼)职心理咨询师总数不低于在所戒毒人员人数的0.6%。

1. 心理矫治中心主任的工作职责

(1)主持心理矫治中心的全面工作。

(2)制订心理矫治工作制度和工作计划,规范落实心理矫治工作流程和工作保障。

(3)负责中心人员的教育管理,定期检查工作开展情况和业务轨迹记录,指导中心的日常工作。

(4)不断完善中心建设,推广应用戒毒新技术、新方法。

(5)组织心理矫治工作相关的业务培训、学习考察和课题研究,组织对各区心理矫治工作的检查考核。

(6)完成领导交办的其他工作。

2. 心理咨询师的工作职责

(1)开展场所心理健康课程的教学工作。

(2)开展心理测评,对测评结果进行分析评估,提出心理矫治建议,参与心理矫治工作制度、工作计划和工作流程的拟定。

(3)对有需求的戒毒人员开展个体咨询、危机干预,帮助戒毒人员解决心理问题,并及时向心理矫治中心反馈咨询的进展及效果。

(4)组织实施戒毒矫治新技术、新方法。

(5)组织实施业务学习、培训和课题研究。

(6)完成领导交办的其他工作。

(二)心理矫治工作小组人员管理

心理矫治工作小组由 1 名大队领导任组长,大队由 1 名以上的兼职心理咨询师和 1 名以上熟悉心理矫治业务的民警组成,协助心理矫治中心开展工作。

心理矫治工作小组成员应在本大队戒毒人员中开展心理健康教育及戒毒知识的普及工作,对戒毒人员开展心理测量,对结果进行分析和评估;对戒毒人员开展心理咨询及戒治工作,做好本大队戒毒人员心理问题的早期发现工作,挖掘、观察本大队戒毒人员中有心理问题的迹象,做到早发现早治疗,防患于未然;对有自杀念头或自杀动机者,必须及时向心理矫治中心报告;心理矫治工作小组成员对于戒毒人员的心理问题,在自己专业能力内不能解决的,应及时转介给心理矫治中心的专职心理咨询师;心理矫治工作小组成员要做好正在接受心理矫治或者已经接受心理治疗的戒毒人员的各种辅助工作,确保工作的连续性和有效性。

(三)心理矫治工作人员资质

强制隔离戒毒所从事心理矫治的工作人员包括戒毒所专职心理咨询师和兼职心理咨询师;专职心理咨询师应为心理学、医学、心理学专业本科及以上全日制学历毕业或已取得国家心理咨询师、心理治疗师资格、精神科医师资格或经过两项以上专项心理技术培训；兼职心理咨询师应取得国家心理咨询师资格、心理治疗师资格或至少经过一项专项心理技术培训。

（四）相关措施

为了保证戒毒场所心理矫治中心工作的正常开展，强制隔离戒毒所应建立并完善经费与人员保障机制，制定专（兼）职心理咨询师聘任期限、考核、激励、督导等相关制度，鼓励专（兼）职心理咨询师接受继续教育，不断提高工作水平。

1. 完善经费保障机制

按照财政部、司法部《强制隔离戒毒所基本支出经费标准》的规定要求，落实心理矫治中心的经费，确保心理矫治工作经费足额到位。

2. 推行心理咨询师聘任制

戒毒场所在保证专职心理咨询师配备的基础上，可根据工作需要，择优选聘社会心理咨询师、民警等担任兼职心理咨询师。专（兼）职心理咨询师实行聘任制，一般一年聘任一次，可根据工作表现续聘。对于不能认真履职、造成重大损失和较坏影响的，可随时予以解聘。

3. 建立心理矫治工作人员培训督导机制

戒毒场所要建立培训督导机制，提升心理矫治工作人员的专业水平和矫治效果，促进其个人发展和专业认同，确保场所心理矫治工作的良好开展。戒毒场所应聘请具有国家注册心理咨询（治疗）督导师资格，或具备相应心理咨询（治疗）专业、角色认知、处理督导关系及督导干预等能力，以及通晓相关法律规范及伦理准则等能力的心理咨询（治疗）专家开展心理督导工作。根据工作需要，心理矫治中心为心理矫治工作人员提供短期专业技能培训、学习考察、学术研讨等业务进修机会。

4. 完善队伍激励机制

戒毒场所通过岗位练兵、培训交流、课题研究等方式，定期开展优秀心理咨询师、优秀矫治个案评比等活动，对成绩突出的心理矫治工作人员或团队给予鼓励，与职级晋升、奖励等挂钩，形成长效激励机制。

三、戒毒场所心理矫治对象管理

在戒毒场所，心理矫治对象即戒毒人员，其日常管理主要由基层大队民警实施，矫治活动中的管理由心理矫治工作人员和大队民警共同实施。在管理中应遵循如下原则。

（一）安全性

对于心理测试和日常工作中筛查出有严重心理问题的，或是遭遇重大负面生活事件的戒毒人员，心理矫治中心都应及时介入，迅速评估戒毒人员的风险性，并向管理民警交代可能存在的安全隐患。对有自杀倾向的戒毒人员，管理上要立即做好监护，排查可能的安全隐患并安排人员 24 小时看护。

（二）人本性

“以人为本”是戒毒工作十六字方针的主要精神，在管理中要以戒毒人员为中心，因人施教、对症施策。深入了解戒毒人员的家庭、生活经历、心理特征等，在分类分级戒治的基础上，有针对性地开展个案化心理矫治。

（三）动态性

戒毒人员本身是发展的、变化的。在心理矫治实施过程中，矫治项目也可能不断被激发新需要，随之而来的是目标、计划、方法进度等的调整，因此管理手段和方法是动态的，应因情况而调整。比如，对有自杀倾向的戒毒人员，管理措施一开始是做好监护、24 小时看护，随着戒毒人员心理状态的逐渐稳定，可以逐步下调管控级别。

（四）协同性

心理矫治中心与机关职能科室、基层大队之间需要有效沟通、协同作业，共同完成矫治任务，从而提高矫治的整体效能。在对象管理上，往往也需要协同作业。大队民警既要配合做好心理矫治的组织工作、维护好现场秩序，也担负着他评的责任——观察戒毒人员在心理矫治活动之外的心理行为变化，并及时反馈给心理咨询师。

四、戒毒场所心理矫治功能室管理

通常来说，戒毒场所心理矫治中心应设立办公室、个体咨询室、团体辅导室、心理测量室。根据实际情况，还可设立沙盘游戏室、宣泄室、生物反馈训练室、戒毒模拟训练室等。

（一）功能室的使用规则

心理矫治中心工作人员要维持功能室内的正常秩序，自觉保持室内卫生。各功能室设备未经允许，不得随意私用。各功能室设备及物品使用时需要爱护，严格遵守操作规程，保管好设备的相关附件和资料，如发现有故意破坏公物者，要追究相关责任。功能室内的物品设备使用后及书籍在翻阅后应放回原位，并整理有序，未经允许不得随意借出和翻阅咨询室的资料及档案。离开功能室时要关好门窗，切断电器设备的电源，及时上锁。做好防火、防潮、防蛀、防高温、通风换气等安全保护工作。

（二）功能室的配置

各功能室应当配备用于心理咨询、心理测评、团体辅导、放松训练等心理矫治活动的仪器设备和心理矫治管理系统。

1. 办公室

用于心理矫治中心工作人员日常办公和存放心理矫治工作的相关资料台账。参照现行行业标准《办公建筑设计规范》（JGJ 67－2006）的规定，每人使用面积不小于 5 平方米，强制隔离戒毒所心理咨询室用房建筑面积的指标为 15 平方米。

2. 个体咨询室

可供与戒毒人员进行个体心理咨询和危机干预时使用。收治 1000 人及以下设 1 间，每间 15 平方米；每增加 1000 人，增加 1 间。配备舒适的软沙发 2 张、茶几 1 张、钟表、心理挂图若干、抽纸、盆栽、纸笔等。

3. 团体辅导室

可供开展戒毒人员团体辅导及心理康复训练时使用。收治 2000 人及以下设 1 间，每间 30 平方米；每增加 1000 人，增加 1 间。配备椅子、钟表、抱枕或靠垫若干、团体辅导活动箱等。有条件的可配置多媒体投影及音响设备。

4. 心理测量室

用于为戒毒人员进行心理测评。收治 2000 人及以下设 1 间，每间 30 平方米；每增加 500 人，增加使用面积 30 平方米。配备心理测量软件、电脑及电脑桌椅若干。

5. 沙盘游戏室

可供对戒毒人员开展沙盘疗法时使用。收治 2000 人及以下设 1 间，每间 15

平方米;每增加 1000 人,增加 1 间。配备团体沙盘、个体沙盘、沙具、桌椅等。

6. 生物反馈训练室

可供有焦虑、抑郁情绪的戒毒人员进行放松训练、系统脱敏训练、生物反馈训练时使用。收治 1000 人及以下设 1 间,每间 15 平方米;每增加 1000 人,增加 1 间。配备多功能生物反馈仪、桌椅等。

7. 情绪宣泄室

可供出现强烈的暴躁、愤怒等负性情绪及其他需要宣泄的戒毒人员使用。墙壁及地面进行软包处理,收治 1000 人及以下设 1 间,使用面 15 平方米;每增加 1000 人,增加 1 间。配备宣泄呐喊仪、宣泄击打仪、宣泄人、宣泄球、宣泄柱等多种不同的宣泄设备。

8. 戒毒模拟训练室

装修模拟容易接触毒品的场景,如 KTV 包房、客厅、厕所、卧室等,用于训练戒毒人员拒毒能力。收治 1000 人及以下设 1 间,每间 15 平方米;每增加 1000 人,增加 1 间。配备仿真毒品及吸毒工具,仪器可配备 VR 虚拟现实训练系统。

第三节　戒毒场所心理矫治工作过程管理

完整的戒毒治疗包括急性脱毒、康复、预防复发与回归社会三个阶段,强制隔离戒毒场所实行的统一戒毒模式在此基础上将戒毒人员从入所到出所全过程划分为生理脱毒、教育适应、康复巩固和回归指导四期,并设置对应的四个功能区。心理矫治中心各期(区)工作流程如图 11 - 1 所示。

戒毒人员心理矫治按照开展形式和方法,可以分为个体心理矫治和团体心理矫治。戒毒场所可以参考循证矫治的 RNR(Risk - Need - Responsivity)模型,①通过入所心理筛查和教育适应期心理评估、访谈等措施,明确戒毒人员的矫治需求,科学分类分级,充分利用场所矫治资源,借助心理矫治工作者的专业化操作,对戒毒人员实施有效的心理矫治。

---

① 肖玉琴、杨波:《循证矫正的理论基础——RNR 模型解读》,载《犯罪与改造研究》2014 年第 3 期。

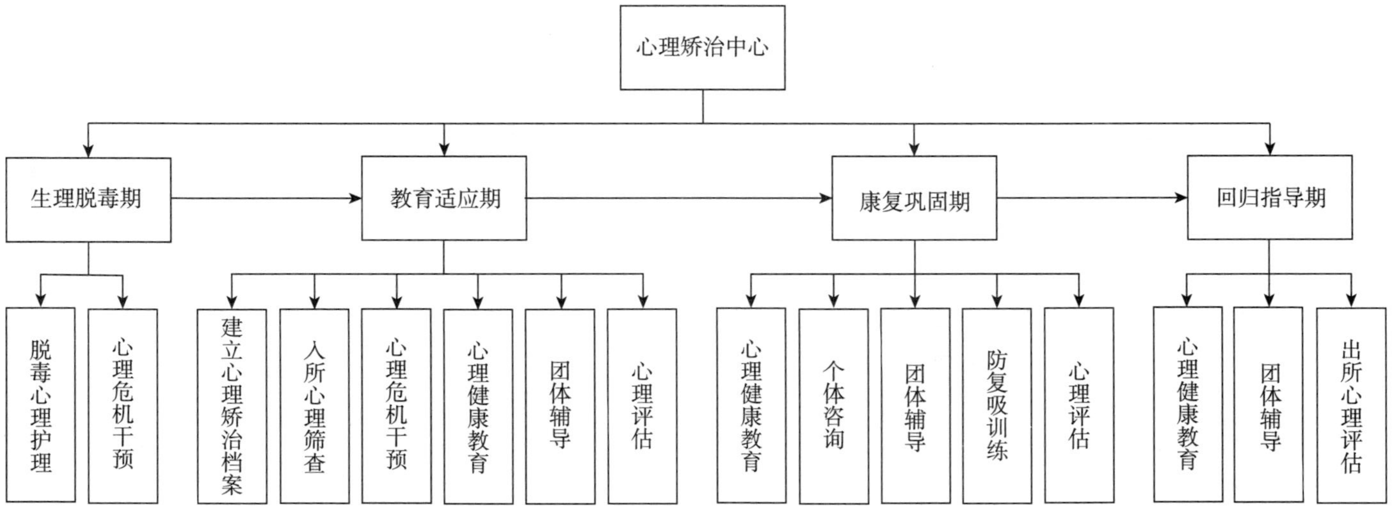

图11-1　心理矫治中心工作流程图

个体心理矫治，即以戒毒人员个体为基础，立足个体矫治和发展的需要，系统性针对性开展心理矫治，也称个案化心理矫治，流程如图 11－2 所示。团体心理矫治，是在团体、小组情境中提供心理帮助的一种心理矫治形式，其工作流程与个体心理矫治类似。但需要注意的是，团体心理矫治相较个体心理矫治一般规模更大、需要投入的资源更多，因此要更加注重设计环节的可行性论证和矫治效果评估。特别是一个初次在场所实施的团体矫治，需要加入对照组，确定科学的评价指标，以评估方案是否有效。有效的方案可以进一步形成标准化、规范化操作手册，便于后期的推广实施。以下以个体心理矫治为例，详细说明戒毒场所心理矫治工作管理过程。

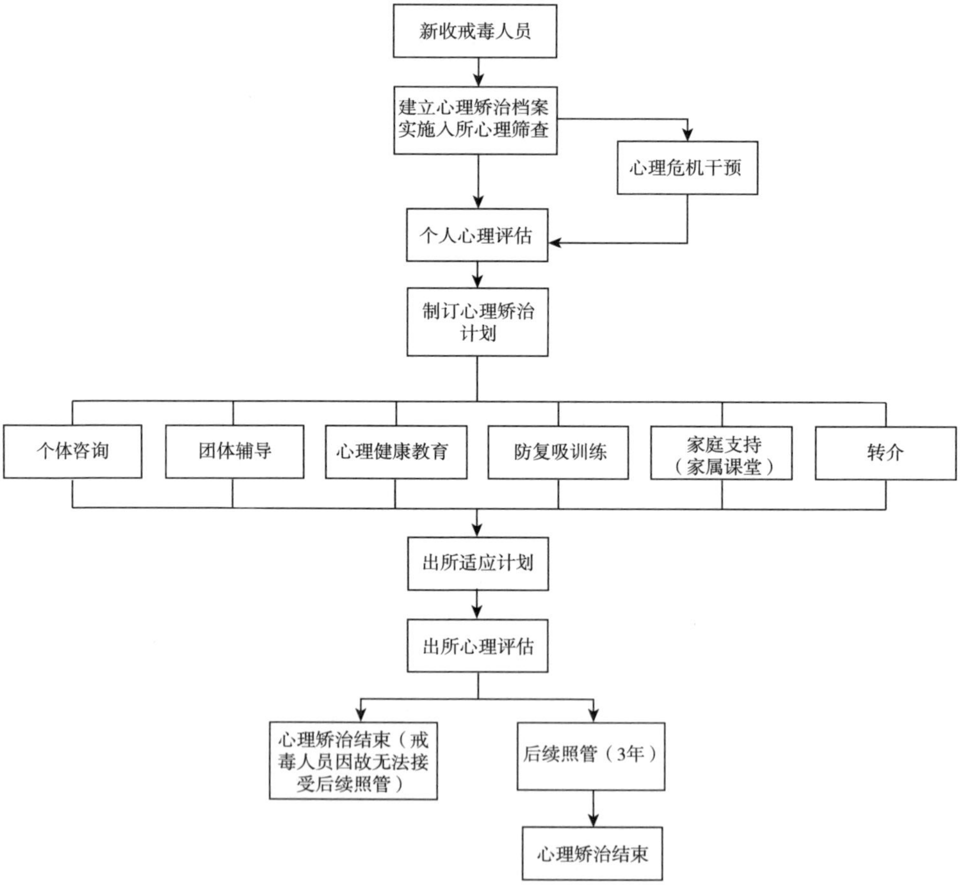

图 11－2　个体心理矫治工作流程图

一、戒毒人员心理矫治计划的制订

矫治需求直接决定着心理矫治目标、矫治内容，决定着心理矫治的方式方法或技术的选择，因此识别和分析戒毒人员的矫治需求是启动心理矫治、制订矫治计划的前提。

（一）收集信息、分析需求

1. 收集基本信息，筛查危机干预对象

在戒毒人员入所后，戒毒场所一般要在24小时内进行一次访谈，完成个人经历、家庭成员信息、身体健康状况、家族病史、婚史、吸毒史、违法犯罪记录等基本信息的采集。访谈者在访谈时要注意观察戒毒人员的外表、态度、情绪和语言表达，筛查出可能需要心理危机干预的对象：入所前刚遭遇家庭、婚姻变故，或者其他重大突发事件等重大挫折；有自伤、自残、自杀、逃跑等危险倾向或者行为；曾经被医疗机构诊断为严重心理疾病或心理行为明显异常的。对于这几类戒毒人员，戒毒场所的心理矫治工作人员需要迅速介入，进行更专业的评估和干预。这意味着可能需要转介医疗部门进行精神科的诊断和药物治疗，或是制订更加深入的危机干预计划。

2. 开展入所心理测试，二次筛查

在教育适应期开展入所心理测试，测量心理健康水平、情绪、人格特征、渴求程度、戒毒动机等，建立基线，为后续的分类分级、制订矫治方案、效果评估提供依据。一般而言，情绪评定特别是抑郁评定为重度时，心理矫治中心需要主动开展危机干预。

3. 建立工作同盟，实施评估访谈

在心理治疗共同要素的研究中，治疗师与患者之间建立良好的工作同盟，能为心理治疗带来更好的结果。① 然而，心理矫治工作人员接触的戒毒人员常常并非自愿戒毒，可能带有更多的抵触情绪，会干扰心理矫治工作、阻碍治疗目标的达成。心理矫治工作人员从与戒毒人员会面的那一刻起，就要有意识地通过共情、倾听、无条件积极关注等技巧，与戒毒人员建立工作同盟。

---

① 参见［美］布鲁斯·E. 瓦姆波尔德、［美］扎克·E. 艾梅尔：《心理治疗大辩论：心理治疗有效因素的实证研究》（第2版），任志洪等译，中国人民大学出版社2019年版，第198～200页。

评估贯穿于整个矫治过程之中，此时的工作重心为通过访谈收集信息，明确戒毒人员自身的需求。评估访谈可以根据结构划分为非结构化、半结构化和结构化。非结构化的访谈，能够让戒毒人员以自己的思路和角度讲他的故事，这有助于建立初步的融洽关系。半结构化访谈介于结构化访谈和非结构化访谈之间，它比结构化访谈更加弹性。矫治工作人员可以依据访谈的关键主题及访谈提纲，在访谈过程中根据关键点灵活发问。结构化访谈是标准化的，方便定量研究。无论采取哪种访谈方式进行评估，都应包含如下内容：入所前使用的酒精、烟草、毒品类型和数量；身体健康状况及其对成瘾的影响；情绪、行为、认知、是否存在共病的精神障碍；对自己成瘾问题的认知；吸毒经历和戒毒历程；成长中的重大事件；家庭系统和同伴关系；本人的应对毒品技能、谋生技能等。

4. 全面评估、明确问题、分类分级

全面客观地搜集戒毒人员的有关资料。通过查阅戒毒人员的管理、教育、心理、康复档案，结合评估访谈及戒毒人员的性别、年龄、文化等特征，分析戒毒人员需要解决的靶点问题。可参考《精神障碍诊断与统计手册（第 5 版）》和《国际疾病分类第十一次修订本（ICD－11）》的诊断标准更好地理解戒毒人员及其问题。

在实践中，为了优化矫治资源配置，需要对戒毒人员进行科学分类分级。分类的核心尺度有两个：一是戒毒人员的需要，主要是考虑戒毒人员戒断毒瘾的影响因素；二是戒毒人员的危险程度，主要是其矫治的难易程度和人身危险性及复吸风险程度。同一个戒毒人员可能会同时存在多个问题，戒毒场所通过对问题进行分级，明确哪些类型问题需要优先干预，确定矫治等级顺序。需要注意的是，人是不断变化发展的，对矫治对象的分类分级并非一次性工作，而是一个动态过程。矫治工作人员需要通过多种渠道和办法不断了解、掌握戒毒人员的矫治情况，合理微调分类分级，为戒毒人员提供最适合的矫治计划。

（二）制定目标、形成方案

1. 探讨、制定目标

心理矫治工作人员在明确戒毒人员的矫治等级后，与戒毒人员共同探讨形成目标。为提高戒毒人员的合作性，可从最令戒毒人员困扰的问题入手，一般优先从睡眠问题、情绪困扰开始处理，然后是处理行为、认知问题。实践中，戒毒人员会把自己所有的问题归咎于毒品，认为自己不再吸毒后一切问题都将迎刃而解。矫治工作人员要善于引导和挖掘戒毒人员的发展性需求，在双方认可的基础上将终极目标定为戒毒人员心理成长和人格完善。同时，矫治目标应当兼顾戒毒场所各期（区）的工作目标，并分解成具体、明确、现实可行、可测量的多个子目标，便于矫治效果评估。

2. 协商形成方案

根据之前的问题和目标，结合评估出的戒毒人员个人资源、戒毒场所环境条件以及矫治工作者自身的知识和技术储备，设计出有效、可行、经济的矫治方案。方案包含明确的矫治目标、步骤、矫治活动的形式、时间安排、次数等。在此阶段，矫治工作人员起着主导作用，但并不是将方案强加在戒毒人员身上，而是通过觉察其疑虑，进行详细适宜的解释说明，让戒毒人员接受和配合。

整体的矫治方案是由心理健康教育、心理咨询、团体辅导、心理评估、防复吸训练等模块有机集合在一起，各模块之间具有相对独立性，既可以独立使用，也可以在互不干扰的情况下结合使用。

（1）心理健康教育的一般设计思路。①生理脱毒期（区）。通过心理健康课或者讲座的形式，给戒毒人员讲授生理脱毒可能产生的急性戒断心理症状，避免因生理脱毒导致戒毒人员出现错误认知和极端行为。②教育适应期（区）。通过课堂化教学等方式，介绍心理矫治工作，普及心理卫生、心理健康常识等，增强戒毒意愿。③康复巩固期（区）。通过多种措施深入开展心理健康教育，让戒毒人员了解和掌握心瘾产生的原因及应对方法、人格成长与毒瘾戒治的关系等，增强戒毒意愿，强化戒毒动机，提高心理调适能力。④回归指导期（区）：通过专题讲座、典型案例讲解等方式，巩固戒毒人员与家庭、社会的关系，增强回归社会的信心，提高社会适应能力。

（2）心理咨询的一般设计思路。①生理脱毒期（区）。重点做好心理疏导工作，提高戒毒人员自我控制的能力，给予情感支持，营造人文关怀的氛围。②教育适应期（区）。重点围绕缓解稽延心理症状、促进场所适应、明确戒治目标等主题开展，对戒毒人员进行一般性支持、鼓励和引导。③康复巩固期（区）。重点运用各种心理咨询理论及技术，借助心理矫治设施设备，对戒毒人员的深层心理问题进行针对性的心理矫治。④回归指导期（区）。重点指导戒毒人员对整个戒毒期间的心理成长进行总结回顾，进行个性化辅导，帮助戒毒人员的顺利回归社会做准备。

（3）团体辅导的一般设计思路。①生理脱毒期（区）。通过组织戒毒人员座谈脱毒感受、指导宿舍成员互助解决困难，增进民警与戒毒人员、戒毒人员之间的相互了解，增强互信、共度脱毒困境。心理咨询师可根据生理脱毒区戒毒人员的需要，适时开展团体心理辅导活动。②教育适应期（区）。组织戒毒人员以小组为单位，以“互信”“互助”“展望”“共赢”等为目的，开展场所适应性团体心理辅导，每月不少于2次，每次不少于1小时。③康复巩固期（区）。针对戒毒人员共性心理问题，组织开展以“矫正”“成长”“拒毒”为目的，包括情绪管理、意志力训练、个性修复、情感重建、人际交往等主题的团体心理辅导活动，每月不少于1次，每次不少于1小时。④回归指导期（区）。根据戒毒人员的社交特点，开展以高危情境应对和负性情绪转移为主题的团体心理辅导，每月不少于2次，每次不少于半小时。

除了根据不同期区的工作目标和要求之外，设计团体辅导还可以依据心理评估的结果、特殊类型群体的特殊需要开展团体心理辅导活动。例如，通过心理或教育活动，部分戒毒人员自发地对某一主题或心理问题感兴趣或者有诉求；或是民警根据现实需要、心理评估情况，推荐部分戒毒人员参与某个主题的团体咨询。另外，特殊时间节点遇到重大灾情、时事或节日，及时开展团体辅导，可以起到预防、教育的作用。

（4）心理评估的一般设计思路。①生理脱毒期（区）。开展入所访谈，完成心理状况初期调查和风险评估，对有精神病史、曾有过自杀、自伤自残行为、曾有过暴力行为、脱逃的戒毒人员进行重点关注和访谈评估。②教育适应期（区）。继续开展生理脱毒期未完成的入所评估，测量心理健康水平、情绪、人格特征、渴求程度、戒毒动机等，建立基线，并为戒毒人员初步分类分级。③康复巩固期（区）。一般入所满3个月和1年时，运用心理测量、模拟试验等方法综合评估全体戒毒人员的心理行为表现和矫治效果，测量内容同入所心理评估，比较结果，制订有针对性的调整矫治方案。④回归指导期（区）。出所前1个月，结合所内累积的档案资料，对戒毒人员的心理健康水平和复吸倾向进行综合性评估，并提出后续照管建议。

（5）防复吸训练的一般设计思路。依据不同的复吸理论，心理矫治工作人员可设计出不同策略的防复吸训练。目前国内外研究实践较多的有：

①认知行为模型。通过改变戒毒人员的歪曲认知和非理性信念，引领戒毒人员分析、识别自己复吸的可能高危情境，学习应对高危情境的各种技巧和建立替代毒品的全新生活方式，达到预防复吸、保持长期戒断的目标。

②复发预防模型。复发预防（Relapse Prevention，RP）模型是一种基于认知行为理论的方法，包括社会学习理论的各个方面。它描述了影响个体保持戒断或复吸的因素，这些因素可分为两类，内部因素和人际因素。内部因素包括自我效能

感、结果预期、渴求、动机水平、应对能力和情绪状态；人际因素包括社会支持或个人在治疗中获得的情感支持。① 据此可以设计家庭关系类、人际交往类、认知行为类、情绪管理类、自我成长类等矫治项目，帮助戒毒人员学习应对策略、提高自我效能感，从而减少复吸风险。

③正念防复吸干预。"正念"这个概念最初源于佛教禅修，是一种自我调节的方法。卡巴金将其定义为是一种精神训练的方法。在这种精神训练中，强调的是有意识地觉察、将注意力集中于当下，以及对当下的一切观念都不作评判。以此为基础美国华盛顿大学成瘾行为研究中心的团队发展出一套标准化行为干预方法——正念为基础的复发预防治疗方法（Mindfulness - Based Relapse Prevention，MBRP）。这个方法包含 8 周的训练，1 ~ 3 周练习正念觉察及将正念练习融入日常生活中，4 ~ 6 周学习接纳当下体验及运用正念练习预防复吸，7 ~ 8 周学习自我照顾、支持网络及生活平衡。帮助戒毒人员接纳自己负性情绪与不舒服状况，更好地管理自我情绪与行为，从而达到降低渴求、预防复吸的目的。

二、戒毒人员心理矫治实施过程

戒毒场所按照矫治方案，有步骤地组织和协调各种资源，整合和实施矫治活动的过程。

（一）落实矫治资源

矫治所需资源通常包括人力资源、物资材料资源、财务资源和信息资源。落实人力资源，就是依据矫治方案，选择符合要求的心理矫治工作者。例如，需要开展团体辅导，那么需要选择有心理咨询师资格证或是接受过相应培训的专业人员；需要操作设备，就要选择接受过设备使用培训的人员。落实财务资源，就是要落实矫治所需物资材料或购买服务等的经费；落实物资材料资源，提前准备好矫治所需关键物料，避免影响方案实施；落实实施地点，选择合适的地点并做好使用预约、布置场地；落实信息资源，即收集足够的与矫治相关的各种资料、信息。

---

① ［美］大卫·卡普齐、［美］马克·D. 斯托弗主编：《成瘾心理咨询与治疗权威指南》（第 3 版），王斐译，中国人民大学出版社 2021 年版，第 281 ~ 284 页。

（二）签订矫治协议

尽管戒毒人员在入所阶段接受的心理健康教育包含了心理矫治的一般知识，心理矫治工作人员还是应当询问他对心理矫治的了解和看法，并告知双方间的责任、权利和义务，特别是保密例外的原则，签订矫治协议。签订协议有助于戒毒人员意识到矫治过程中他与心理矫治工作人员之间的合作关系。当心理矫治工作人员兼具警察身份时，需要向戒毒人员澄清自己的双重角色，明确双方之间是一种专业的工作关系，这种工作关系是以促进戒毒人员的成长和发展、从而增进其利益和福祉为目的。

（三）执行矫治活动

心理矫治工作人员依据方案要求，把矫治目标按时间维度分解成若干阶段性目标，编写成任务分解表，并按方案执行。工作人员做好每次矫治活动的记录、及时开展过程评估，定期向心理矫治中心报告矫治进展。需要注意的是，家庭作业在矫治活动中是一项重要的要素。心理矫治工作人员通过向戒毒人员布置适当的家庭作业，采取检查、督促、辅导、评价等一系列活动，提升戒毒人员的自我效能感，让戒毒人员习惯于将所学自觉应用到现实生活中，巩固矫治效果。作业一般可以分为两类：一类是认知类的，要求其思考一些问题，如“再遇到类似情境，你会怎么做?”；另一类是行为类的，要求其去做一些事情，如“每晚睡觉前练习渐进性放松”。

（四）监控方案进展

心理矫治中心通过研讨、督导等手段，跟踪和监控矫治执行进展，评估职责分工是否妥当、活动实施与计划是否存在偏差等，及时发现问题，修正矫治方案。方案的修正一般包括四种情形：一是心理矫治工作人员的修正。心理矫治工作人员与戒毒人员存在相互选择的问题，并非每名工作人员都适合矫治所有戒毒人员。心理矫治工作人员的修正，就是将原先确定的工作人员更换为与矫治对象匹配的工作人员。二是矫治目标的修正。矫治的过程是动态的、发展的，需要根据具体情况，中止或优化原定目标，制定新目标。三是矫治方法的修正。经过评估发现原先的方法不适用或效果不明显，需要选择其他矫治方法。如果是心理矫治工作人员技术操作上的缺陷导致矫治无效，那么需要规范技术操作。四是矫治周期的修正。矫治周期过长，影响矫治效率，还易受其他因素干扰，如戒毒人员分流或是因提前解除强制隔离戒毒而离所，无法完成既定方案；矫治周期过短，可能难以实现矫治目标。在实践中，需遵从科学规律，调整矫治周期，实现目标和周期的匹配。

（五）有序结束矫治

结束心理矫治是矫治过程的一个重要环节，这个阶段包括两部分的工作：心理矫治工作人员需要向戒毒人员就整个矫治过程做一个总结性评价，预告矫治结束。一般需要提前与戒毒人员讨论矫治结束一事对其的影响，回顾戒毒人员在矫治中取得的进步，探讨如何将发展的技能迁移到未来生活中、还需努力的方向等内容，协助制订出所适应计划，巩固矫治成果。心理矫治工作人员应当开展心理矫治效果评估，完成矫治案例的撰写，总结矫治成效和所取得的经验与教训，归档并保存相关资料。

（六）保持跟踪回访

所内心理矫治结束后，还需要通过一定时期的追踪和评估，才能最终确认矫治目标的实现情况。跟踪回访是为了巩固矫治效果和维持戒毒人员的自我矫治。对仍在场所的戒毒人员，应当把跟踪评估工作与戒毒场所的管理、教育、处遇制度和激励机制结合起来，给予积极的帮助、指导和建议。对出所的戒毒人员，需要将跟踪回访与后续照管工作相结合，定期开展风险评估和戒毒效果评估调查、持续提供心理健康服务和拒毒防毒能力训练等。

三、戒毒人员心理矫治效果评估

（一）戒毒人员心理矫治效果评估的概念

戒毒人员心理矫治效果评估就是戒毒场所根据开展心理矫治工作的目标和要求，运用科学的研究方法，按照一定的评估标准，检验戒毒人员所接受的心理矫治是否有效、是否达到预期的矫治目标和要求。

由于人力、物力有限，在矫治中需要将有限的资源真正用到需要的戒毒人员身上，通过心理矫治效果评估确立有效的矫治措施与技术，从而建立有效的矫治项目库，这对戒毒场所是极其必要的。

(二)戒毒人员心理矫治效果评估的分类

1. 过程评估

过程评估,又称形成性评估,是对整个心理矫治实施过程中的每个矫治环节的监测评估。简单来说,它通过对心理矫治实施过程及形式的评估,了解矫治活动是否实现了预期目标,心理矫治工作人员提供的服务是否专业规范有效,矫治实施方式对目标完成是否具有效能与效率,从而发现心理矫治实施过程中的优点和不足,以便制定解决问题的策略,帮助心理矫治工作人员实施方案或修订方案。基于此,过程评估着重评价从制订计划开始到方案实施和完结的整个矫治过程。

按照评估实施者进行分类,过程评估可以分成内部评估者的过程评估和外部评估者的过程评估;按照评估焦点进行划分,过程评估可以分为戒毒人员改变的过程评估和矫治方案执行的过程评估。

一是内部评估者的过程评估。内部评估者的过程评估就是由戒毒场所的内部人员对心理矫治实施过程进行评价,也称内部评估。内部评估的优点在于:评估者对戒毒场所非常熟悉,获取资料信息便利,而且能监督和跟进评估后的建议实施;其缺点是:评估者缺乏独立性和权威性,还可能会遇到伦理问题。

二是外部评估者的过程评估。外部评估者的过程评估就是邀请外来人士完成对心理矫治服务过程的评判,也称外部评估。外部评估的优点是:评估者的评估技术可能比较专业,且会保持独立性和客观性;其缺点在于:外来评估者对戒毒场所了解不多,获取资料信息可能不够全面,监督和跟进全过程不便,且场所需要负担评估费用。

三是戒毒人员改变的过程评估。戒毒人员改变的过程评估,关注矫治过程中心理矫治工作人员采用了什么方法和技术导致了戒毒人员怎样的改变。

四是矫治方案实施的过程评估。矫治方案实施的过程评估,关注矫治方案是否满足戒毒人员的需求、矫治过程是否按计划执行、是否存在偏差和问题及矫治方案如何修正等。

2. 结果评估

结果评估是在矫治过程的最终阶段进行的评估,检验方案实施的目标结果及这些结果实现的程度和其影响。结果评估可以是事后一次性的,也可以是多次和全程性的。

按照测量指标和角度的不同,结果评估分为三类;效果评估、影响评估、收益—成本评估。

一是效果评估。效果评估是评价心理矫治达成矫治方案设计的预期目标的程度。简单来说,就是检验戒毒人员是否因为实施的心理矫治而改变,其改变是否达到了矫治目标。戒毒人员在参加完心理矫治后有所改善,并不能推论是矫治本身带来的变化,有可能受到其他因素的干扰。效果评估的关键在于科学的实验设计,设立对照组(不进行干预或进行其他相似干预),然后分别测量接受矫治组(实验组)与对照组的结果,并对它们的结果进行比较。两组结果之差就是心理矫治方案的效果。

二是影响评估。影响评估是检验矫治结束后矫治产生的结果的可延续性或造成的后续影响。除了科学的实验设计外,还需要长期的跟踪和积累足够的案例,才能做出这一矫治方案对一类戒毒人员具有同等效力的因果推论。

三是收益—成本评估。成本是指折算成货币的心理矫治投入,包括人、财、物等各种资源;收益是将心理矫治效果折算成货币值。收益—成本评估是将收益除以成果计算比率。比率大于1时,表明该心理矫治方案值得投入使用和推广;比率等于1时,表明收支平衡;比率小于1时,表明该方案投入过高,需要修正或淘汰。实践中的难点在于心理矫治的效果如何转化为货币值,需要综合考虑矫治的经济收益、社会收益等。

(三)心理矫治效果评估的方法

人的心理是复杂的,评估者需要根据实际,灵活地选择评估方法。常用方法为调查研究法、观察研究法、测量研究法和个案研究法,相关内容可参见本书第一章第四节。

(四)心理矫治效果评估的工具

在实践中,评估工具的主要来源仍是心理测验和量表,有条件的单位可使用仪器采集皮肤电阻、血压、心率等生理指标,还可以自编调查问卷,用于辅助评估。

戒毒场所常用的心理测验和量表,依据功能可分为五大类:

1. 心理健康水平测试。如心理健康测查表(PHI)、症状自评量表SCL-90等。

2. 情绪评定量表。如焦虑自评量表(SAS)、抑郁自评量表(SDS)等。

3. 人格特征测试。如艾森克个性测验量表(EPQ)、明尼苏达多相人格测试

(MMPI)等。

4. 毒品依赖相关测试。包括戒毒动机、渴求、拒毒能力等相关测试,如成瘾严重程度指数(ASI)、《戒毒人员复吸倾向性量表》、《戒毒动机量表》等。

5. 其他测试。依据矫治目标选择,如多伦多述情障碍量表(TAS－20)、Barratt冲动性量表(BIS－11),自尊量表(SES)、生活事件量表(LES)等。

需要注意的是,在工作中要防止测验的滥用和误用,做到:依据矫治目标选择合适的、信效度较高的测验;向受测者解释使用测验的性质和目的,充分尊重其知情权;严格按照指导手册的规定使用测验,使用测验结果作为矫治的参考依据时,充分考虑测验结果的局限性和可能的偏差;谨慎解释测验结果,在测验结果与访谈、观察等其他方式收集的信息有冲突时,应当重新评估。

(五)心理矫治效果评估的程序

1. 设置评估指标体系

根据矫治目标建立具体的评估指标体系,以便在实施评估时有具体的可操作的依据。评估指标是将矫治目标分解成了具体的、可测量的、行为化和操作化的一系列子目标。评估指标体系,是将评估指标按照矫治方案的逻辑框架形成的系统化的集合。设置评估指标体系,可以从参与主体、矫治目标、矫治过程、矫治结果四个方面入手,但在具体评估某个矫治项目时,还需要按照此框架形成具体的评估指标体系。

参与主体的评估指标一般包括:心理矫治工作人员的专业胜任力及对该矫治项目的了解程度、团队开展矫治时成员间的分工与合作情况、完成矫治存在什么风险因素、矫治对象的选择标准是否统一、矫治对象需要解决的问题的适用性、矫治对象参加本矫治项目的资源与障碍。

矫治目标的评估指标一般包括:本矫治项目的实践意义与理论意义、是否对共性问题具有代表性、理论支撑、目标是否清晰具体可操作、操作步骤是否清晰、是否设置了一定条件的对照组、是否遵循单一变量原则等。

矫治过程的评估指标一般包括:评估工具的选择、无关变量的控制、对采取的矫治技术的评估、方案的执行质量如何等。

矫治结果的评估指标一般包括:是否达到预设目标、收益—成本比率是否合理、结果是否具有代表性、是否可推广、有无预设目标外的新发现、存在哪些问题等。

2. 搜集评估资料

依据建立的评估指标体系，通过戒毒人员自评、访谈主管民警、同戒、矫治工作者评价、督导评价、心理测验等多种方式搜集形成评估资料。

3. 分析处理评估资料

将收集到的各类资料进行分类整理，查缺补漏，然后进行定量与定性的分析。定量分析，通常是对心理测验结果得分、生理指标等，运用统计学方法进行分析。定性分析，则是考察戒毒人员生活、学习、习艺等行为表现的变化。一般是通过比对的方法，常见的有两种对比维度：一种从时间维度上看，比较戒毒人员矫治前、矫治中、矫治后的变化；另一种从对象维度上看，即比较矫治戒毒人员实验组与对照组在同一时期的不同情况。

4. 总结评估

根据所得的各项数据与文字资料，对该矫治的效果、可信性、可操作性、可推广性等方面作出总体的评估，撰写报告，对存在的问题与不足、未来改进的方向进行总结。

四、戒毒人员心理矫治档案管理

戒毒人员心理矫治档案是记录戒毒人员个体心理健康状况的基础工具。其主要包括戒毒人员的基本情况、心理测评结果、心理健康教育情况记载、个体咨询记录、团体辅导记录、心理矫治项目实施记录、转期区心理评估报告、戒毒人员成瘾评估、风险评估及心理矫治中心提出的管理指导建议等。

（一）戒毒人员心理矫治档案的建立

对每名戒毒人员都要建立戒毒人员心理矫治档案，一般在入所心理筛查完成后建立。

（二）戒毒人员心理矫治档案的管理

戒毒人员心理矫治档案原则上由心理矫治中心统一管理。心理矫治中心专职心理咨询师负责档案的建立，做好前来心理矫治中心的戒毒人员心理测评、个体咨询、团体辅导记录等；大队兼职心理咨询师负责做好所接待戒毒人员的个体咨询、团体辅导记录等，并上交心理矫治中心。

心理矫治档案在戒毒人员离所后一个月内及时整理归入戒毒场所档案室保管。

（三）戒毒人员心理矫治档案的使用

心理矫治档案一般仅供心理矫治工作人员查阅和使用。其他人员如因工作需要查阅，必须经过心理矫治中心主任批准，登记并写明原因，在专兼职心理咨询师的指导下进行。

心理矫治档案内容，必须严格保密，如有泄密而产生不良后果的，责任自负。研究和交流中需公开使用个案的，应当进行技术处理，确保求助者的身份不被暴露。

复习思考题

1. 简述戒毒场所心理矫治的概念与目标。
2. 简述戒毒场所心理矫治工作的原则。
3. 简述戒毒场所心理矫治工作的特点。
4. 简述戒毒场所心理矫治工作的意义。
5. 简述戒毒场所心理矫治机构的组织架构和职责。
6. 简述戒毒场所心理矫治机构工作人员的职责。
7. 简述戒毒场所心理矫治工作对象管理原则。
8. 简述戒毒场所心理矫治效果评估的方法和程序。
9. 论述心理矫治方案的设计、实施和评估。

本章主要参考文献

1. 吴善积：《强制隔离戒毒工作中推行循证矫治模式的基本路径、存在问题与对策》，载《中国司法》2014 年第 4 期。
2. [美]大卫 · 卡普齐、[美]马克 · D. 斯托弗主编：《成瘾心理咨询与治疗权威指南》（第 3 版），王斐译，中国人民大学出版社 2021 年版。
3. 杨波、秦启文：《成瘾的生物心理社会模型》，载《心理科学》2005 年第 1 期。
4. 肖玉琴、杨波：《循证矫正的理论基础——RNR 模型解读》，载《犯罪与改造研究》2014 年第 3 期。
5. 杜江、赵敏、谢斌：《精神障碍与物质滥用的共病》，载《国际精神病学杂志》2006 年第 2 期。
6. 许书萍、张勇、徐定等：《强制隔离戒毒人员出所复吸风险评估及干预对策研究》，载《华东理工大学学报（社会科学版）》2021 年第 6 期。
7. [美]布鲁斯 · E. 瓦姆波尔德、[美]扎克 · E. 艾梅尔：《心理治疗大辩论：心理治疗有效因素的实证研究》（第 2 版），任志洪等译，中国人民大学出版社 2019 年版。

第十二章　戒毒场所运动康复训练工作管理

本章摘要

戒毒人员运动康复训练工作是一项工程体系，其主要实施场所是全国统一戒毒模式下的戒毒所内康复训练中心。通过本章学习，了解运动康复训练工作的概念，运动康复训练工作的意义；理解戒毒场所运动康复训练机构与人员管理；戒毒场所运动康复训练工作流程及管理等内容；领会《康复训练指南》的规定和要求，使学习者对戒毒场所运动康复训练工作有全面的认识。

重点问题

本章重点是运动康复训练工作的特点和意义，以及戒毒场所运动康复训练戒毒人员管理；戒毒人员体质测试、方案的制订、戒毒人员运动康复训练效果评估。

第一节　戒毒场所运动康复训练工作概述

一、戒毒场所运动康复训练的历史发展

（一）戒毒场所运动康复训练的概念

戒毒场所运动康复训练通常指根据戒毒人员的情况，开展多样的康复活动和体育锻炼，以体能训练为主要方式，辅以社会支持、医疗、教育、心理等康复手段，结合课堂教学、户外活动等形式，以恢复戒毒人员身心机能，缓解或消除戒毒的各种不良症状，养成良好的行为习惯为目的开展的系列活动。

戒毒人员身体康复工作是戒毒场所在遵循国家戒毒相关法律法规的基础上，以戒除毒瘾为目标，以提高和增强戒毒人员戒治质量及身体素质为目的，由专业

技术人员针对戒毒人员的个体实际情况,采取科学的训练手段,借助一定的康复器械,兼顾相应的营养措施,通过一系列科学举措,使戒毒人员在强制隔离戒毒期限内生理状况、身体机能和体能得以一定程度的恢复、改善和提升的一种综合性身体康复训练工作体系。其中体能的改善(或恢复)是达到戒毒康复的基本条件。

(二)戒毒场所运动康复训练的历史发展

我国戒毒场所康复训练工作的发展划分为四个阶段:1991—1999 年为探索阶段,2000—2008 年为基础阶段,2009—2015 年为平稳发展阶段,2016 年至今为新时期快速发展阶段。①

1. 1991—1999 年为探索阶段

我国戒毒人员康复训练工作源于运动干预研究,早在劳动教养戒毒时期,司法行政戒毒系统就开始探索通过运动训练的方式,如太极拳、五禽戏、气功、广播体操等各种运动形式,来促使戒毒人员体质体能的康复,进而为顺利解除毒瘾打下坚实的生理基础。

2. 2000—2008 年为基础阶段

主要探讨运动疗法作为辅助手段对海洛因成瘾者的稽延性综合征的改善作用,以及血浆内啡肽检测,并未形成系统的康复训练手段。

3. 2009—2015 年为平稳发展阶段

研究主要聚焦于运动干预对强制隔离戒毒人员心理健康和体质健康的影响,②女性戒毒人员以及有氧运动开始受到关注,③④初步探讨构建戒毒场所内系

---

① 贾东明:《我国强制隔离戒毒人员运动康复训练的研究热点与前沿:基于 CiteSpace 的知识图谱分析》,载《中国药物滥用防治杂志》2012 年第 2 期。

② 毕超:《运动干预对强制隔离戒毒人员心理健康影响的实验研究》,安徽师范大学 2014 年硕士学位论文。

③ 耿敬敬、朱东、徐定等:《太极康复操对强制隔离女戒毒人员的康复效果》,载《中国运动医学杂志》2016 年第 11 期。

④ 耿敬敬:《太极拳对上海市女性合成毒品成瘾人员身心康复效果的研究》,上海体育学院 2016 年硕士学位论文。

统性的康复训练实施流程[①②]。

4. 2016 年至今为新时期快速发展阶段

运动学、康复学、医学等领域的研究者对戒毒人员运动康复训练进行跨专业的全面合作研究，涌现出一大批理论和实践成果，进展与综述类文献也逐渐增多，专业水平和质量较高。

2018 年 6 月 25 日，司法部印发《关于建立全国统一的司法行政戒毒工作基本模式的意见》，明确指出运动干预在我国强戒人员体质康复工作中的重要性和必要性。2018 年 6 月，司法部响应习近平总书记对我国禁毒工作的重要指示，提出"以运动戒毒为引领，构建中国的戒毒体系"的核心目标。由此，我国司法行政戒毒系统的运动康复训练戒毒研究工作由各部分省市单位进行的"尝试"阶段进入快速推进和发展时期。2018 年 7 月，全国司法行政戒毒系统运动戒毒试点工作集中调研在山西省长治市举行。2018 年 10 月，11 个省市的 24 个戒毒场所对 2300 多名戒毒人员开展全面的运动戒毒试运行工作，积极探索在一定强度的运动训练状态下对毒瘾戒断的有效性研究。2019 年 3 月全国"运动戒毒"试点工作会议在上海召开，4 月 22 日于杭州召开第一期"运动戒毒"工作全国培训班。这次培训使运动戒毒向着深层次进发，一是运动戒毒由单一康复训练场所实施转变为到全所联动，二是运动量与毒瘾戒除之间的内在联系得到科学界定。上海、北京、安徽、江苏、广东、云南、四川、重庆等省市与专业院校及科研机构合作并成立了康复训练和运动戒毒研究中心，专著和各省局自编的康复训练指导教材，以及大量运动戒毒相关文献的涌现，进一步对运动锻炼成果和工作经验进行实证和总结，为运动戒毒及康复训练工作提供指导和借鉴。

2019 年 6 月司法部戒毒管理局发布《运动戒毒工作指南（试行）》，旨在推动运动戒毒工作在全国司法行政戒毒系统落地见效，提高运动戒毒工作的科学化、专业化、智能化、社会化水平，内容包括《运动戒毒工作流程》《运动戒毒参训人员管理及考核办法》《运动戒毒效果评价指标和方法指南》《运动戒毒参训人员膳食营养标准》。同月，司法部戒毒管理局与中国体育科学学会签署《运动戒毒战略合

---

① 北京市戒毒管理局：《北京市戒毒系统打造"PDCA"运动康复戒毒模式》，载《中国司法》2014 年第 8 期。

② 贾东明、郭崧：《试论强制隔离戒毒人员身体康复工作流程的设计》，载《中国药物滥用防治杂志》2015 年第 4 期。

作框架协议》，合作双方将在共建运动戒毒创新研究中心、运动戒毒专家库、搭建高水平学术交流平台、加强专业人才职业技能培训、加快运动戒毒实践成果转化等方面开展广泛和深入合作，共同推动我国司法行政戒毒系统“运动戒毒”工作取得更大突破。[①] 2019年6月26日上午，由司法部和云南省政府共同主办的2019国际戒毒论坛在昆明开幕。来自14个国家和地区的戒毒领域专家和官员围绕“戒毒新技术新方法——以科学运动戒毒为试点”主题开展深入研讨，推进国际戒毒领域加强交流、互学互鉴，共同为攻克戒毒世界性难题贡献智慧力量，其中智慧戒毒在运动戒毒工作中的运用项目得到了与会专家的认可。

2020年12月，为加快构建和完善司法行政戒毒工作标准体系，促进全国统一戒毒模式落地见效，切实提高司法行政戒毒工作规范化、科学化和现代化水平，进一步规范司法行政机关强制隔离戒毒场所康复训练工作，根据《禁毒法》《戒毒条例》《强制隔离戒毒人员教育矫治纲要》和司法部《关于建立全国统一的司法行政戒毒工作基本模式的意见》等法律法规及相关规定，充分吸收近年来全系统康复训练工作的经验成果，司法部戒毒局研究起草了《康复训练工作指南》。

二、戒毒场所运动康复训练工作的原则与目标

（一）戒毒场所运动康复训练工作的原则

戒毒场所运动康复训练工作坚持“因人施策、循序渐进、科学规范、安全有效”的原则。

1. 因人施策

戒毒人员的运动训练方案（“运动处方”）应针对每一个戒毒人员的年龄、遗传情况、体质水平、成瘾状况和健康以及初始运动水平等个体差异特征制订个性化方案，分类实施。

2. 循序渐进

戒毒人员在康复训练时必须要有一定的运动强度和运动量，甚至可以有较少频次、较高运动强度和运动量的训练。

---

① 海红：《司法部戒毒管理局与中国体育科学学会签署运动戒毒战略合作框架协议》，载国家体育总局网2019年6月11日，https://www.sport.gov.cn/n20001280/n20745751/n20767277/c21330342/content.html。

3. 科学规范

训练过程中要求严格按照先期制订的方案，逐步开展训练工作，切忌在训练过程中“逞强斗狠”或是“过度训练”。

4. 安全有效

注重安全性，避免身体损伤，做好运动安全教育培训、训练过程监管和安全防护措施。训练方案的目的应当明确，注重取得预期的身心康复效果。

（二）戒毒场所运动康复训练工作的目标

戒毒场所运动康复训练工作的总体目标是帮助戒毒人员掌握身体康复训练常识，改善戒毒人员的身体素质和身体机能，防治疾病，促进身体健康，养成健康的生活方式，培养其坚韧耐挫的意志品质，增强其合作进取意识，提升其适应社会生活的能力，降低毒瘾渴求度，最终促进其戒断毒瘾，健康生活。

戒毒场所运动康复训练工作流程主要包括戒毒人员信息采集与管理，体质测试，四期康复训练方案的制订，康复训练方案的实施，康复训练方案的监督与调整。

三、戒毒场所运动康复训练的作用

戒毒场所运动康复训练可以增强戒毒人员的体质体能、促进身体健康；磨炼戒毒人员的意志，增强自控力；转移戒毒人员的兴趣，建立新的行为习惯；维护戒毒场所的戒治秩序。

运动对普通人群能够起到强身健体，辅助治疗某些疾病的作用。与药物治疗毒品成瘾的手段相比，运动干预作为非药物治疗手段具有普适性、可操作性、绿色无副作用等优点。运动能够引起毒品成瘾的神经生物调控机制发生变化。[①] 积极的运动干预可以在一定程度上加速脑内“奖赏系统”多巴胺的分解，同时降低多巴胺受体的可利用率，使多巴胺回落至正常水平并保持一定时间，抑制毒品成瘾者所体验的快乐程度，延长复吸间隔，降低频次。中高运动强度和长时间的运动，可

---

① 韩雨梅、罗昕、孟林盛等：《运动干预在强制隔离戒毒领域的应用现状》，载《体育研究与教育》2019 年第 3 期。

以促使大脑分泌内啡肽，产生舒适和愉悦的感受。[①] 以往研究所提供的客观证据都支持运动与依赖性药物心理生理反应之间的相似性，支持运动可以有效替代依赖性药物使用，坚持长期、有规律的中等强度运动，对戒毒人员的康复有积极的作用，能够改善强戒人员的身体形态、身体机能和身体素质，有效控制和缓解稽延性戒断症状，促进戒毒人员身体恢复，心理康复，提高适应社会力。

第二节　戒毒场所运动康复训练设置与管理

一、戒毒场所运动康复训练机构的设置与职责

（一）康复训练中心布置

康复训练中心布置应遵循测试、评估、训练、评价的闭环式管理原则，要求配置测试设备和训练设备，以及相应的配套管理软件，实现训练数据采集、运动数据测试、效果数据分析的康复训练中心信息化管理。

（二）康复训练中心区域布局

康复训练中心应设置室内场馆和室外场地。室内场馆分为：办公区、测试区、训练区和休息缓冲区。室外场地适用于开展徒手操、传统养生运动、球类运动等。

1. 室内场馆功能布局

康复训练中心室内场馆应房屋结构牢固，地面平整，室内采光、照明、通风、降温、消防等功能齐全。场馆开放条件与技术应符合 GB/T 34311 – 2017 的规定。

（1）办公区。满足戒毒人员档案管理、运动数据管理、运动处方管理以及急救设备放置与使用等用途。办公设备包括但不限于办公桌椅、文件柜、电脑、打印机、主机（服务器）、音频视频中央控制系统等，用于进行戒毒人员测试、运动数据的收集与整理。医疗救护设备包括但不限于全自动体外除颤机（AED）、医疗包（含急救）、医疗床等。

（2）测试区。主要用于进行健康体适能的测试，包括身体形态测试、身体机能

① 刘昭强、张爱民、陈建明等：《运动戒毒理论与实践研究进展》，载《体育科学研究》2020 年第 2 期。

测试、身体素质测试等。

体质测试设备包括身高体重测试仪、肺活量测试仪、握力测试仪、坐位体前屈测试仪、一分钟仰卧起坐测试仪（女子戒毒所）、俯卧撑测试仪（男子戒毒所）、反应测试仪、闭眼单足站立测试仪、纵跳测试仪等，也可以使用体质测试多功能一体机。

健康体适能测试设备包括但不限于人体成分分析仪等人体成分测试设备，心肺耐力台阶测试仪、功率自行车、运动平板等心肺耐力测试设备，大型力量器械等力量素质测试设备。

（3）训练区。主要用于指导戒毒人员开展康复训练，可分为有氧训练区、力量训练区、综合训练区；有氧训练区用于使用有氧训练设备进行有氧练习；力量训练区用于使用力量训练设备进行力量练习；综合训练区用于完成提高体适能所需的平衡、灵敏、协调、柔韧等训练。

各训练区可按照规定选择设备，例如，综合训练区应配置用于团队训练的小器械，如弹力带、小哑铃、踏板、蹦床、柔力球等，进行各种操类活动，提升运动趣味性与集体活动参与感，同时进行运动数据的收集。

（4）休息缓冲区。用于戒毒人员休息调整、民警点名、训练任务安排等。

2. 室外场地功能布局

应结合场所实际合理配置，建议设置以下场地：田径场、球类运动场地（足球场、篮球/排球场）、室外健身场地。

（三）康复训练中心的主要职责

1. 贯彻执行戒毒人员生理康复工作制度、规划及计划，分级承担全所性的康复训练工作。

2. 实施戒毒人员身体形态、机能、素质等体质测试和评估，建立和管理身体康复训练档案。

3. 开具康复训练处方，设计和实施戒毒人员身体机能康复、体质改善等专业康复训练项目。

4. 承办康复训练理论教学、知识讲座、体育运动会等活动，开展康复训练宣传和教育。

5. 承接对外合作和引入社会支持，开展康复训练理论和技术研究。

6. 管理和维护身体康复训练相关信息数据系统及设施设备。

7. 完成交办的其他工作。

二、戒毒场所运动康复训练工作人员管理

按照《康复训练工作指南》的要求，康复训练方案主要由康复训练中心、戒毒医疗中心开展，康复训练师负责对戒毒人员开展康复理论教学、体质测试和康复训练工作。康复训练中心应当设专职主任 1 人，按照大型所不少于 3 人，中、小型所不少于 2 人配备专职工作人员，配备满足工作需要的兼职人员。强制隔离戒毒所应当按照不低于收治人数 1% 的比例配备具有社会体育指导员或国家职业健身教练等专业资质的康复训练师。集体活动现场要根据参训戒毒人员数量确定直接管理的民警，至少有 1 名医护人员监护；康复训练师要合理安排戒毒人员的热身运动、训练与休息时间，防止运动损伤；运动过程中康复训练师、民警和医护人员要在现场实时监控戒毒人员的训练情况，根据戒毒人员的运动表现及时判断其身体状态，并采取适当措施。

康复训练中心负责康复训练计划的制订和安排，指导检查康复训练工作的开展，并对戒毒人员开展体质测评，根据体质测评制定运动处方，开展康复训练、诊断评估工作等。戒毒医疗中心负责戒毒人员病史和健康状况检查、病残戒毒人员的甄别和鉴定、运动损伤的医疗救治等。

按照初步训练方案进行训练取得较明显效果后，康复训练师应当再次进行功能评定，如一周锻炼 3 ~5 次，6 ~8 周后可以重新进行功能评定；康复训练师应适时对训练方案不适宜的地方进行微调，待调整后再坚持锻炼 3 ~6 个月，根据体质测试和医学检查结果，重新确定风险等级，制订相应的康复训练方案，形成动态调整的状态，不断提高训练效果。

三、戒毒场所运动康复训练人员风险管理

对戒毒人员的行为应当作出规定："未经管理人员允许，禁止戒毒人员任意挪动训练器材，以免损坏或丢失器材。""戒毒人员违反康复训练管理相关规定两次以上的，管理人员可以终止其参训资格。"

（一）运动风险管理

运动风险，主要是指针对运动康复训练工作管理对象（戒毒人员）、管理环境等方面的原因，希望达到的安全稳定的目标与实际可能出现的危害结果之间的差距。运动风险管理，是指对运动风险如何进行有效防控，保障和提高运动康复训

练工作效果。

1. 低风险戒毒人员：年龄在45周岁以下，无家族遗传病史，无严重既往病史和慢性疾病，无运动系统器质性损伤，体质测试结果在合格及以上。

2. 中风险戒毒人员：男性年龄大于50周岁，女性年龄大于55周岁；年龄在50周岁以下，患有高血压、冠心病、糖尿病等慢性非传染性疾病，无严重运动系统器质性损伤，体质测试结果在合格及以上；身体形态学测试结果（肥胖者），结合脂代谢、糖代谢测试结果，属于心血管疾病患病高危人群者；其他不属于低风险和高风险人群的情况的。

3. 高风险戒毒人员：年龄在50周岁以上，患有严重的心脏病、心脑血管疾病、呼吸系统疾病、急性炎症、传染病、肢体功能障碍等，无法参加体质测试或体质测试结果不合格。

普通或低风险戒毒人员的训练方案可以按照四期进行，患有肥胖、慢性病的戒毒人员可以使用特定的运动处方。训练过程按照准备活动阶段、康复训练阶段、放松活动阶段进行。四期高风险戒毒人员康复训练方案均参照生理脱毒期方案执行；中风险戒毒人员如需进行高强度训练，训练之前需要进行全面的医学检查，得到医务人员的许可后，才可以参加训练；医务人员和康复训练师要定期对戒毒人员进行风险评估，动态调整戒毒人员的风险等级。

对由于身体患病以及受伤、残疾等原因不宜开展体质测试和康复训练的戒毒人员，经本人申请，戒毒医疗中心鉴定或医疗档案中已经具有相关证明的，可以暂缓或免于部分以致全部项目的体质测试和康复训练，具体情况记入戒毒人员康复训练档案。

（二）运动风险防范措施和应急预案

在出现以下情形时，应立即停止测试和训练：运动负荷增加，而收缩压降低；运动负荷增加，而心率不增加或下降；出现胸痛、心绞痛等；出现严重运动诱发的心律失常；出现气急、头晕、耳鸣、胸闷、心痛、呼吸困难、面色苍白、出冷汗、呼吸急促、下肢无力、意识不清、动作不协调等；戒毒人员感觉不适，要求停止测试或训练。同时，戒毒人员在运动过程中或运动后，可能会出现一些身体和心理的异常也要及时发现和处理。

1. 戒毒人员跌倒的防范措施和应急预案

（1）防范措施。①评估戒毒人员的状况，过度疲劳或处于身体恢复期，要防止因直立性低血压或体质虚弱而导致跌倒,对跌倒高风险者设置警示牌。②定期检查康复训练场所设施,保持设施完好,杜绝安全隐患。③康复训练场所环境光线充足,地面保持干燥、平整、完好,特殊情况放置防滑警示。④详细介绍康复训练场所环境,易引起跌倒的危险场所,如台阶、上下健身器械、跑步机等,应有明显防跌倒标识,以引起戒毒人员的重视。⑤对戒毒人员的认知、感觉和活动能力进行动态评估。向跌倒的戒毒人员及班组长讲解跌倒的不良后果并提供教育,增强防范意识,并采取相应的防范措施。⑥对服用抗精神病药物和特殊药物(如镇静药、安眠药、降糖药、降压药等)的患者,应注意观察用药后的反应,预防跌倒。⑦建议戒毒人员穿合适的防滑鞋。

(2)应急预案。①戒毒人员突然跌倒时,医务监督人员应立即到患者身边,同时通知院当班医生。②指导民警协助医生查看全身状况和局部受伤情况,初步判断有无危及生命的体征、骨折或肌肉、韧带损伤等情况。③根据伤情,采取相应的搬运方式,将患者抬至病床,进一步检查病情,配合医生采取必要的急救措施并通知大队。④加强巡视至病情稳定。巡视中严密观察病情变化,及时向医生汇报。及时正确处理及执行医嘱。⑤了解该戒毒人员跌倒的原因,分析发生跌倒的相关因素,向该戒毒人员本人及其他人员做好健康宣教,提高防范意识。⑥及时、准确记录病情变化,认真做好记录。⑦做好该戒毒人员的安抚工作,消除其恐惧、紧张心理。

2. 戒毒人员猝死防范措施和应急预案

(1)防范措施。①充分评估患者病情,筛查高危人群,采取适当的设备监测其生命体征变化。②根据患者心血管功能情况安排管理和医护级别,加强夜间巡视,发现病情变化,及时处理。③急救和生命支持设备随时处于完好备用状态。

(2)应急预案。①呼吸、心搏骤停的诊断标准。A. 意识突然丧失;B. 大动脉搏动消失;C. 呼吸停止。②患者一旦出现呼吸、心搏骤停的情况,立即行规范CPR,携带必要的抢救器材(急救包、除颤仪等)就地抢救。③将患者摆放为复苏体位,解开衣服及裤带,立即进行胸外按压30次。去除义齿,清除口鼻腔内的分泌物和异物,开放呼吸道,行人工呼吸2次,进行5个循环后再判断复苏是否有效。如有条件应尽快行气管内插管,使用简易呼吸器或呼吸机辅助呼吸。④迅速建立两条静脉通道,遵医嘱给药。⑤进一步采取急救措施,如气管插管、心电监护、电除颤、药物复律、纠正酸中毒与电解质紊乱、脑复苏等一系列急救措施。⑥根据患者的情况,适时护送患者到医院急诊科或病房继续抢救,不得中止抢救,并做好交接。⑦参加抢救人员密切配合，有条不紊，严格查对，做好用药记录，并保留安瓿及药瓶。⑧抢救期间始终严密观察患者的生命体征、意识和瞳孔的变化，守护患者。⑨与患者家属沟通，并于6小时内补记抢救记录。

四、戒毒场所运动康复训练设备与仪器管理

康复训练中心按照室内场馆进行设备设置，一般分为三种：100～300平方米，可满足50人以下同时训练；300～500平方米，可满足50～80人以下同时训练；500～1000平方米，可满足80人以上同时训练。包括用于力量、柔韧、耐力、速度、灵敏、平衡训练的器械设备、测试仪器设备和康复训练管理系统，具体设置见表12－1。有条件的戒毒场所可以配备相关设备，用于运动风险筛查、肌肉状态评估、神经控制功能评估、代谢功能评估、脑功能评估等测试评估，可以配备团队心率监控、运动设备安全保护装置等运动防护设备。

表12－1　康复训练中心室内场馆设备配置

序号	区域	名称	数量			单位
			100～300平方米	300～500平方米	500～1000平方米	
1	体质测试区	身高体重测试仪	1	1	2	台
2		肺活量测试仪	1	1	2	台
3		台阶试验测试仪	1	1	2	套
4		握力测试仪	1	1	2	台
5		坐位体前屈测试仪	1	1	2	台
6		一分钟仰卧起坐测试仪	1	1	2	台
7		反应测试仪	1	1	2	台
8		闭眼单足站立测试仪	1	1	2	台
9		俯卧撑测试仪/仰卧起坐测试仪	1	1	2	台
10		纵跳测试仪	1	1	2	台
11		人体成分分析仪	1	1	2	台
12		体质测试一体机（可单选）	1	1	2	台

续表

序号	区域	名称	数量			单位
			100～300平方米	300～500平方米	500～1000平方米	
13	有氧训练区	智能跑步机	2	5	8	台
14		固定自行车（磁控车/动感单车）	2	5	8	台
15		椭圆机	1	2	5	台
16		划船机	1	2	5	台
17	力量训练区	蝴蝶扩胸背部扩展智能训练设备	1	1	2	台
18		踢腿勾腿双功能智能训练设备	1	1	2	台
19		腹肌背肌双功能训练设备	1	1	2	台
20		高低拉训练设备	1	1	2	台
21		大腿内外侧肌训练设备	1	1	2	台
22		蹬腿提踵训练设备	1	1	2	台
23	综合训练区	平衡球	2	2	30	个
24		平衡板	2	2	20	个
25		踏板	5	5	50	个
26		瑜伽垫	5～10	5～10	30～50	个
27		拉伸架			4	个
28	其他硬件	可穿戴设备	50	80	120	个
29		电脑及打印机	1	1	2	台
30	软件	系统软件	1	1	1	套

第三节　戒毒场所运动康复训练工作流程管理

一、戒毒人员运动康复训练方案设计

(一)运动处方概述

1. 运动处方的概念

运动处方源于现代康复医学,1954 年,美国生理学家 Karpovich 曾提出“运动处方”的概念;20 世纪 60 年代,由于运动处方被用于冠心病的康复,引起心血管疾病治疗领域的一场革命而受到重视。1969 年,世界卫生组织正式采用了“运动处方”这一术语,使“运动处方”得到了国际上的认可。

运动处方,是指针对不同人的健康状况,制定出适合个人状况的运动程序,用处方的形式确定健身或体疗的负荷内容与负荷量的方法。进入 21 世纪以来,运动处方无论是在国内还是国外,均有了很大进展,健身运动处方已成为各国实施健康计划的重要内容,科学指导人们进行锻炼,已得到人们的普遍认识。运动处方广泛应用于健身、康复、治疗等各个领域,可将运动处方理解为:由康复医师、康复治疗师以及体育教师、社会体育健身指导员、私人健身教练、体适能教练等,根据患者或健身者的年龄、性别、一般医学检查、运动试验、身体素质/体适能测试等结果,按其年龄、性别、健康状况、身体素质以及心血管、运动器官的功能状况,结合主、客观条件,用处方的形式制定对患者或健身者适合的运动内容、运动强度、运动时间及频率,并指出运动中的注意事项,以达到科学地、有计划地进行康复治疗或预防健身的目的。

运动处方与普通的体育锻炼和一般的治疗方法不同,运动处方是具有很强的针对性、有明确的目的、有选择、有控制的运动疗法。运动处方开始主要用于康复医学领域,后来使用的范围逐步扩大。按照处方目的不同,可分为用于伤病后进行康复的“治疗性运动处方”;用于疾病(如冠心病)预防的“预防性运动处方”;以及可用于指导全民健身用的“健身性运动处方”。[①]

① 参见游国鹏:《运动康复干预研究》,中国商务出版社 2018 年版,第 218 ~ 221 页。

2. 运动处方实施过程

(1)全面了解处方对象的体适能和健康状况。在制定运动处方之前,一定要通过问卷调查、医学检查、临床测试、体适能测定等途径,了解受试者的体适能和健康状况。

(2)确定运动处方的目标。首先,对受试者实施运动处方的目的是疾病或功能障碍的康复治疗,还是预防疾病和健身。其次,确定锻炼的目的是提高心肺功能、增强肌力、提高柔韧性,还是减少多余的脂肪、控制血压、血糖、血脂、消除或减轻功能障碍,以及调节心理状态、提高生活质量,还是掌握某项运动的技能和方法等。

(3)进行相应的运动功能评定。运动功能评定是制定运动处方的依据,重点检查相关器官系统的功能状况。如果处方目的是提高心肺功能或控制体重、血压、血糖、血脂等,应做心肺功能检查评定;如果目的是增强肌肉力量,需要做肌力的测定。

(4)制定运动处方。功能检查的结果作为制定运动处方的依据。同时结合运动处方制定考虑要点,区别对待,因人而异。还需考虑受试者的性别、年龄、健康状况、运动基础、客观条件,安排适当的运动内容,为受试者制定运动处方。一个完整的运动处方应包括锻炼目标、锻炼内容、运动量和注意事项等内容。按照美国运动医学学会(ACSM)的建议,训练方案与运动处方设计遵循在生理、心理和健康益处方面的科学证据的 FITT – VP 原则,即频率(frequency,多久一次)、强度(intensity,费力程度)、时间(time,持续时间或多久)、方式(type,模式或类型),以及总量(volume,总和)和进阶(progression,进展)。①

(5)指导受试者如何执行运动处方。在按照运动处方开始锻炼之前,专业人士应帮助锻炼者了解运动处方中各项指标的含义,对如何执行处方提出要求。第一次按照运动处方锻炼时,应当在制定处方者的监督下进行,让锻炼者通过实践了解如何执行运动处方。

(6)监督运动处方的执行情况。通过检查锻炼日志、定期到锻炼现场在检测下进行锻炼,对运动处方的执行情况进行监督。

(7)定期调整运动处方。按照运动处方进行锻炼,一般在 6 ~ 8 周后可以取得明显效果。此时需要再次进行功能评定,检查锻炼的效果,调整运动处方,以进一

① 美国运动医学学会:《ACSM 运动测试与运动处方指南》(第 9 版),王正珍主译审,北京体育大学出版社 2015 年版,第 162 页。

步提高锻炼效果。

(二)体质测试

1. 测试时间

康复训练中心应当在戒毒人员入所1个月内、强制隔离戒毒期满1年、出所前1个月开展体质测试,也可根据工作需要随时开展体质测试。

2. 测试流程

按照身体形态、身体机能(除台阶试验)、身体素质、台阶试验的顺序开展体质测试。

3. 测试内容

测试内容包括但不限于:(1)身体形态测试:身高、体重;(2)身体机能测试:心率、肺活量、台阶试验;(3)身体素质测试:握力、坐位体前屈、闭眼单脚站立、选择反应时、纵跳、俯卧撑(男)、一分钟仰卧起坐(女)等。

4. 体质测试方法

体质的具体测试方法和操作可以参考《戒毒人员体质测试指南》(王大安,2020年6月)中的相关内容,测试内容(略)。

5. 测试标准

(1)未成年戒毒人员参照《国家学生体质健康标准》高中生一档;(2)18～59岁戒毒人员参照《国民体质测定标准(成年人部分)》;(3)60岁以上戒毒人员参照《国民体质测定标准(老年人部分)》;

有条件的省份可以研发本省戒毒人员相关测试标准。

(三)生理脱毒期

1. 训练目标

以恢复生理机能、促进生理脱毒为目标,组织戒毒人员开展体能消耗较少、运动强度较低的恢复性康复训练,逐步恢复身体机能。

2. 训练项目

训练项目包括但不限于:(1)有氧训练,如慢跑、快走、椭圆机等;(2)平衡协调能力训练,如平衡直线走、转体走、双臂绕环走等;(3)柔韧性训练,如拉伸练习、简易瑜伽等;(4)传统养生运动,如太极拳、八段锦等;(5)其他项目,如手指操、脑功能恢复训练等。

3. 训练强度

低强度，30% ~55%最大心率(最大心率 = 220 - 实际年龄)或 6 ~ 12 主观疲劳感觉。

4. 训练时间

训练时间为每次 20 ~30 分钟。

5. 训练频率

训练频率为每周 5 ~7 次。

(四)教育适应期

1. 训练目标

以掌握训练理论、适应场所环境为目标，组织戒毒人员开展适应性康复训练活动，帮助戒毒人员恢复体能，掌握运动技能和理论知识，调整身心状态。

2. 训练项目

训练项目包括但不限于：(1)有氧训练，如慢跑、健步走、动感单车等；(2)力量训练，包括器械训练和俯卧撑、仰卧卷腹、开合跳、平板支撑等徒手训练；(3)柔韧性训练，如拉伸练习、瑜伽、健身操等；(4)灵敏度训练，如反口令动作、听信号等变速变向练习；(5)平衡协调训练，如闭目原地踏步走、平衡直线走、转体走、双臂绕环走、十字变向障碍跑等；(6)传统养生运动，如太极拳、五禽戏、易筋经、八段锦等；(7)其他运动：广播体操、脑功能恢复训练等。

3. 训练强度

中等强度(50% ~70%最大心率或 12 ~ 14 主观疲劳感觉)；低强度(30% ~55%最大心率或 10 ~12 主观疲劳感觉)，器械训练以掌握器材使用方法为主，对强度不做硬性要求。

4. 训练时间

训练时间为每次 40 ~50 分钟。

5. 训练频率

训练频率为每周 3 ~5 次。

(五)康复巩固期

1. 训练目标

以增强身体素质、培养运动习惯为目标，帮助戒毒人员增强体质、树立合作精神、磨炼意志品质、改善情绪状态、提高拒毒能力，实现身心康复。

2. 训练项目

训练项目包括但不限于：(1)有氧训练，如跑步、跳绳、动感单车、球类运动等；(2)力量训练，包括器械训练和俯卧撑、仰卧卷腹、开合跳、平板支撑等徒手训练；(3)柔韧性训练，如拉伸练习、瑜伽、健身操等；(4)速度灵敏度训练，如反口令动作、象限跳、听信号等变速变向练习；(5)平衡协调训练，如高抬腿走、闭目原地踏步走、平衡直线走、转体走、曲线运球、双臂绕环走、十字变向障碍跑等；(6)传统养生运动，如太极拳、五禽戏、易筋经、八段锦等；(7)形体训练：根据戒毒人员质量指数(BMI)或体脂率，确定戒毒人员体重过低、超重、肥胖等，制订专门的训练计划；(8)其他运动：广播体操、脑功能恢复训练等。

3. 训练强度

中等强度(50% ~70% 最大心率或 12 ~ 14 主观疲劳感觉)；中高强度(60% ~ 85% 最大心率或 12 ~ 16 主观疲劳感觉)；力量训练，每一肌群练习 2 ~ 4 组，每组重复 8 ~ 12 次，组间休息 2 ~ 3 分钟。

4. 训练时间

训练时间为每次训练 45 ~ 60 分钟，至少有 30 分钟保持在中等强度或中高强度。

5. 训练次数

训练次数为 4 ~ 5 次/周。坚持每周按照运动处方进行周期性力量训练和有氧训练。

(六)回归指导期

1. 训练目标

以巩固训练成果、增强社会适应能力为目标，培养戒毒人员良好的康复训练习惯，增强团队协作意识，为回归社会打下良好的基础。

2. 训练项目

同康复巩固期康复训练项目。

3. 运动强度

中等强度(50% ~70% 最大心率或 12 ~ 14 主观疲劳感觉)；中高强度(60% ~ 85% 最大心率或 12 ~ 16 主观疲劳感觉)。

4. 训练时间

训练时间为每次 30 ~ 60 分钟。

5. 训练次数

训练次数为每周 3 ~5 次,坚持每周按照运动处方进行周期性训练。

二、戒毒人员运动康复训练实施管理

对于康复训练工作的管理,在康复训练方案的实施过程中都得到了体现,见图 12 -1。训练方案实施适用于四期高风险等级戒毒人员。

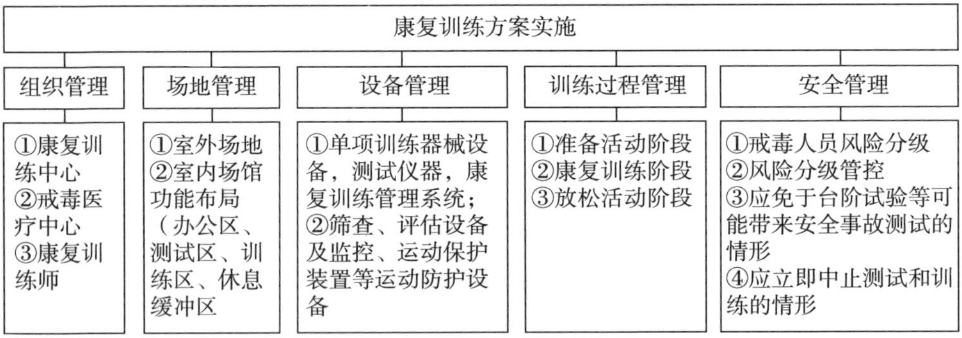

图 12 -1　康复训练工作管理示意图

(一)生理脱毒期

将生理脱毒期戒毒人员整体划分为高风险等级,同时,进入教育适应期后,年龄在 50 周岁以上,或者患有严重的慢性疾病、心脑血管疾病、呼吸系统疾病、急性炎症、传染病、运动系统器质性损伤等,无法参加体质测试或体质测试结果不合格的高风险等级戒毒人员康复训练方案均参照生理脱毒期方案执行。主观疲劳感觉分级量表(Scale of Perceived Exertion,RPE)见表 12 -2。

表 12 -2　主观疲劳感觉分级量表(RPE)

程度	不能坚持	非常累		很累		累		稍累		轻松		比较轻松		非常轻松	安静状态
分级	20	19	18	17	16	15	14	13	12	11	10	9	8	7	6
强度(%)	100	92.9	85.8	78.6	71.5	64.3	57.2	50.0	42.9	35.7	28.6	21.4	14.3	7.1	0.0
心律	200		180		160		140		120		100		80		60

（二）教育适应期

1. 戒毒人员进入教育适应期后，康复训练师根据戒毒人员的病史、健康状况和体质测试结果等，将其划分为低风险、中风险和高风险三个等级。

2. 开展康复训练宣传教育，引导民警和戒毒人员树立对康复训练的正确认识，纠正消极应付思想，激发参与康复训练的积极性和主动性。

3. 康复训练理论教育的教学时间不低于10课时，教学内容包括康复训练基本原理和技术方法、体质测试理论与方法、运动损伤的预防和处理、戒毒康复自我评价等。

（三）康复巩固期

1. 康复巩固期的康复训练分为身体素质基础训练（中等强度）和身体素质提升训练（中高强度），戒毒人员应先参加身体素质基础训练，在强制隔离戒毒一年期满参加体质测试并达标后，由本人提出申请，康复训练师根据其体质测试成绩及身体状况，结合本人兴趣，开展身体素质提升部分的训练内容。

2. 康复训练师应组织戒毒人员开展训练设备的使用方法、运动损伤的预防及处理、康复效果的自我评价、运动量的自我控制等理论教学，理论教学时间不低于7课时。

3. 康复训练中心每年应组织开展1～2次康复训练成果展示赛或趣味运动会等。

（四）回归指导期

1. 康复训练中心应组织戒毒人员开展期满前体质测试，并结合测评结果，制订康复训练方案，并对戒毒人员历次体质测试数据进行梳理、对比、分析，出具戒毒人员康复训练报告，提出其回归社会后的康复训练建议。

2. 有条件的戒毒场所可以组织戒毒人员开展个人挑战类、团队协作类拓展训练活动。

3. 有条件的戒毒所可以根据戒毒人员的需求，并结合其出所后的职业生涯规划，开展社会体育指导员或国家职业资格健身教练的培训。

三、戒毒人员运动康复训练效果评估

（一）评估指标简介

毒瘾的戒除不仅是生理上的脱毒，还包括解决对毒品的心理依赖，以及出所后回归正常家庭、社会生活的能力。因此，运动干预戒毒的效果不能仅仅从戒毒人员的身体恢复情况进行评估，还需对其心理恢复情况、回归社会情况进行评估。戒毒所对运动干预戒毒的实施、管理情况也会影响最后的效果，因此也需要对戒毒所的组织开展情况进行评估。评估指标主要包括身体健康，心理健康，社会功能三个方面。各项指标的选取可以按照戒毒所的实际情况确定，具体指标见表12－3。

表12－3　康复训练工作效果的评价

项目	内容		场地
（一）身体健康	1. 身体形态指标	身高、体重、胸围、腰围、臀围、皮褶厚度等	戒毒康复中心 康复训练中心
	2. 身体机能指标	心率（安静心率、最大心率）、血压、肺活量、最大摄氧量、骨密度、动脉硬化程度、脊柱稳定性、体成分等	康复训练中心
	3. 身体素质指标	速度、力量、柔韧、耐力、平衡等	康复训练中心
	4. 生化和影像学指标	尿常规、血常规、肠道杆菌、心电图、脑电图、脑成像、肝胆脾胰肾功能、代谢调节激素水平、心血管细胞因子、机体炎症反应、血液五羟色胺等	戒毒医疗中心 社会医院
（二）心理健康	毒瘾渴求度、成瘾程度、戒毒动机、戒毒信心、复吸倾向性、心理弹性、焦虑程度、抑郁程度、情绪调节功能、注意功能、控制功能、强迫症状、生命质量、意志力、健康人格等		心理矫治中心 康复训练中心
（三）社会功能	家人探访情况、亲情电话情况、人际关系、个人生活能力、对他人和社会的关注、家庭和谐度、家庭支持度、社会支持度、就业率、操守率等		教育矫正中心 康复训练中心

（二）身体健康评估

吸毒对人体造成的影响是多方面的，不仅是身体素质的下降（如消瘦、活动能力下降、心肺功能下降等），还包括内分泌系统、免疫系统等的改变。因此，对身体恢复情况的评估也应是多维度的，包括可见的身体素质的提升以及不可见的神经、免疫等生理生化层面的改变。常见的身体形态、身体机能、身体素质指标可以通过国民体质测试项目完成。神经、免疫等指标可以通过实验室生化和影像学指标完成。

（三）心理健康评估

吸毒人员存在焦虑、抑郁、自我认知偏差等心理问题。因此，心理恢复情况主要从两个维度进行评估：一是药物成瘾程度；二是其他心理问题，包括毒瘾渴求度、成瘾程度、戒毒动机、戒毒信心、复吸倾向性、心理弹性、焦虑程度、抑郁程度、情绪调节功能、注意功能、控制功能、强迫症状、生命质量、意志力、健康人格等。可根据相应的量表进行评估。

（四）社会功能评估

社会功能评估包括家人探访情况、亲情电话情况、人际关系、个人生活能力、对他人和社会的关注、家庭和谐度、家庭支持度、社会支持度、就业率、操守率等。

四、戒毒人员运动康复训练档案管理

强制隔离戒毒所应当在戒毒人员入所30日内建立康复训练档案，作为戒毒人员在所戒治期间开展康复训练活动的基本档案，体质测试和康复训练数据应当及时输入戒毒执法管理平台，以便统一管理，科学使用。档案内容包括但不限于：戒毒人员身体健康情况登记表，戒毒人员体质测试资料，戒毒人员康复训练方案，其他康复训练资料。

（一）身体状况和康复训练情况

康复训练中心应当在强制隔离戒毒人员入所30日内对其进行身体状况和康复训练情况的调查，调查内容包括但不限于：(1)人口学资料，如年龄、性别、职业、受教育程度等；(2)吸毒史，如吸食毒品种类、吸食毒品年限、复吸次数、戒毒史等；(3)生活习惯，如饮食、睡眠情况，吸烟、饮酒以及一系列不良习惯等；(4)运动史，如运动经历、运动爱好和特长、入所前的运动情况（是否经常参加锻炼、运动项目、运动量、运动时间、运动后的身体反应等）、是否发生过运动损伤等；(5)运动兴趣和动机，如对康复训练的认识，对通过运动改善健康状况的期望等。

（二）病史及健康状况检查

戒毒医疗中心对新收戒毒人员进行心率、血压、心电图、血常规、血糖、血氧饱和度等入所检查，详细询问戒毒人员的既往病史、现有疾病、家族病史、服药史、疾病的诊断和治疗情况等，女性还应询问月经史和生育史。康复训练中心根据戒毒医疗中心的检查结果，对戒毒人员的健康状态作出初步评价，有条件的戒毒所可以对新收戒毒人员进行运动医学筛查，排除运动禁忌证。

■ 复习思考题

1. 简述戒毒人员身体康复训练的规范性文件及特点。
2. 简述戒毒人员康复训练工作的意义。
3. 简述戒毒人员体质测试流程和测试内容。
4. 简述训练方案与运动处方设计的 FITT－VP 原则。
5. 简述生理脱毒期训练方案的适用人群。
6. 简述戒毒人员身体健康评估指标。

■ 本章主要参考文献

1. 朱晓东：《运动干预对强制隔离戒毒人员心理健康促进的研究》，广西民族大学 2010 年硕士学位论文。
2. 赵辉、李伟亮、邓明敏等：《运动作为戒毒治疗手段的研究进展》，载《“思沃杯”2012 年全国戒毒工作论坛论文集》，2012 年。
3. 赵振虎、范文勇、李汉兴：《有氧运动对戒毒康复人员康复效果的影响》，载《中国药物滥用防治杂志》2017 年第 2 期。
4. 钱玉想、盛敏：《基于 PDCA 理论的戒毒人员身体康复训练模式构建》，载《中国药物依赖性杂志》2017 年第 3 期。
5. 边宇、黄善彬、李润森、马廉祯、吕红芳、刘彤彤：《基于风险源辨识的我国戒毒人员体质测评标准构建》，载《北京体育大学学报》2018 年第 10 期。
6. 顾庆、盛蕾、马小铭：《毒品成瘾者运动戒毒方法与康复效果研究进展》，载《体育与科学》2019 年第 6 期。
7. 耿敬敬：《太极拳对上海市女性合成毒品成瘾人员身心康复效果的研究》，上海体育学院 2016 年硕士学位论文。

第十三章　戒毒人员生活卫生管理

本章摘要

戒毒人员生活卫生管理是戒毒人员管理中基础性、细致性、长期性的重要工作,直接关系戒毒人员的身心健康以及戒毒场所的安全稳定。通过本章学习,识记戒毒人员生活卫生管理的概念、原则,掌握戒毒人员生活设施、设备的管理与检查,生活、公共区域环境的管理与检查,理解食堂、食品管理制度,了解伙食标准及补贴管理,所内商店管理,个人卫生、财物、被服管理,疾病预防管理,艾滋病防治,领会饮食安全应急管理制度,熟悉应用传染病监测和报告制度,公共卫生事件和传染病疫情的应急处置预案。

重点问题

本章重点是戒毒人员生活卫生管理的概念、原则,食品管理制度,戒毒人员伙食费管理,戒毒人员个人卫生的管理,传染病监测和报告制度,公共卫生事件和传染病疫情的应急处置预案。

第一节　戒毒人员生活卫生管理概述

一、戒毒人员生活卫生管理的概念

戒毒人员生活卫生管理,是指戒毒场所对戒毒人员的生活环境、使用的生活设施设备、饮用的食品、个人卫生、财物、被服以及卫生防疫等方面进行的管理活动。《司法行政机关强制隔离戒毒工作规定》第七章专门规定了生活卫生管理的内容,具体包括戒毒场所的生活设施、生活用品、生活环境,戒毒人员的个人卫生、着装、伙食、饮食安全、日用品购买以及戒毒场所的疾病防控工作。开展规范化的生活卫生管理充分体现了“以人为本、关怀救助”的理念与原则。

戒毒人员戒治毒瘾需要一个良好的生活卫生环境。一般而言,戒毒人员需要在戒毒场所生活 1 ~ 2 年。戒毒场所创造良好的戒毒环境,不仅有利于戒毒人员安心接受戒治,而且有利于保障其合法权益,这充分体现了党和政府对特殊群体的关怀,落实了以人民为中心的发展思想。

二、戒毒人员生活卫生管理的特点

戒毒人员生活卫生管理是戒毒人员管理中的基础性、重要性工作,具有以下特点。

(一)规范性

规范性是指戒毒场所依据相关的规章制度,规范地开展生活卫生管理工作。规范化管理是法治原则的要求与体现,避免了随意性与盲目性。生活卫生管理主要依据 2013 年 3 月 22 日司法部部务会议审议通过的《司法行政机关强制隔离戒毒工作规定》、2014 年 11 月 17 日司法部戒毒局下发的《司法行政戒毒场所生活卫生安全管理工作若干规定》《司法行政戒毒场所生活卫生安全管理工作检查要点》以及各省戒毒局制定的相关管理办法。需要强调的是,《司法行政戒毒场所生活卫生安全管理工作检查要点》明确列出了生活卫生工作的各项检查要点,例如,针对“生活区电路无明线、无裸露、无破损,电器安装使用符合安全要求”的检查要点是:“(1)生活区的电路暗埋或安装在固定线槽内,电路无破损;(2)强电系统安装有效的防漏电保护装置;(3)使用 3C 认证标志的电器;(4)电源开关由警察控制,总电源开关远离戒毒人员,入箱上锁。”戒毒场所应当严格、规范地按照相关规章制度执行并检查。

此外,为加强管理生活卫生管理中的某些重要工作,一些戒毒场所出台了专门的规章制度,以提高规范化水平。例如,江苏省太湖强制隔离戒毒所制定了《戒毒人员食堂食材验收标准及流程(试行)》《戒毒人员适度劳动报酬管理规定》等。

(二)长期性

长期性是指生活卫生管理是一项需要长期坚持的管理工作。生活卫生工作与戒毒人员的日常生活息息相关,不是一蹴而就的,需长期反复。例如,宿舍、厕所、活动室、晾衣间、理发室等地点每周至少消毒一次;炊事及管理人员,每半年体检一次;食堂值班戒毒民警应当坚持每天进行早晨检和健康观察;炊事人员每日出工必须晨检,等等。这些生活卫生工作需要长期坚持,克服倦怠、松懈、麻痹等思想倾向。

(三)安全性

安全性是指生活卫生管理是一项强调安全,以预防为主的管理工作。场所及戒毒人员安全是强制隔离戒毒管理工作的中心和重心。与戒毒人员衣、食、住、医密切相关的生活卫生工作同样要以安全为底线。例如,生活区电路检查,消防通道、设施、器材检查,理发时不得使用剃刀,食堂刀具由警察直接管理,燃气灶具由专人操作,燃料、火种由专人保管,食堂操作间配备灭火器具,食堂有餐炊消毒设备,炊事人员应取得卫生疾控部门颁发的健康证,等等。这些生活卫生方面的管理措施充分落实了以安全为中心的原则。

(四)细致性

细致性是指生活卫生管理是一项细致,需要认真执行的管理工作。生活卫生管理内容较多,涉及面广,包括居住环境、生活设施、饮食、个人卫生、卫生防疫等,每项检查要点的要求都十分明确、细致,这要求戒毒民警认真执行,不能疏忽、遗漏,否则可能引发场所危险,甚至威胁戒毒人员的人身安全。例如,在食品安全管理方面,食品烹饪后至食用前一般不超过 2 小时,超过 2 小时的,应在高于 60 度或者低于 10 度的条件下存放,夏季熟制食品存放超过 2 小时的,食用前应彻底加热;食堂剩余食品应冷藏,冷藏时间不得超过 24 小时,在确认没有变质的情况下,经高温彻底加热后才可以继续食用。基于细致性的要求,有些省的戒毒局进一步强化生活卫生管理工作,完善检查考评体系,明确所督察组、大中队每日检查一次,生活卫生科每周检查一次,省局定期督查通报制度。

三、戒毒人员生活卫生管理的意义

(一)从戒毒人员角度讲,生活卫生管理有利于促进身心健康

严格的生活卫生管理有利于促进戒毒人员身心健康。毒品对戒毒人员的身体和心理造成了严重伤害。大多数戒毒人员患有不同程度的疾病、传染病。良好的生活环境及个人卫生习惯有利于恢复体质,养成良好的生活习惯。例如,戒毒

人员在绿化美化的学习环境，干净卫生的居住环境中接受戒治，有利于放松身心。有些戒毒场所明确规定，所区绿化应统一规划，布局合理，绿化率不低于 25％。戒毒人员养成良好的个人生活卫生习惯，不共用洗漱用具、剃须用品，勤洗澡、勤洗手、勤洗晒衣被，不随地吐痰等都有利于其身体健康。戒毒场所应当加强引导，严格执行日常行为规范和日常生活准则，促进戒毒人员养成良好的卫生习惯。同时，干净、卫生的生活环境、良好的个人卫生习惯也有利于防止疾病传播。

（二）从戒毒场所角度讲，生活卫生管理有利于维护安全稳定

规范的生活卫生管理有利于维护戒毒场所的安全稳定。生活卫生工作内容多样、复杂，且有些工作直接涉及戒毒人员及场所的安全稳定，例如，生活区电路电线，生活区消防设施设备的状态，食品及原料的采购质量，食品及原料的贮存与加工，炊事人员的健康情况，餐炊具的清洗与消毒，食堂刀具的管理，食堂炊事机械用具的使用，食品烹饪与贮存，饭菜留样的时间与数量，商品销售食品的质量，等等。如果这些细节性管理工作不到位，就会直接或间接引发食物中毒、火灾等风险，关乎戒毒人员的生命健康及场所的安全稳定。

（三）从法治精神角度讲，生活卫生管理有利于保障合法权益

完善的生活卫生管理有利于保障戒毒人员的合法权益。生活卫生管理体现了戒毒人员的权利保障，落实了“国家采取各种措施帮助吸毒人员戒除毒瘾，教育和挽救吸毒人员”的法律规定。生活卫生管理关乎戒毒人员的衣、食、住等基本生活保障。在着装方面，戒毒场所根据《强制隔离戒毒人员被服实物标准》，为戒毒人员集中采购、统一配发服装。例如，江苏省戒毒系统规定，“每人夏装 3 套，春秋装、冬装各 2 套。戒毒人员床上用品由戒毒场所统一花色款式、统一配置，保证冬季每人 2 床垫被、2 床盖被；夏季配有凉席、毛巾被等度夏用品”。在饮食方面，戒毒场所根据《强制隔离戒毒人员伙食实物量标准》，为戒毒人员提供营养的食品。有的地方戒毒系统的标准略高，例如，江苏省戒毒系统规定：“戒毒人员食堂严格执行伙食实物量供应标准，肉类供应每人每月不低于 2.5 公斤，其中猪肉不低于 2/3，蔬菜供应每人每天不少于 0.75 公斤，绿叶蔬菜每周不少于 3 次。适当提高脱毒期、艾滋病及未成年戒毒人员伙食供应标准。”同时，为保障戒毒人员的权益，食堂严格落实“三公开”制度，及时公布戒毒人员的每月伙食账目、每周食谱、每日物资价格。在居住方面，戒毒场所根据《强制隔离戒毒所建设标准》建设戒毒人员的

生活用房，建有盥洗间、厕所、浴室、理发室、茶水房、物品储藏室、晾衣间、活动室等生活设施；消防通道和消防设施符合标准；宿舍应坚固安全、通风透亮，配备防暑降温、防寒保暖等必要的生活设施。干净、安全、舒适的居住生活环境有利于戒毒人员身心健康，充分保障了休息权、健康权。综上，生活卫生管理充分保障了戒毒人员的权利和权益。

第二节　生活设施、设备与生活环境管理

一、生活设施、设备管理

生活设施、设备管理，是指戒毒场所为戒毒人员设置必要的生活设施，配置必需的生活设备，并进行严格检查的工作活动。《司法行政机关强制隔离戒毒工作规定》第52条指出，戒毒场所应当按规定设置戒毒人员生活设施。戒毒人员宿舍应当坚固安全、通风明亮，配备必要的生活用品。

（一）生活设施、设备的管理与检查

根据《司法行政戒毒场所生活卫生安全管理工作若干规定》，生活设施、设备的管理要求如下：

1. 强戒所应设宿舍、盥洗室、厕所、浴室、理发室、茶水房、物品储藏室、晾衣间、活动室、食堂、医院（卫生所、门诊部、医务室）、商店（超市、生活服务部）、室外活动场地、晾晒场地及其他必要的生活卫生设施。

2. 宿舍应坚固安全、通风明亮，配备防暑降温、防寒保暖等必要的生活设施；强戒所实行单人单床管理，杜绝并床。双层床应有固定踏板，上铺应设置有效的安全护栏。

3. 宿舍、盥洗室、厕所、晾衣间、浴室等房间的顶部管道无裸露、无破损。

4. 生活区电路无明线、无裸露、无破损，电器安装使用符合安全要求。

5. 生活区应设有消防通道和消防设施，并有明显标识，有专人管理，保障正常使用。

6. 物品储藏室由警察管理，定期开放，做到防火、防潮、防盗。戒毒人员每人1个储物柜，统一编号，柜内物品摆放整齐有序，衣物及其他物品分类存放。储物柜

的钥匙由警察和戒毒人员分别持有。

7. 理发用具、剃须用品由警察管理，及时消毒；洗漱用具、剃须用品一人一套，杜绝共用。

8. 宿舍、通道、活动室、晾衣间、厕所、盥洗室、理发室等公共场所应当每日清扫，定期消毒。

9. 强戒所内设置的商店（超市、生活服务部）禁止出售过期、变质和"三无"商品，禁止出售易拉罐、玻璃制品、绳索等可能造成人身伤害或影响强戒所安全的商品。

10. 强戒所应每月对生活卫生设施、设备至少进行 1 次安全检查，及时消除隐患，做好相应记录。

（二）生活设施、设备的检查要点

戒毒场所生活卫生部门（或相应职能部门）牵头，定期检查生活设施、设备的运行情况，认真记录。对检查出的安全隐患，戒毒场所应责成有关职能部门立即维修、整改；确实不能立即整改的，应确定时间限期整改。对达到报废标准的生活设施、设备，属于固定资产的，生活卫生部门（或相应职能部门）应到国资部门及时办理报废手续，上缴入库。对短缺的生活设施、设备，戒毒场所按照政府采购要求及实际需要，置办优质、安全的设施、设备。在每天交接班时，大队应将生活设施、设备的安全运行情况进行交接，记录在案。发现有安全隐患的生活设施、设备，应及时向生活卫生部门（或相应的职能部门）报修。场所技术力量解决不了的，应及时联系社会力量进行维修，确保生活设施、设备正常运转。

根据《司法行政戒毒场所生活卫生安全管理工作检查要点》，生活设施、设备的检查要点如下：

1. 宿舍及生活卫生设施的检查

（1）宿舍人均居住面积不低于 3 平方米，生活设施固定，物品定置管理；

（2）物品储藏室储物柜（储物架）固定牢固，无破损；

（3）浴室有热水供应系统；

（4）茶水间饮水设施符合卫生标准；

（5）室外活动场地无障碍，能满足戒毒人员康复训练需要；使用符合国家标准的体育器材；活动室坚固通风；

（6）晾衣间、晾晒场地晾衣架的高度适宜，不利攀爬，有明显警戒标识；

(7)食堂操作间、盥洗室、厕所、浴室的排水设施无裸露，封闭装置定置管理，地面防滑；

(8)食堂远离污染源；炊事机械操作制度上墙，操作、管理人员明确；有通风排烟设备；蓄水池加盖上锁。

2. 宿舍的检查

(1)宿舍无异味，干燥通风，采光良好，有纱门(窗)；

(2)宿舍门应装外锁，窗户应安装护栏；

(3)有防暑降温、防寒保暖设施，加装防护装置；

(4)床铺间有通道，床铺稳固，不得并床，双层床应有固定踏板，上铺设有安全的防护栏。

3. 宿舍内部的检查

(1)宿舍、盥洗室、厕所、晾衣间、浴室等顶部管道封闭，无裸露、破损；

(2)有安全检查记录，维修记录。

4. 生活区电路方面的检查

(1)生活区的电路暗埋或安装在固定线槽内，电路无破损；

(2)强电系统安装有效的防漏电保护装置；

(3)使用3c认证标志的电器；

(4)电源开关由警察控制，总电源开关远离戒毒人员，入箱上锁。

5. 生活区消防方面的检查

(1)消防通道、消防设施、疏散标志标识明显，安全疏散通道畅通，无封堵，无杂物；

(2)应急照明系统状态良好，消防器材处于在用状态；

(3)消防器材，应急灯具定期检查更新；

(4)消防设施由警察管理。

6. 储藏室的检查

(1)查看物品储藏室的现场管理情况，检查管理记录；

(2)戒毒人员每人不少于1个储物柜，按编号定置管理，用品、衣物、食品分类摆放，无违禁品；

(3)储物柜的钥匙由警察和戒毒人员分别持有。

7. 个人生活用品的检查

(1)查看理发工具、个人剃须用品管理情况和相关记录；

（2）理发用具及时收发，一人一消毒，不得使用剃刀；

（3）戒毒人员入所时，每人配发毛巾、牙刷、口杯、脸盆等洗漱用具，不得共用剃须用具。

8. 公共场所的检查

（1）检查现场卫生状况，查看消毒记录；

（2）宿舍、通道、厕所、盥洗室、活动室、晾衣间、理发室每周至少消毒 1 次；

（3）在医务人员指导和监督下使用消毒用品；

（4）消毒用品由警察管理，指定专人负责。

9. 商店的检查

（1）检查进货、销售台账，检查所售商品是否符合要求；

（2）不准由戒毒人员管理商店（超市、生活服务部）。

10. 生活卫生设施的检查

（1）查看检查、维修记录；

（2）制定生活卫生设施设备检查处置制度，明确责任部门，明确处置流程。

二、生活环境管理

良好的生活环境能够促进戒毒人员的身心健康。强制隔离戒毒人员的生活环境主要涉及教育学习、习艺劳动、治疗康复等公共生活区域和宿舍、活动室等个人生活区域。

（一）公共区域的环境管理

1. 公共区域环境的要求

（1）绿化美化

《司法行政机关强制隔离戒毒工作规定》第 52 条规定，戒毒人员的生活环境应当绿化美化。绿化主要是指在场所内栽植树木、花草等。美化主要是指通过装饰、点缀等方式使场所环境美观。我国幅员辽阔，各地自然环境差别明显，在对场所进行绿化美化时，要充分考虑地理位置、气候条件和植物生长习性，做到因地制宜、科学绿化。

（2）建筑内外以及道路

建筑物整体布局合理，外观整洁完好，无残墙破壁，定期粉刷和油漆墙壁、门窗；建筑物内墙面整洁，无涂画，附着物表面干净整洁；地面道路平整，无乱石，无杂草和垃圾,无积水,无痰迹,无烟头纸屑;垃圾箱(桶)日清日洁。

2. 公共区域环境的管理

(1)戒毒场所生活卫生科应根据公共区域的实际面积,以及场所大队的戒毒人员数量,合理划分公共生活环境的卫生区,制作卫生区标牌并公开,接受监督。

(2)生活卫生科定期监督、检查公共区域卫生环境情况,及时公布结果。同时,管理清洁工具,及时更新。

(3)大队应事先组织人民警察对公共环境卫生区域进行考察,制定具体办法,明确值班人民警察的职责,确定清扫程序及事后检查标准等事项。

(4)在公共环境卫生清扫开始前,值班人民警察应明确任务、分工、标准等。值班人民警察可根据戒毒人员的现实表现,提出奖罚意见,并在队务会上进行通报。

(二)生活区域的环境管理

生活区是戒毒人员日常生活的重要区域。强制隔离所要加强生活区的卫生管理,制定、落实各项卫生制度,确保戒毒人员享有良好的居住环境和生活环境。戒毒人员的宿舍、活动室、晾衣间、厕所、理发室等公共场所每日清扫、定期消毒,保证公共场所的环境整洁、美观、大方。

1. 生活区域环境的要求

宿舍保持整洁,生活用品统一放置,物品规范摆放,无杂物存放,保持空气畅通,无明显异味。通道做到地面无积水、污渍、痰渍和垃圾;墙面无积尘,无零乱张贴物;门窗清洁,无破损。活动室内保持清洁无积尘,课桌椅及其他设施摆放整齐。晾衣间地面整洁无积水,衣服晾晒有序。厕所和盥洗间内清洁,无异味,无积水,槽内无积垢、杂物,设施完好,排水通畅,盥洗间水池内无食物残渣及其他杂物,水龙头无滴水、无坏损。

2. 生活区域环境的管理

(1)戒毒场所应依据法律法规,制定内务卫生管理办法或规范,提升戒毒场所的规范化管理水平。

(2)生活卫生科不定期检查生活区域卫生,及时将检查结果通报大队。

(3)在每日交接班前,大队值班戒毒民警应当组织检查生活区域卫生,并记录在案。

(4)大队每周应进行卫生评比,根据评比结果进行奖罚。

第三节 伙食与所内商店管理

一、食堂管理制度

（一）食堂的设置与管理

1. 单独设置

戒毒场所应当根据国家相关标准，单独设置戒毒人员食堂，依法取得餐饮许可证，并按期换领，主动接受当地食品药品监督部门的监督。戒毒人员食堂配备相对独立的食品原料产存储间、食品加工操作间、整洁的就餐场所。就餐环境温馨，餐厅干净整洁，根据场所戒毒人员数量，调整桌椅摆放间距，严格就餐管理，合理安排就餐时间。

2. 专门管理

戒毒人员食堂隶属于生活卫生科，设置管理员、保管员、采购员等岗位，由戒毒民警或戒毒场所工作人员担任，不准戒毒人员管钱、管账、管库。戒毒场所可以专门设置伙食管理委员会，参与食堂管理。伙食管理委员会应每月定期召开会议，收集广大戒毒人员对伙食的意见及建议，及时调整食谱，提高戒毒人员的伙食满意度。

3. 制度公示

为保证戒毒人员的饮食安全，戒毒场所应当制定食堂管理工作制度、饮食安全制度、食品加工程序、安全操作规程等，并在食堂相应位置张贴、悬挂。同时，食堂餐饮许可证应对戒毒人员公示，并定期审验。

（二）食堂人员管理

1. 个人卫生及安全操作方面的管理

食堂管理人员、炊事人员应保持良好的个人卫生，着清洁的工作服、工作帽上岗，严格遵守饮食安全操作规程，具体要求如下：（1）食堂管理人员、炊事人员无长指甲、长头发，衣着整洁；（2）炊事人员更衣室由警察管理，炊事人员着清洁的工作服、工作帽上岗；（3）遵守饮食安全操作规程，先检查原料质量再加工；（4）烹调蒸煮时要根据食品质量要求烧熟煮透。

2. 培训和体检方面的管理

戒毒场所应当组织食堂管理人员、炊事人员参加食品安全培训，学习食品安全法律法规、食品安全知识、安全操作等，明确食品安全责任，制订培训计划，建立培训档案。从事炊事劳动的人员经过培训合格后才能上岗。

从事炊事劳动的人员需要进行体检，具体要求如下：(1)炊事人员、管理人员应取得县级以上卫生行政主管部门颁发的健康合格证，持证上岗，人、证相符，健康证在有效期内；(2)炊事人员、管理人员建立健康档案，每半年体检一次，不合格的及时调离；(3)健康证公示，悬挂在食堂明显位置，接受监督。

一些地方戒毒场所制定了专门的炊事人员管理规定。具体要求如下：(1)进入食堂炊事班应从入所队教育结束人员中选取；(2)遵章守纪、行为端正、服从管教、戒毒意愿强烈；(3)身体健康，无各类传染疾病；(4)定期体检、持证上岗；(5)定期接受所内安排的炊事培训并达到合格。

3. 日常健康检查

为确保饮食安全，加强食堂管理人员和炊事人员的日常健康检查十分必要。具体要求如下：(1)食堂值班戒毒民警应当坚持每天进行晨检和健康观察。(2)炊事人员每日出工必须晨检，发现有呕吐、腹泻、发热、手外伤、咽痛等症状的，应暂停其上岗操作，待查明病因、排除病症或治愈后，方可重新上岗。同时，加强对炊事人员的病患情况及个人卫生检查，确保健康上岗。

(三)食堂用具管理

1. 食堂用具卫生管理

食堂用具的保存与使用直接关系食品安全，应当加强卫生管理。

加工生、熟食品的刀具、砧板标识明确，分开使用，分别定位存放；刀具，砧板使用前、后要清洗，保持洁净。

餐炊具使用前应按照国家有关卫生标准清洗、消毒。不得使用未经消毒的餐炊具。已消毒和未消毒的餐炊具应分开存放，并在贮存柜上设置明显标记。餐炊具贮存柜应定期清洗，保持洁净。清洗餐炊具使用的洗涤、消毒用品应符合卫生标准或要求。餐炊具使用及管理的检查要求如下：(1)食堂有餐炊具消毒设备，洗涤、消毒剂符合卫生标准或要求，有消毒记录；(2)应当有用耐磨损、易清洗的无毒材料制造或建成的餐饮具专用洗刷、消毒池等清洗设施设备，采用化学消毒的，必须有2个以上的水池，并不得与清洗蔬菜、肉类等的设施设备混用；(3)已消毒和未消毒的餐炊具分开存放,并在贮存柜上设置明显标记。

2. 食堂用具安全管理

食堂刀具是重点保管工具,需要严格管理,防止流入戒毒人员,发生安全事故或其他危险。食堂刀具管理的检查要点如下:(1)刀具由警察直接管理,存放柜上锁,数量清楚,及时收发、使用时加链上锁;(2)有刀具收发记录。

食堂炊事机械用具需要安全使用,防止安全事故。食堂炊事机械用具应安装安全防护罩,严格按照操作规程使用、保养;燃气灶具应安装燃气泄漏报警装置;燃料、火种使用应确保安全。食堂炊事机械用具管理的检查要点如下:(1)食堂炊事机具应有安全防护罩,有警示标志,严格按照操作规程使用、保养;(2)燃气灶具应安装燃气泄漏报警装置,煤气罐储存符合用气安全要求,燃气灶具气源处的电路、电器应符合防爆要求;(3)燃气灶具由专人操作;(4)燃料、火种由专人保管;(5)操作间应配备灭火器具。

另外,戒毒场所为保证戒毒人员全天有足量开水饮用,需配备电开水器。电开水器由专人管理,定期检查、维修和消毒。电开水器管理的检查要点如下:(1)按照全时供应的要求配备饮用水设施,保证24小时足量开水供应;(2)开水桶加盖上锁;(3)有专人管理,有定期检查、维修和消毒记录;(4)电开水器应有漏电保护装置,高温管路应敷设防护材料。

二、食品管理制度

(一)食品原料采购管理

戒毒场所应建立食品采购验收、农药检测和索证制度,采购新鲜洁净的原料制作食品,严禁采购和加工腐烂、变质、过期、感官性状异常及不符合安全要求的食品和原料。食品原料采购管理的检查要点如下:(1)建立定点采购制度,查验供货部门的资质,建立供货单位档案;(2)建立采购、入库、保管,出库制度;(3)建立入出库记录、检验检疫凭证、所内农药检测记录。

强制隔离戒毒场所应根据戒毒人员食堂烹饪的实际要求,制定符合国家标准的原料采购标准,并通过定期招标或竞争的方式,选择合格的供应商提供优质、安全的食品原料。戒毒场所应安排专门的采购人员负责食品原料采购工作。食堂物资购进必须填报《采购申请单》报生活卫生科。采购人员应按照生活卫生部门制订的采购计划完成采购任务,以满足食堂日常加工的需要;并与食堂管理员、保管员充分沟通,把握采购时间及采购物资的数量。

(二)食品原料验收管理

戒毒场所应建立严格的食品原料验收制度,以确保食品原料的质量和数量。食品原料验收需要采购员和保管员做好衔接。食品原料验收管理的检查要点如下:(1)生活卫生科有责任向供应商索取有关的证明材料和证件并留存。保管员在验收时应向采购员索取购物凭证,并建立索证档案,保存索取的各种证明。(2)采购员、保管员要确认运输车辆不存在可能导致交叉感染的情况后,方可开始验收。每次验收时都应要求供应商提供相关证明,确保货证相符。(3)生活卫生科应建立进货台账,如实记载供货单位情况、进货时间、食品名称、批号、规格、数量、索证索票情况等内容。

(三)食品原料贮存管理

戒毒场所制定严格的食品原料贮存管理制度,并根据场所规模及实际情况,设置主食库、副食库等原料贮存地。戒毒场所应当安排专门的保管员负责食品原料贮存。保管员应按保质期、使用要求、加工程序等将食品原料分类贮存,并经常检查库存,检查食品的保质期,防止食品过期、变质。

食品原料贮存管理的检查要点如下:(1)有主食库、副食库,食品摆放整齐;(2)生熟食品、成品、半成品分开保存,并有标识;(3)食堂环境及设备清洁,无虫、无鼠,有防尘防蝇措施;(4)食堂不得存放有毒、有害物品及个人生活用品;(5)食品贮存分类、分架、隔墙、离地存放、定期检查、及时处理变质或超过保质期限的食品。

(四)食品加工管理

在加工过程中,值班戒毒人民警察应检查炊事人员是否按食物的特点正确进行烹调。

食品加工管理的检查要点如下:(1)食品烹饪后至食用前一般不超过 2 小时,超过 2 小时的,应在高于 60℃或者低于 10℃的条件下存放,夏季熟制食品存放超过 2 小时的,食用前应彻底加热。(2)食堂剩余食品应冷藏,冷藏时间不得超过 24 小时,在确认没有变质的情况下,经高温彻底加热后才可以继续食用。

（五）食品留样管理

为了做到发生食物中毒时有据可查，食堂应实行饭菜留样备检制度，配备留样专用冷藏柜。食品留样时需要注意：(1)留样食品按品种分别盛放于清洗消毒后的密闭专用容器内，并在其外部贴上标签，标明留样食品名称、留样量、留样时间、审核人员等信息；(2)留样食品使用专用冷藏冰箱，专用冷藏冰箱内严禁存放与留样食品无关的物品；(3)食品留样量不得少于100克，冷藏保存48小时以上，食用者无不良反应，才能解封处理。

三、伙食标准及补贴管理

优质、充足的食物能够帮助戒毒人员补充必要的营养，快速恢复体力。戒毒场所为戒毒人员提供充足、营养的伙食，对戒毒人员的身心康复至关重要。《司法行政机关强制隔离戒毒工作规定》第54条规定："强制隔离戒毒所应当保证戒毒人员的伙食供应不低于规定标准。戒毒人员伙食经费不得挪作他用。戒毒人员食堂应当按月公布伙食账目。对正在进行脱毒治疗和患病的戒毒人员在伙食上应当给予适当照顾。对少数民族戒毒人员，应当尊重其饮食习惯。"

（一）确定伙食标准的根据

戒毒人员的伙食费用支出标准，由省、自治区、直辖市戒毒管理机关根据当地实际情况确定，伙食费用支出标准可按实物标准计算并随物价变化情况适时调整。

确定伙食标准应当考虑戒毒人员维持基本生活的需要，分别分期分级管理的需要，劳动工种、时间和强度以及社会普通公民的平均生活水平等因素。具体而言，第一，不同性别、年龄阶段戒毒人员的成长发育和营养需求有所不同。女性、未成年戒毒人员的伙食标准应当区别于其他戒毒人员。第二，戒毒人员在生理脱毒区、教育适应区、康复巩固区、回归指导区流转过程中，对营养的需求是不同的。正在进行脱毒治疗的戒毒人员，往往身体虚弱，营养不良，有的戒毒人员受戒断症状的影响，出现呕吐、恶心以及食欲不振等不适，因此，需要优质的食物。对已经脱毒治疗的戒毒人员，确保吃熟吃热、吃卫生的基础上，应该合理搭配营养，增加品种，满足其身体康复的需要。对于患病的戒毒人员，可以按照医生建议进行配餐，注重营养搭配，强化营养补充。我国的少数民族众多，饮食习惯各不相同，对少数民族戒毒人员,应该尊重其生活习惯。戒毒场所食堂在民族餐的加工、贮存、送餐过程中,应设有专灶、专用工具,由专人负责,使少数民族戒毒人员能够吃到符合本民族习惯的民族餐。[①] 第三,参与生产劳动的戒毒人员所需要的食物、营养与不能加生产劳动的戒毒人员所需要的不一样。参加生产劳动的戒毒人员又因工种、时间和强度不同,其对食物、营养量的需要也不一样。例如,从事农业生产的单位,农忙时的伙食标准要高于平时。第四,戒毒人员的伙食标准不应超过社会平均水平。同时,伙食标准要随着社会平均生活水平的提高而提高。但是,患重病等特殊类型的戒毒人员的伙食标准可不受此限制。

(二)戒毒人员的伙食标准

戒毒人员的伙食标准可以用货币量标准、热量和营养量标准、实物标准确定。目前我国戒毒人员的伙食采用实物量的标准。

2013 年 12 月 30 日,财政部、司法部印发的《强制隔离戒毒人员伙食被服实物量标准》中规定了强制隔离戒毒人员伙食实物量的标准,以月为标准,男性、女性在粮食上有所区别,男性较女性多;在蔬菜、肉类、蛋鱼虾、豆制品或奶类及奶制品、食油方面相同。调味品适量,燃料、炊事用具及杂支运输费根据实际情况由省级财政部门商同级司法行政部门确定具体标准。

(三)戒毒人员伙食费管理

戒毒场所应当加强对戒毒人员的伙食管理,建立健全内部管理制度,在确保食物卫生、安全的基础上保证按标准供应。戒毒人员伙食费的管理要求如下:

1. 伙食经费需全部用于戒毒人员的伙食,不得挪作他用,做到专款专用。

2. 为了加强监督,保障戒毒人员的知情权,戒毒人员食堂须每月公布一次伙食费用使用情况。

3. 戒毒人员食堂定期清库,做到账、卡、物相符,按国家相关规定填写盘点表及盈亏情况,定期公示。

4. 戒毒场所要认真执行财务管理制度,加强伙食账目的审查把关,确保伙食经费高效、合理、到位地使用。

---

① 参见司法部戒毒管理局组编:《司法行政机关强制隔离戒毒工作规定释义》,法律出版社 2014 年版,第 112 ~ 113 页。

四、饮食安全应急管理

戒毒场所应当建立食品中毒或者其他食源性疾患等突发事件的应急处理工作领导小组，负责饮食安全突发事件的管理工作。发生食品中毒时，戒毒场所应当及时上报，并立即停止食用造成食物中毒或者可能造成食物中毒的食品，协助卫生机构组织救治中毒病人，保留造成食物中毒或者可能造成食物中毒的食品及其容器，配合有关部门进行调查，并负责落实有关控制措施。

（一）应急处置预案

戒毒场所应当建立食品中毒或者其他食源性疾患等突发事件的应急处置预案。戒毒场所应根据有关法律法规及本地区的实际情况，制定食物中毒或者其他食源性疾患等突发事件应急预案。应急预案应明确各部门的职责分工和处置程序，制定具有可操作性的处置措施。戒毒场所应定期组织演练应急预案，检查处置程序的通畅性与处置措施的实效性。

（二）应急处置措施

应急预案中的处置措施主要包括以下环节：

1. 大队或戒毒人员食堂。（1）通知戒毒人员立即停止食用疑似食品，通知医院对病人进行临时救助。（2）向值班科长和值班所领导逐级报告。

2. 值班所领导。值班所领导启动应急处置预案，应急处理工作领导小组应当立即组织人员迅速赶赴现场，进行初步调查、核实。（1）继续对病人进行救助，视情况可通知“120”或将病人送到社会医院进行救治。（2）及时提取病人的有关样本，供有关部门检测。（3）保护现场，封存有关食品及其原料；封存被污染的食品加工设备及用具。

3. 向省戒毒管理局报告。

4. 协助当地卫生行政部门进行卫生学调查。

五、所内商店管理

为了给戒毒人员的生活提供便利，戒毒场所内设置商店。规范化管理所内商店，促进其合理运营，有利于引导戒毒人员理性消费，培养戒毒人员良好的消费习惯，也有利于维护戒毒人员的合法权益。

(一)商店资质与人员的管理

1. 戒毒场所所内商店应当依法向工商部门领取营业执照等相关营业手续,按时换领。

2. 戒毒场所应当安排专人负责管理所内商店,并定期轮换。

3. 戒毒场所应根据国家相关经营场所的要求,安排采购员、保管员、会计员等,依法依规进行管理。戒毒场所纪检部门负责不定期检查,确保所内商店廉洁运行。

(二)商店商品采购销售管理

1. 严格采购

戒毒场所所内商店应当严格采购制度,具体要求如下:(1)所内商店应从正规渠道进货,把好进货采购关,防止毒品和违禁品等流入戒毒场所。(2)采购商品应为戒毒人员的日常用品,如洗漱、文具、书籍等生活用品及糖果、饮料等。(3)基于场所安全的需要,禁止采购易拉罐、玻璃、绳索等可能造成人身伤害或者场所安全的商品。(4)进货时还要对商品的包装进行检查,防止夹带毒品或其他商品。

2. 标价销售

为了保护戒毒人员的权益,商品价格应当合理、明码标价。从各地的实践来看,所内商店所有商品的价格,大多以当地同种类、同时期商品的零售价格作为参考:(1)所内商店所有商品明码标价。(2)所内商店禁止出售过期、变质商品,以保证商品的质量。(3)为方便戒毒人员购物和加强现金管理,戒毒人员购物时应当采取刷卡或记账等方式交易。

(三)戒毒人员商店购物管理

为了引导戒毒人员理性消费,培养良好的消费习惯,戒毒场所严格控制戒毒人员的商店购物,具体要求如下:

1. 限制购物的额度

戒毒人员应当理性购物,购物额度应略低于本地区普通公众的日常消费水平。新入所的戒毒人员首月购物金额可适当放宽。患病戒毒人员可凭医嘱随时向大队提出购物申请。大队应根据戒毒人员所处戒毒阶段及时调整其购物限额。

2. 规范的购物形式

戒毒民警应当考虑场所安全的因素，组织戒毒人员进行有序购物。戒毒民警负责集合整队、现场警戒。购物结束后，戒毒民警清点人数后列队返回。

3. 严格的购物程序

戒毒人员应每月将需要购买商品的种类、规格、价格等内容进行登记，购物清单应经大队负责人审核，报戒毒场所生活卫生部门批准。

第四节　个人生活管理

一、个人卫生管理

个人卫生管理是强制隔离戒所对戒毒人员生活习惯、仪表等个人卫生方面的管理。个人卫生关系到戒毒人员的身体健康，也能够展现戒毒人员良好的外在形象。《司法行政机关强制隔离戒毒工作规定》第 53 条规定，戒毒场所应当定期组织戒毒人员理发、洗澡、晾晒被褥，保持其个人卫生。据此，戒毒场所应当建立个人卫生制度。

（一）戒毒人员个人卫生的要求

1. 戒毒人员应当统一着装。

2. 戒毒人员做到勤洗澡、勤洗手、勤洗和晾晒衣被。

3. 戒毒人员做到定期理发，男性戒毒人员不留长发、不蓄胡须和长指甲，女性戒毒人员不烫发、涂口红、戴首饰。

4. 戒毒人员不随地吐痰，不乱扔杂物。

5. 戒毒人员不能共用洗漱用具、剃须用品，理发用具、剃须用品及时消毒。

6. 戒毒人员不饮生水，不食变质食物。

（二）戒毒人员个人卫生的管理

1. 建立个人卫生制度，加强卫生评比，引导戒毒人员养成良好的卫生习惯。

2. 入所体检后，收治大队定期对新入所戒毒人员进行个人卫生检查。

3. 大队为新入所戒毒人员每人发放一套日常生活用品，严禁共用。

4. 大队应教育戒毒人员养成良好的生活卫生习惯。

5. 大队按照日常行为规范和日常生活准则进行定期检查和不定期抽查。

6. 大队应定期组织戒毒人员理发、洗澡等。

二、个人财物管理

个人财物管理是指戒毒场所对戒毒人员物品和钱款的管理。依法、严格、规范管理戒毒人员的财物有利于保障戒毒人员的合法权益。

（一）戒毒人员的物品管理

1. 戒毒人员物品的种类

（1）转入司法行政机关戒毒场所前，强制隔离戒毒决定机关移交的物品。

（2）戒毒场所发放的生活必需品。

（3）戒毒人员自行购买的物品。

2. 戒毒人员物品的管理

（1）登记

入所前，对生活必需品以外的其他物品，由戒毒场所代为保管。戒毒民警应当填写《强制隔离戒毒人员财物代管登记表》，并由负责检查的戒毒民警和强制隔离戒毒人员本人签字。戒毒人员从公安机关戒毒场所流转入司法行政机关戒毒场所时，双方应当做好戒毒人员物品的交接。

入所后，戒毒人员使用和购买的日常用品应存放在宿舍储物柜内，非日常用品由大队统一登记，存放在储藏室，定期取用。

（2）检查

戒毒场所定期对戒毒人员的物品进行安全检查，发现违禁品，其他可能造成人身伤害或影响场所安全的物品应立即处理。

（3）返还

在戒毒人员发生被解除强制隔离戒毒、调离戒毒场所、被逮捕、所外就医或死亡等情形时，戒毒场所应及时返还代管物品，戒毒人员或家属及相关部门签字确认。

（二）戒毒人员钱款的管理

戒毒人员钱款的管理是强制隔离戒毒管理工作的重要内容，是保障戒毒人员财产权、劳动权的重要方面。戒毒场所应当安排财务科或者生活卫生科负责，根据财务制度，专人管理戒毒人员的钱款，保障其财产权不受侵害。

1. 戒毒人员钱款的种类

(1)入所前，强制隔离戒毒决定机关或公安机关戒毒场所移交的戒毒人员的钱款。

(2)戒毒人员家属邮汇的钱款和探访时上账的钱款。

(3)所内的劳动报酬。

(4)国家发放的零花钱。

2. 戒毒人员钱款管理的规定

(1)入所后的7天内，戒毒场所应为每名戒毒人员建立账户，管理戒毒人员的钱款。

(2)戒毒人员不得持有现金。

(3)戒毒场所应定期向戒毒人员公开钱款情况，并接受本人及其亲属的核对和查询。有条件的戒毒场所可以安装电子查询系统，为戒毒人员及时了解钱款变动提供方便。

(4)对戒毒人员的每一笔入账、销账都必须由本人签字确认。

(5)戒毒人员出现被解除强制隔离戒毒、被调离、被逮捕或死亡等情形时，戒毒场所应将戒毒人员账户上的所有钱款一次性结清并发还本人或家属。

3. 不同类型钱款的管理

(1)零花钱的管理

零花钱是国家发给戒毒人员购买日常生活用品的钱款。零花钱的发放标准应结合本地财政及戒毒场所的实际情况确定。戒毒场所应每月及时公示零花钱的发放情况。脱逃人员、所外就医人员不予发放。

(2)移交钱款的管理

交付时移交的钱款必须由戒毒人员本人、强制隔离戒毒决定机关或公安机关戒毒场所、强制隔离戒毒接收场所三方确认并签字，戒毒人员须捺手印。

(3)家属给付钱款的管理

戒毒人员家属上账后，戒毒场所应出具正规票据。戒毒民警必须认真审核汇款的相关信息，审核无异议后予以登记，并经戒毒人员本人签字确认。戒毒人员家属上账、汇款金额超过一定数额或戒毒人员的个人账户钱款超过一定数额的，戒毒场所应予以限制。

（4）所内劳动报酬的管理

劳动报酬管理是指根据戒毒人员所处管理期段和计分考核得分，对戒毒人员参与习艺劳动在内的综合戒治表现进行全面考核后，由戒毒场所对戒毒人员发放适量劳动报酬的管理制度。

戒毒场所应当建立专门的劳动报酬管理、考评小组。戒毒场所成立由所长任组长的戒毒人员劳动报酬发放管理领导小组，负责戒毒人员劳动报酬发放管理工作。领导小组办公室设在生活卫生科，分管生活卫生工作的副所长任主任，生活卫生、所政管理、习艺生产、财务等部门负责人为成员，具体负责戒毒人员劳动报酬的发放、管理、使用、审核、复议等工作。大队成立由大队长任组长的戒毒人员劳动报酬发放考评小组，负责本大队戒毒人员劳动报酬的考核评估、制表造册、审查复核等具体工作。

第一，发放原则。戒毒人员劳动报酬发放管理坚持“依法依规、统一管理、公开公平、促进戒治”的原则。

第二，报酬构成。劳动报酬包括基本报酬和绩效报酬。戒毒场所部根据省局有关戒毒人员基本报酬动态增长机制，定期对基本报酬提取发放标准进行调整。

第三，发放程序。戒毒人员劳动报酬由大队按月考核制表造册，经大队劳动报酬发放考评小组审查、复核并公示，报所劳动报酬发放管理办公室审核，经所劳动报酬发放管理领导小组审批后，由财务部门按规定及时拨付入账。

第四，公开内容。戒毒人员劳动报酬应做到公开分配方案、发放总额、考核情况、分配结果，发放前应向戒毒人员公示。

第五，监督检查。戒毒场所监察、审计部门应对戒毒人员劳动报酬考核、兑现工作实行监督。

第六，异议反馈。戒毒人员对劳动报酬有异议的，可在公示期内向所在大队提出书面复核申请，大队劳动报酬发放考评小组应在规定时间内答复。戒毒人员仍有异议的，可向戒毒场所申请复议，戒毒场所劳动报酬发放管理领导小组在规定时间内作出最终答复。

三、个人被服管理

（一）个人着装要求

戒毒场所应当统一戒毒人员的着装。为了保障场所的有序管理，体现戒毒人员新的精神面貌,戒毒人员在戒毒场所内应当统一着装。

戒毒场所可以根据戒毒人员的性别、当地气候等因素,为戒毒人员发放适宜的服装,数量上要满足勤换洗的要求。发放的服装应当尽量美观、舒适,设计时可以体现戒毒特色,但不应带有歧视性的特征或者符号。

(二)个人被服的要求与管理

1. 个人被服的基本要求

(1)在设计戒毒人员被服时,戒毒场所应当坚持整洁、实用、标识和节约的原则。

(2)戒毒场所为戒毒人员统一设计和发放被服,但禁止在被服上书写或者印制“戒”或“戒毒人员”字样。

(3)戒毒人员不得擅自改变式样、颜色,但不同期段应佩戴相应标识。

(4)戒毒场所应根据季节配发戒毒人员服装,不允许戒毒人员自带被服进入戒毒场所。

2. 个人被服的种类及标准

根据财政部、司法部下发的《强制隔离戒毒人员被服实物量标准》,戒毒人员被服属于生活用品,具体项目及标准见表 13－1。

表 13－1　强制隔离戒毒人员被服项目与标准

项目	标准
单衣、单裤、单鞋、内衣、内裤	两件
绒衣、绒裤、棉衣、棉裤、棉鞋、棉帽	一件(双),其中棉衣、棉裤、棉鞋、棉帽为选配
棉被、棉褥、枕头、蚊帐	一床(个),其中蚊帐为选配
被罩、褥单、枕巾、凉席	一床(条),其中凉席为选配
罩衣、袜子	每年一套(双)
洗刷、卫生等日常用品根据需要(包括公共部分)。	

注:上述被服实物量标准不包括工作服等劳动保护用品。

3. 个人被服的管理

戒毒场所应制定戒毒人员被服的采购、发放、回收和保管制度。

(1)个人被服的采购

戒毒场所应根据统一样式自行组织生产或公开招标采购、配送戒毒人员的被服。生活卫生部门安排专人负责戒毒人员的被服管理工作。戒毒场所依照年初被服经费预算，制订加工、采购计划。戒毒人员的被服经费专款专用。

(2)个人被服的发放

根据实际收治人数，戒毒场所发放相应数量的被服。大队戒毒民警负责为新入所的戒毒人员配发，做好记录，需戒毒人员本人签字确认。

(3)个人被服的回收

由于戒毒人员解除强制隔离戒毒等原因而离所的，戒毒场所应及时收回发放的被服。回收后的被服，应当统一安排戒毒人员清洗、消毒、修补、晾晒(烘干)后重新使用。回收后的被服确实无法使用的，由戒毒场所妥善处置。

(4)个人被服的保管

戒毒场所应当按照国家相关仓储建设的标准与规范，建立物资仓库，存放被服。被服入库时，保管员应认真核对原始票据，检质计量，具实开出《被服入库单》，审核无误后准许入库。被服出库时，应由生活卫生部门审批同意，并填写《被服出库单》，履行签字手续后准许出库。保管员应每半年进行一次清查盘点被服仓库，确保物资完整，账物相符。

第五节　卫生防疫管理

卫生防疫管理指戒毒场所对戒毒人员疾病预防以及公共卫生事件、传染病疫情等工作的管理。卫生防疫管理是戒毒场所生活卫生管理的重要组成，直接影响戒毒人员的身心健康及场所的安全稳定。强制隔离戒毒场所卫生防疫管理工作任务艰巨。一方面，戒毒人员是肝炎、性病、结核病，甚至艾滋病等传染性疾病的高发人群；另一方面，强制隔离戒毒场所相对封闭、人员集中，传染病传播迅速，防控难度大。因此，戒毒场所卫生防疫管理意义重大。

一、疾病预防管理

疾病预防管理，是指戒毒场所通过健康检查等手段，开展戒毒人员疾病预防控制工作。《司法行政机关强制隔离戒毒工作规定》第 57 条规定，强制隔离戒毒所应当做好疾病预防控制工作。戒毒场所要贯彻“预防为主”的方针，积极开展卫生防疫工作，定期对戒毒人员宿舍和主要活动场所进行消毒。

健康检查是疾病预防的有效手段，也是维护戒毒人员健康权益的重要措施。戒毒人员的健康检查主要包括入所健康检查、定期健康检查和出所健康检查。定期健康检查通常每年开展一次。健康检查的内容主要包括内科、外科、血液检查、X光检查等。同时，戒毒场所医疗机构规范开展门诊、急诊、巡诊、会诊、转诊等工作，及时诊断和治疗戒毒人员的疾病，充分保障戒毒人员的身体健康。戒毒人员的疾病预防主要分为非传染性疾病的预防和传染性疾病的预防两种类型。以下介绍戒毒人员的非传染性疾病的预防管理。

戒毒人员常见的非传染性疾病主要有高血压、糖尿病、鼻炎、肺炎、哮喘及心脑血管、消化道等疾病。非传染性疾病的发病原因复杂，多数与吸食、注射毒品有关。疾病持续时间久，不能有效治疗会损伤多个器官或引发并发症，甚至可能导致猝死，威胁戒毒人员的生命和场所的安全稳定。对非传染性疾病，戒毒场所可以实施两级预防管理。

（一）第一级预防

第一级预防是面对全体戒毒人员的疾病预防。具体措施如下：(1)戒毒场所医院定期开展健康检查，了解戒毒人员的患病及病情变化。(2)通过建立心理健康档案，掌握戒毒人员的心理问题；开展心理健康教育，解决不良心理问题。(3)通过一日生活制度、体育锻炼、娱乐活动、康复劳动等手段进行身体康复训练，提高戒毒人员的身体素质。(4)通过科学设置膳食结构，调整饮食习惯，帮助戒毒人员增加营养，恢复并增强体质。

（二）第二级预防

第二级预防主要是面对病残，患有心理疾病或处于心理危机的戒毒人员的疾病预防。戒毒场所应当严格依法对病残吸毒人员进行强制收戒治疗，积极提供帮扶救助服务。具体措施如下：(1)对患有严重疾病或者残疾的戒毒人员，戒毒场所应当按照不同病种设立病区（房）分类管理，依法采取必要的隔离、治疗措施。(2)戒毒人员患有严重疾病，不出所治疗可能危及生命的，根据相关证明及程序，戒毒场所可以允许所外就医。(3)对患有严重疾病或者残疾的戒毒人员，戒毒场所应当加强健康教育，引导戒毒人员养成健康的生活习惯和生活方式；同时，加强个别教育及个别谈话，及时进行疏导，掌握他们的思想、情绪波动情况。(4)对患有严重疾病或者残疾的戒毒人员，戒毒场所应当加强健康检查的频率，做好病情监控,做好猝死的急救预案。(5)对心理状态严重异常或者有行凶、自伤、自残等危险倾向的戒毒人员,戒毒场所应当安排心理咨询师进行心理危机干预。

二、防疫应急管理

防疫应急管理,是指发生传染病疫情,戒毒场所应当按规定及时报告主管机关和当地疾病预防控制部门,并采取相应防治措施的活动。

(一)建立传染病监测和报告制度

1. 传染病监测制度

戒毒场所应当建立健全传染病监测制度,制订传染病监测计划和工作方案,加强戒毒场所传染病监测,及时掌握戒毒场所传染病防治情况。

戒毒场所应当建立健全传染病初筛检测机制。在入所时,医生对戒毒人员进行必要的健康检查,主要包括:血压、血常规、心电图、肝功检查、X 光透视、B 超、HIV 病毒检测等,检测是否患有肺结核、性病、艾滋病等传染病。此外,医生还要询问戒毒人员目前的身体状况、既往病史、药物过敏史、家庭病史等,并对戒毒人员进行必要的精神检查。

戒毒场所需要对下列人员重新进行艾滋病病毒抗体检测:(1)所外就医情形消失返回所内继续戒治的戒毒人员;(2)外出探视返所的戒毒人员;(3)其他需要进行检测的情形。

戒毒场所应当定期对患有传染性疾病的戒毒人员进行健康检测,了解病情变化情况,进行有针对性的治疗。

戒毒场所应当将传染病监测情况按照规定程序和时间向地方疾病预防控制机构报告。

2. 传染病报告制度

戒毒场所应当建立传染病报告制度。具体要求是:安排专人负责;按规定程序和时限上报疫情情况;记录传染病登记本及传染病报告卡;发生疫情时填写疫情报告和处置记录。

根据国务院《突发公共卫生事件应急条例》的规定,有下列情况的,戒毒场所应当在 2 小时内向所在地人民政府卫生行政主管部门报告:(1)发生或者可能发生传染病爆发、流行的;(2)发生或者发现不明原因的群体性疾病的;(3)发生传染病菌种、毒种丢失的;(4)发生或者可能发生重大食物和职业中毒事件的。报告时要说明疫情、病情、食物中毒和死伤人数及财产损失情况，针对发生事件所采取的措施。

根据司法部的有关规定，造成或可能造成对强制隔离戒毒场所警察、戒毒人员健康严重损害的重大传染病疫情，群体性不明原因疾病，重大食物或职业中毒，以及其他严重影响身体健康的公共卫生事件属于突发事件。按突发事件的报告规定，报告分为“预警报告”“即时报告”“随时报告”。“预警报告”指突发事件可能或即将发生时的报告，发现突发事件的苗头性信息后，事发地戒毒场所应立即将情况报告省、自治区、直辖市戒毒局，地（市）所属的戒毒场所应同时报地（市）司法局。“即时报告”指事发当时立即作出的报告，突发事件发生后，事发地戒毒场所应立即将情况报告省、自治区、直辖市戒毒局，地（市）所属的戒毒场所应同时报地（市）司法局。对于特别重大突发事件和重大突发事件，省、自治区、直辖市戒毒局接到报告后，应立即向司法部戒毒管理局报告。“随时报告”指在事发和处置过程中随时作出的报告，事发单位应对事件的详细和进展情况随时续报。①

（二）建立突发公共卫生事件和传染病疫情应急处置预案

戒毒场所应当建立健全突发公共卫生事件和传染病疫情应急处置预案。应急处置预案的原则是：预防为主，预防与应急相结合原则；及时、平稳、化解、控制原则；“边处置边报告，边核实边报告”原则；属地管理，协同配合原则。

1. 公共卫生事件和传染病疫情的应急处置预案

（1）应急处置预案的内容

戒毒场所应当根据《突发公共卫生事件应急条例》《传染病防治法》等规定，结合本地的实际情况，编制具有针对性和可操作性的应急处置预案。具体内容包括：应急处置小组的组成及职责，应急处置的适用范围，应急处置的具体原则，应急处置的程序与措施，应急处置的具体要求，责任与责任追究等。

（2）应急处置预案的管理

第一，戒毒场所应通过学习、观摩以及实战操作等方式，组织戒毒民警学习应急处置预案，掌握预案规定的程序与措施。

第二，戒毒场所应当制订突发公共卫生事件和传染病疫情应急处置预案，每

---

① 参见司法部戒毒管理局组编：《司法行政机关强制隔离戒毒工作规定释义》，法律出版社 2014 年版，第 117～118 页。

年演练不少于两次，记录并妥善保存。

第三，戒毒场所应当主动与当地医疗机构、传染病防控中心等部门建立联动机制，共同开展学习培训与应急演练。

第四，戒毒场所应制定相应的保障措施，做好应急处置的交通保障、通信保障、人力资源保障等。

2. 公共卫生事件和传染病疫情的应急处置措施

发生传染性疫情时，戒毒场所应立即启动传染病防治预案，按照《传染病防治法》的相关规定进行处置。例如，发现甲类传染病时，应当及时采取下列措施：①

（1）对病人、病原体携带者，予以隔离治疗，隔离期限根据医学检查结果确定；

（2）对疑似病人、确诊前在专门区域进行单独隔离治疗；

（3）对与病人、病原体携带者、疑似病人的密切接触者，在指定区域进行医学观察和采取其他必要的预防措施。

发现乙类或者丙类传染病的，应当根据病情采取必要的治疗和控制传播措施。此外，以戒毒场所内被传染病原体污染的场所、物品以及医疗废物，必须依照法律、法规的规定实施消毒和无害化处置。

（三）安全排查

安全排查是预防突发公共卫生事件和传染病疫情的有效措施。《司法行政机关戒毒场所安全排查工作规定》第 7 条规定：戒毒场所应当排查以下内容，防止所内群体性、流行性及食源性疾病发生：（1）医疗器材和药品配备管理情况；（2）患有季节性流行疾病、艾滋病、性病、肝炎、结核病以及其他传染性疾病人员严格按照规定隔离治疗，对其活动区域管理情况；（3）食品采购、运输、加工、保管等环节符合《食品安全法》及其他相关规定；食品采购验收、农药监测和索证制度执法情况；（4）食品留样情况；（5）其他可能导致所内群体性、流行性及食源性疾病发生的情况。

戒毒场所应当根据上述要求，每周开展安全排查。省（自治区、直辖市）戒毒管理局应当每月开展安全排查，重大节假日、重要敏感时期应当组织专门力量开展专项安全排查。

---

① 司法部戒毒管理局组编：《司法行政机关强制隔离戒毒工作规定释义》，法律出版社 2014 年版，第 117～119 页。

三、艾滋病防治与职业暴露防护

（一）艾滋病防治

戒毒人员是艾滋病的高发群体。强制隔离戒毒场所相对封闭，做好艾滋病戒毒人员的管理以及加强艾滋病防治工作，对防止艾滋病传播，保障戒毒人员的健康权益，确保场所安全稳定具有重要意义。根据 2015 年 5 月 19 日最高人民检察院、公安部、司法部等联合发布的《监管场所艾滋病防治管理办法》的相关规定，强制隔离戒毒场所主要通过宣传教育和检测工作加强防治。

1. 应当坚持预防为主的方针，在场所内组织开展艾滋病防治的宣传教育，提倡健康文明的生活方式，营造良好的艾滋病防治氛围。

2. 应当将艾滋病防治宣传教育纳入戒毒人员入出所教育、常规教育的教学计划。戒毒人员接受艾滋病防治相关内容的授课时间在入监所教育中不少于 5 课时，在出监所教育中不少于 3 课时，在常规教育中不少于 10 课时。

3. 应当在监所宿舍区、医疗机构、教室、公告栏等显著位置张贴艾滋病防治宣传材料，应当向戒毒人员发放艾滋病防治宣传读物。

4. 应当利用电视、广播、报纸、板报等载体，采用讲座、演讲、知识竞赛、文艺演出、同伴教育、生活技能培训等多种形式，广泛开展艾滋病的防治宣传。

5. 在开展艾滋病及相关疾病的检测、咨询、诊断和治疗过程中，应当对戒毒人员进行相关艾滋病防治的宣传教育。

6. 应当组织工作人员学习艾滋病防治的法律、法规、政策和知识，定期开展培训，提高工作人员对艾滋病的防治意识。

7. 应当建立健全艾滋病监测机制，制订艾滋病监测计划和工作方案，加强监管场所艾滋病监测，及时掌握监管场所艾滋病的防治情况。

8. 应当在戒毒人员入所 3 个月内完成艾滋病病毒抗体的初筛检测。

（二）职业暴露防护

从事艾滋病戒毒人员管理治疗工作的戒毒民警和医务人员，工作责任重、压力大、风险高，戒毒场所要切实加强保障。根据 2015 年 11 月 30 日司法部戒毒管理局发布的《关于加强戒毒场所艾滋病防治工作的通知》的相关规定，强制隔离戒毒场所应当加强职业暴露防护，具体内容如下：

1. 戒毒场所应建立艾滋病职业暴露处置预案。

2. 直接从事管理艾滋病病毒感染戒毒人员的戒毒人民警察、医护人员应当配备必要的防护物品并定期进行身体检查。

3. 戒毒人民警察在处置感染艾滋病戒毒人员突发事件时，应增强防范意识，防止肢体冲突，必要时应着防护服，戴防护手套等。

4. 戒毒场所应当根据需要储备艾滋病职业暴露预防性药物，或者与地方卫生计生行政部门设置的药品储备点保持密切联系，保证干警和医务人员发生职业暴露后在最短时限使用预防性用药。

5. 一旦发生职业暴露，要按照《职业暴露感染艾滋病病毒处理程序规定》，在4小时内向辖区内职业暴露处置机构报告，并提供相关资料。

6. 对职业暴露者艾滋病病毒抗体发生阳转的，应当立即上报省（自治区、直辖市）戒毒管理局和司法部戒毒管理局。

■ 复习思考题

1. 简述戒毒人员生活卫生管理的概念与原则。
2. 简述生活设施、设备的检查要点。
3. 简述公共区域环境、生活区域环境的管理。
4. 简述食堂个人卫生、安全操作方面的管理，食堂人员培训和体验方面的管理。
5. 简述食堂用具卫生管理、食堂用具安全管理的内容。
6. 简述食品原料采购、验收、贮存及加工过程的管理内容。
7. 简述食品留样管理的内容。
8. 简述戒毒人员伙食费管理的内容。
9. 简述戒毒人员商店购物管理的内容。
10. 简述戒毒人员个人卫生的要求。
11. 简述戒毒人员钱款管理的一般规定以及所内报酬管理。
12. 简述非传染性疾病的预防管理。
13. 简述公共卫生事件和传染病疫情的应急处置预案管理。
14. 简述戒毒场所防止所内群体性、流行性及食源性疾病发生的安全排查内容。
15. 简述职业暴露防护的内容。

本章主要参考文献

1. 滕炜主编:《〈中华人民共和国禁毒法〉释义与实用指南》,中国民主法制出版社 2008 年版。
2. 司法部戒毒管理局编:《司法行政机关强制隔离戒毒工作规定释义》,法律出版社 2013 年版。
3. 司法部戒毒管理局编:《司法行政戒毒工作手册》,法律出版社 2016 年版。

第十四章　戒毒人员康复劳动管理

本章摘要

戒毒人员康复劳动管理是一项新颖性、可操作性与实务性较强的内容。通过本章较为全面、系统的学习，熟悉和领会戒毒人员康复劳动的基本概念、特点以及开展康复劳动在场所戒治工作的重要意义；能够熟悉戒毒场所康复劳动组织机构的设置，掌握相关人员的职责以及管理的基本要求，掌握戒毒场所康复劳动现场的设施设备管理；对全国统一模式运行机制下戒毒场所各戒治期区内康复劳动的工作目标、开展方式、具体内容、考评要求等相关内容能够融会贯通，并能够具体分析、研究和初步解决戒毒场所康复劳动实践中的问题。

重点问题

本章重点是康复劳动中民警的“五项技能”，戒毒人员的“六熟悉”内容，戒毒人员教育适应期、康复巩固期的康复劳动工作目标，康复劳动现场的出收工管理和现场的管理，三级安全生产教育开展，康复劳动中的设备工具管理和安全检查。

第一节　戒毒人员康复劳动工作概述

一、戒毒人员康复劳动的概念

康复劳动是指通过有针对性的劳动，对有一定伤病者和残疾者在生理上和精神上进行康复的活动。这种“劳动”是康复性和习艺性兼备的，同时这种“劳动”可以是纯手工的，也可以借助一定的机器设备，甚至在达到相应的技术要求后可以借助对应复杂程度的电子设备，其目的是消除或减轻病患、伤残者在生理或是心理功能上的障碍，最大限度地恢复生活与劳动能力，确保其能够重返社会。

康复劳动是对戒毒人员展开综合戒治的重要措施之一。戒毒人员的康复劳动是戒毒场所在确保安全的前提下，依照国家有关法律法规和规章制度，在充分尊重戒毒人员"三重属性"（违法者，特殊脑病患者，受害者）的前提下，从有利于戒毒人员的毒瘾戒治，巩固戒毒成效的基础上，以"劳动"这一工作载体，对戒毒人员因吸食毒品而导致的脑功能、个人品性、"三观"认知等生理、心理问题进行综合的、有针对性的康复训练活动。

二、戒毒人员康复劳动的特点

（一）有法必依，依法实施

国家的相关法律法规对戒毒人员的康复劳动进行了明确的规定，作为戒毒场所和民警必须以国家有关法律、法规为依据，并严格依照法律规定执行。《禁毒法》第 43 条第 2 款规定："根据戒毒的需要，强制隔离戒毒场所可以组织戒毒人员参加必要的生产劳动，对戒毒人员进行职业技能培训。组织戒毒人员参加生产劳动的，应当支付劳动报酬。"《司法行政机关强制隔离戒毒工作规定》第 43 条规定："强制隔离戒毒所根据戒毒的需要，可以组织有劳动能力的戒毒人员参加必要的生产劳动。组织戒毒人员参加生产劳动的，应当支付劳动报酬……法定节假日不得安排戒毒人员参加生产劳动。"戒毒场所是国家的执法场所，法治化是开展戒毒人员康复劳动的基础也是底线。

戒毒场所在实施康复劳动过程中必须自觉接受法律的监督，要对在康复劳动中的违法违规行为进行严肃查处。康复劳动中出现的违法行为存在两个层面。一是组织层面，即戒毒场所在开展戒毒人员康复劳动的组织过程中要依法办事，要严格根据《禁毒法》和"部令"的要求实施，对项目的设置，项目的引入，项目的管理，人员的培训，具体的实施过程，以及相关配套的设施设备的管控等都要围绕有利于戒毒人员的戒毒矫治和身心健康出发，严禁出现康复劳动唯劳务化、唯生产化不良倾向，杜绝"超时间、超体力、超强度"的劳动，不注重劳动保护，严重损害戒毒人员身心健康等情况的发生。二是实施层面，在这个层面涉及三部分人群：(1)康复劳动的实施者，即戒毒人员，在现实中有部分戒毒人员在身心健康允许的情况下，无故不参加康复劳动或是技能培训，或是采取消极的方式对待康复劳动，故意损坏相应的设施设备，制造残次品，甚至利用相关的设施设备做出过激的行为，如伤害他人或是自伤自残的极端行为，一旦发生这样的行为要根据相关的条款依法依规进行惩处；(2)康复劳动的管理者，即戒毒场所的民警，在现实中，部分民警依法执法的意识不强，在组织管理和实施戒毒人员康复劳动中出现违法违规的行为，如利用劳动体罚、虐待戒毒人员，或是未能科学安排合理的康复劳动，下达不科学的康复劳动工作要求，或是将康复劳动的相关工作事项交给其他戒毒人员进行安排，或是民警疏于对康复劳动的安全管理，导致出现劳动安全生产事故等；(3)康复劳动的协助者，即专职技术人员、外协(聘)技术人员，部分专职技术人员、外协(聘)技术人员未能按照操作规范和技术要领有效地开展相应的工作，发生劳动事故，从而导致戒毒场所设施损坏，并波及戒毒人员的身体创伤；或是利欲熏心为戒毒人员传递违禁物品，影响戒毒场所的安全稳定和良好的戒治秩序。

(二)戒治需要，服务整体

康复劳动区别于其他改造模式中的劳动改造，其主要特征就是服务、服从于戒毒人员的戒治需求。根据《禁毒法》第31条的规定，强制隔离戒毒的最终目的是帮助戒毒人员戒除毒瘾，教育和挽救戒毒人员。因此，康复劳动也必须围绕这一目的开展。在引进劳动项目时，首先要本着有利于维护戒毒人的合法权益，有利于促进戒毒人员的身心健康，有利于戒毒人员回归需求的原则，确保引进的项目具有合法性、康复性、安全性、适宜性和一定的效益性。在组织康复劳动的同时，要综合考虑戒毒人员的生理、心理和行为特点，在设置、安排劳动环境和制订劳动计划、劳动目标、核定劳动定额和安排劳动时间的同时，要从戒除毒瘾和身心康复这一基础性的目的和要求出发，留有相应的余地，以保证戒毒人员其他戒治举措的展开，诸如教育矫正、心理矫治、康复训练等，不能片面追求高指标、高利润、超体力、满负荷的生产劳动。

康复劳动作为戒治的一个重要措施，就是要契合“全国统一的司法行政戒毒工作模式”的实施，根据戒毒人员所在不同的戒治期间，尊重其所处的戒治要求和身心特点，开展有针对性、差异性的康复劳动。在生理脱毒期，基于戒毒人员生理脱毒时的身体特点和医学症状，不开展劳动；在教育适应期，主要是让戒毒人员了解、掌握康复劳动的相关法律规范和安全生产的理论知识和基础操作，为后续开展康复劳动做好各项准备；在康复巩固期，主要是让戒毒人员通过参加康复劳动，改变戒毒人员懒散的习性，恢复劳动能力，培养劳动习惯，促进身心康复，同时学习相关技能，开展有针对性的职业技术培训，使戒毒人员都能学到一技之长，并获得相应的职业技能证书，掌握一定的劳动技能，为回归打好基础；在回归指导期，主要是通过所内社区化的管控模式，模拟社会环境开展公益性的康复劳动，或者对已经掌握的技能进行巩固性的训练，从而进一步固化所内取得的戒毒成效，为戒毒人员回归社会后的新生活开辟道路。

（三）对接教育，康复矫治

戒毒人员康复劳动是一项综合性的实践活动，康复劳动和教育矫正都是戒毒场所对戒毒人员开展戒治的手段之一，在实际工作中我们需要将这两者进行机结合，交叉进行，使其发挥相辅相成的作用。在教育矫正工作中，要强化康复劳动的相关理论知识的教育学习，落实好安全生产教学工作，强化职业技能培训工作的推进和实施，努力实现安全生产、劳动技能、职业技能，这三项康复劳动培训的常态化统筹推进。

在康复劳动中，戒毒人员的生理、心理、思想、品德、技能等相关因素都会以一种具象的形式加以体现，这无疑是民警对戒毒人员开展教育的良好“资源库”。康复劳动既是一种社会生产实践活动，也是对戒毒人员进行思想教育的有效手段。首先，康复劳动本身就包含了丰富的思想教育因素；其次，康复劳动为戒毒人员的思想教育提供信息；最后，康复劳动为戒毒人员的思想教育检验了成效。戒毒人员思想教育的效果如何，戒毒人员掌握到何种程度，一般都能通过康复劳动加以检验和验证。在日常的康复劳动中，不仅要针对戒毒人员在康复劳动中反映出来的错误劳动观和人生观进行教育，而且还要针对他们在康复劳动中所表现出来的种种不良行为和消极表现不失时机地进行随机引导，使康复劳动始终沿着正确的轨道顺利推进和实施。通过教育矫正还可以进一步帮助戒毒人学会独立生活，学会思考，逐渐改变好逸恶劳的本性，养成自食其力的劳动习惯。促使戒毒人员通过教育能够明辨是非，明白事理，增长见识，提高素质。同时，通过康复劳动的实施可以确保养成劳动习惯，掌握劳动技能，培养与社会相匹配的正确的劳动观念。康复劳动和教育矫正两者紧密结合，相互促进，相互渗透，能够使康复劳动在戒治工作中发挥效应的最大化。

（四）保障安全，强化管理

安全既是戒毒场所永恒的主题，也是戒治工作的基础性要素，戒毒场所除了管理上的安全外，康复劳动的安全也尤为重要。戒毒场所（民警）在组织实施康复劳动中始终要注重安全劳动，严格落实各项安全生产制度和操作规范，最大限度地防止和减少安全事故的发生。《司法行政机关强制隔离戒毒工作规定》第44条规定："强制隔离戒毒所应当建立安全生产管理制度，对参加生产劳动的戒毒人员进行安全生产教育，提供必要的劳动防护用品。生产劳动场地和劳动项目应当符合安全生产管理的有关规定，不得引进易燃、易爆等危险生产项目，不得组织戒毒人员从事有碍身体康复的劳动。"戒毒场所在组织戒毒人员康复劳动中必须加强安全生产长效机制建设，自觉接受上级管理部门与地方安全生产监督管理部门的监督检查，定期开展安全生产宣传和应急预案演练。切实加强消防安全、危险源管控和劳动工具的使用管理，落实劳动保护措施，严格按照有关规定为戒毒人员提供相应的劳动防护用品。对特殊工种人员要定期体检，建立健康档案。戒毒场所要加强康复劳动项目管理，不得组织戒毒人员从事有碍身体健康的项目，严禁引进易燃易爆危险品等项目。戒毒场所引进新的康复劳动项目时，应依据相关规定对项目的合法性、安全性、适宜性、效益性进行综合评估，报省戒毒管理局审核、批准。严格生产合同管理，合同的洽谈和签订应由所部统一实施。落实项目档案管理制度，每年将相关资料整理后，交所档案室统一保管。

戒毒场所要建立、健全和落实民警岗位责任制，戒毒场所的民警行使国家赋予的执法权，对戒毒人员的康复劳动履行直接的管理和有效的组织职能和职责。这就决定了对戒毒人员康复劳动的直接管理权必须由人民警察掌握，这是由康复劳动的法律属性、民警的法律地位、执法性质以及戒毒场所的工作职责决定的，这一管理权限绝对不能进行"放弃"或者"转移"，民警要切实履行职责，对康复劳动的全过程实施有效的直接管理和组织指导，杜绝使用"拐棍"进行管理。

（五）对接社会，帮助回归

戒毒人员康复劳动突出了康复性和习艺性两大特点，康复性就是通过劳动锻炼心智，修复学习、记忆、注意、协调等功能，建立正常的生活规律，促进身心康复。习艺性就是戒毒人员在两年的强制隔离戒毒期间将戒毒期限转化为"学习期限"，要在场所的安排下，学习和掌握至少一门技能，为今后回归社会、适应社会和融入社会打下基础。同时，根据"全国统一的司法行政戒毒工作基本模式"的要求，后续的帮扶衔接也需要康复劳动积极介入，为此戒毒场所还应加大对戒毒人员的劳动技能培训和技能考核鉴定，扩大职业技能培训规模，开展一些实用性较强的职业技能培训，为戒毒人员开展习艺技能的培训，使他们获得相应的劳动技能培训合格证和职业技能等级证书，积极争取社会就业部门和当地企业的支持，争取合适的企业接纳戒毒回归人员，为增强戒毒人员谋生技能和顺利回归社会打下坚实的基础。

（六）区别对待，按体施劳

在康复劳动中要充分体现“以人为本、科学戒毒、综合矫治、关怀救助”的工作方针，这就要将康复劳动与戒毒人员的个体（群体）差异性进行相互对应和匹配。由于戒毒人员是隐性疾病以及相关并发症的高发人群，其心理状态、精神状态和行为特征各不相同，在组织戒毒人员进行康复劳动过程中，尤其要正视这种差异，尊重戒毒人员的身份属性，将康复劳动作为身心恢复、矫正恶习，技能获得的一种特殊的戒治形式，采取差别化的劳动管理手段和人性化的关爱措施，帮助戒毒人员培养健康的思想意识和生活观念，为彻底戒掉毒瘾和恢复社会功能打下坚实的基础。为此要实现“三个要”：一是要根据不同戒毒阶段对应不同的康复劳动，要根据戒毒人员在整个戒治阶段中不同时期（生理脱毒期、教育适应期、康复巩固期、回归指导期）所表现出的不同生理、心理特征及戒断症状和药物依赖等情况，科学安排康复劳动工种或康复劳动任务。二是要根据戒毒人员的个性特点实施分类、区别对待，要考虑戒毒人员原有的劳动习惯和身体素质情况，对他们进行区别对待，使其由轻到重，由简到繁，逐步适应，循序渐进，这样有利于戒毒人员康复劳动的顺利进行。要尽可能发挥戒毒人员原有的技能和特长，这样才能使他们康复劳动的积极性更高，对教育矫治和经济效益的提升都有好处。三是要根据戒毒人员的现实康复劳动成效进行有区别性的奖励，根据戒毒人员在康复劳动中的技能岗位、完成数量、质量、遵守纪律以及康复劳动的成效等情况进行有梯度的、区别性的奖励，这样才能发掘、确保和促进戒毒人员参与康复劳动的自觉性和积极性，同时也为建立合理的康复劳动奖励机制打下基础。

三、戒毒人员开展康复劳动的意义

康复劳动是戒毒工作的一种有效手段，能够帮助戒毒人员加快恢复身心健康，调适心理，促进戒毒人员矫正恶习，端正思想，树立正确的人生观和价值观，促进戒毒人员积极融入社会，贡献社会，实现自食其力、自力更生的生活目标，从而确保戒毒人员能够在回归社会后提高戒毒操守率、降低复吸率。

（一）保身心健康，提综合素养

康复劳动最大的特质就是以戒毒人员的毒瘾戒治，恢复身心健康为主要目的，这是区别于其他劳动改造措施的最大特点和最新颖的内涵。劳动在这里不仅仅是一种手段，更是一个非常合适的戒治工作载体，因为康复劳动在实施过程中必然要促使戒毒人员进行动手、动脚等四肢活动，在活动四肢的同时还带动专注力和思维的活动，所以劳动能够对戒毒人员的身体起到潜移默化的锻炼作用，一段时间的康复劳动下来，戒毒人员的体质必然会和刚入所时的状态有所提升；开展康复劳动在锻炼体质的同时，在反复的学习中不断刺激“眼、手、脑”的综合协调运动，同时，康复劳动能够不断强化对产品的品控，从而对其意志力也能够进行锻炼。

（二）谋一技之长，学回归技能

这是戒毒人员康复劳动中最为基础的，也是最为表象的意义，戒毒场所通过康复劳动项目的确立和引进，对于戒毒人员而言，能起到一个教授技能，学会一技之长的作用。现如今戒毒场所的康复劳动已经不再是单单为追求经济效益的劳务加工活动，而是转变为以恢复戒毒人员身心健康为重点，以习艺技能培养为基础，兼顾实现经济效益的发展模式。特别是戒毒场所定期开展的职业技能培训，使戒毒人员能在强制隔离戒毒期间掌握至少一门职业技能，学会一技之长，为回归社会、立足社会打下一定的基础。

（三）树规则意识，改陈规陋习

“好逸恶劳、意志薄弱、无规则、无计划”这些都是戒毒人员身上存在的缺陷和问题，这些缺陷和问题也正是挡在戒毒人员戒除“毒瘾”路上的“拦路虎”，成为他们回归社会后重新吸食毒品的最大诱因。坚定的意志品质和良好的规则意识是戒断毒瘾的最佳破解手段，良好的行为习惯和规则意识通常是在多次重复同一动作和行为的基础上形成的，戒毒人员的康复劳动贯穿于戒毒人员整个的强制隔离戒毒期间，他们经常在这种自律性、规范性约束力很强的体系中实施康复劳动，无形中培养了戒毒人员的规则意识，从而逐渐改变了原有的行为习惯，养成新的遵纪守法的行为习惯。

（四）创社会价值，复自尊自信

康复劳动不是纯粹的“无效劳动”，劳动可以使戒毒人员能够靠自己的智慧和体力获得“劳动报酬”，不但可以缓解自己的经济压力，还可以减少家庭的负担，让他们切实感受到自己能够自食其力，有了真实的“成就感”和“获得感”；让戒毒人员认识到自己的努力是可以为社会创造财富和价值的，真真切切地体会到自己是一个正常的人，是一个能够给社会带来价值的人。同时，在康复劳动中可以学会人与人之间的和谐相处之道，学会团队合作，通过与同戒人员之间的相互帮助、相互协作、共同完成产品，逐步养成与人和谐相处、团队协作的能力，这种能力对于戒毒人员恢复自尊自信，回归社会后融入社会，在社会中立足将会起到较为关键的作用。

（五）保场所稳定，促良性循环

确保戒毒场所的安全稳定也离不开康复劳动作用和功能的充分发挥。康复劳动作为强制隔离戒毒执行工作的重要内容和矫治的基本手段之一，其在保持戒毒场所的安全稳定方面起着重要的作用。科学且合理地组织康复劳动，不但能够扩大所政管理封闭而又狭小的管理空间，给戒毒人员的有效监管提供新的契机，使戒毒人员的日常管理在时间和空间上更为有利，而且能够使监管工作实现动态化；戒毒人员在康复劳动中暴露出一些不良思想、行为恶习及日常矫治表现，为其他矫治手段的有效运用奠定了基础，提供了依据。同时，康复劳动流水线的操作模式和团队运行的方式，极大地减少了戒毒人员由于强制隔离这一处罚措施所导致的与社会相对隔绝“拘禁性”的负面影响，从而使在戒毒场所这一特殊环境中实现了对社会的真实再现和模拟，这对戒毒人员实现顺利回归是极为有利的。

第二节　戒毒康复劳动组织机构与人员管理

根据《禁毒法》的明确要求，有劳动能力的戒毒人员必须参加劳动，因此根据强制隔离戒毒工作的法律特征，从有利于戒毒人员参加康复劳动的戒毒康复目的设置、习艺劳动功效的获取和技能培训的要求出发，戒毒场所中必须设置符合戒毒康复劳动特点和能够对戒毒人员开展康复劳动进行日常管理和业务指导的组织机构和相关的管理人员。

一、康复劳动组织机构的设置与管理

（一）康复劳动组织机构的设置

戒毒场所的康复劳动组织机构，是指强制隔离戒毒机关为了确保强制隔离戒毒执法工作的顺利开展，确保康复劳动有效实施而设置的领导组织机构和管理部门，是指挥、领导、组织戒毒人员进行康复劳动的业务职能部门；康复劳动组织机构是戒毒场所业务机关的一个基本组成单位，其主要任务是在组织戒毒人员康复劳动过程中，科学规划和有效地指挥戒毒人员的康复劳动，不断提高康复劳动对戒毒人员在毒瘾戒治、身心康复和技能培训等方面的功效。

在组织层面上，康复劳动机构可以按照"部、省、所"三个层级进行分层，即部一级层面的戒毒人员康复劳动组织机构（司法部戒毒管理局规划科技和生产处），省一级层面的戒毒人员康复劳动组织机构（各省、自治区、直辖市戒毒管理局负责康复劳动的业务处室，诸如习艺生产管理办公室、习艺安全指导处、生产基建管理处等业务处室，各省结合自身的实际情况处室的名称有所不同）；所一级层面的戒毒人员康复劳动组织机构（各戒毒场所负责康复劳动的业务科室，诸如生产习艺科、生产科、综合管理科等，各所结合自身的实际情况科室的名称有所不同）。

在具体的实施层面上，戒毒场所的康复劳动组织机构一般由生产习艺科负责，该科室由分管康复劳动的所领导管理，为了便于有效开展康复劳动，戒毒场所还根据收治戒毒人员的不同情况，设置若干基层大队（中队），分别承担具体的康复劳动管理任务；同时，教育矫正部门负责的职业技能培训也配合康复劳动开展。

（二）康复劳动机构的职能

根据法律规定和现实工作需要，戒毒场所的康复劳动机构的工作职责和业务要求，总体主要担负如下职能：一是以康复劳动为载体，采用劳动手段对戒毒人员展开身心康复活动；二是以康复劳动为手段，教育矫治戒毒人员，使戒毒人员在康复劳动中转变思想观念，矫正恶习；三是根据有关强制隔离戒毒的法规政策，指导基层组织选择契合戒毒人员的康复戒治以及契合戒毒场所实际需求的康复劳动项目的引入和审核；四是制定戒毒人员康复劳动产品的质量和相关效益的考核指标，实施劳动考核工作；五是结合戒毒人员回归社会的需求，开展劳动就业和相关技能的培训工作。

根据上述工作职能和业务要求，目前戒毒场所生产习艺科的主要职能有：

1. 根据戒治工作的需要，选择有利于戒毒人员毒瘾戒治以及身心恢复的相关康复劳动项目。

2. 根据戒毒人员技能掌握状况、场所设备能力以及资金等方面的基本情况和上级主管部门的要求制定本单位月、季、年度的康复劳动生产方面的计划和相关工作指标、目标。

3. 负责整个场所康复劳动的管理，拟定符合场所实际的各项管理制度和行业标准；负责整个场所康复劳动的合同管理，生产项目签订违约保证协议。

4. 负责场所安全生产、环境保护、消防安全、危险物品监督和检查；督促各基层单位抓好劳动管理、劳动安全保护，与有关部门协同对戒毒人员依法进行奖惩。

5. 负责场所的康复劳动相关设施设备的管理、维护和保养。

6. 负责戒毒场所生产科技工作和工业生产的技术改造、新产品开发，产品结构调整和采用新技术、新工艺、新材料等有关技术进步工作；负责戒毒人员中技术人员的使用与管理，组织戒毒人员进行技术革新、技术攻关与发明创造活动，开展技术信息收集与技术开发利用工作。

7. 掌握本单位各基层大（中）队康复劳动计划的实际执行情况，与有关组织研究解决计划执行中的问题；对戒毒人员的康复劳动物质产品进行定期或不定期的质量检查，严格控制产品质量。

8. 与所政管理、教育矫治部门配合，对戒毒人员在康复劳动中出现的问题进行综合矫治。

9. 掌握戒毒人员的技术状况，进行技术教育、劳动培训；配合教育矫正部门对不同类型的戒毒人员拟定职业技能培训方向，根据现有的康复劳动项目开展职业技能培训的指导。

10. 负责做好有关统计报表和市场调研，做好产品形势分析和生产形势分析。

二、康复劳动工作人员管理

在戒毒场所内负责康复劳动管理的工作人员主要有民警、专职技术人员以及外协（聘用）人员这三类人员组成。这些人员主要负责场所内康复劳动项目引进、审核、康复劳动的现场管理、组织管理、定额管理、产品的品控质量管理、设备的维护维修以及生产安全管理等工作事项，这部分人员从绝对数量上来讲是占少部分的，但却是整个戒毒场所康复劳动实施和顺利开展的重要指导力量和技术保障。

（一）民警

民警是整个戒毒场所重要的执法力量，也是组织戒毒人员开展康复劳动的具体策划者、指导者、组织者和管理者，负责康复劳动管理的民警必须熟悉掌握“五项技能”。

1. 把控项目

民警要对康复劳动项目的引入有一定的把控度，即相关项目是否符合场所戒治工作的实际情况，对戒毒人员的毒瘾戒除是否有帮助，对戒毒人员的身心恢复是否有帮助，是不是戒毒场所规定的不允许引入的项目。根据习艺劳动项目管理规定，以下劳动项目禁止在戒毒场所内组织开展：

（1）有毒、有害、易燃、易爆以及不符合环保要求的生产劳动项目；

（2）煤矿、非煤矿山生产劳动项目；

（3）印制非法出版物的生产劳动项目；

（4）食品、食用保健品、药品及医疗用品的生产、加工项目；

（5）合作方（企业或个人）不具备相应产品生产资质的生产劳动项目；

（6）假冒伪劣和违法侵权产品的生产劳动项目；

（7）加工费经常拖欠不能按时收回的项目；

（8）安全生产不能充分保证的项目；

（9）环境污染严重，影响环境保护和人身健康的项目；

（10）凡产品中包含旗帜、地图或涉及国家主权和领土完整等内容的项目；

（11）凡产品中有破坏民族团结和制造民族分裂的文字内容或音像制品等的项目；

（12）其他不利于场所安全稳定的项目。

2. 安排调度

民警对康复劳动的各个工段、各个环节要科学地安排用人和用料，并制定具体的、适合戒毒人员康复实际的劳动量和康复目标，在整个大队（康复劳动生产片区）科学地进行分组，能够发挥康复劳动人员的个人特长，同时还能够统筹发挥个人和片组团队的优势，减少无效用工；在实施康复劳动中能够根据康复劳动的具体情况，及时调整人员、原材料、保障措施等，以确保康复劳动的顺利进行，减少无形消耗。

3. 实践操作

民警对自己负责管理的康复劳动生产片区内的具体康复劳动项目，诸如劳动项目的品种、整个康复劳动的生产流程、每日的任务数量、产品的品控质量、产品的工艺要求均要做到心中清楚和业务熟悉，特别是对生产加工的工艺标准、操作要领以及具体操作手法、工序过程能够了然于胸，并能够自行独立完成相关操作；同时，熟悉和掌握这一过程中的重点和难点。

4. 安全检查

这里的安全检查包含两个方面：一方面是康复劳动过程中的安全检查，如在康复劳动的现场开展消防安全检查、电气线路检查、生产设施完好率的检查等；另一方面是监管安全的检查，在组织康复劳动的过程中，能够及时发现和排除康复劳动现场管教方面的漏洞，及时发现参加康复劳动的戒毒人员中存在的思想问题并及时进行纠正。

5. 品控验收

戒毒人员在实施康复劳动中最终形成的劳动产品（成果），民警要能够对其进行质量上的控制，要基本通晓劳动产品（成果）的优良好坏的标准，同时在其任务完成后，民警能够及时对该戒毒人员的康复劳动情况进行阶段性的评价，并对其劳动报酬准确地进行层级区分和进行相应的奖惩。

（二）专职技术人员

这里所称的专职技术人员是指戒毒场所内具有特定专业技术的非民警的工作人员（有相当部分人员还具有国家认证的相关专业技术技能等级资质），他们是戒毒人员康复劳动活动中的重要技术支持力量，主要承担着康复劳动过程中工艺流程的设定，重要工艺过程的指导、技术难题的解决以及专业设施设备的保养维护和修理等任务。专职技术人员在康复劳动中可以说是重要技术支撑，为此必须掌握以下技能。

1. 能对康复劳动的工艺过程起到指导性作用

康复劳动中的工艺过程具有其特有的技术要求，大到整个戒毒场所劳动过程中流水线的设计、布置，小到单个戒毒人员劳动过程中的制版、打样，甚至还有某些工序中特殊的工艺要领等，这些都需要专业的专职技术人员进行工艺过程的把控和指导。

2. 能解决康复劳动中的技术问题

在实施康复劳动中必然会遇到相应的技术难题，对引入项目的评估、审核，劳动项目流水线的布局，单个加工件的工艺规范制定，特别是在实施劳动过程中出现质量品控问题的排查和处理，这就需要专职技术人员通过自身掌握的技能进行有效的应对和解决。

3. 能维护相关的设施设备

为配合康复劳动的开展，戒毒场所必然要建设和购置相应的康复劳动设施设备，这些专业的设施设备，日常的运行和维护都需要专职技术人员进行保养和维护，特别是出现运行故障后要能够及时排除故障，从而确保康复劳动的顺利开展。

（三）外协（聘用）技术人员

这里的外协（聘用）技术人员，是指戒毒场所在遇到临时性的专业性较强的技术问题时，场所的专职技术人员无法及时解决的情况下，由场所临时聘请或是生产厂家因为劳动项目的需要临时派驻在戒毒场所的技术顾问。场所在开展康复劳动中除了固定的康复劳动项目外，还会有临时性的康复劳动项目，这些项目的引入具有"入所时间短、机动性强和时效性快"等"短平快"的特点，这就导致这部分项目在出现临时性的技术问题时，就需要临时邀请外协（聘用）技术人员参与解决。

三、康复劳动戒毒人员管理

戒毒人员是康复劳动任务的具体承担者和实施者，戒毒场所要通过岗前培训，专项指导，专门训练等措施让戒毒人员顺利实现在康复劳动中的"六熟悉"。

1. 熟悉劳动的康复功能，就是要戒毒人员认识到康复劳动不同于其他改造场所的劳动，要认识到劳动中的戒治功效，要将自己毒瘾的戒除与劳动进行有效的关联，切实做好有效劳动。

2. 熟悉项目的工艺要求，就是要求戒毒人员通过相应的培训了解如何在康复劳动中熟练掌握自身所要实施的具体康复劳动的生产要求、工艺流程、目标任务以及产品的品种指标等。

3. 熟悉监管的安全要求，就是要求戒毒人员熟练掌握戒毒场所的相关监管要求和规章制度，特别是劳动现场的组织纪律，知道什么该做，什么不该做，并主动配合民警接受管理。

4. 熟悉生产的安全要求，就是要求戒毒人员严格落实戒毒场所的安全生产相关规章制度，按操作规程劳动和操作，听指挥，不蛮干，不做伤害自己和别人的事。

5. 熟悉工具的管理要求，就是要求戒毒人员熟练掌握工具管理制度，并落实好工具使用的具体要求，按程序领取和上交，按要求进行交换，按规范进行使用。

6. 熟悉定置的管理要求，就是要求戒毒人员熟练掌握定制管理的规章制度，按规定的位置开展康复劳动，按照定置管理的要求落实，即“有物必有位”，劳动现场的物品各归其位，分区存放，位置明确；“有位必分类”，相关物品按照工艺和检验状态逐一分类；“分类必标识”，标识齐全，醒目、规范。

四、康复劳动设备和工具管理

戒毒场所必须严格按照安全生产的国家标准和行业标准开展康复劳动，同时为戒毒人员提供符合国家规定条件的生产劳动场地。生产劳动车间作业条件应当符合消防安全、职业健康安全等有关规定。为确保康复劳动能够安全科学的开展，应当对康复生产中的设施、设备进行定期维护、保养、检测，保证设施、设备的正常运转和有效管理。

（一）设施设备管理

1. 设施设备的日常管理

戒毒场所康复劳动中使用的设施设备由所生产习艺科统一管理；凡是为康复生产所需的相关设施和列入所一级固定资产管理的生产机械、动力设施均为设施设备管理范围；设备的说明书、技术资料、备件图册等技术资料由康复劳动部门保管，相关资料调出使用时要办理书面的借用手续；现场使用的设备完好率应有相应的书面标记或者记录；新增的设施设备安装投产前，应办理正式验收手续；所自制的专用设备，经过生产验收证明适用有效，图样技术资料齐全，应予以登记验收，按规定列入固定资产；康复劳动的设备由专人管理，严格遵守操作规程，实行定人定机；场所内几个大（中）队公用的设备必须指定专人保管和维护；生产设备由于使用年限超出规定或结构严重损坏，无法修复或改装时，可通过书面报废程序申请报废；基层大队（中队）安排康复生产时要保证设备的合理使用，安全运转。

2. 设备的维护保养

康复劳动部门应制订设备维护、维修保养计划，并组织实施；专职技术人员日常维护保养应做到四项要求，即整齐、清洁、安全、润滑；戒毒人员对自己操作设备应做到“三好四会”（“三好”：管理好、使用好、维护好；“四会”：会使用、会保养、会检查、会排除故障。）

3. 设备事故处理

设备在使用中出现异常，戒毒人员应立即停止操作，关停机器设备，切断电源，报告现场的执勤民警，通知专职技术人员，不得私自拆修。设备发生事故应及时处理。处理要严格执行“三不放过”原则，即事故发生原因要查清，事故责任者及操作人员要受教育，防范措施要落实。

（二）工具管理

1. 劳动工具的发放与收存

（1）戒毒人员每天进入康复劳动生产现场后，由分管民警将存放的劳动工具根据《劳动工具领用册》中的数据进行盘点，当面点清后交给各劳动小组长。

（2）劳动小组接到工具后，将其分发到操作工手上。

（3）中午或晚上就餐前后，戒毒人员必须将自己的工具放到自己的设备工具袋内，不准将工具随意乱放或携带，以免遗失。

（4）自己的工具不得擅自借给他人使用，如有工作需要借用的，必须通过分管民警，经同意后方可借用，用后要及时归还。康复劳动现场有人偷、摸或乱拿他人的工具，需按相关规定进行处理。

（5）听到结束康复劳动的指令后，戒毒人员需在规定的时间内将劳动工具上交劳动小组长，劳动小组长接到上交的劳动工具后应当面清点，检查是否完好无损，数量是否相对应，一切无误后，上交分管民警，经与《劳动工具领用册》中的记载情况进行对照检查，对照检查无误后放入专用工具箱并上锁，钥匙由分管民警保管，工具箱存放在康复劳动生产车间专门的工具间（仓库）内。

（6）每日结束康复劳动前各小组需对固定的设备进行检查，查看数量是否准确，是否固定到位，每日值班民警收工前应亲自检查工具的固定情况。

2. 工具保管

（1）民警直接管理，康复劳动生产车间的工具统一由分管民警保管，戒毒人员不得私自打开工具箱拿取劳动工具。

（2）在康复劳动现场的工具要做到“四定”：定点、定人、定位，定置摆放。

（3）建立劳动工具台账。新购的劳动工具要办理入库、出库等手续，平时康复劳动生产中应办理领发和存放手续，做到账目和劳动工具的实际数量一致。同时，在工作管理中要善于使用信息化管理手段，提高工具管理的效率。

（4）保存劳动工具的专门工具间（仓库），任何人未经大队（中队）允许不得以任何借口进入，否则追究进入者和仓库保管员的责任。大件工具由仓库保管员负责保管。对特殊工具的，必须由分管民警批准方可使用。仓库保管员必须做好记录。

（5）要结合康复劳动的现实需求兼顾场所的实际情况，积极改进工具，降低工具的危险性，纱剪、剪刀、镊子等要做钝化处理，操作现场要上链固定。

（6）戒毒人员要做好工具的保管，对遗失的工具要及时上报，未上报的，按相关规定处理。对拾到工具不上交、不报告，私藏的戒毒人员要根据规定及时进行处理。

3. 工具的更换

（1）工具的更换要严格执行戒毒场所的有关规定，任何人不得随意更换。

（2）刀具等存在一定危险性的工具更换必须经大队（中队）领导审批，以旧换新，并附更换说明书或报废说明书。

（3）对损坏工具者按价赔偿，正常破损的工具由小组长申请，报告分管民警审批，按规定步骤领取新工具。

第三节　戒毒人员康复劳动工作流程管理

为持续深入推进司法行政戒毒工作的规范化建设，进一步提高教育戒治科学化、专业化水平，适应新时代司法行政戒毒工作的发展需求，2018 年司法部在对之前各省、自治区、直辖市探索戒毒模式的基础上，进行了有效的梳理、整合和统筹，形成了“全国统一的司法行政戒毒工作基本模式”，并于同年 5 月在全国司法行政戒毒系统全面推开。该模式一改之前重管理轻戒治的管控戒毒模式，形成了符合现代法治需求，以戒毒人员毒瘾戒治为着眼点的新型戒毒工作模式，该模式建立了以分期分区为基础、以专业中心为支撑，以科学戒治为核心，以衔接方法为延伸的基本工作体系。其中“分期分区”就是将戒毒人员强制隔离戒毒期限（从入所到出所)，按照毒瘾戒治进程分为四个阶段：生理脱毒期、教育适应期、康复巩固期和回归指导期，同时设置了与之对应的戒治生活区域，即生理脱毒区、教育适应区、康复巩固区和回归指导区，从而实现了对应不同区域的管理、生活、学习和康复劳动，强化了不同戒治时期的针对性戒治措施，凸显了不断递进的戒治过程，突出了戒治流程，规范了戒毒工作的运行。在本节，我们根据这四个不同的戒治期限内的康复劳动情况进行阐述。

一、生理脱毒期康复劳动工作管理

(一)生理脱毒期基本概述

生理脱毒期主要是对新收治需要急性脱毒的戒毒人员统一开展为期7～15天的急性脱毒工作，在这期间戒毒人员主要开展入所体检、吸毒史调查，脱毒观察，根据吸毒种类和成瘾程度科学制订脱毒方案，分类实施急性脱毒治疗，消除急性戒断症状，确保戒毒人员安全脱毒。对公安机关转送的已经经过急性脱毒期的戒毒人员在生理脱毒期，进行不少于7日的入所观察，开展入所体检，同时开展性病、艾滋病、肝病、肺结核等传染性和高血压、糖尿病等慢性病以及精神障碍的筛查，进行安全风险性评估和流转区评估。在这一阶段主要是缓解和控制戒毒人员的戒断症状，对戒毒人员进行体检，观察疾病，治疗和戒治康复，确保其具备可以进入戒毒流程下一区域的身体条件。

(二)工作目标

在此阶段，基于戒毒人员生理脱毒期的身体特点和医学症状，不适宜组织开展康复劳动工作，因此在生理脱毒期不开展康复劳动。虽然不安排康复劳动，但是对戒毒人员参加康复劳动的意识要进行培养和灌输，要让戒毒人员充分认识到康复劳动不但能够对其身体恢复有极大的帮助，还能够起到转变其不良恶习、培养劳动习惯以及获得谋生技能的作用。与此同时还可以通过相应康乐操的学习和训练，着重在眼、脑、手的协调性上下功夫，力争用最短的时间恢复其身体协调性和平衡性，为后续在其他戒毒阶段的康复劳动打下基础。

(三)方式

开展戒毒场所内康复劳动相关内容的讲座，通过以所内教育专网(视频教学)

为载体的自我学习。

（四）内容

举办戒毒场所康复劳动开展目的、方法和重要意义等方面内容的专题讲座。组织戒毒人员自学所内教育专网（视频教学）的内容；开展康乐操的学习和训练。

（五）考评

对参加专题讲座、视频教学情况和康乐操学习训练情况进行评议。

二、教育适应期康复劳动工作管理

（一）教育适应期基本概述

教育适应期是戒毒人员完成生理脱毒，并通过转区流转评估后进入的下一个戒治阶段，在这个阶段，戒毒人员要接受不少于一个月的入所适应性教育内容。在这个阶段，戒毒人员在医疗上需继续缓解和消除稽延性戒断症状，恢复其生理机能；对戒毒人员开展入所教育和行为养成教育，帮助戒毒人员尽快熟悉场所环境，顺利适应戒毒生活；开展认知教育，引导戒毒人员正确认识毒品危害，明确戒毒目标，进行新入所心理测试、心理健康教育和心理危机干预，建立心理治疗档案、教育矫治档案和诊断评估档案，对教育适应期满的戒毒人员进行考核评估，合格者转入下一个戒治阶段。在这一阶段主要是开展认知矫正工作，通过开展入所教育理论课程的学习为其后期的戒治生活做好理论上的准备。

（二）工作目标

在此阶段，通过入所教育的相应课程设置，让戒毒人员全面系统地了解、掌握康复劳动以及安全生产的相关理论知识，让戒毒人员正确认识什么是康复劳动、场所内康复劳动期间的技能培养及其在整个戒治工作中的意义、作用，树立正确的劳动观念，养成劳动习惯；了解安全生产和劳动保护的基本知识，增强安全生产意识，自觉遵守劳动纪律，为后期正式实施康复劳动做好准备。

（三）方式

入所教育中专门设置康复劳动常识教育的相关课程，同时，开展康复劳动和安全生产的理论专题培训、应急预案的实践操作。

（四）内容

1. 康复劳动常识教育

康复劳动常识教育的主要内容包括：

（1）康复劳动的目的、功能和意义。康复劳动具有增强戒毒人员体质、促进生理机能康复、强化毒瘾戒治和恢复身心健康的功能；具有培养戒毒人员劳动技能和组织纪律性的功能；具有矫正戒毒人员扭曲的认知，重塑“三观”认知，提高审美能力的美育功能，在劳动中获取美的真知，感受美的熏陶，升华美的心灵；具有提高戒毒人员文化知识素质的智育功能；具有提高自身素质，增强劳动能力，获得职业技能，增加回归社会就业机会的功能。

（2）康复劳动的意识培养。通过康复劳动的理论教育和专题讲解，逐渐转变戒毒人员对待康复劳动的意识和态度，让他们认识到康复劳动对毒瘾戒除，恢复身心、谋生就业具有不可替代的作用。

（3）康复劳动的基本概况。着重介绍本场所的基本情况，包括康复劳动项目的特点，为何引入这些项目，这些项目在毒瘾戒治、恢复身心方面的功能；场所为何开展职业技能培训，职业技能培训有哪些相关项目，培训的形式，以及证书获得的途径等。

（4）康复劳动的纪律规范。除了相关法律法规外，各场所根据相关规定以及本单位的现实情况制定了符合本场所康复劳动实际情况的康复劳动制度，诸如出收工管理制度、劳动现场管理制度、分工协作管理制度、劳动成果管理制度和劳动保护制度等，这些工作制度都是现实工作经验和教训的总结，具有实践的指导性，因此都要求戒毒人员熟练掌握。

（5）康复劳动的考评制度。当前戒毒人员的康复劳动采取积分制的方式进行考评，该考评结果一并纳入诊断评估进行综合考核，其主要内容涵盖了出勤率、劳动定额、超额完成、无定额人员管理以及表现突出的奖励、违规处罚等：①出勤率达到场所规定标准的，可给予加分；②有劳动定额人员能完成当月劳动任务的，每月可加分；超额完成劳动定额的，可给予相应的加分；③无劳动定额人员，完成当月分配任务的，每月可加分；④在康复劳动中有其他较好表现的或是突出表现的，可加分，表现优异的可给予奖励；⑤违反康复劳动管理制度规定，视情节不同，应扣分；情节特别严重的应给予惩罚；⑥规定无定额人员的岗位类别（指担任文化教员、值班员、炊事员、护理员、杂务、后勤、施工、统计、工艺、检验、维修等无量化劳动定额的戒毒人员）。

2. 安全生产教育

根据相关法律法规的要求，戒毒人员在戒毒场所期间必须接受“三级安全教育”，即对新入所的戒毒人员进行入所安全教育、大（中）队安全教育和现场岗位安全教育。在这一阶段主要开展入所安全教育，其主要内容包括：

（1）安全生产法律法规。《安全生产法》《消防法》《职业病防治法》《特种设备安全监察条例》以及部局的有关安全生产规定、文件通知等。

（2）安全生产规章制度。各省局或各戒毒场所根据国家相关法律法规结合自身实际情况制定的，符合本省或本单位安全生产相关的规定、文件、通知和要求，如安全生产奖惩制度、安全生产责任制、防护用品使用管理制度、用电、防火制度等。

（3）安全生产警示教育。让戒毒人员了解熟悉戒毒场所各种生产区域内的警告标志和信号标志；开展典型事故分析、安全事故案例学习；学习劳动现场抢救、抢险救灾和救人的基本常识、卫生知识以及发生事故后的报告程序等内容。通过参加演习、演练或是现场模拟训练等直观易懂的教育方法进一步熟悉、掌握安全生产中相关应急预案的实施。

（4）安全生产基本知识。结合场所安全生产的需要，主要包括了解和熟悉场所内负责安全生产的机构名称和工作职责，如何开展安全生产教育和培训工作，场所生产现场设备运行情况以及维护要求，生产现场强电弱电和网络线路的走向，易燃易爆物品的存储情况，个人防护用品的发放和使用，场所对安全检查的措施和整改要求以及对应的奖励和处理措施等。

（5）消防器材使用方法。对场所内常备的消防器材，如干粉灭火器、二氧化碳灭火器、泡沫灭火器、1211 灭火器和消防栓的所处位置、适用范围和基本操作要领都必须掌握，且人人要熟练操作使用。

（6）劳动防护。戒毒人员劳动防护是康复劳动的重要组成部分，也是依法治所工作的重要内容。戒毒场所在组织戒毒人员康复劳动时要做好保温、通风、照明、排气、防尘、治理“三废”等工作，保证劳动现场具有良好的劳动环境；要按规定及时、足额发放劳动保护用品和保健食品。

（7）应急处置。对于在康复劳动中可能出现的工伤、触电、突发停电等生产安全事故，以及在康复劳动期间遭遇极端恶劣天气等特殊情况的发生，这就需要通过相关预案的制定和演练强化现场的处置能力培养，具体做好四类应急处置工作：①生产现场突发事件的应急处置，主要是涉及康复劳动现场戒毒人员脱逃、打架斗殴等情况；②消防安全应急处置，主要涉及生产劳动现场发生火灾、爆炸等事故；③生产安全应急处置，主要涉及人员触电、中暑、工伤事故等情况；④自然灾害应急处置，主要涉及防汛、防台、雷电、冰雪灾害等自然灾害。

3. 工艺技术理论培训

工艺技术理论培训的主要内容包括：(1)康复劳动中加工产品的基本工艺；(2)机器设备操作方法和相关劳动工具的使用要求；(3)劳动产品的质量评定标准等。

4. 公益性劳动

公益性劳动主要指所区内的公益性劳动(戒毒人员生活区环境卫生的保洁、康复劳动区环境的卫生保洁、戒毒人员食堂的帮厨等)的实施。

(五)考评

对教育适应期的戒毒人员要开展规范性的考评，并将考评的内容作为教育适应期戒毒人员流转评估的重要指标和依据：

1. 戒毒人员学习康复劳动理论知识的相关测评成绩；
2. 三级安全生产教育中涉及入所安全生产教育的理论测评成绩；
3. 戒毒人员在公益劳动中的表现情况。

三、康复巩固期康复劳动工作管理

(一)康复巩固期基本概述

康复巩固期是戒毒人员经教育适应期的戒治工作后，其戒治成效经过评估符合流转标准，进入下一个阶段继续开展戒治工作。在康复巩固期戒毒人员要继续接受戒治，全面开展教育矫治、戒毒医疗、康复训练、康复劳动等各项戒治活动，在这期间通过综合运用戒毒医疗、心理矫治、教育矫正、康复训练、康复劳动和职业技能培训等戒治手段，帮助戒毒人员实现认知改变、身心健康，技能获得。开展日常治疗、疾病防控、定期体检；开展有针对性的传染病、慢性病和精神障碍等的监测和防治；开展戒毒知识、法律常识、文化素质、思想道德教育，开展心理健康教育个案化心理矫治和团体心理辅导，开展拒毒能力和防复吸训练，开展身体机能的康复训练，开展以康复为主要目的和以职业技能培训为核心的康复劳动生产；对戒毒人员进行期满一年的综合诊断评估工作。

（二）工作目标

在此阶段，戒毒人员在完成前期教育适应期康复劳动理论学习的基础上，具体开展康复劳动的实操培训和实际运行工作。通过康复劳动的具体实施，使戒毒人员恢复劳动能力，培养劳动习惯，改变懒散的习性，促进身心康复；确保戒毒人员在劳动中学会分工合作，学会互相配合；进一步熟悉和掌握本大（中）队安全生产和劳动保护的技能培养；通过职业技能的培训，确保戒毒人员能够至少掌握一门社会所需的技能，为其后期回归社会谋生创业打下技能基础。

（三）方式

1. 三级安全生产教育中的大（中）队安全教育和现场岗位安全教育；

2. 康复劳动实操培训和康复劳动现场个人操作、片区流水线操作，安全生产防护演练实操，同时开展职业技能培训工作。

（四）内容

1. 大（中）队安全教育

（1）所在大（中）队生产的基本情况、所在车间的生产概况、安全生产概况、本单位规章制度；

（2）生产现场的主要危险因素及安全注意事项；

（3）典型事故案例分析、预防事故的措施及事故发生后的应急处置措施等。

2. 现场岗位安全教育

（1）分队（或班组）对新分配到分队（班组）的戒毒人员进行的上岗前安全教育；

（2）分队（班组）、本岗位的工作性质、职责范围和工作任务，作业环境、岗位安全操作规程；

（3）分队（班组）、本岗位相关设施设备的安全操作方法、各种安全防护设施的性能和作用，危险源的控制方法，本岗位存在的危险因素、防范措施、事故案例及预防事故的措施；

（4）本岗位需涉及的劳动防护用品（用具）的性能及正确使用方法及事故案

例等；

（5）本岗位的劳动记录具体要求。

3. 康复劳动实施

（1）康复劳动实施的主要内容

①依据戒治需求，选择劳动项目；②端正劳动态度，按照规定出勤；③遵守劳动纪律，服从岗位安排；④遵守操作规程，符合生产工艺；⑤保证产品质量，完成劳动定额；⑥做好定置管理，搞好岗位卫生；⑦掌握劳动技术，参加技能竞赛；⑧实施劳动报酬，做好成效评估。

（2）康复劳动出收工管理

出工管理：①前期准备，集合、点名、检查，由当日主班民警负责，其他民警协助；②列队行进，呈长方形队列整齐行动，将腿脚残疾或是病患戒毒人员安排在队列的最后一排，队伍在行进中步伐整齐、番号响亮；③门口报数，到达车间门口时，主班民警清点人数，核对人数；④任务布置，当日主班民警或是分管康复劳动的民警，布置当日的康复劳动生产任务或是生产目标，其中安全生产、生产纪律、产品质量等每日必须进行强调；⑤有序到位，在民警的带领下，各戒毒人员有序进入自己的生产岗位或是劳动工位，开展康复劳动。

收工管理：①前期准备，主班民警下达收工指令，戒毒人员关闭机器，整理生产岗位或是劳动工位上的生产工具，清理机位，打扫卫生；分管民警登记产品的数量、质量，做好劳动工具的清点、登记、入库；关闭车间电源、龙头水阀，以及车间门窗关闭上锁等工作；②人员清点，集合、人数清点、核对人数，人身安检等由当日主班民警负责，其他民警协助；③列队行进，与出工管理相同；④当日小结，当日主班民警或是分管康复劳动的民警对当日的康复劳动情况进行小结，表扬优秀、指出不足。

（3）康复劳动现场管理

①康复劳动现场必须实施定置管理和民警直接管理，由民警设置劳动岗位（生产工位）安排戒毒人员的劳动任务；②现场巡查，康复劳动现场的民警根据自己负责的片区进行定时、不定时的巡查，做好人数清点、工具清点，检查督促戒毒人员严格遵守操作规程、安全生产、注重产品质量、按时完成既定工作任务，检查设备运行情况，检查劳动现场的清洁卫生；③及时处置突发情况，如及时处理打架斗殴、工伤、失火、触电等突发事件；④开展考核，对戒毒人员康复劳动情况进行考评。

(4)康复劳动的考核

戒毒人员康复劳动的考核是戒毒人员劳动报酬获取的基础和重要环节,是诊断评估的重要组成部分。在考核中民警要做到公开、公平和公正,做到奖罚分明。

戒毒人员康复劳动考核采取日记载、周点评、月评价、按期参加康复劳动的诊断评估。①日记载,分管民警将戒毒人员劳动岗位、工种、劳动态度、劳动纪律和劳动任务完成率和合格率等情况每天及时进行登记;②周点评,分管民警根据戒毒人员一周的康复劳动情况,在周末以小组点评会的形式进行总结考评;③月评价,分管民警根据戒毒人员一个月的康复劳动情况进行综合考评,在大(中)队内进行公布,并将相关数据上传至诊断评估系统,作为一年期诊断评估的重要数据之一。

4. 职业技能培训

戒毒场所根据戒毒人员回归社会的需求以及场所戒治的工作需求,同时结合戒毒人员自身的实际情况,适时开展职业技能培训。

(1)培训项目要选择。培训项目要根据戒毒人员身心康复的特点和社会需求,且有利于戒毒人员回归社会后就业、创业所需进行设置,如服装定制工、美容师、美发师、中式烹饪师、园艺、家政、物业保洁、水电修理、电子、商务等项目。

(2)培训过程要规范。培训初期要将培训项目和内容进行公布,由戒毒人员根据自身特点进行报名;民警对报名人员的条件要根据培训的要求进行严格审核;培训中要加强与培训学校(机构)的沟通,在培训中出现的问题及时进行解决;积极参加职业技能鉴定,对取得相应技能等级证书的戒毒人员要及时兑现奖励措施。

(3)培训成效要横向联系。对于戒毒人员取得的相应资质证书情况要及时报送当地再就业机构,将其纳入社会帮扶系统中。

(五)考评

1. 戒毒人员康复劳动经岗前培训考评合格后方能正式上岗;

2. 康复劳动考评采取日记载、周点评、月评价的方式,相关数据要及时录入诊断评估系统中,按期参加康复劳动的诊断评估;

3. 职业技能培训的人数不低于符合参加职业技能培训条件在所人数的50%,获证率不低于90%。

四、回归指导期康复劳动工作管理

（一）回归指导期基本概述

戒毒人员在强制隔离戒毒期满前一个月或提请提前解除强制隔离戒毒后，其戒治成效经康复巩固期考核评估符合流转标准，流转至回归指导期继续开展巩固戒治工作。在此阶段，进行出所前体检，综合性诊断评估，出具综合性诊断评估报告，帮助戒毒人员了解、掌握社区戒毒康复的机构和流程，鼓励被责令社区康复的戒毒人员到戒毒康复场所进行社区康复，开展形势政策教育，实施就业指导，为戒毒人员构建后续帮扶平台，构建家庭和社会支持系统，做好回归社会的后续衔接帮扶工作。

（二）工作目标

此阶段是要求戒毒人员继续保持良好的劳动习惯和技能，为回归社会适应社会，谋求职业打好基础。

（三）方式

主要开展所区内的公益性劳动（戒毒人员生活区环境卫生的保洁、康复劳动区环境卫生的保洁、戒毒人员食堂的帮厨等）；开展技能增强巩固性培训。

（四）内容

组织参加临时性公益性劳动；参加就业指导、就业推介、就业帮助等。

（五）考评

对参加公益性劳动和技能增强巩固性培训情况进行评议。

■ 复习思考题

1. 简述康复劳动在戒毒人员戒治生活中的意义。
2. 简述在引进相关康复劳动项目中需要注意的问题。
3. 简述在戒毒场所康复劳动工具的管理。
4. 简述有效开展康复巩固期康复劳动考核的内容。

5. 论述戒毒场所开展三级安全生产教育工作的内容。

6. 论述戒毒康复劳动的现场管理。

■ 本章主要参考文献

1. 浙江省戒毒管理局组编:《浙江省司法行政戒毒系统民警戒毒业务培训教材》,浙江大学出版社 2018 年版。

2. 周雨臣主编、柏建国副主编:《劳动教养与强制隔离戒毒人员习艺劳动管理实务》,清华大学出版社、华中科技大学出版社 2011 年版。

3. 周雨臣主编:《劳教人员习艺劳动》,中国政法大学出版社 2009 年版。

4. 腰明亮:《监狱安全生产管理》,中国政法大学出版社 2006 年版。

5.《马克思恩格斯选集》(第 4 卷),人民出版社 1972 年版。

第十五章　戒毒场所财务与装备管理

本章摘要

财务与装备是保障戒毒场所正常运行、戒毒人民警察正常履职的物质基础。装备管理是为使装备合理使用和保持良好状态而进行的管理，由于装备管理包含警用装备，因此，戒毒场所的装备管理具有其特殊性和高风险性。通过学习本章内容，要熟悉财务与装备管理的相关规定，更重要的是在从事此类工作时要保持谨慎的工作态度。

重点问题

本章重点是财务管理和装备管理的范围，财务管理和装备管理的意义，财务管理和装备管理的方法，内部控制机制的完善。

第一节　戒毒场所财务与装备管理概述

一、戒毒场所财务管理的概念与意义

戒毒场所财务管理，是指戒毒所按照国家有关部门的方针、政策、法规和财务制度的规定，有计划地筹集、分配和运用资金，对戒毒业务活动进行核算、财务监督与控制，以保证戒毒工作各项任务的全面完成，是单位组织财务活动、处理与各方面财务关系的一项管理工作。戒毒场所财务管理主要包括预算管理、收入管理、支出管理、资产管理、内部控制、财务监督等财务管理业务。

戒毒场所财务管理，主要有以下几个方面意义：

一是能够使戒毒场所以各种形式存在的资产得到全面反映。在市场经济条件下，戒毒场所无论是以实物形态存在的资产还是以非实物形态存在的资产，都

同样具有使用价值和价值,需要在使用价值和价值上予以确认,引入资产的概念,使戒毒场所的以各种形态存在的资产得到全面的反映。

二是能够使戒毒场所的资产管理得到加强。戒毒场所不仅要重视对实物资产的管理,还要重视对无形资产的管理,戒毒场所财务管理有利于戒毒场所加强对资产的全方位管理,更好地发挥资产的作用和效益。

三是能够提高戒毒场所资金使用效益,为上级及有关部门提供全面系统的经济信息。戒毒场所财务管理可以加强资金使用前的预测和使用中的控制,对资金使用质量和使用效果进行考核,通过各项财务指标反映了资金使用效率,看到取得的成绩和效果,也看到存在的不足和问题,为改进资金使用提供重要依据。

四是能够促进戒毒场所的职能履行。财务部门在实施控制和监督过程中,发现问题及时反馈给决策者,帮助其改进,保证职能的顺利履行。

五是能够有效控制戒毒场所的支出。财务部门严格遵守财务制度及有效的支出约束机制,预算编制坚持"以收定支、收支平衡、统筹兼顾、保证重点"的原则,合理地科学安排收支。

六是能够健全戒毒场所财务管理制度。财务部门根据本单位的业务特点、管理要求、资金运动、人员配置等,制定规范、合理、人性化的制度,做到有章可循,并且严格按制度办事。

二、戒毒场所装备管理的概念与意义

新中国的警用装备经过 60 多年的发展,从最初的军警一家到现在的自成一体。警用装备是戒毒工作人民警察履行职责、确保各项业务工作正常开展的重要物质保障。加强装备管理,是进一步加强队伍的规范化管理,推进戒毒所装备标准化、规范化管理和现代化建设,提高戒毒工作人民警察的警务保障能力的客观需要。戒毒场所装备主要包括警用服装、警务用品、警察证、警械具和武器、警车、警务督察装备。

戒毒场所的装备管理,主要有以下几个方面意义:

一是加强装备管理是提高戒毒警察队伍战斗力的重要措施。战斗力是诸因素的综合效应,武器装备是战斗力生成的物资基础,是战斗力的重要组成部分。因此,我们必须加强武器装备管理,一方面抓好技能训练,使掌握者精通它,熟练运用它,充分发挥武器装备的威力;另一方面抓好对武器装备的爱护、保养和维修,使其保持良好的技术、战术性能。

二是装备管理工作是戒毒场所建设的重要内容。实践证明,装备管理工作的不严、不善,不仅影响战备行动、行动实施,而且对政治、行政工作也有相应影响,严重时引起事故,造成破坏性的效果。为此,我们必须把装备管理同戒毒场所的全面建设紧密联系起来,促使戒毒场所建设的顺利开展。

三是搞好装备管理是降低行政和执法成本的重要一环。保持警用装备性能良好,充分发挥效能,延长使用期,就能相应延长更换周期,减少生产数量,节约经费开支。

第二节　戒毒场所财务与装备管理的内容

一、戒毒场所财务管理

戒毒场所财务管理是以戒毒所财务为对象进行的管理活动。其主要包括预算管理、收入管理、支出管理、资产管理、内部控制、财务监督。

戒毒所财务管理的基本原则是:分级管理,分级负担;依法理财,厉行节约;量入为出,保障重点;合理开支,注重效益。戒毒所财务管理的基本任务是:第一,科学、合理地编制单位预算,统筹安排,节约使用各项资金,保障戒毒所正常运转的资金需要;第二,定期编制财务报告,如实反映戒毒所的预算执行情况,进行财务活动分析;第三,建立、健全内部财务管理制度,实施预算绩效管理,加强对戒毒所财务活动的控制和监督;第四,加强国有资产管理,防止国有资产流失;第五,对所属单位的财务活动实施指导、监督。

(一)预算管理

预算管理,是指戒毒所根据其职责、工作任务和业务发展计划编制的综合反映场所全面情况的年度财务收支计划。戒毒所预算由收入预算和支出预算组成。

1. 预算管理原则

(1)战略性原则。预算管理的思想要体现场所的发展战略,场所的全年预算要依据场所的中长期战略规划进行编制,服从场所的中长期战略发展目标。

(2)效益优先原则。预算管理要服务于组织价值最大化的目标。

(3)全员参与原则。预算编制需要全员参与,采取上下结合、分级编制、逐级汇总的程序进行。

(4)权责对等原则。要给予各级部门一定授权,被授权人对预算的执行、控制等承担相应的责任。

(5)实事求是的原则。各部门要根据本单位的实际需要,合理确定本单位的预算额度。对预算编制过程中的收入、成本、费用等采取稳健谨慎、保守的原则,确保以收定支,不得高报预算。

(6)可行性原则。编制的预算要具有可操作性,可量化。

2. 戒毒所预算的主要依据

(1)国家有关法律、法规、财政规章制度和政策。

(2)编制人数、定员定额标准和经费开支范围。

(3)预算项目、工作任务及业务发展计划。

(4)戒毒所上年度预算执行情况和本年度预算收支变动因素。

(5)依法履行职责的其他特殊需要。

(二)收入管理

收入管理,是指戒毒所在预算年度内依照有关法律、法规和政策取得的非偿还性资金,包括财政拨款收入、其他收入、非税收入。

1. 财政拨款收入

财政拨款收入,是指戒毒所从财政部门取得的财政预算资金。

2. 其他收入

其他收入,是指戒毒所依法取得的除财政拨款收入以外的各项收入,包括习艺劳动收入、固定资产变价收入、利息收入、捐赠收入等。

3. 非税收入

非税收入是一项财政代收项目,实行"收支两条线"管理。包括:行政事业性收费、政府性基金、国有资源有偿使用收入、国有资产有偿使用收入、国有资本经营收益、罚没收入、以政府名义接受的捐赠收入、主管部门集中收入、政府财政资金产生的利息收入等。

（三）支出管理

1. 支出管理业务范围

戒毒所的支出，是指戒毒所为保障机构正常运转和行使戒毒职能，矫治吸毒人员，维护社会和谐稳定所发生的各项资金耗费，包括基本支出和项目支出、基本建设支出。

（1）基本支出。戒毒所为保障机构正常运转和完成日常工作任务发生的支出，包括人员支出和公用支出。主要包括行政运行、培训支出、未归口管理的离退休支出、住房公积金、购房支出等，其中行政运行经费包括人员经费①和日常公用经费。②

（2）项目支出。戒毒所为完成特定的工作任务，在基本支出之外发生的支出。主要包括戒毒人员生活费、教育费、所政设施建设费用和其他强制隔离戒毒支出等。

（3）基本建设支出。该支出由各级发展与改革部门集中安排的用于购置固定资产、基础设施、大型修缮所发生的支出。戒毒所不得用财政预算内资金安排基建支出；戒毒所用财政拨款收入以外的资金安排基本建设时，必须报经财政部门批准，核定的自筹基本建设资金应纳入基本建设财务管理。

2. 支出管理的原则

戒毒所支出既要保证履行戒毒职能的需要，又要遵守各项财政财务制度，精打细算，厉行节约，使各项支出发挥最大的效果，一般要遵循以下原则。

（1）严格执行国家的财政财务制度。戒毒所要建立健全必要的支出管理制度和手续，分清各种支出的界限，按照批准的预算和经费支出范围办理，严格审批手续，不得以领代报、以拨列支。无明文规定的开支项目，要报经上级有关部门批准后执行。

（2）统筹兼顾保证重点，合理安排支出比例。在戒毒所的支出中，维持性支出和发展性支出并存，经常性支出和项目性支出共有，对于各种重点项目、急需项目

---

① 人员经费，是指戒毒所用于职工个人方面的费用开支，包括基本工资、岗位津贴、警衔津贴、加班补贴、奖金、职工福利费、社会保障缴费等。各种费用支出标准以政府财政部门出台的政策文件为准。

② 日常公用经费，是指戒毒所为了完成运行任务，用于单位公共事务方面的费用开支，主要包括办公费、印刷费、咨询费、水电费、公务接待费、公务用车费、修缮费、物业管理费和其他费用等。

要在照顾一般的条件下优先安排，重点保障。

(3)分清经费渠道，划清资金界限。戒毒所要根据资金的不同渠道，把基本业务支出、专项资金支出、基本建设支出严格区分开来，按规定的用途使用，不得挪用挤占。

(4)加强政府采购管理，节约各种费用支出。戒毒所要加强政府采购管理，扩大政府采购项目范围，提高采购活动的透明度，在开放的市场中实现效益最大化，尽可能节约支出费用。

3. 支出管理的要求

(1)戒毒所的各项经费支出必须贯彻执行国家有关方针、政策，严格遵守有关财政财务制度及财经纪律。

(2)各项支出应按规定的开支范围和开支标准执行。

(3)单位的经费支出应根据经常性经费、专项经费支出的不同特点，采取分类分项的管理办法。

(4)要严格支出审批手续，各项支出要有合法凭证，并按经费审批权限，经财会部门审核报领导批准后，方可报销。

(四)资产管理

戒毒所的资产是指戒毒所控制、占有或者使用的，能以货币计量的经济资源，包括流动资产和固定资产、无形资产等。戒毒所的资产是国有资产的组成部分，是顺利开展戒毒工作必要的物质条件，管好用好各项资产，对保护国有资产的完好，保障戒毒各项任务的完成，具有重要的作用。

(五)内部控制

内部控制是指戒毒所为实现控制目标，通过制定制度、实施措施和执行程序，对经济活动的风险进行防范和管控。

1. 内部控制原则

(1)全面性原则。内部控制应当贯穿单位经济活动的决策、执行和监督全过程，实现对经济活动的全面控制。

(2)重要性原则。在全面控制的基础上，内部控制应当关注单位重要经济活动和经济活动的重大风险。

(3)制衡性原则。内部控制应当在单位内部的部门管理、职责分工、业务流程等方面形成相互制约和相互监督。

(4)适应性原则。内部控制应当符合国家有关规定和单位的实际情况,并随着外部环境的变化、单位经济活动的调整和管理要求的提高,不断修订和完善。

2. 内部控制机制建设

财务内部控制机制建设,是规范戒毒所内部经济和业务活动,强化对内部权力运行的制约,防止内部权力滥用,建立健全科学高效的制约和监督体系,促进单位公共服务效能和内部治理水平不断提高的重要举措。

(1)健全内部控制体系,强化内部流程控制。戒毒所应当按照内部控制要求,在单位主要负责人的直接领导下,建立适合戒毒所实际情况的内部控制体系,全面梳理业务流程,明确业务环节,分析风险隐患,完善风险评估机制,制定风险应对策略;正确运用不相容岗位相互分离、内部授权审批控制、归口管理、预算控制、财产保护控制、会计控制、单据控制、信息内部公开等内部控制基本方法,加强对单位层面和业务层面的内部控制,实现内部控制体系全面、有效实施。

(2)加强内部权力制衡,规范内部权力运行。戒毒所应当根据自身的业务性质、业务范围、管理架构,按照决策、执行、监督相互分离、相互制衡的要求,科学设置内设机构、管理层级、岗位职责权限、权力运行规程,切实做到分事行权、分岗设权、分级授权,并定期轮岗。

(3)建立内控报告制度,促进内控信息公开。针对内部控制建立和实施的实际情况,戒毒所应当按照《单位内控规范》的要求积极开展内部控制自我评价工作。

(4)加强监督检查工作,加大考评问责力度。戒毒所应当建立健全内部控制的监督检查和自我评价制度,通过日常监督和专项监督,检查内部控制实施过程中存在的突出问题、管理漏洞和薄弱环节,进一步改进和加强内部控制。同时,要将内部监督、自我评价与干部考核、追责问责结合起来,并将内部监督、自我评价结果采取适当的方式予以内部公开,强化自我监督、自我约束的自觉性,促进自我监督、自我约束机制的不断完善。

(六)财务监督

财务监督是根据国家有关方针、政策和财务制度的规定,运用单一或系统的财务指标对戒毒所的活动或业务活动进行的观察、判断、建议和督促。

1. 财务监督原则

财务监督原则是财务监督工作的基本规范,是对财务监督工作提出的基本要

求。在财务监督工作中,应当坚持以下原则:

(1)合法性原则。国家有关法律、法规和财务制度既是公共组织财务活动的行为规范,也是监督机构和人员的行动准则。

(2)客观公正性原则。财务监督机构或人员在对公共组织的财务活动进行监督时,应站在客观、公正的立场上,排除各种不良因素的干扰,依据事实,按照标准,实事求是、不偏不倚地进行检查、分析和判断。

(3)多元性原则。为了从不同角度、不同侧面对公共组织的财务活动进行全面、系统、有效的监督,应坚持多元性原则,将公共组织内部监督与审计、纪检监察及专业性工作检查等外部监督相结合,将财政财务监督、财经法纪监督与经济效益监督相结合,将事前监督、事中监督和事后监督相结合,将全面监督与专题监督相结合,将专业监督和群众监督相结合,充分发挥各种监督的作用。

(4)持久性原则。持久性原则也称经常性原则,是指财务监督工作应持久、稳定地进行。公共组织财务活动是一个持续不断的过程,因此,公共组织财务监督不是一种临时性的措施,它贯穿于财务管理活动的始终,贯穿于公共组织财务活动的各个环节、各个方面。

(5)原则性与灵活性相结合。在财务监督工作中,还应坚持原则性与灵活性相结合的原则。原则性,是指应严格按照国家方针、政策、法规及规章制度办事,敢于反映真实情况,揭露弊端,不畏强权,敢于同违法乱纪行为作斗争。但是,财务监督的目的不是专门为发现错误,惩罚犯罪,而是发现问题,纠正错误;再者,考虑到客观实际的复杂性,在从事监督工作时,也要有一定的灵活性,对于发现的问题,应视实际情况灵活运用各项规章制度,把握好分寸,灵活处理。

(6)有效性原则。有效性原则,是指财务监督要有效率和效果。所谓有效率,是指要根据相应的情报和信息,及时、迅速地实施监督行为,尽快发现问题,查明真相,并及时预防或查办各种不法行为,做到发现及时,检查落实及时,处理纠正及时。有效果则是指在监督过程中,要违法必究,执法必严,对各种违法乱纪行为要一视同仁地追究责任,做到法律面前人人平等。

2. 财务监督检查

(1)对预算的编制、执行和财务报告的真实性、准确性和完整性进行审核和检查。监督的目的是保证不作赤字预算,增收节支,确保收支平衡、依法依规办事。

(2)对各项收入和支出的范围和标准进行审核和检查。

(3)对有关资产管理要求和措施的落实情况进行督促。

(4)对违反财务制度和财经纪律的问题进行检查纠正。

二、戒毒场所装备

(一)警用服装

1.警用服装的构成

警用服装是指人民警察按照规定穿着的统一式样服装,包括常服、执勤服、作训服、多功能服、制式衬衣及警帽、领带、腰带、纽扣等。

2.警用服装生产、使用规定

戒毒工作人民警察制式服装由各省(自治区、直辖市)厅(局)指定的企业生产,生产企业必须按照生产供应计划生产,不得超计划生产,不得将生产任务转交给其他企业或者个人完成。警察制式服装为警察专用,其他任何单位和个人不得持有和使用。戒毒工作人民警察应当爱护并妥善保管配发的制式服装,除工作需要外,不得将警察制式服装赠送、出借或者出卖给戒毒工作人民警察以外的人员。戒毒工作人民警察违反本规定,擅自赠送、出借或者出卖人民警察制式服装的,由所在单位责令改正;拒不改正或者造成不良影响的,依法给予行政处分。

(二)警务用品

警务用品是指警衔标志、警号、警官证等人民警察专用标志、证件。

司法(公安)部警务管理机构是全国司法(公安)系统人民警察警务用品的主管机构,负责全国司法(公安)系统人民警察的警号编码、警官证、警衔标志的监制、管理等工作。各省(自治区、直辖市)司法(公安)厅(局)警务管理机构是所在省(自治区、直辖市)司法(公安)系统人民警察警务用品的主管机构,负责所在省(自治区、直辖市)司法(公安)系统人民警察警务用品的计划编制、申报、发放、登记和监督管理等工作。警号、胸徽的制作由各省(自治区、直辖市)司法(公安)厅(局)装备部门负责,任何单位、部门或个人不得私自联系征订、购买、制作警务用品。

(三)人民警察证

人民警察证是戒毒工作人民警察身份和依法执行职务的凭证和标志。

人民警察证由专用皮夹和内卡组成,须内容齐全且同时使用方可有效。人民警察证皮夹为竖式黑色皮质，外部正面压印警徽图案、“人民警察证”字样，背面压印英文“CHINA POLICE”字样；内部上端镶嵌警徽一枚和“司法”或“公安”两字，下端放置内卡。人民警察证内卡正面印制持证人照片、姓名、所在单位名称，背面印制持证人姓名、性别、职务、警衔、血型、警号、身份证号，以及“人民警察证”“CHINA POLICE”和“中华人民共和国司法（公安）部监制”“中华人民共和国公安部监制”字样。

（四）警械具和武器

1. 警械具

警械具是指戒毒工作人民警察按照规定装备的警棍、催泪弹、高压水枪、特种防暴枪、手铐、脚镣、警绳等警用器械。戒毒工作人民警察依法使用警械，应当以制止违法犯罪行为，尽量减少人员伤亡、财产损失为原则。

2. 武器

武器是指人民警察按照规定装备的枪支、弹药等致命性警用武器。

3. 法律责任

戒毒工作人民警察违法使用警械、武器，造成不应有的人员伤亡、财产损失，构成犯罪的，依法追究刑事责任；尚不构成犯罪的，依法给予行政处分；对受到伤亡或者财产损失的人员，由该戒毒工作人民警察所属机关依照《国家赔偿法》的有关规定给予赔偿。

戒毒工作人民警察依法使用警械、武器，造成无辜人员伤亡或者财产损失的，由该戒毒工作人民警察所属机关参照《国家赔偿法》的有关规定给予补偿。

（五）警车

警车是指戒毒所用于运送戒毒人员、追缉脱逃人员和执行其他紧急公务的机动车辆。

1. 警车车型及外观

警车车型由公安部统一确定。汽车为大、中、小、微型客车和执行紧急救援、现场处置等专门用途的车辆；摩托车为二轮摩托车和侧三轮摩托车。警车应当采用全国统一的外观制式，采用白底，由专用的图形、车徽、编号、汉字“警察”和部门的汉字简称以及英文“POLICE”等要素构成。各要素的形状、颜色、规格、位置、字体、字号、材质等应当符合警车外观制式涂装规范和涂装用定色漆等行业标准。

警车转为民用机动车的,应当清除车身警用外观制式。

2. 警用标志灯具及警报器

警车应当安装固定式警用标志灯具和警车警报器。汽车的标志灯具安装在驾驶室顶部;摩托车的标志灯具安装在后轮右侧。警用标志灯具及安装应当符合特种车辆标志灯具的国家标准,警用警报器应当符合车用电子警报器的国家标准。警车转为民用机动车的,应当拆除警用标志灯具和警报器、警车号牌。

3. 警车号牌

警车号牌分为汽车、摩托车两种,均为铝质材,底色为白底反光。号牌应当符合《警车号牌式样》规定和机动车号牌的行业标准。警车号牌的安装应当符合民用机动车号牌的安装要求。其中,汽车号牌应当在车身前、后部各安装一面;摩托车号牌应当在车身后部安装一面。警车转为民用机动车的,应当收回警车号牌。

4. 警车登记

省、自治区、直辖市公安厅、局对警车实行定编管理,统一确定警车的编号,并建立管理档案。戒毒所申请办理警车注册登记,应当填写《警车号牌审批表》,提交法定证明、凭证,由本部门所在的设区的市或者相当于同级的主管机关汇总后送当地同级公安机关审查后,报省、自治区、直辖市公安厅、局审批。

省、自治区、直辖市公安厅、局交通管理部门负责办理警车登记业务,核发警车号牌、行驶证和登记证书。警车的登记信息应当进入全国公安交通管理信息系统。领取警车牌证前,已有民用机动车牌证的,应当将民用机动车牌证交回原发证机关。警车牌证遗失或者损坏的,应当及时按申办途径报告原发牌机关,申请补发。警车转为民用机动车的,应办理相关变更、转移登记手续。严禁伪造、涂改、冒领、挪用警车牌证。

(六)警务督察装备

警务督察装备,是指戒毒所的警务督察机构在执行警务督察任务中所配备的单位、个人基本装备和安防设备。

1. 警务督察装备分类

(1)信息采集装备,主要包括摄像机、微型录音机、照相机、饮酒检测器、望远镜、金属探测仪、夜视仪、计算机及配套设备。

(2)单警装备,主要包括强光手电、停车牌、警棍、手铐、督察头盔、臂章、手套、武装带、反光背心。

2. 警务督察装备配备

各督察机构应根据保障必需、不断完善、实用高效的原则，将警务督察装备资金列入单位财政预算，按照标准逐步配齐督察装备。信息采集设备由各单位根据需要自行采购。单警装备由各单位申报计划，报省（自治区、直辖市）司法（公安）厅（局）警务督察总队按统一标准向定点厂家集中订购。

第三节　戒毒场所财务与装备管理方法

一、财务管理方法

（一）预算管理

1. 预算编制的准备

（1）核实各项基本数字。基本数字是反映戒毒所规模、工作量多少和人员配置等情况的基本统计数据，主要包括人员编制数、在职人数、离退休人数、房屋建筑物面积、机动车辆数、设施设备数等基本数据资料。通过对上述数据的审核，剔除那些不实或非正常的支出因素，如未经批准擅自超编的人数等，确定编制本年度预算的基本数字。

（2）分析上年度预算执行情况和本年度预算预计执行情况。单位预算中的各项财务收支计划指标是一项非常重要的准备工作，具体内容包括：统计本年已发生月份的累计实际执行数，以便预计全年收支数；分析对比上年度为完成工作任务发生经济活动的实际完成情况，找出分析物价经济活动的内在规律性，分析、预测其发展趋势；分析各项资金来源及变化情况；收支标准及定员、定额的变化情况，计算其对预算期的影响程度；资金使用中存在的问题，研究提出改进意见；分析新出台的有关政策对预算期收支的影响程度。

（3）分析影响预算收支的有关因素。在分析整理上年预算执行情况的基础上，还要注意收集掌握同编制预算有关的因素，主要包括：预算期内事业计划和工作任务的安排情况；预算期内各类人员实有数或定员编制比例的变动情况；预算期内需要购置和维修的设备、房屋的基本情况；预算期内市场物价和收支标准变动情况；预算期内新出台的政策对收支的影响情况。

（4）正确领会上级有关部门对预算编制的要求。为了保证预算编制的统一性和规范性，在预算编制前，必须认真学习编制预算的规定，正确领会编制预算的有关要求，熟悉预算收支科目和表格，以便高质量地完成预算编制工作。

2. 预算编制的方法

(1)基数法。基数法是以戒毒所报告年度收支执行数作为参照依据，考虑影响计划年度收支的可能因素，在报告年度基础上编制计划年度单位预算的一种方法。因其大多数情况是在报告年度预算的基础上进行增加，所以又称基数增长法。

基数法的基本计算公式为：①

计划年度收支预算 = 报告年度收支执行数 ± 影响计划年度收支的各种因素

或：计划年度收支预算数 = 报告年度收入(支出)执行数 ×(1 + 增长比例%)

(2)零基法。零基法是指在编制预算时，不考虑基期情况，或者将基期设定为"零"，一切从零开始编制预算的一种方法。运用零基法编制预算，编制要求比较高，工作量比较大，编制的时间也比较长。零基法运用得当，可以排除基数的不合理因素，使单位收支指标更加切合实际情况；同时，零基法可以调整各单位之间的利益格局，缓解单位之间苦乐不均的矛盾，对于发挥预算的分配、监督和调控功能，科学、合理地安排单位经费预算，具有积极的促进作用。

3. 预算编报和审批程序

(1)戒毒所测算、汇总出本年度全部收入、支出预算建议数，逐级汇总后报送同级财政部门。编制单位预算建议数后，要写出较为详细的说明，并在规定时间内及时上报。

(2)财政部门在接到戒毒所预算建议数后，先进行审核，然后结合预算年度财政可供给的财力，将有关预算控制指标分解下达到戒毒所或主管部门，作为其编制年度正式预算的依据。

(3)戒毒所根据财政部门和主管部门下达的预算控制数，结合戒毒所预算年度的收支情况，本着"量入为出，收支平衡"的原则，分别轻重缓急，对相关支出项目进行调整，正式编制单位年度预算，逐级汇总后报送同级财政部门。

---

① 按照基数法编制预算，相对而言比较简单，一般适用于各项基本数字管理比较完善的主管部门。但是，运用基数法编制预算局限性较大，"承认既有事实"是基数法的特点，所谓承认既有事实，就是不考虑影响收支的因素是否已经发生变化，也不考虑已经发生的收支是否合理，而是在承认既有事实的前提下，编制的增量预算，各项支出只有升，没有降。这种方法不宜单独采用，可辅之以其他方法。

(4)经法定程序批准后,财政部门批复戒毒所的预算。

4. 预算的执行

(1)单位预算一经批复下达,即正式成为预算执行的依据,各单位必须认真贯彻执行,将预算指标层层分解,从横向到纵向落实到内部各部门、各单位、各环节和各岗位,形成全方位的预算执行责任体系。

(2)财政部门核定的预算,戒毒所应严格执行,未经财政部门批准,不得擅自调整或超预算安排支出。预算在执行中原则上不予调整。因突发事件或根据国家政策、机构、人员发生变化,确需调整预算时,戒毒所应当按照规定程序报请财政部门追加或调整预算。

(3)年度终了,戒毒所要认真总结、分析年度预算的执行情况及存在的问题,提出改进意见,并按照财政部门规定列报的科目要求,及时、准确、真实编制单位年度决算,报送同级财政部门审批。

(二)收入管理

1. 月度用款计划

各单位应依据本单位资金支付需求,逐期编制并按时向财务部门申报月度用款计划,财务部门应准确汇总并及时向省财政厅申报月度用款计划,以确保财政资金按时、足额到位。

以某省戒毒局为例,①每月 × 日前,财务部门会计通知各部门预算管理员编制次月的用款计划。各部门预算管理员核实合同执行情况、发票开票情况及拟报销的各类经费情况后,统计本部门用款需求。编制完成《部门月度用款计划表》,经部门负责人审核、分管部门副局长审批后,交由财务处汇总统计本单位整体的用款需求,财务处根据各部门用款需求、项目进度以及省财政厅业务部门下达的预算控制数或批复数,按照省财政厅制定的统一格式按季分月编制《预算单位月度用款计划表》,列明财政直接支付用款计划和财政授权支付用款计划。

《预算单位月度用款计划表》经财务处处长审核、分管财务的副局长审定后,由财务处会计统一在国库集中支付系统向省财政厅部门进行申报或调整更新。月度用款计划经批复并恢复本单位零余额账户用款额度后,各部门按照先前申报的部门用款计划,及时发起支出事项和支付申请审批程序。

---

① 云南省戒毒管理局编:《云南戒毒工作手册》(第三册 内控制度分册),2017 年。

2. 入账确认

“财政集中支付资金”入账确认程序:每月 × ~ × 日,财务处取得国库集中支付核算中心出具的《资金拨款通知单》后,应与《预算单位月度用款计划表》核对,并经出纳人员查询确认零余额账户额度到账情况后,办理记账手续。“财政授权支付资金”入账确认程序:每月 × ~ × 日,财务处取得国库代理银行盖章的《供政授权支付额度到账通知书》和《预算单位财政授权支付额度明细单》,与《预算单位月度用款计划表》进行核对,并经出纳人员核对实有账户资金入账情况。在核对无误的情况下,会计人员根据银行入账单办理记账手续。

(三)支出管理

1. 国家对行政单位支出管理的规定

依据《行政单位财务规则》,国家对行政单位支出管理的规定主要有以下几个方面,戒毒场所应当遵照执行。

(1)行政单位应当将各项支出全部纳入单位预算。各项支出由单位财务部门按照批准的预算和有关规定审核办理。

(2)行政单位的支出应当严格执行国家规定的开支范围及标准,建立健全支出管理制度,对节约潜力大、管理薄弱的支出进行重点管理和控制。

(3)行政单位从财政部门或者上级预算单位取得的项目资金,应当按照批准的项目和用途使用,专款专用、单独核算,并按照规定向同级财政部门或上级预算单位报告资金的使用情况,接受财政部门和上级预算单位的检查监督。项目完成后,行政单位应当向同级财政部门或上级预算单位报送项目支出决算和使用效果的书面报告。

(4)行政单位应当严格执行国库集中支付制度和政府采购制度等规定。

(5)行政单位应当加强支出的绩效管理,提高资金的使用效益。

(6)行政单位应当依法加强各类票据的管理,确保票据来源合法、内容真实、使用正确,不得使用虚假票据。

2. 资金支出审批流程

所有款项的支付、须经所在科室、大队、单位负责人同意,报业务部门、分管业务所领导审核,分管财务所领导审批。重大资金支持必须经党委会或所长办公会审议通过。

非正常经营业务调出资金必须经所主管领导批准。

用以支付各种款项的原始凭证必须保存原件，复印件不得作为原始凭证。如遇特殊情况须经主管领导批准。

（四）资产管理

1. 流动资产管理

流动资产，是指可以在一年内变现或者耗用的资产，包括现金、银行存款、零余额账户用款额度、应收及暂付款项、存货等。

（1）现金管理。库存现金限额的管理。库存现金限额是指国家规定由开户银行给各单位核定的一个保留现金的最高额度。核定戒毒所库存现金限额的原则是，既要保证日常零星现金支付的合理需要，又要尽量减少现金的使用。

库存现金限额的计算方式一般是：

库存现金 = 前一个月的平均每天支付的数额（不含每月平均数额）× 限定天数

库存现金限额每年核定一次，经核定的库存现金限额，戒毒所必须严格遵守。

库存现金限额 = 每日零星支出额 × 核定天数

每日零星支出额 = 月（或季）平均现金支出额（不包括定期和不定期大额现金支出）/月（或季）平均天数

现金的日常管理实现收支两条线，不得从戒毒所的现金收入中直接支出现金，如遇特殊情况需要从现金收入中直接支出现金，应该在现金日记账上如实反映收支情况，并同时报告开户银行，便于银行对坐支金额进行监督和管理。现金管理应遵循“八不准”，即：①不准用不符合财务制度的凭证顶替库存现金；②不准单位之间互相借用现金；③不准谎报用途套取现金；④不准利用银行账户代其他单位和个人存入或支取现金；⑤不准将单位收入的现金以个人名义存作储蓄；⑥不准保留账外公款；⑦不准发行变相货币；⑧不准以任何票券代替人民币在市场上流通。

（2）银行存款管理。银行存款是指戒毒所存放在银行或者非银行金融机构的货币资金。加强银行存款管理，必须按如下要求进行：①各类货币资金应按照资金性质或业务需要，开设银行账户进行结算。财务部门应设置银行存款分户账，逐日记录收、支、结存情况，每月与银行对账单核对，编制未达账款调节表，保持账账相符。②财务部门收到各业务部门的各种银行收入的结算票据，填写进账单并及时送存银行，在银行确认收妥后，有关经办的业务部门方可办理业务结算手续。在款未收妥之前，不可办理钱物交易的结算手续。③各类银行存款的支票预留印鉴和密码，由财务负责人和出纳分别掌握，不得向其他部门或个人借用、泄露。④使用现金支票，无论对外支付款项还是补充库存，均需由财务负责人或其指定人签发。⑤严格执行银行结算规定。任何人不得出租或出借银行存款账户；不准签发空头支票和远期支票；不得弄虚作假套取现金和银行信用卡。否则，由此造成的罚款等损失应由责任人赔偿。

(3)零余额账户用款额度管理。戒毒所应设置"零余额账户用款额度"。收到"授权支付到账通知书"后，根据通知书所列数额，借记"零余额账户用款额度"，贷记"拨入经费"科目或"财政补助收入"科目。戒毒所购买物品、服务等支用额度时，借记"经费支出""材料"等科目，贷记"零余额账户用款额度"科目；属于购入固定资产的，同时借记"固定资产"科目，贷记"固定基金"科目。

年度终了，零余额用款额度必须清零。戒毒所依据代理银行提供的对账单注销额度时，借记"财政应返还额度—财政授权支付"科目，贷记"零余额账户用款额度"科目，如果单位本年度财政授权支付预算指标数大于零余额账户用款额度下达数，根据两者的差额，借记"财政应返还额度—财政授权支付"科目，贷记"拨入经费"或"财政补助收入"。

(4)应收及暂付款项、存货管理。应收及暂付款项是戒毒所在开展业务活动中形成的各项债权，包括应收账款、预付账款、其他应收款等。

戒毒所应当加强应收及暂付款项的管理，严格控制规模，并及时进行清理，不得长期挂账。

存货，是指戒毒所在工作中为耗用而储存的资产，包括材料、燃料、包装物和低值易耗品等。

戒毒所应当加强存货的日常管理工作，做好存货的入账、核算和登记工作，定期或不定期进行清查盘点，保证账账相符，账实相符。年度终了，应当进行全面的清查盘点。对存货盘盈、盘亏应当及时处理。

2. 固定资产管理

固定资产，是指使用期限超过一年，单位价值在1000元以上（其中，专用设备单位价值在1500元以上），并且在使用过程中基本保持原有物质形态的资产。单位价值虽未达到规定标准，但是耐用时间在一年以上的大批同类物资，作为固定资产管理。固定资产一般分为六类：房屋及构筑物，通用设备，专用设备，文物和陈列品，图书、档案，家具、用具、装具及动植物。

(1)固定资产的日常管理。①验收合格。登记入账的固定资产，财务上要求必须调试验收合格。②登记品名、规格。要对固定资产进行有效管理，固定资产必须有固定的名称，还应该有明确的规格。对于使用部门的固定资产，必须在醒目的位置上张贴固定资产标识，标签上注明与会计账务上相同的名称及规格。③固定资产编码。在固定资产较多的单位，由于品名、规格相同或相似者较多，给固定资产的日常管理、盘点、识别带来许多不便，给每件固定资产建立唯一的固定编码可以有效解决上述问题。④建立档案、加强管理。固定资产入账时，要建立和完善固定资产档案，严把审核关，保证资产的购置、验收入库及出库等手续齐全，随时掌握资产的存量结构和使用状况。同时，完善资产入库登记、保管清查、维护保养等制度，并抓好制度的落实，提高固定资产的日常管理水平。

(2)固定资产的购建管理。①购入的固定资产管理。戒毒所应当根据工作需要和财力，认真研究、科学论证，编制年度固定资产采购计划，经单位领导同意，报财政部门批准后，列入当年预算，并在批准的范围内购置。对购入的固定资产，应由单位资产管理部门组织验收；对购置的专业设备、贵重精密设备仪器等，应当会同有关专业技术人员进行验收。经验收合格后，资产管理部门要填制“固定资产验收单”，办理固定资产入库手续；财务部门要填制记账凭单，计入固定资产总账。②基建投资建设完工验收的固定资产管理。基本建设项目竣工交付使用时，施工单位应当按照规定办理基本建设竣工决算，并编造完工清册，逐项注明完工财产的数量和价值。戒毒所资产管理部门组织验收，经验收合格的项目，应填制“基本建设工程完工项目验收单”，登记固定资产账簿、卡片；财务部门办理与购入固定资产相同的入账手续。③自制的固定资产、无偿调入的固定资产、接受捐赠的固定资产管理。自制的固定资产、无偿调入的固定资产、接受捐赠的固定资产均应按照规定，进行计价、验收，并登记入账。

(3)固定资产的处置管理。①固定资产处置的概念及范围。戒毒所固定资产处置，是指固定资产的无偿转让、置换、报损、报废等。范围包括：闲置资产；由于技术原因确需报废、淘汰的资产；由于单位分立、撤销、合并、改制、隶属关系改变等原因发生的产权转移的资产；盘亏、呆账及非正常损失的资产；已超过使用年限无法继续使用的资产；根据国家政策规定需要处置的资产。②固定资产处置程序。戒毒所应当严格履行审批手续，由资产管理部门会同财务部门、技术部门审核鉴定，提出意见，并按审批权限报请审批，未经批准不得处置。处置应当遵循公开、公正、公平的原则，数量较多或者价值较高的，还应通过拍卖等市场竞价的方式公开处置。

(4)固定资产折旧。固定资产折旧,是指一定时期内,为弥补固定资产的损耗,按照规定的固定资产折旧率提取的固定资产折旧,或按国民经济核算统一规定的折旧率虚拟计算的固定资产折旧,戒毒所固定资产折旧是按照统一规定的折旧率和固定资产原值计算的虚拟折旧。固定资产折旧方法包括平均年限法、工作量法、加速折旧法等。

(五)内部控制

1. 不相容岗位相互分离

合理设置内部控制关键岗位,明确划分职责权限,实施相应的分离措施,形成相互制约、相互监督的工作机制。

2. 内部授权审批控制

明确各岗位办理业务和事项的权限范围、审批程序和相关责任,建立重大事项集体决策和会签制度。相关工作人员应当在授权范围内行使职权、办理业务。

3. 归口管理

根据戒毒所的实际情况,按照权责对等的原则,采取成立联合工作小组并确定牵头部门或牵头人员等方式,对有关经济活动实行统一管理。

4. 预算控制

强化对经济活动的预算约束,使预算管理贯穿于单位经济活动的全过程。

5. 财产保护控制

建立资产日常管理制度和定期清查机制,采取资产记录、实物保管、定期盘点、账实核对等措施,确保资产安全完整。

6. 会计控制

建立健全戒毒所财会管理制度,加强会计机构建设,提高会计人员的业务水平,强化会计人员岗位责任制,规范会计基础工作,加强会计档案管理,明确会计凭证、会计账簿和财务会计报告处理程序。

7. 单据控制

要求单位根据国家有关规定和单位的经济活动业务流程,在内部管理制度中明确界定各项经济活动所涉及的表单和票据,要求相关工作人员按照规定填制、审核、归档、保管单据。

8. 信息内部公开

建立健全经济活动相关信息内部公开制度，根据国家有关规定和单位的实际情况，确定信息内部公开的内容、范围、方式和程序。

（六）财务监督

财务监督按照不同的划分标准可分为不同形式。

1. 按监督主体分类

（1）内部监督。内部监督，是指戒毒所自行组织的、由内部机构或人员对戒毒所的财务收支、经营管理活动及其经济效益进行监督，检查其真实性、正确性、合法性、合规性和有效性，提出意见建议的一种监督活动。内部监督的主要目的是健全单位内部控制制度，提高财务管理水平。

（2）外部监督。外部监督，是指戒毒所外部有关机构和人员对本单位的财务收支、经营管理活动及资金使用情况进行监督。外部监督包括法制监督、社会监督两大类。外部监督的目的在于监督检查单位财务活动的合法性、合规性和有效性。

2. 按监督的内容范围分类

（1）日常监督。日常监督，是指对戒毒所建立与实施内部控制的情况进行常规、持续的监督检查。日常监督的内容一般包括：在日常业务和管理活动中获得内部控制执行的证据；收集外部对单位内部控制的信息反馈；定期进行对账和盘点；与财务人员的交流等。

（2）专项监督。专项监督，是指对戒毒所的某一项财务活动进行的监督。专项监督的内容单一，针对性强，操作起来有较大的灵活性，可视工作需要随时进行。

3. 按监督实施时间分类

（1）事前监督。事前监督，是指戒毒所财务活动实施前所进行的监督，是一种积极的、预防性的监督，通过有效防止决策失误，增强预算、计划、预测、决策的准确性、合理性和可行性，避免因计划不周造成不必要的损失和浪费，提高工作质量和效率。

（2）事中监督。事中监督，是指在戒毒所财务活动进行过程中所进行的监督。事中监督贯穿于戒毒所财务活动的始终，涉及戒毒所财务活动的各个环节、各个方面。通过对戒毒所预算、财务收支计划、费用开支标准等执行过程中的有关财务活动进行事中监督，便于及时发现问题，纠正偏差，保证戒毒所正确执行预算及财务制度，确保各项收支按照预算进行安排，促使戒毒所依法组织收入，节约各项支出，确保资金的安全及节约、有效的使用，从而保证戒毒所财务活动健康有序地进行。

（3）事后监督。事后监督，是指在戒毒所财务活动发生以后对其结果进行的监督。事后监督可定期进行，也可不定期进行。一般在某项财务活动完成以后或在年终时进行。事后监督主要检查监督戒毒所的年度决算情况、各项资金使用情况，以及会计资料的真实性、准确性和可靠性，等等。进行事后监督，有助于总结推广经验，发现问题，提出改进措施，进一步提高财务管理水平。

4. 按监督实施的时限分类

（1）经常性监督。经常性监督，是指对戒毒所财务活动实施的日常监督。比如，每天对库存现金进行的清查、盘点，平时对各种物质、设备的保管、领发及使用情况的检查，都属于经常性监督。

（2）定期性监督。定期性监督，是根据一定的周期，对戒毒所全部或部分财务活动进行的常规性监督。比如，按会计制度规定，戒毒所应按月、按季或按年编报月度、季度和年度会计报表（决算），并接受财政部门或主管部门的监督。

（3）不定期监督。不定期监督又可分为临时性监督和规定性监督两种。临时性监督是为了了解被监督对象的工作情况而进行的突击性检查，规定性监督是有关法规明确规定的不定期监督。

二、戒毒场所装备管理方法

（一）着装管理

1. 着装对象要求

在编在职戒毒工作人民警察要按照规定穿着全国统一的制式警服。新录用或调入的戒毒工作人民警察必须经省（自治区、直辖市）司法（公安）厅（局）政治部警务部门培训合格后，方可着制式警服。有下列情形之一的，不得着装：

（1）非工作时间或工作时间非因公外出；

（2）女人民警察怀孕后体型发生显著变化的；

（3）因涉嫌违法违纪被停止执行职务、接受审查的；

（4）辞职、辞退、开除公职的；

(5)退(离)休人员、调离非人民警察岗位的人员;

(6)其他不宜或者不需要着装的。

2. 戒毒工作人民警察着装规定

(1)按照规定配套穿着,不同制式警服不得混穿。警服与便服不得混穿。警服内着非制式服装时,不得外露。

(2)按照规定缀钉、佩戴警衔、警号、胸徽、帽徽、领花等标志,系扎制式腰带,不同制式警用标志不得混戴。不得佩戴、系挂与戒毒工作人民警察身份或者执行公务无关的标志、物品。

(3)保持警服干净整洁。不得歪戴警帽,不得披衣、敞怀、挽袖、卷裤腿。

(4)除工作需要或者其他特殊情形外,应当穿制式皮鞋、胶鞋或者其他黑色皮鞋。非工作需要,不得赤脚穿鞋或者赤脚;男性戒毒工作人民警察鞋跟一般不得高于3厘米,女性戒毒工作人民警察鞋跟一般不得高于4厘米。

(5)不得系扎围巾,不得染指甲,不得染彩发、戴首饰。男性戒毒工作人民警察不得留长发、大鬓角、卷发(自然卷除外)、剃光头或者蓄胡须,女性戒毒工作人民警察发辫(盘发)不得过肩。

(6)除工作需要或者眼疾外,不得戴有色眼镜。

(7)戒毒工作人民警察着装时,应当随身携带由司法(公安)部统一监制的警官证,并保持警容严整,举止端庄,谈吐文明,精神振作,姿态良好,不得在公共场所以及其他禁止吸烟的场所吸烟,不得饮酒,非因工作需要,不得进入营业性娱乐场所。

(二)警务用品管理

1. 配发范围

警务用品的配发范围为各司法(公安)戒毒所在编、在职的人民警察(含见习警察)。非人民警察不得配发警务用品。

2. 配发要求

(1)警务管理机构发放警衔标志时必须进行登记。戒毒工作人民警察警衔变更的,由所在单位警务管理机构收回其原配发的警衔标志后再发放新的警衔标志,并进行登记备案。因警衔标志严重污渍或缺损无法使用的,所在单位警务管理机构应予以收回换发,并登记备案。

(2)警号由各省(自治区、直辖市)司法(公安)厅(局)警务管理机构根据司法

(公安)部警务管理机构确定的范围统一编码、核发,实行一人一号。发放警号时,所在单位警务管理机构必须进行登记,并将登记表册逐级呈报上一级警务管理机构备案。戒毒工作人民警察不得私自互换警号,确由于工作原因需要更换的,所在单位警务管理机构调整登记后,逐级呈报上一级警务管理机构备案。

(3)戒毒工作人民警察办理警官证时,所在单位警务管理机构统一填写《警官证样卡》后,由省(自治区、直辖市)司法(公安)厅(局)警务管理机构到司法(公安)部指定的生产厂家制作。戒毒工作人民警察的单位、职务、衔级等发生变更后,应当及时更换警官证。发放、更换警官证时,所在单位警务管理机构必须登记,并将登记表册逐级呈报上一级警务管理机构备案。

(4)戒毒工作人民警察退休的,其原配发的警衔标志可留作纪念,但不得继续佩戴。原配发的警号、警官证等在办理退休手续时由所在单位警务管理机构收回并进行登记,妥善保管。戒毒工作人民警察调离警察工作岗位、辞职、辞退、取消警衔的,所在单位警务管理机构应及时收回其原配发的警衔标志、警号、警官证等警务用品,并登记备案。

(5)收回的警务用品实行分类管理,其中完好无损的警衔标志和警号可重新启用,有严重污渍或缺损的警衔标志、警号和收回的警官证由所在单位警务管理机构登记造册后,于每年年底统一交由省(自治区、直辖市)司法(公安)厅(局)警务管理机构集中销毁。

(6)戒毒工作人民警察应当爱护和妥善保管、使用警务用品。警务用品损坏的,应及时报告所在单位警务管理机构,所在单位警务管理机构在登记备案后予以补发。警务用品遗失的,当事人应写出情况说明,及时报告所在单位警务管理机构,所在单位警备管理机构经审查后,予以补发。其中警官证遗失的,当事人在所在单位警务管理机构审查后,应在地(市)级以上公开的新闻媒体上予以公告,声明作废,所在单位警务管理机构凭公告证明予以补发,并将公告证明复印件和情况说明呈报上一级警务管理构。戒毒工作人民警察因个人过错造成警务用品遗失或损坏的,应作出书面检查,并负担补发警务用品的费用。

(7)严禁将警务用品赠送、转借或出售给他人,违者将视其情节和后果,严肃处理。

(三)人民警察证管理

人民警察证发放范围为司法(公安)机关在编、在职并已经评授警衔的戒毒工作人民警察，严禁向非发放范围人员发放人民警察证。戒毒工作人民警察在依法执行职务时，除法律、法规另有规定外，应当随身携带人民警察证。在依法执行追逃等需要表明人民警察身份的职务时，应当主动出示人民警察证。

戒毒工作人民警察应当爱护和妥善保管人民警察证，防止遗失、损坏，一旦发现人民警察证遗失或严重损坏无法继续使用的，应当及时报告所在单位并申请补发或者换发。司法（公安）机关办理人民警察证换发手续时，应当收回原证件。收回、收缴的人民警察证，内卡及严重损坏、无法继续使用的证件皮夹应当于每年年底前交由发证机关统一销毁。戒毒工作人民警察不得涂改、损坏、复制、转借、抵押、赠送、买卖人民警察证，不得将人民警察证用于非警务活动或者非法活动。戒毒工作人民警察违反上述规定的，有关部门应当依照有关规定给予纪律处分或者追究法律责任。

擅自制作、发放人民警察证或者有其他失职、渎职行为的，有关部门应当依照有关规定对直接负责的主管人员和其他直接责任人员给予行政处分；构成犯罪的，有关部门依法追究刑事责任。

戒毒工作人民警察具有下列情形之一的，所在单位应当及时收回其人民警察证并逐级向发证机关备案：（1）离、退休的；（2）被调离人民警察岗位的；（3）辞去公职的；（4）由于其他原因应当收回的。

戒毒工作人民警察具有下列情形之一的，所在单位应当暂时收回其人民警察证：（1）因涉嫌违法违纪被立案审查，尚未作出结论的；（2）被停止执行职务或者被禁闭的；（3）由于其他原因应当暂时收回的。

戒毒工作人民警察具有下列情形之一的，所在单位应当及时收缴其人民警察证并逐级向发证机关备案：（1）被辞退的；（2）被开除公职的；（3）被判处刑罚或者免予刑事处罚的。

（四）警械具和武器管理

1. 警械具

（1）警械具的使用规定。戒毒工作人民警察遇有下列情形之一，经警告无效的，可以使用警棍、催泪弹、高压水枪、特种防暴枪等驱逐性、制服性警械：①强行冲越戒毒工作人民警察为履行职责设置的警戒线的；②以暴力方法抗拒或者阻碍戒毒工作人民警察依法履行职责的；③袭击戒毒工作人民警察的；④危害公共安全、社会秩序和公民人身安全的其他行为，需要当场制止的；⑤法律、行政法规规定可以使用警械的其他情形;⑥遇有戒毒人员脱逃、行凶、自杀、自伤或者有其他危险行为的,可以使用手铐、脚镣、警绳等约束性警械。

(2)警械具的日常管理。①大队配备的各种警械具,必须集中存放于警械具专用柜内,由专人负责统一管理;②保管人员应认真做好警械具的接收检查、分类清点工作,认真填写《警械具管理登记表》,确保账物相符;③警械具应当定期进行维护保养,按照各项技术要求进行擦拭、充电、检修等,防止锈蚀、霉变、损坏,以保证警械具随时处于技术良好,使用可靠的状态;④因工作需要使用警械具的,填写表格后由大队领导批准后使用;⑤警械具出入库均严格实行登记制度,保管人、领用人应在《警械具管理登记表》上正确签发签收;⑥领用人应切实承担管理责任,积极做好维护保养工作,做好防抢、防盗、防丢失工作,杜绝损毁、遗失的现象发生,出现上述问题要及时向领导报告,并向公安机关报案;⑦警械具发生故障无法正常使用的,应及时向大队领导汇报,送指定地点维修,不得擅自外送单位维修;⑧警械具纳入大队公有财产管理,严禁擅自将警械具进行调换、转借、赠送、买卖、出租。

2. 武器

(1)武器的使用规定。戒毒工作人民警察判明有下列暴力犯罪行为的紧急情形之一,经警告无效的,可以使用武器:①抢夺、抢劫枪支、剧毒等危险物品,严重危害公共安全的;②警卫、守卫、警戒的对象和目标受到暴力袭击、破坏或者有受到暴力袭击、破坏的紧迫危险的;③戒毒人员聚众斗殴、暴乱等严重破坏场所秩序,用其他方法不能制止的;④以暴力方法抗拒或者阻碍戒毒工作人民警察依法履行职责或者暴力袭击戒毒工作人民警察,危及戒毒工作人民警察生命安全的;⑤戒毒人员聚众骚乱、暴乱、行凶、劫持人质或者脱逃的;⑥法律、行政法规规定可以使用武器的其他情形。

戒毒工作人民警察使用武器前,应当命令在场的无关人员躲避。在场的无关人员应当服从戒毒工作人民警察的命令,避免受到伤害或者其他损失。如果来不及警告或者警告后可能导致更为严重危害后果的,可以直接使用武器。戒毒工作人民警察使用武器之后,应当将使用武器的情况如实向所属机关书面报告。

(2)武器的使用程序。①未经单位主管领导批准,任何人不得擅自动用库存枪支、弹药;②申领和临时使用枪支、弹药,应当办理审批手续和登记手续;③临时使用的枪支、弹药,用毕应当立即收回,并办理登记手续;④收、发枪支、弹药时,必须按照审批手续,对物品的型号、数量、经手人员、办理时间、使用目的进行严格审核，并详细记录；⑤装备弹药不得随意动用，但应当结合训练有计划地进行更新；⑥对由于停职、违纪等原因禁止携带枪支、弹药的人员，在接到有关部门的书面通知后，管理人员应当严格核对，并不得发给该人员枪支、弹药。

（3）武器的管理规定。①有条件的戒毒所应当设立专门的武器库（室），其面积或规模可以根据实际需要确定。为确保武器的安全，没有武器库（室）的单位，其武器弹药应当委托具备武器保管条件的公安、司法（公安）机关保管。②武器库（室）必须坚固安全，并安装铁门、铁栅和防盗报警装置、避雷设施、防爆灯具。库（室）门必须安装明、暗双锁，确保牢固可靠，不易破坏。③武器库（室）内应当保持清洁、干燥，并做好防潮、防热工作，库（室）内的温度最高不超过30℃，相对的湿度不超过70%；高温、潮湿地区的库（室）应安装降温和除湿设备。应当做好防火、防虫、防盗等工作。库（室）安全防范区域内必须设置明显的防火标志，严禁吸烟，严禁携带火柴、打火机等火种进入库（室）。应满足无丢失损坏、无锈蚀霉烂、无鼠咬虫蛀、无差错事故的要求。装卸物资应当轻拿轻放，禁止拖、拉、抛、砸物资。④武器库（室）必须设有专职守护人员和管理人员，并实行双人双锁管理制度。开锁钥匙及密码应当分别存放。存放在用武器的库（室）应当有专人24小时值守。⑤箱装枪支、弹药按照原包装铅封保管，零散枪支、弹药必须放入枪柜、弹药柜存放；箱装枪支的装护具、备件箱单独存放；箱装枪支、弹药，随武器配备的附件、工具等，堆积高度不得超过3米；随枪支配备的附件、工具随枪支入箱保管，并有明显标志。⑥库存的枪支、弹药必须分库、柜存放，严禁将枪支、弹药混存。存放在武器库（室）的枪支枪膛、弹匣内不得留有子弹。⑦武器库（室）的各类登记应当全面、准确，字迹清晰整洁，不得随意涂改。账、物、卡、簿必须齐全，账、物、卡、簿必须相符，做到有专职人员负责，有值班制度，有进库入员登记制度，有检查报告制度，有温、湿度登记制度。⑧对库存枪支、弹药应当经常清点、检查，定期维护保养。发现武器被盗、丢失、误发等问题时，应当立即报告，及时依法处理。⑨库存的枪支、弹药每年要进行一次技术检查，接收和发出库存枪支、弹药发现质量有问题时，应当及时进行技术检查。技术检查由主管武器库（室）工作的领导负责组织实施。⑩严守保密规定，禁止向无关人员泄露武器库（室）的库存情况，严禁无关人员进入库（室）。

（4）武器库（室）守护人员的主要职责。①严格按照规定对武器库（室）进行警戒、巡逻。在值班时间内必须坚守岗位。②熟悉规定的报警信号和联络方法，严格执行交、接班登记制度。遇有紧急情况和发生险情时，能按预定的处置方案处理，并及时报告。③调查、了解、熟悉武器库（室）周边社情，采取有效的安全防范措施。④武器管理人员岗位变动时，应当在单位或者业务部门主管领导的主持下，对库存武器和有关管理文件进行全面清点、登记，办理移交手续，并更换门锁或者变换开锁密码。

（五）警车管理

1. 警车使用规定

（1）司法（公安）戒毒机关应当严格管理本部门的警车。警车除执行运送戒毒人员、追缉脱逃人员和执行其他紧急公务外，不得挪作他用。严禁转借警车。

（2）警车应当由警车所属单位的人民警察驾驶，驾驶警车时应当按照规定着制式警服（驾驶汽车可不戴警帽，驾驶摩托车应当戴制式警用安全头盔），驾车民警必须携带驾驶证、行驶证、人民警察证和警车使用许可证，内部职工驾驶警车必须携带驾驶证、行驶证、身份证和警车使用许可证件或证明。驾驶实习期内的人民警察不得驾驶警车。经上级部门批准，并办理相关手续，戒毒所的警车可由持有机动车驾驶证的单位内部职工驾驶，驾驶实习期内的人民警察不得驾驶警车。

（3）后勤装备部门对戒毒所的警车逐车建档，登记警车的车型、牌号以及使用时间、机动车登记证书、年审、保险等信息资料，实行一车一档。

（4）按照“谁使用，谁负责、谁审批，谁负责”的原则，制定警车使用审批和向督察部门报备制度。对因情况紧急来不及审批报备的，必须在使用后的 8 小时内及时报告、报备，补办使用手续。

（5）向社会公开举报电话，接受群众对警车违规问题的投诉，在人大、政协、新闻媒体和社会各界聘请警风警纪监督员，经常听取意见和建议。

（6）对群众关注、反复发生、有舆情危机问题所涉的场所和热点部位，及时开展专项现场督察，对所涉警车及时通报，立即查处整改，及时消除涉警用车辆引发舆论危机的隐患。

（7）将警车使用管理情况纳入各单位的全年目标绩效考评，对年度警车使用无事故，安全行车的单位和个人予以奖励。对违反警车管理使用规定的，视情给予口头批评、扣留车辆、收缴警车牌证，对有关领导及直接责任人给予政纪处分，并实行警车使用管理中发生重大问题而造成严重后果的“一票否决制”，取消年终评先评优资格。

2. 警用标志灯具、警报器使用规定

警车执行下列任务时可以使用警用标志灯具、警报器:(1)追捕在逃戒毒人员;(2)押解戒毒人员;(3)执行警卫、警戒等任务。

除追捕脱逃戒毒人员、赶赴突发事件现场外,驾驶警车的人民警察在使用警用标志灯具、警报器时,应当遵守下列规定:(1)一般情况下,只使用警用标志灯具,通过车辆、人员繁杂的路段、路口或者警告其他车辆让行时,可以断续使用警报器;(2)两辆以上警车列队行驶时,前车如使用警报器,后车不得再使用警报器;(3)在公安机关明令禁止鸣警报器的道路或者区域内不得使用警报器。

警车在道路上行驶应当遵守《道路交通安全法》及其实施条例和其他有关法规的规定,服从交通警察的指挥和检查。警车执行紧急任务使用警用标志灯具、警报器时,享有优先通行权;警车及其护卫的车队,在确保安全的原则下,可以不受行驶路线、行驶方向、行驶速度和交通信号灯、交通标志标线的限制。

(六)警务督察装备管理

各级督察机构要建立健全警务督察装备管理及使用制度,防止警务督察装备丢失、损毁。严禁非督察人员使用警务督察装备,严禁违法使用警务督察装备。支队以上的警务督察机构应定期督察、检查所辖支队及大队的装备配备工作,对装备配备不达标或使用不当的单位应及时限令整改。

■ 复习思考题

1. 财务管理与装备管理的意义分别是什么?
2. 财务管理与装备管理的方法有哪些?
3. 数字化时代,财务与装备的管理有哪些可优化的空间?

■ 本章主要参考文献

1. 云南省戒毒管理局编:《云南戒毒工作手册》(第三册 内控制度分册),2017 年。
2. 章春英:《对完善强制隔离戒毒经费保障体制的思考》,载《行政事业资产与财务》2013 年第 20 期。

第十六章　戒毒场所信息化与戒毒人员档案管理

本章摘要

戒毒场所的信息化不仅实现了行政效率的提高，而且可以帮助戒毒水平的进一步提升。通过实现戒毒人员信息和档案的数字化，不仅可以提高行政效率，同时可以实现风险研判和复吸预测。通过数字赋能，戒毒场所也提出“智慧戒毒”概念。“智慧戒毒”的目标确定，标志着戒毒场所信息化建设将迎来新的挑战，我们作为信息技术的非专业人员，虽然不用厘清相关的技术指标和参数，但我们要能熟悉应用信息化工具和利用信息化思维思考戒毒工作。

重点问题

本章重点是智慧戒毒的五大平台分别有什么作用，戒毒人员日常管理信息统计的分类，戒毒场所的信息化建设的应用场景，所务公开的内容范围。

第一节　戒毒场所信息化概述

信息化是当今世界发展的大趋势，是推动社会经济变革的重要力量。大力发展戒毒工作信息化，是贯彻落实党中央、国务院重大决策部署的重要举措，是关系戒毒事业发展全局的基础性、战略性、长期性任务，对于戒毒管理工作效率、转变工作方式，增强处置突发事件能力，提高维护社会稳定和谐大局、服务经济社会发展的能力和水平具有十分重要的意义。加快推进信息化建设，是戒毒工作发展的客观需要。

一、戒毒场所信息化的概念与总体要求

（一）戒毒场所信息化的概念

戒毒场所信息化是以教育戒治科学化、科学管理专业化为中心任务，以统一的戒毒基本模式和戒毒业务技术规范标准体系为支撑基础，综合运用大数据、物联网、人工智能等科学技术手段，优化戒毒资源配置，收集、分析、整合戒毒工作关键信息，总结、把握、归纳戒毒工作规律，建立健全符合戒毒工作实际的科学警务模式和管理制度，科学预知、研判、预警并作出决策，实现安全、智能、统一、共享、规范的戒毒工作智慧运行体系。智慧戒毒所就是能够有效贯彻落实上述工作措施体系的戒毒场所。

（二）戒毒场所信息化的总体要求

当前，信息技术飞速发展，信息化已成为实现创新驱动发展战略的制高点。戒毒场所信息化建设既赶上全面实施国家信息化发展战略的机遇期，也赶上发展转型、提档升级的关键期，亟须切实发挥科技信息化引领、支撑作用，把握新一轮发展的战略主动，为戒毒场所服务经济社会发展、维护社会和谐稳定提供有力保障。

戒毒场所信息化建设的总体要求是：认真贯彻落实国家信息化发展战略纲要，坚持把戒毒场所信息化建设作为重大战略任务，坚持规划先行，坚持建设、管理、应用相结合，大力加强戒毒场所信息化基础建设、综合管理平台建设、应用能力建设、安全防御能力建设、保障能力建设，努力提升戒毒场所信息化水平。

二、戒毒场所信息化的主要任务与目标

（一）主要任务

戒毒场所信息化建设的主要任务：建成网络纵横互通、信息及时全面、硬件高效集约、技术成熟先进、标准科学统一的戒毒场所信息化体系，建成涵盖戒毒场所各项业务的“一站式”信息化综合管理平台，尽快建立“网络互联互通、信息资源共享、标准规范统一、应用功能完备”的戒毒场所信息体系，达到网络一体化、安防智能化、办公自动化、管理规范化的要求，形成综合集成、业务协同、信息共享的戒毒工作信息化格局，实现信息化与戒毒工作的深度融合，充分发挥信息化对戒毒工

作改革发展的支撑、引领作用，以信息化推动戒毒工作提升到新的水平。①

（二）目标

戒毒场所信息化的目标是提高戒毒工作的科学化、规范化、专业化、智能化水平，更好地矫治、服务、救治戒毒人员、惠及戒毒人员亲属、惩戒和预防违法行为，从而实现维护人民利益和社会安全稳定的目标。

三、戒毒场所信息化包含的工作

戒毒场所信息化包含所政管理、教育矫治、生活卫生、戒毒医疗、习艺劳动、诊断评估、警务人事、后续延伸等。（见图16－1）

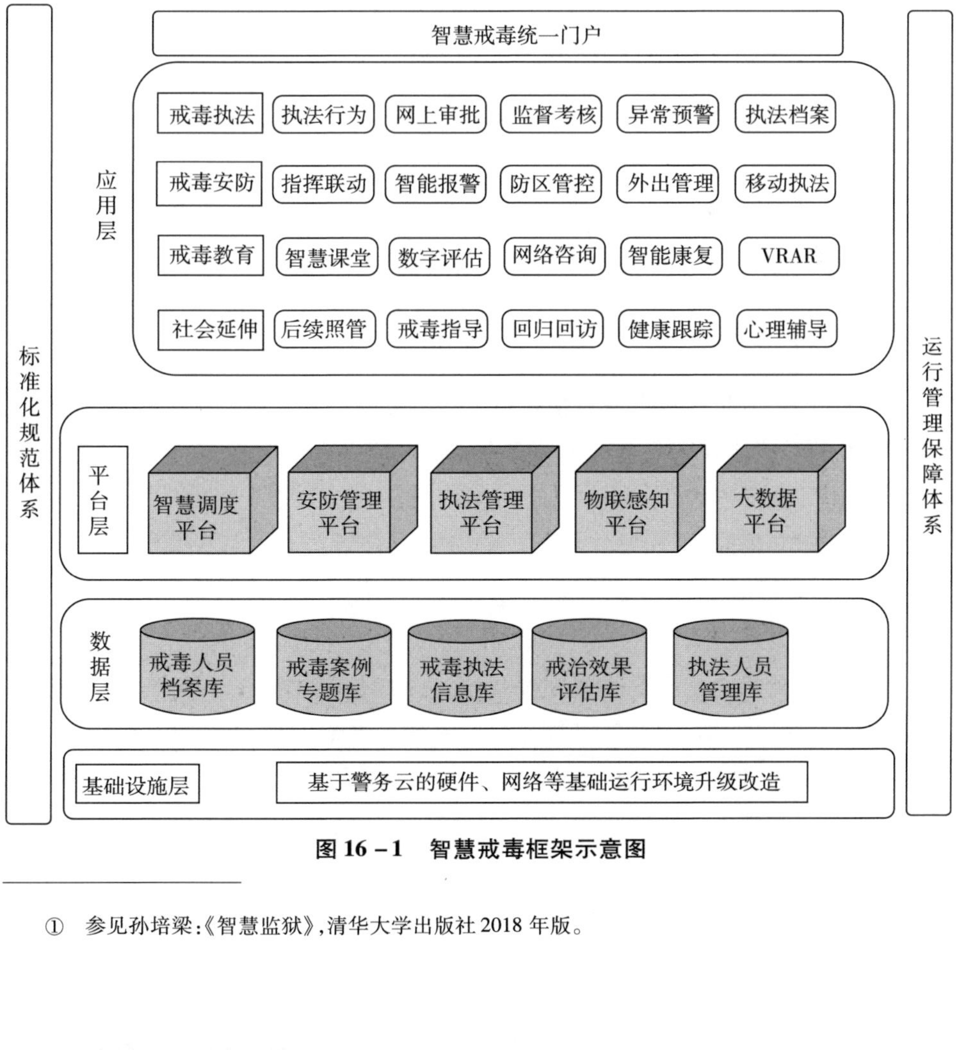

图16－1　智慧戒毒框架示意图

① 参见孙培梁：《智慧监狱》，清华大学出版社2018年版。

第二节　戒毒场所信息化建设

一、支持平台

戒毒场所信息化主要由五大平台组成，分别是指挥调度平台、安防管理平台、执法管理平台、物联感知平台、大数据平台。

（一）指挥调度平台

注重人与物、物与物的关联，视频调度直观便捷，为快速指挥提供最优化的方案。

（二）安防管理平台

安防管理平台是戒毒管理的安全防控核心，平台基于三维地图，全面集成视频、监控、报警、门禁、对讲、巡更、出门口管理等应用，构建了智能化、立体化的安全防控体系，全面提升场所的安全防范系数和应急处突能力。

（三）执法管理平台

执法管理平台是戒毒业务与信息技术的高度融合，平台的运用在提高警察工作效率的同时，还实现了戒毒人员档案全过程数据的自动采集，为大数据研判、分析提供有力的数据支撑。

（四）物联感知平台

1. 信息采集系统

目前在戒毒所主要部署区域定位系统、人脸识别系统、生命体征信息采集系统、运动康复信息采集系统、环境信息采集系统。区域定位系统和人脸识别系统能够通过定位天线感应学员胸卡跟踪定位学员轨迹，人脸实时点名。生命体征信息采集系统可运用生命体征监测设备，对包括心率、血压、体温在内的戒毒人员生命体征进行实时采集，监测戒毒人员的睡眠行为，为安防和戒治业务提供实时体征数据服务。运动康复信息采集系统，通过对戒毒人员康复训练过程的数据采集并自动进行智能分析，实现戒毒康复训练全过程的科学化、信息化和智能化。环境信息采集系统可对场所内环境信息的自动化采集。戒毒所部署设备状态传感采集系统，将重要设施及报警开关量、电平量等状态信息进行采集。

2. 智能交互终端

智能交互终端集成身份识别、信息显示、触控交互、监听对讲、设备控制等功能。

3. 物联管控平台

物联管控平台集成信息采集系统、能耗管理监测系统和智能交互终端等，统一接入指挥中心。物联管控平台采用可视化图表显示当前各类设备的运行概况，对各物联感知设备或系统集中控制，提供资产信息采集、设备状态信息查询、设备消息上报、设备操作和对外服务等功能，并且与指挥平台、安防平台、执法管理平台和大数据平台对接。

（五）大数据平台

1. 智能分析研判系统

汇集安防监测和执法管理数据，结合人员动态分布，对戒毒所内报警信号进行智能分级和分析研判。

2. 戒毒人员危险性分析系统

汇集戒毒人员档案信息、行为表现、康复训练、生命体征、心理情绪等数据，形成戒毒人员画像指标体系，建立戒毒人员危险性分析模型，结合警察判断，对戒毒人员突发危疾重症和实施自杀、自伤、自残、脱逃等行为的可能性进行分析。

3. 戒治效能分析评估系统

结合戒毒人员画像、心理评测和诊断评估等数据，建立戒治效能评估模型，结合警察的经验判断，对戒毒人员的戒治状态进行综合评估，对戒治措施的有效性进行评价。

4. 所情安全态势研判系统

汇聚戒毒执法管理和安防应急业务执行状态监控、设施设备运行状态监测数据，建立安全态势评估模型，评估戒毒所管理状态、预测发展趋势，对异常态势进行预警。

5. 安全风险动态预警系统

汇聚安防监测和执法管理动态数据，结合戒毒人员的危险性分析、所情态势研判、人员动态分布，对戒毒所各区域发生安全事故的风险概率进行分类评估，及时预警并推荐干预措施。

二、应用场景

（一）戒毒安防

1. 视频监控系统

平台集成了各类监控设备、指挥中心显示设备、存储设备，具有实时视频预览、录像回放、电视墙管理、报警上屏、录像下载等功能。视频监控系统的设计根据现场环境确定摄像机的安装位置、数量和选型，实现多角度多摄像机视频监控，清晰显示人员行为、车辆特征，达到全域覆盖、无监控盲区。

在戒毒管理区出入口、各宿舍楼、习艺车间等区域部署人脸识别系统。在戒毒管理区围墙内侧、戒毒人员宿舍等部署视频智能分析系统。视频智能分析系统具有聚集、攀高、越界、夜间起身、单人独处、长时间静止及值班人员离岗报警等功能。有报警时会被平台自动捕捉到并伴随语音提示和弹出操作对话框，用户可进行视频联动、接警、误报、应急、上报、回放等操作。

戒毒管理区内视频应传尽传，一般区域视频存储时间应为30天，戒毒管理区大门等重点区域视频存储时间应为90天。

2. 入侵报警系统

采用电子围栏和视频智能分析两种报警系统，报警信息实时传输至安防综合管理平台。智能分析设备和各类报警系统可以自动接收探测器报警信号，自动弹出报警区域监控画面和进行语音提示，且应具备转发报警信息、手动复位报警等功能。

如果视频智能分析设备和电子围栏系统设备故障或被拆卸，将会第一时间提醒指挥中心的值班人员。

3. 应急报警系统

戒毒管理区内大门、警察值班室、分控中心、警察执勤点等戒毒人员聚集区域安装应急报警触发装置，戒毒管理区执勤警察配备无线报警设备，当有紧急情况发生时，警察可第一时间通知指挥中心。

4. 出入口管理系统

（1）人员的管理。门禁系统具备按钮、刷卡、密码、生物识别、手动控制等控制方式，指挥中心具备远程批量开闭门功能，门禁控制系统支持与安防综合管理平台对接。在门禁控制器断电、断网或者故障时，可开启手动控制功能。

在所区大门，戒毒管理区大门部署与公安内网联网的外来人员管理系统，对外来人员进行人像抓拍并与身份证照片比对，核实来访人的身份信息并进行信息登记。外来人员管理系统具备外来人员身份证识别、人像抓拍与对比和出门注销、人员权限授权、黑名单；具备外来人员的出入时间、事件、对象等数据统计功能；可设定各种查询条件进行查询；可与门禁控制系统联动。

戒毒管理区大门、习艺车间出入口、探访室来人员出入口等重要出入口配备手持式金属探测器或通过式金属探测门，有效探测金属物品。戒毒管理区的大门部署毒品探测仪，用于检测毒品。

(2)车辆的管理。在戒毒管理区大门车行通道出入口部署车辆管理系统。在视频监控区域内对过往车辆进行监测、抓拍，并结合无线微震生命探测仪检测车辆确保所管安全。戒毒管理区车行通道配备车底成像系统，清晰显示车底完整图像并具备关联车牌抓拍功能。

5. 巡查系统

巡查系统采用“移动警务执法终端＋电子巡查标签”的方式进行部署，系统具有安装方便、设置灵活、操作简单、针对性强等特点，与安防平台集成以后能够有效地管理和监督巡查工作，可以实时准确地记录巡查人员的巡查时间、次数、线路及现场图像。戒毒管理区围墙周界、戒毒人员宿舍等区域支持刷卡、生物识别、视频巡查等方式进行巡查。电子巡查系统通过电子地图显示巡视轨迹。

6. 外出管控系统

外出管控系统整合地理信息系统，提供任务管理、定位管理等功能，可实现戒毒人员离所就医等外出离所事项过程中的远程管控和指挥。外出管控系统包括单警执法视音频记录仪、车载监控、移动视频监控、戒毒人员穿戴式电子定位设备等。执行监管任务的民警配备警务通、执法记录仪、4G 对讲机，外出执勤车辆均携带便携式布控球。外出管控系统支持多路视频同时接入，实时将现场视频传输到指挥中心，并进行本地存储。

7. 通信系统

(1)指挥调度系统。指挥调度系统可提供多种调度应用，将各戒毒管理局(所)的音视频数据进行统一集成和调度管理。指挥调度系统在 GIS 等地图上展示视频监控、广播、对讲等设备的点位信息，支持地图上点击呼叫与视频监控查看等联动功能，支持地图上显示报警功能。戒毒所指挥中心配置广播主机，戒毒管理区周界围墙和戒毒管理区操场、生产习艺区车间等区域安装广播终端。系统具有全区广播、分区广播、定时广播、消防广播、喊话广播和室外防水功能。在戒毒所人员宿舍还配备对讲系统，支持可视化、监听、报警、广播、多级组网等功能。

(2)移动警务执法系统。移动警务执法系统依托“一机双系统三模式”的移动警务执法终端，整合了移动执法、警务督察、掌上办公、通讯通话等功能，提供警察即时沟通、语音通信、视频通信，同时支持一键报警、移动执法取证、短消息等。实现了所情、戒情、违规违纪安全隐患等信息的移动采集、戒毒人员信息的查询、突发事件的报警和警察日常执法行为的全程跟踪记录，提升了戒毒所精细化管理水平，减负增效明显。

（二）戒毒执法

1. 所政管理系统

所政管理系统用于对戒毒人员基本信息、法律文书档案进行管理维护，实现纸质档案数字化，汇聚戒治过程档案，形成全面综合的戒毒人员档案信息库。戒毒人员档案信息库一般包括戒毒人员基础信息、综合报告、呈批表、决定书、矫治表现档案、诊断评估、解除强戒等综合档案。按照分别、分类、分级、分期管理的原则，实现收治、戒毒人员物品管理、调动、调遣、重点人员、通信、保护性约束措施、单独管理、探访、探视、亲情电话、脱逃、死亡和刑拘、逮捕、收监执行刑罚、提审问询、行为表现考核、单项奖惩、变更戒毒措施、所外就医、离所就医、人员外出、解除强制隔离戒毒等所政管理业务的网络化、无纸化审批。①

2. 标准化收治系统

标准化收治系统读取包含戒毒人员体检信息的加密二维码，实现内、外网无网络联通条件下的数据传输；智能 OCR 自动识别处理公安机关纸质决定书中的关键数据，并同时采集人像、指纹等生物特征数据。数据采集完成后系统根据采集到的信息自动生成入所登记表和戒毒人员电子身份胸卡，数据提供给各业务平台使用。

3. 电子身份管理系统

电子身份管理系统使用自主研发的“电子胸卡”作为戒毒人员在强戒期间的

① 云南省戒毒管理局编著：《云南省戒毒工作手册》（第二册 执法工作标准分册），2017 年。

电子身份标识，系统配备可视、可改写电子胸卡，可存有数字化的被监管人员的个人资料和档案信息，同时兼容各系统，电子胸卡的可视卡是采用高科技热敏材料+第二代身份证管理技术的IC卡(CPU芯片卡)。

电子身份管理系统与安防平台集成实现了人员区域定位和管控；与智慧终端集成实现了戒毒人员信息查询、心理咨询预约、所内医疗就诊、所内上课签到、电子商务金融服务等功能。

4. 生活卫生系统

生活卫生系统可实现戒毒人员大账收支、购物消费、伙食、被服、环境卫生等生活卫生事务的数字化、规范化管理，提供仓库、食堂、设施设备等辅助管理功能。

全面部署使用戒毒人员所内金融服务和电子商务平台，实现银行、商家和强戒所的密切合作，为戒毒人员提供便捷高效的自主金融和购物服务，减少警力投入，降低廉政风险，既满足了管理上分级处遇的要求，又达到了方便戒毒人员的目的。

5. 生产劳动系统

生产劳动系统可实现戒毒人员劳动岗位和技能、生产项目和计划、生产过程、劳动防护、劳动报酬、安全生产等生产劳动事务的数字化、规范化管理，提供生产仓库、设备和工具等辅助管理功能。

采用RFID技术实现习艺劳动场所的劳动工具有效管理。警察使用移动警务执法终端对绑定标签的生产工具进行管理，实现生产工具的使用状态及位置的实时跟踪。

6. 戒毒医疗系统

戒毒医疗系统可满足基本医疗、公共卫生、移动诊疗、疾病防控、健康监测、药品管控、卫生监督管理等业务需求，可实现远程医疗与会诊。

戒毒医疗机构和医务人员档案、戒毒人员健康体检和健康档案、门(急)诊和巡诊记录、药房药库数据等业务实现数字化管理，自动汇总集成为戒毒人员病情鉴定处置提供依据。

7. 交流探访系统

(1)会见探访。会见探访可实现对探访对话进行同步监控、音频流实时存储和(或)转发功能。远程视频探访系统可实现家属异地与戒毒人员探访、探访音视频同步监控、音视频流实时存储和转发功能。

(2)亲情电话。亲情电话可实现实时监听戒毒人员亲情电话录音、中断、恢复电话、电话音频流实时存储和(或)转发功能。谈话室系统可实现实时采集戒毒人员谈话录音、录像数据功能,并可基于语音识别、语音分析、微表情分析等智能系统提取戒毒人员谈话过程中的敏感词,对谈话内容进行转录。

(3)智能语音分析。无论是会见探访还是亲情电话,都涉及信息采集和信息预警。通过智能语音分析,可将戒毒所探访、亲情电话、个别谈话等录音进行文字转录,为警察提供语音系统控制和语音数据录入功能。分析甄别戒毒所探访、亲情电话、个别谈话、监听录音的对话结构、敏感词和对话者情绪,识别对话者身份,提取声场中发生的异常事件内容。

(三)戒毒教育

戒毒教育以智慧教育专网为载体,整合优质教育资源,创新教育戒治方法,针对戒毒人员开展课堂化教学、职业技能培训、专题教育等各类教学活动。

普及多年的多媒体教学和仍处于探索阶段的 VR/AR 教学在戒毒所中广泛应用。多媒体教育系统具备实况直播、现场录播、课后点播等功能,教师在多媒体教室进行授课,戒毒人员可以在教室、餐厅、活动区的视频终端和智慧终端同步收看,实现教学课件和节目资源的共享利用,同时还能互动问答和在线考试,提升教育矫治的针对性、实用性和有效性。VR/AR 教育系统也发挥了其增强学习体验的优势,通过沉浸式学习对戒毒人员进行思想引导、文化教育、技能培训、社会适应力训练等功能。

此外,戒毒教育根据业务板块主要分为教育矫正、康复训练、心理矫治和诊断评估,根据四项业务的不同特点有相匹配的信息化系统。

1. 教育矫正系统

教育矫正系统按照生理脱毒、教育适应、康复巩固、回归指导四期教育矫正工作要求,与戒治物联设施对接,实现入所教育、常规教育、个别教育、辅助教育、劳动教育和职业技能培训、社会帮教、回归社会教育、个性化矫正、文化建设等教育矫正业务的数字化管理,对教育设施设备、师资课程进行统一管理,对教研活动进行统一计划和执行管控。

2. 康复训练系统

康复训练系统按照四期康复训练工作要求,实现戒毒人员肢体关节训练、身体恢复性训练、体能提升训练和测试、体能巩固训练等康复训练业务的数字化管理,对康复训练的组织、计划、实施、考核和评估进行统一管理。

3. 心理矫治系统

心理矫治系统建立戒毒人员心理健康档案,对戒毒人员从入所到出所各个阶段的心理教育、个案化心理矫治、团体心理辅导、心理(诊断)评估等心理矫治业务进行数字化、规范化管理。

4. 诊断评估系统

诊断评估系统从戒毒人员生理脱毒、身心康复、行为表现和社会环境与适应能力四个方面,建立诊断评估指标体系,汇聚计算各类业务和监测数据,对戒毒人员进行阶段性诊断评估和综合诊断。

(四)社会延伸

通过信息化技术实现戒毒人员后续照管、戒毒指导、回归回访、健康跟踪、心理辅导等功能。目前的社会延伸工作主要通过微信小程序、App 来实现,微信小程序的优点是受众面广、易接受程度高,缺点是后台数据难以留存从而进行数据分析,相关科技公司开发的后续延伸 App 恰好和微信小程序相反。相较于传统的后延延伸方式,信息化的后续延伸可以有效降低成本、提高效率、提升各方的满意度。

1. 回访调查

过去,戒毒人员出所后因业务割裂、数据割裂导致其动态不清,去向不明,后续照管难以开展,戒毒场所要进行回访调查就必须依靠大量的人力、财力,同时还存在交通安全、统计困难等问题。现在戒毒所通过视频确认、人脸识别和网络问卷的方式,就可以进行回访调查。

同时,根据戒毒需要,后续照管与社戒社康融合发展在不断推进,通过信息平台,戒毒场所与社区、公安的数据可以实现共享,精准掌控戒毒人员出所后的动态和相关信息。

2. 禁毒宣传

通过小程序或 App 可实现更精准的禁毒宣传,相较于大众媒体而言,此类宣传的受众明确,更具针对性。

3. 心理辅导

后续照管和社区康复可通过信息支持,进行出所信息对接,戒毒人员信息同步,让社会延伸中的心理辅导工作者能够清楚戒毒人员的具体情况,进行个性化定制后续延伸帮扶计划。同时,通过信息技术,戒毒所能够实时掌握解戒人员的情况,可以实时协助社区人员进行心理辅导。

4. 就业帮扶

缺少针对解戒人员的就业信息向来是解戒人员的需求痛点,信息化时代不缺乏信息,但针对该人群的适配信息却缺少载体。通过信息化平台可实现意愿企业和解戒人员的双向选择,尽可能减少信息不对称因素。同时,通过意愿企业的用工需求,戒毒所和戒毒人员也能够针对性地进行职业技能培训。

5. 复吸评估

通过收集生理特征(性别、年龄、性格类型)、社会特征(职业、学历、收入)、管控状态(定期报到、定期尿检)和各项测评数据形成解戒人员的大数据,可以实现智能化评估,对解戒人员进行复吸概率评分,最终对高危复吸人群进行针对性干预。

第三节　戒毒场所政务公开

政务信息公开,是指国家行政机关和法律、法规以及规章授权和委托的组织,在行使国家行政管理职权的过程中,通过法定形式和程序,主动将政府信息向社会公众或依申请而向特定的个人或组织公开的制度。2014 年,司法部出台了《关于司法行政强制隔离戒毒所所务公开工作的指导意见》(司发通〔2014〕118 号),[①]对戒毒所所务公开工作作出了部署要求。戒毒场所所务公开主要包括发布行政规范、行政规划,公布行政管辖范围、工作安排,告知行政决定、理由和依据,报告行政任务完成情况等内容。

一、政务公开的时代背景

政务公开的时代背景主要有三个方面:一是政府治理模式的转变。中国政府一直在积极地推进政治和公共行政管理的改革,这些改革既推动了政府执政和治理观念的不断变革,如更加注重参与性、协商性、责任性、公正性和包容性,同时也推动了政府职能的转变,包括从管理型向服务型政府的转变,从全能型政府向有限型政府的转变,从单一的以政府为中心的治理模式向政府、市场和社会共同治

① 戒毒场所的政务信息也可以称为所务信息。

理的多元方式的转变，以及从行政命令为主的模式向依法治理模式的转变。无论是治理理念的变化，还是政府职能的转变，都是以政府信息公开和透明为基本前提条件的。二是公民参与意识的提升。如果没有来自社会的巨大压力以及公众日益高涨的政治和社会参与热情，仅仅依靠政府内部自上而下的推动，不足以从根本上改变政府部门长期以来所形成的信息不公开的惯性思维以及对信息公开的抵触倾向，更不可能使信息公开走向制度化、规范化、法治化和常规化的轨道。正是社会的发展和公民参政议政意识的增强，不断地挑战政府对信息的垄断封锁，才推动了信息公开范围的扩大、信息发布时效性的提高以及信息公开的制度化。三是新媒体技术的广泛应用。新媒体的最大特点是实时性、交互性、便捷性、多样性以及强大的传播能力和非中心化的传播模式。以上特点决定了政务公开的两个转变：(1)所务公开的成本降低、保证了信息传递的及时性、完整性和可获得性；(2)政府对信息的垄断地位被极大削弱，公民可以从多样性的渠道获得丰富的信息，这就要求政府快速、准确、不敷衍地作出回应，否则很容易形成舆情。

二、政务公开的基本原则

(一)严格依法原则

严格依法原则要求严格按照有关法律法规规定的内容和程序，向戒毒人员及其亲属、社会公众公开相关执法信息。

(二)真实客观原则

要按照公开为原则、不公开为例外的要求，除涉及国家秘密、工作秘密和戒毒人员戒毒的个人信息，以及公开后可能妨害正常执法活动的信息外，应真实准确、客观、公正地公开相关执法信息。

(三)及时便民原则

对应该公开的事项，采用方便、快捷的方式及时公开，使戒毒人员及其亲属、社会公众方便及时地获得公开信息。

三、政务公开的主要内容

政务公开主要包括发布行政规范、行政规划，公布行政管辖范围、工作安排，告知行政决定、理由和依据，报告行政任务完成情况等内容，具体如下：(1)关于戒毒工作的法律法规和规章；(2)强制隔离戒毒诊断评估的规定及诊断评估结果；(3)强制隔离戒毒戒治流程；(4)戒毒人员行为规范、戒毒人员守则和一日生活制度；(5)戒毒人员分别、分期、分级管理的规定；(6)戒毒人员治疗康复的规定；(7)戒毒人员教育矫治的规定；(8)戒毒人员通信、探访的规定；(9)戒毒人员外出探视的规定；(10)戒毒人员所外就医、变更戒毒措施的规定；(11)对戒毒人员使用警械和采取保护性约束措施及单独管理的规定；(12)对戒毒人员采取惩戒措施的规定；(13)对戒毒人员脱逃和自伤自残处理的规定；(14)戒毒人员参加职业技能培训和生产劳动的规定；(15)戒毒人员生活卫生管理的规定；(16)戒毒人员财物保管的规定；(17)戒毒人员个人伙食费、被服费、医疗费的使用情况；(18)戒毒人员申诉、检举、揭发、控告处理的规定；(19)提前解除强制隔离戒毒或延长强制隔离戒毒期限的规定；(20)解除强制隔离戒毒的规定；(21)戒毒工作人民警察纪律要求和执法责任；(22)对戒毒场所及其戒毒工作人民警察执法管理工作进行监督的规定；(23)需要公开的其他事项。

上述内容，有关执法的依据、程序均应向戒毒人员及其亲属、社会公众公开；执法结果一般只在所内公开，或者仅向当事人及其近亲属予以告知、提供查询服务。

除上述公开事项外，对于公民、法人或其他组织根据自身生产、生活、科研等特殊需要，提出的获得相关信息的申请，戒毒所应当依法予以办理，不能确定申请公开事项是否可以公开时，应当依据法律、法规和国家有关规定报请有关主管部门或同级保密部门确定。

对于涉及国家秘密、工作秘密和戒毒人员戒毒的个人信息不予公开。

四、政务信息的制作流程

(一)政务信息采集

戒毒所政务信息采集，是指戒毒所的信息工作者，将分散在戒毒所内外各种形态的信息，从有关信息源或载体内有计划地采出并集中起来，供本单位使用的过程。

1. 政务信息采集的基本原则

(1)时效性原则。信息采取要“快”，要及时，要求对戒毒所发生的重要情况和紧急信息，贯彻上级决策的重要进展，以及上级机关需要了解和需要上级机关了解的情况，及时收集并上报，保证信息的时效性。根据有关规定，紧急重大信息必须在第一时间内报送，最迟不得超过事件发生 4 小时，以便上级机关及时、准确、全面地掌握事态进度，作出相应处置。

（2）准确性原则。准确性原则要求信息客观、真实，符合实际，经得起历史和实践的检验，这也是政务信息采集的最基本要求，是单位实现正确决策的重要保障。采集后，要做好信息的核实和印证，确保内容准确无误、真实客观。例如，紧急信息事关重大，领导非常重视，往往信息一报上去领导就会作出批示，立即采取措施进行处置。因此，紧急信息不能有任何差错。紧急信息采集后，必须对其中的重要数据等要素进行核实印证，确保准确无误。

（3）全面性原则。全面性原则就是要求坚持“两点论”，有喜报喜，有忧报忧，既要反映取得的成绩，同时也要揭露存在的问题，只汇报成果、强调成绩，或是一味地揭露问题、强调困难，都不符全面性原则。

（4）简明性原则。简明性原则，是指政务信息必须简明扼要、目标明确，不拖泥带水，不含糊其词。信息采集是一个选择的过程，采集的政务信息是否简明到位直接关系到决策部门和领导人的工作效率。例如，某戒毒所发生戒毒人员 6 人脱逃事件，属于紧急重大信息，必须在事件发生 4 小时内上报到上级部门，而信息在传送环节还要时间，所以采集信息就要简明扼要，抓住信息关键点，避免延误上报时间。

（5）规律性原则。信息采集是一种有组织、有目的的活动，不是偶发性的现象。政务信息的采集应当遵循戒毒工作的规律和节奏，未雨绸缪。例如，在重大节假日到来之前，提前做好确保场所安全稳定方面信息采集的准备，在“6·26 禁毒日”到来之前，做好戒毒所禁毒、戒毒信息采集准备工作，以提高信息采集工作的计划性、科学性和针对性。

2. 政务信息的采集方法

政务信息通常按照统一的程序、步骤进行采集，大体可以归纳为以下几类方法：

（1）上级机关的路线、方针、政策、指令等信息主要通过文件、会议、网络等渠道采集。

（2）下级部门的工作总结、情况报告等信息主要通过调研、考察、会议、制定相关制度采集。

(3)平行单位的信息主要通过互相交换文件、访问网络、工作交往等方式采集。

(4)戒毒所自身的信息通过浏览本单位的网络或召开会议、开展调研采集。

(5)建立和规范信息采集制度,通过各种制度定期将基层数据汇总,层层上报给上级机关。这种方法不仅可以规范已有的信息采集行为,而且可以通过制度性渠道及时发现和获取非常规信息。

(6)戒毒机关内部网络系统存储了有关戒毒工作的历史数据,政务信息采集人员可以通过内部数据库采集信息。

(7)紧急信息的采集最重要的是争取时间,所以采集紧急信息时通常以手工式采集为主,采集者应以最快速度记录下事件的全部信息,而后进行编辑处理,有条件的也可以利用录音、录像等现代化手段进行采集。

(二)政务信息编辑

政务信息编辑是利用一定的科学规律和方法,按照一定程序,针对不同目的,对采集的原材料进行筛选和整理,进行语言的有序组合。编辑政务信息在整个政务信息流程中举足轻重。经过采集、筛选和编辑,政务信息便具备了以文字为载体的存在形式,并以此进行传播和交流。

1.政务信息的结构

政务信息的结构相对自由,不像其他种类的公文具有严格限制。信息编写人员根据采集的政务信息资料,确定主题,合理安排结构,统筹运用材料,才能把观点、素材串联编织起来,使全文成为完整、有机的整体。要编写一篇高质量的政务信息,把握全文的结构技巧是基本前提。对政务信息结构的要求可以大致归纳为:简明、严谨、重点突出。

(1)简明。短小精悍、精益求精是政务信息采集与编辑过程中必须遵循的原则,也是政务信息结构的基本要求之一。从标题到正文,各段、各层、各句,以及头尾过渡都要体现从简要求。选择的案例、使用的材料也需要精简。通读全篇,能给人简明扼要、舒畅自然、一目了然的感觉。

(2)严谨。结构的完整、思路的严谨、框架的清晰是公文写作必须遵循的基本要求,政务信息也不例外。结构简单而不粗陋,观点配套、行文贯通、词句无误,避免挂一漏十、颠三倒四、前后矛盾。尽可能做到文章虽短,但“五脏俱全”,丰满厚实,全文匀称而严密。

(3)重点突出。篇幅简短但又重点突出、主旨明确,才能展现信息亮点。在编辑政务信息的时候,应该注重标题与正文的合理组合。标题作为全文的提要,应该点明主旨,直击信息的重点内容,然后在正文中,根据重要程度,详略得当地叙述中心内容。

2. 政务信息的内容要求

政务信息的内容概括起来是“准、新、实”三个字。准,是被录用的前提;新,是被录用的关键;实,是信息的生命。三者融为一体,缺一不可。在具体采编时,要准确把握以下三条。

(1)主题凝练。政务信息文稿一般篇幅短小,时效性要求高,每篇信息的选题、选材、筛选、编辑都只能围绕一个中心思想,所有观点和内容必须高度凝聚,力求用最简短的篇幅表达最充分的内涵。

(2)立意新颖。一篇好的政务信息应当是大家前所未闻或崭露头角的新事物。政务信息的编写,必须突出一个“新”字,观点俗套、文字粗糙的信息,肯定打动不了编者,更吸引不了读者。

(3)格调庄重。戒毒所政务信息是反映戒毒工作和戒毒工作人民警察心声的重要载体,是领导决策的参考依据,具有一定的权威性和政治性,完全不同于文学作品。因而,内容要经得起检验,事出有因,查之有据,表述要郑重,避免堆砌辞藻、矫揉造作。

3. 政务信息的综合加工

政务信息的综合加工是一个深加工、再创造的过程,把内容相同或相近的多条信息材料,按照一定的目的要求进行归纳,从而形成一条内容更全面更充实、说理更充分、价值含量更高的信息。

(1)分析法。分析法,是指对采集来的原始政务信息进行真实性、逻辑性分析,揭示信息的真实含义,把握信息的真正价值。

(2)归纳法。归纳法,是指将零散的信息转向综合信息的方法,即将大量的、散乱的、来源渠道不同的原始信息进行归纳整理,分类归档,去粗取精,反映事物全貌及内在规律。这种方法要求简洁精练、综合准确。

(3)浓缩法。浓缩法,是指对大量采集到的意思相近的信息,去繁删冗,使众多雷同信息集中表达一个中心思想。这种方法要求一针见血、表述完整。

(4)纵深法。纵深法,是指从纵向的方面,按照政务信息所提供的某一主题,层层逼近,弄清问题的来龙去脉。这种方法要求主题鲜明、寓意深刻。

(5)对比法。对比法,是用纵横比较的方法强烈表现加工信息所反映的事物发展变化的特征。这种方法要求事实、数字准确。

(6)预测法。预测法,是指通过纷繁复杂的信息和瞬息万变的情况,根据带有一定倾向性和苗头性的事件,预测发展方向,为领导提供见微知著的信息,帮助领导作出正确的判断。

(7)跟踪法。跟踪法是对信息中有一定价值取向但尚无定性的问题,抓住不放,跟踪反馈,待事物明朗化后,再整理出可用信息。这种方法要注意平时积累、连贯成文。

(三)政务信息传播

政务信息传播,是指戒毒所信息机构将采集、编辑加工和存储的信息,借助现代化的信息传输工具,上报上级机关,或提供给其他使用者,以满足其信息需求的过程,是信息提供者传递信息和使用者接收信息的行为。

1. 信息传播的原则

(1)及时原则。政务信息具有很强的时效性,只有遵守及时原则,才能最大限度地发挥信息资源的使用价值,否则政务信息资源的价值就得不到实现。

(2)准确原则。准确原则要求政务信息传播的质量要高,不能在传播过程中出现信息失真、畸形等现象。

(3)保密原则。保密原则要求政务信息资源的传递者要根据信息资源内容的秘密等级以及保密的有关规定,选择恰当的传递方式,严格控制传递范围,采取必要的保密措施,以确保政务信息传递的安全。

2. 政务信息传播的方式

目前,戒毒机关政务信息传播的方式主要包括以下几种:

(1)设立统一的门户网站或新媒体平台账号;

(2)通过定期公开发行教育矫治杂志、报纸等其他媒体发布信息;

(3)设立固定的信息公开栏、电子屏幕、电子触摸屏等;

(4)设立信息公开服务窗口和服务电话。

3. 政务信息传播的主流新媒体平台

我国目前的主流新媒体平台主要有双微(微博、微信)、短视频(抖音、快手)、今日头条等。[①] 在时代要求下，戒毒场所立足戒毒工作，积极进驻新兴平台，实现戒毒主流声音的全覆盖。目前，全国戒毒场所已全面开通微信公众号进行政务公开，部分省份的戒毒场所还开通了抖音、快手、今日头条等账号，在过去以图文、视频形式为传播形式的基础上，积极探索直播等新形式。特别在2021年国际禁毒日期间，多地戒毒场所用直播的形式带领公众走进戒毒所，对场所宣传、禁毒宣传都发挥了重要作用，新媒体必将成为未来戒毒场所政务公开的主流趋势。

第四节　戒毒人员管理信息统计

一、戒毒人员管理信息统计的基本特征

（一）信息数据化

信息数据化，是指利用数据库技术、数据压缩技术、高速扫描技术等技术手段，将纸质文件、声像文件等传统介质文件和已归档保存的电子档案，系统组织成具有有序结构的档案信息库。档案信息数字化的内容有两个不同层次：一是档案目录信息的数字化；二是档案全文信息的数字化。

（二）存取网络化

存取网络化，是指档案管理机构在互联网或局域网上建立站点，把已经数据化的档案资料上传到专门网站，在互联网或局域网上提供档案目录检索、档案原文浏览、网上展览等多种信息服务。

（三）管理平台化

管理平台化，是指档案信息资源管理，通过建立档案管理计算机系统来实现，包括硬件基础设施、操作系统、数据库管理系统、应用软件等。

① 中央政法委自2019年开启优秀政法新媒体账号“四个一百”评选活动，涵盖微博、微信、视频类、资讯类，全面覆盖目前的主流新媒体平台。

二、戒毒人员日常管理信息统计分类

（一）日常管理信息统计

日常管理信息包括收治，编写花名册，基本信息，用毒类型，信息编码，戒毒类型（强戒、康戒、社戒），卡证管理，日常考核奖惩，重点人员管理，申诉控告管理，离所就医、所外就医，探视管理、探访管理、变更戒毒、民主管理，单独管理、提审开庭，转所转捕或解除等业务内容。

（二）教育矫治信息统计

教育矫治信息包括教育计划，教案库，课堂教学、康复训练、学习考勤和专题活动记录，考试考核，书刊借阅，后续照管跟踪调查，多媒体教学系统，个别教育音视频记录（通过个别谈话室录音录像或警务终端设备记录提供），社会帮教、服务申请，救济救助等内容。

后续延伸管理信息统计，包括人员动态管理、强戒、康戒、社戒流转对接，接收协议、帮教力量、咨询服务、禁毒宣传、帮扶救助、平时管控考核、工作站建设等内容。

（三）心理矫治信息统计

心理矫治信息包括心理档案、心理测试、个体咨询记录，团体辅导和咨询记录，治疗记录，康复训练等内容。

（四）戒毒医疗管理信息统计

戒毒医疗管理信息包括常规体检、门诊、巡诊、住院治疗记录，检查化验结果，重症抢救治疗过程记录，处方管理，药品管理与配送，医疗设备管理，费用缴纳结算，治疗信息查询，统计分析，社会医疗保障，远程诊疗，健康教育与疾病预防，公共卫生预防与处置等内容。

（五）生活卫生管理信息统计

生活卫生管理信息包括生活物品管理发放，食材进销存记录，农药物残留检测记录，食堂设施工具管理，零用钱发放，一卡通消费系统，卫生消杀，卫生检查评价，个人卫生考核等内容。

三、戒毒所电子、声像档案的管理

（一）电子档案

按照国家标准 GB/T 18894－2002《电子文件归档与管理规范》，电子文件是指在数字设备及环境中生成，以数码形式存储于磁带、磁盘、光盘等载体，依赖计算机等数字设备阅读、处理，并可在通信网络上传送的文件。电子档案是指具有参考和利用价值并作为档案保存的电子文件。

1. 电子文件的形成

电子文件的形成一般包括创建、流转、传输三类活动。创建包括为文件命名、确定文件的存储格式、分类、明确保管期限、保存、形成元数据等步骤。流转是电子文件由机构内部多个部门、多个人员处理生效的过程。传输是指电子文件在不同机构之间的传递过程，传输大致有两种形式：一是通过公共网络，即利用电子邮件、即时通信等工具传递，这种传输方式安全性不高；二是通过专门网络传递，如虚拟专网传递、通过专门的传输软件传递。

2. 电子文件的归档

电子文件的归档是将应归档的经过整理的电子文件，确定档案属性后，从计算机或网络的存储器上拷贝或刻录到可移动的磁、光介质上以便长期保存的工作过程。电子文件的归档程序一般分为三个步骤：一是将电子文件的管理权从网络上转移至归档部门，在归档工作中，存储格式和位置暂时保持不变，也称逻辑归档；二是将电子文件集中下载到可脱机保存的载体上，向档案部门移交，也称物理归档；三是按照有关规定进行认真检验，并在检验合格后将其如期移交至档案馆等保管部门，进行集中保管。

3. 电子档案的整理

电子档案的整理是指按一定的原则和方法，将收集积累的电子文件分门别类进行存储、编目的过程。电子档案的整理包括两个层次：一是组织分类、排序，就是将零散的、杂乱的电子文件通过分类、标引、组合，使电子文件存储格式处于一种有序状态；二是组织建立数据库，就是对电子文件进行分类和编号，其次是对电子文件的登记。

4. 存储设备的保护

对电子文件载体的保护重点在于对影响载体的物化因素的控制，具体措施包括：控制适宜的温湿度，应在温度15℃ ~27℃、相对湿度40% ~60%的范围内；防止灰尘，不能用手直接接触光盘的信息部分，使用后应放在盘盒中储存；防止外来磁场，确保磁性载体的刻录不受磁场的破坏；防止机械振动；防止光线（特别是紫外线）和有害气体的影响；加强日常管理维护工作等。对磁性载体每满2年、光盘每满4年进行一次抽样机读检验，抽样率不低于10%，如发现问题应及时采取恢复措施。对磁性载体上的归档电子文件，应每4年转存一次，原载体同时保留时间不少于4年。

5. 电子档案的利用

归档电子文件的封存载体不应外借，未经批准任何单位或人员不允许擅自复制电子文件，利用时应遵守保密规定。对具有保密要求的归档电子文件采用联网方式利用时，应遵守国家或部门有关保密的规定，有稳妥的安全保密措施。利用者对归档电子文件的使用应在权限规定的范围之内。对档案管理部门来说，电子档案提供利用，通常有三种方法：提供拷贝、通信传输、直接利用。

（二）声像档案

声像档案，是指戒毒所和相关个人在各种活动中直接形成的有查考价值的、以磁性材料、感光材料为主要载体，以声音、影像为主要反映方式，并辅以文字说明的历史记录，也称音像档案、视听档案，主要包括照片、录音带、光盘等。

声像档案使用方便，但易于失磁，在保管不适宜时，容易变质或折损。随着录音、录像的普及，录音、录像档案的数量会越来越多，人们对它的利用需求也会日益增长，因此，必须加强管理。声像档案的管理程序如下。

1. 收集与归档

主要的收集途径是定期向有关档案馆移交档案，向社会广泛征集声像档案资料。具体收集要求有：录音、录像、影片资料和文字说明要收集齐全，按时归档并建立归档控制措施；接收原版、原件，特殊情况下可接收复制件；声像资料的内容要真实，原件与复制件要相符。

2. 验收

为保证声像档案的质量及完整、准确、真实，需要在整理前进行验收。验收从核对录音、录像登记表开始，随后根据登记表记载的内容听音观看，其目的是核对内容和技术状况。

3. 分类编目

在声像档案数量较多的单位，可以按内容进行分类。分类时应把永久保留性编目与临时性编目分开，把机密的与一般的分开，把原版、复制版、播出版区别开来。在分类的基础上，将录像、录音档案装入特制的盒内或套内，在盒套外面贴上标签，写明题目。

不同版本编号可按档案的时间顺序结合内容编制流水号。编号中必须确保录音、录像盒上的编号与外包装盒上的编号一致，录音、录像盒上的编号与其相应的文字说明一致。

4. 保管

对重要的声像资料和档案要保存双份，原版另存不外借、不播出使用，复制版用于播出或借阅，一旦有损，再制备份。对多种新型载体并存的库房，库内温度保持在18℃～20℃、相对湿度45%～60%范围内为宜，避免30奥斯特以上的磁场，与磁场源之间的距离不得少于76毫米，录音录像档案如装入有磁屏蔽的容器中，应距离容器内壁至少26毫米，并定期对声像档案进行检查。

5. 声像档案的利用

档案部门要建立声像档案借阅、利用制度，严格审批手续，原版声像档案一般不得外借。应配备必要的录音、录像、放像设备，编制必要的声像档案目录、卡片等检索工具，方便利用。

第五节　戒毒人员档案管理

档案是人类社会活动真实的有价值的历史记录。自从有了人类，就存在人与自然的关系、人与人之间的关系；自从有了氏族和国家，就有了人类自我管理与交往的关系。这些关系、活动无论以什么样的载体形式记录并保存，就形成了档案。

一、戒毒人员档案管理的概念

（一）档案管理的定义

我国《档案法》第2条第2款规定：“本法所称档案，是指过去和现在的机关、团体、企业事业单位和其他组织以及个人从事经济、政治、文化、社会、生态文明、军事、外事、科技等方面活动直接形成的对国家和社会具有保存价值的各种文字、图表、声像等不同形式的历史记录。”档案管理工作就是用科学的原则和方法，对各种形式的档案进行收集、整理、鉴定、保管、统计、检索和开发利用。①

戒毒人员档案是专门档案的一种，是戒毒所执行《禁毒法》和《戒毒条例》的法律文书，是指戒毒人员在强制隔离戒毒期间形成的入所、考核奖惩、诊断评估、出所等所有资料的汇总，也是具有保存价值的执法文书，它是国家档案的重要组成部分，做好戒毒人员档案管理工作是戒毒所和主管部门的重要任务。

戒毒人员档案包含正档、副档。戒毒所应当设置戒毒人员的档案库房，配备专职警察负责戒毒人员的档案管理，强制隔离戒毒大队应当指定专人负责戒毒人员档案管理工作，并保持相对稳定。②

（二）档案管理的职责

所政管理科、大队（中队）应及时按规定建立新收、调入、调出戒毒人员档案。入所大队（中队）负责建立和完善戒毒人员副档，新入所戒毒人员分流时移交给接收单位。大队（中队）内勤警察负责保管、整理、完善戒毒人员副档，负责填制、管理戒毒人员在所内的管理卡片。所政管理科责任警察负责建立、保管、整理、完善戒毒人员正档，并负责将各大队移交的副档与正档合并整理、保管。

二、戒毒人员档案管理的内容

（一）档案的建立

1. 立卷归档

戒毒人员在强制隔离戒毒期间应建立个人戒治档案，分正、副档。档案正档包括：案卷封面、卷内目录及页码、强制隔离戒毒决定书、强制隔离戒毒审批表、提前解除/延长强制隔离戒毒期限意见书、变更社区戒毒意见书（审批表）等。副档包括：案卷封面、卷内目录、收治材料、戒治材料、出所材料、病历材料、其他材料等内容，还包括所外就医呈批、考核、评比、总结、鉴定等。

---

① 参见云南省档案局编：《档案工作岗位培训教程》，云南教育出版社 2016 年版。

② 参见云南省司法厅编著：《云南司法行政系统人民警察警衔授予晋升培训教程》，2020 年。

2. 材料收集的基本要求

(1)真实。所谓“真实”，是指档案材料由法定作者形成，材料文字清楚，所指对象明确，材料内容符合戒毒人员的客观实际，档案材料没有涂改造假，没有与实际情况不符合的信息。

(2)完整。所谓“完整”，有三个方面含义：一是收集到的每份档案材料要齐全，系列材料要系统成套，有头有尾；单份材料不缺页、无损坏；二是要将记载戒毒人员从入所到出所期间所有记录戒毒人员的戒治材料收集齐全，使档案能全面反映戒毒人员的戒治情况；三是收集的材料数量要适当，凡是正、副卷均要收集的材料，需收集 2 份，不建副卷的只需收集 1 份。

(3)规范。所谓“规范”，就是要保证档案材料收集的工作质量，不能马马虎虎、毛毛糙糙，更不能敷衍了事。

(4)及时。所谓“及时”，就是要随时注意收集需要归档的材料，做到随办、随收、随审、随归，以提高工作效率，及时地发挥戒毒人员档案作用。

3. 档案材料收集的工作标准

(1)戒毒人员档案实行一人一档，每一类材料按时间先后顺序排列，整齐摆放在档案盒内。冲印戒毒人员 1 寸照片 2 张，连同照片袋贴在正副档《戒毒人员登记表》贴照片的位置；戒毒人员体检所形成的照片、指纹、录音、录像、询问笔录等，均存入副档；副档材料中，戒毒人员考核、奖惩材料按时间先后顺序分年度进行装订。

(2)各类归档材料的制作应当做到准确、齐全、清晰、洁净、规范，符合国家档案管理和执法文书制作的有关规定。

(3)各种材料应当按项按级逐一如实填写，不得空项。凡没有具体内容的一律填写“无”字。

(4)所有材料应当一律使用碳素墨水、蓝黑墨水书写，字迹清晰、工整，不得使用圆珠笔、铅笔、荧光笔、水彩笔、复写纸等不符合档案保护要求的记录材料书写。

(5)警察或戒毒人员在档案材料上签字应当一律用姓名的全称，不得代签、略写。所有签字均应当在材料的右下角或适当位置，不得越出装订线。

(6)所有材料用语应当客观、准确、具体、明了、符合语法规范要求，并与填写人的身份、级别相符，不得出现编造、假设、事实不清等问题。

(7)所政管理信息系统、戒毒人员档卡应当使用统一、规范的软件，按要求及时填报、更新，定期维护、备份。

(8)大队应当在戒毒人员解除后一个月内,将戒毒人员副档交所政管理科。戒毒人员解除、变更解除措施、死亡后,所政管理科应当将其正副档合并,按规定编写目录、页码并装订,统一编号存档,交给综合档案管理部门。

(9)归档材料一般不得使用复制件,确需用复制件存档的特殊情况,必须在复制件上注明出处、复制时间,并加盖材料出具单位或部门印章,以确保复制材料真实、有效。

(10)各戒毒所应逐步减少纸质档案,实现电子档案管理。

(二)档案的内容

戒毒人员的档案分为正档和副档,档案材料一般按下列顺序排序:

1. 强戒人员正档

(1)案卷封面。

(2)卷内目录。

(3)强制隔离戒毒决定书。

(4)强制隔离戒毒审批表。

(5)提前解除/延长强制隔离戒毒期限意见书、变更社区戒毒意见书。

2. 强戒人员副档

(1)案卷封面。

(2)卷内目录。

(3)强制隔离戒毒决定书(复印件)。

(4)戒毒人员登记表(含指纹卡)。

(5)入所体检表。

(6)戒毒人员考核(含《强制隔离戒毒诊断评估材料》及相关评估材料)、奖惩材料(原则上按时间先后顺序分年度进行装订)。

(7)提前解除/延长强制隔离戒毒期限审批材料。

(8)提前解除/延长强制隔离戒毒期限决定书、变更社区戒毒决定书、责令社区康复决定书。

(9)戒毒人员健康档案。

(10)戒毒人员心理健康档案。

(11)刑事拘留、逮捕相关材料。

(12)保护性约束措施、单独管理、使用警械具等相关材料。

(13)探视、所外就医材料。

(14)强戒人员死亡涉及的死亡鉴定、死亡证明、死亡情况说明、与家属协商情况、旁证、笔录、火化手续等相关材料。

(15)变更社区戒毒的出所送达回执、影像、视频等相关材料。

(16)解除强制隔离戒毒证明书、通知书、出所送达回执、影像、视频等相关材料。

(17)案卷封底(卷内备考表)。

(18)其他需装档的材料。

(三)档案的整理

戒毒人员解除戒毒、转所戒毒或死亡后,戒治档案由各戒毒所所政管理科根据档案管理的要求合并、整理、归档立卷。正档应每年整理1次,副档应每半年整理1次。戒毒人员正副档整理合并后,卷内有文字材料在右下角(背面在左下角)编页号,案卷在左侧三孔一线用线装订。

档案整理的基本方法和步骤如下。

1.鉴别

鉴别是对准备归档的材料进行审查,甄别材料的真伪,确定其是否属于归档范围,是否符合归档要求。鉴别工作的内容包括归档材料是否办理完毕,是否对象明确、齐全完整、文字清楚、内容真实、填写规范、手续完备。对经过鉴别不符合归档要求的材料,要区别不同情况,采取转出、退回、留存、销毁等不同方式进行处理。只有经过鉴别符合档案要求的档案材料,才能整理归档。

2.分类

戒毒人员矫治档案材料应根据其内容特征和用途分类,做到层次清晰,便于利用。

(1)收治材料,主要包括收治时的各种法律文书、入所登记表(含照片、底片、指纹)、健康检查表等与入所收治环节相关联的各种材料。

(2)戒治材料,包括戒毒人员在戒毒所接受戒治的所有材料,主要包括戒毒人员诊断评估手册、各种奖惩材料等,其中单项奖惩材料形成单独卷宗,并按照时间先后顺序进行装订。

(3)出所材料,包括解除的各种法律文书、出所回执、戒毒人员家属身份信息材料等与戒毒人员出所相关的材料,其中探视、所外就医、变更戒毒措施、所内死亡等材料必须形成单独卷宗。

(4)医疗材料,戒毒人员个人戒毒病历、诊疗综合记录、个人健康档案、体检材料、离所就医材料等。

(5)其他材料,包括邮局打回的信件、亲情电话、信件往来、家属到所反映的材料、坦白检举及公、检、法机关到所提审提讯等原始材料。

3. 排序

档案材料按档案的内容进行顺序排序。

4. 编目

分类、排序完成以后,档案材料从实体上来说就已经形成了一个体系,编目就是要把这种体系体现出来。卷内目录置于一卷之首,是档案内容的纲目和查阅的索引。档案材料应按照排列顺序,逐份逐项进行编目,做到目录清楚、填写准确。书写目录要整齐、准确、清楚、美观,使用规范的书写材料。

5. 装订

装订是戒毒人员档案材料转化为戒治档案的最后一道程序。装订好的档案,档案目录置于卷首,卷内材料排列顺序与目录相符。档案材料应左边、下边对齐,在左侧打孔装订(档案材料不多的也可以用订书机装订)。装订要做到结实、齐整、美观,不掉页、不倒页、不压字、不损坏文件。

(四)档案的保管

1. 档案的保管和防护

戒毒人员档案实行专人、专柜管理,戒毒所按规定建设档案室,配备金属档案柜,安装监控设施;档案库、办公室、阅档室分开设置。档案库应坚固耐用,做到防火、防盗、防潮、防高温、防蛀、防光、防尘;不得存放与档案无关的物品;添置必要的现代化设备,如温度计、去湿机、空调机、复印机、计算机等,逐步实现档案管理的规范化、科学化、现代化。库房设施应及时检查,保持库房内的清洁,应配备温度计,房内保持相对的温湿度,温度应保持在14℃～24℃,湿度应保持在45℃～60℃。档案管理人员要定期对档案进行检查,对破损、虫蛀、鼠咬、变质、字迹褪色的档案要及时采取防治措施,进行修补和复制。档案管理人员经常对档案进行整理,做到人、档相符,必须严格遵守保密制度,不得泄露档案内容,确保档案安全。档案管理人员调整时,应在离职前做好档案移交工作,办好交接手续。

2. 档案的保存期限

戒毒人员档案保存期限分年度排列,10 年为一段号。戒毒人员档案保存期限分永久、长期、短期三种。短期为 20 年以下(含 20 年),长期为 21～50 年,51 年以上为永久。档案的保管期限应从戒毒人员解除、死亡的当年算起。档案保存期限的范围按以下划分。

(1)永久保存档案。①在全国或国际有重大政治影响的、原职务相当于县(团)级以上干部及重要知名人士戒毒人员的档案材料;②死亡戒毒人员的档案材料;③审批表、决定书、解除强制隔离戒毒证明书(存根),档案销毁报告、审批意见书、销毁清册(单);④电子档案;⑤其他应永久保存的档案材料。

(2)长期保存的档案。①在省、自治区、直辖市内有重大政治影响的档案材料;②变更社区戒毒的档案材料;③探视逾期未归的档案材料;④因脱逃、打架斗殴等被延长强制隔离戒毒期限 3 个月以上的档案材料;⑤其他应长期保存的档案材料。

(3)短期保存的档案。①一般的档案材料。②其他应短期保存的档案材料。

(五)档案的移交

强戒人员调往其他强戒场所时,其档案应随人移交给接收单位。移交分为所与所之间的调动和所内调动,移交应当在调动当日进行移交。变更戒毒措施材料和死亡戒毒人员档案一次性移交。

1. 所与所之间的调动

建立戒毒人员档案移交清单,移交方所政管理科档案管理人员应对档案进行详细核对,并按正、副档分别整理,填写目录装订并逐卷登记造册(一式两份)后移交调入所,双方办理交接手续,交接双方在移交清单上签名盖章,各存一份。如果移交材料不齐全的,在做好记录的同时,由所政管理科负责与移交方对接,完善并补齐相关材料。

2. 所内调动

建立戒毒人员档案个人移交清单,由移交方的大队分管领导、内勤和接收方的大队分管领导、内勤人员分别签字认可。移交前须由大队分管领导对材料进行审核把关并签字认可。

3. 副档移交

建立戒毒人员副档个人移交清单,由移交方的大队分管领导、内勤和所政管理科负责人、档案管理人员分别签字认可。移交前由戒毒人员所在大队分管领导和内勤进行相关材料的审核把关，形成材料清单并签字认可。第一次移交为期满前诊断评估时，第二次移交在戒毒人员出所后7个工作日内。

（六）档案的借阅

戒毒人员的借阅分为内部查阅和外部调阅两种情况。借阅须亲自到档案管理部门办理手续，电话、信函查档，不予办理。

1. 所内查阅

所内相关部门查阅或复印戒毒人员档案，应严格落实分管所领导、档案管理部门负责人审批，借阅人和档案管理人员“双签字”制度，并对查阅用途、查阅时间、归还时间进行认真记录，涉及相关材料复印的要注明材料名称、页码、数量等。

2. 所外调阅

戒毒人员戒治档案原则上不得外借，如有特殊情况，所外相关部门需要查阅或复印戒毒人员档案的，应严格审核并留存调阅人员证件复印件和单位介绍信，并严格落实分管所领导、档案管理部门负责人审批，借阅人和档案管理人员“双签字”制度，并认真填写《戒毒人员档案借阅登记表》，涉及相关材料复印的要注明材料名称、页码、数量等。

■ 复习思考题

1. 简述戒毒场所信息化建设的应用场景。
2. 简述化解政务信息公开遇到舆情风险的对策。
3. 简述戒毒人员档案管理的环节。
4. 简述借阅戒毒人员档案需要注意的事项。

■ 本章主要参考文献

1. 孙培梁：《智慧监狱》，清华大学出版社2018年版。
2. 云南省戒毒管理局编著：《云南省戒毒工作手册》（第二册 执法工作标准分册），2017年。
3. 云南省档案局编：《档案工作岗位培训教程》，云南教育出版社2016年版。
4. 云南省司法厅编著：《云南司法行政系统人民警察警衔授予晋升培训教程》，2020年。